부의 추월차선

위대한 탈출

UNSCRIPTED
The Great Rat Race Escape

부의 추월차선
위대한 탈출

엠제이 드마코 지음 | 이영래 옮김

토트

차례

매일 누군가는 어떤 이유로든 사업을 시작한다. 그리고 매일 누군가는 사업에 실패한다. 사업을 통해 여유로운 생활을 하는 사람도 있지만 입에 풀칠이라도 하기 위해 직장 생활을 은퇴할 때까지, 안타깝게는 죽을 때까지 반복하는 사람도 있다. 하지만 생존경쟁의 쳇바퀴에서 탈출하기 위해 사업을 시작하는 사람은 만나기 힘들다.

『부의 추월차선-위대한 탈출』은 방법을 설명하는 데서 멈추지 않고 평범한 한 부부의 쳇바퀴 탈출 과정을 샘플 사례로 보여준다. 이 책은 두 가지 구조로 되어 있다. 먼저 트로트만 부부의 이야기다. 그들은 삶이 꿈꾸던 것과 다르다는 것을 깨닫는다. 그들이 '추월차선 기업가정신'을 이용해 생존경쟁의 쳇바퀴와 그럴듯한 교조에서 탈출하는 여정을 아이디어 탐색에서부터 사업의 시작, 실행, 규모 확장까지 차례로 이야기한다. 트로트만 부부는 자잘한 골칫거리부터 지루한 삶과 금전 문제, 불만 가득한 결혼 생활까지 다양한 문제를 해결해야 했다. 이야기 중 일부는 다소 불편한 내용일 수도 있지만 실제 대부분의 가정이 비슷한 문제를 안고 있을 것이다.

트로트만 부부의 이야기 뒤에는 그들의 고군분투를 짚어보는 쳇바퀴 부수기 원리와 전략이 나온다. 사업만이 아니라 삶 자체에 관련된 것도 있다. 사업이 성공했다고 저절로 행복해지는 것은 아니기 때문이다. 각 개념의 서두에는 정보 범주를 표시하는 아이콘이 있다.

원리(Principle) : 잘 정립된 기존의 신념(종종 쳇바퀴 인식 체계에서 선전하는)에 의문을 제기하거나 그것이 틀렸음을 입증하는 새로운 관점 또는 신념

 전략(Strategy) : 사업이나 삶에서 단기적 혹은 장기적으로 결과를 내는 데 도움이 되는 조치 또는 절차

각 원리와 전략은 당신이 쳇바퀴에서 탈출해 부의 추월차선 즉, 정치, 경제, 주식시장의 수익과 독립된 지속적인 재정적 자유에 이르는 데 도움이 되도록 구성되었다.

코로나19로 혼란스러웠던 2020년에 얻은 것이 있다면 쳇바퀴라는 체계적 음모의 공모자들, 대규모 기술 기업에서 언론 종사자, 정치가에 이르는 권력의 주체가 순종적인 대중을 굴복, 억압, 노예 상태에 가두는 데 상당한 투자를 했다는 사실이 드러났다는 것이다. 즉, 쳇바퀴는 세계 경제의 광신적 종교 집단이며, 광신적 종교 집단은 교리를 설파하는 사람에게 복종하는 바보들이 존재하는 한 계속 번성한다.

좋은 소식은 더 이상 "부자로 은퇴하려면 50년 동안 매달 100달러씩 저축하라" "대학 졸업장을 따서 좋은 직업을 얻어라" "창업은 대단히 위험하다" 등 쳇바퀴 유지를 위한 거짓말에 귀를 기울일 필요가 없다는 것이다.

직업에서든 사업에서든 자기 생활에 만족하지 못하는 사람이라면, 삶 속에서 목적의식, 진정한 행복, 진정한 재정적 자유라는 보상이 있는

의미 있는 길을 찾는 사람이라면 이 책을 계속 읽어라. 다음에 하나라도 해당된다면 당신에게는 이 책이 필요하다.

- 현재의 직업을 싫어하지만 별다른 대책이 없다.
- 빚에서 벗어나기 위한 일이 아닌, 목표 지향적인 의미 있는 일을 하고 싶다.
- 내 사업을 하며 스스로의 운명을 통제하고 싶다.
- '50년 동안 매주 100달러를 저축하는 것'이 매우 비효율적이고 부적합한 생각이라는 점을 깨달았다.
- 일생의 대부분을 노동에 시달리다 에너지도 건강도 바닥난 생의 황혼기에나 은퇴하는 것은 원하지 않는다.
- 수요, 돈, 문화에 개의치 않고 열정을 따르고 싶다.
- 영혼을 갉아먹는 검소한 생활, 빈틈없는 저축, 주식시장의 장기 활황에 얽매이지 않는 보다 윤택한 라이프스타일을 원한다.
- 40년, 50년 후가 아닌 5년, 10년 안에 경제적 독립을 이룰 수 있는 일에 시간을 투자하는 편이 낫다고 생각한다.
- 기업가로서 항상 치열하게 일했지만 100만 달러, 1,000만 달러로 도약하지 못했다.
- 실행 가능한 아이디어나 폭발적인 매출로 이어지는, 벤처로 가는 암호를 아직 해독하지 못했다.

당신이 이미 성장 사업을 가지고 있고 수백만의 매출을 올리는 기업가라면 이 책으로 큰 차이를 만들지는 못한다. 그러나 기업가정신이 아직 당신의 삶을 바꾸지 못했다면 이 책은 당신을 위한 책이다.

기업가정신은 25년 전 내 인생을 바꾸었다. 나는 다시 일할 필요가 없을 정도의 경제적 성공을 이루었다. 평범한 라이프스타일과 주식시장 수익률에 의존하는 '조기 은퇴'가 아니다. 좋은 집과 멋진 차, 고급스러운 생활을 하는 것은 물론, 시간과 자원까지 풍부한 그런 종류의 '은퇴'다. 내게 부의 추월차선은 재정적 검증과 편집에서의 통제에서 벗어나 자유롭게 글쓰기에 대한 열정을 추구한다는 것을 의미한다.

사업을 시작한다는 것은 세상에서 가장 어려운 일이다. 두 번째로 어려운 일은 그 사업을 성장시키는 일이다. 이런 과제에 도전하려면 그에 대한 보상도 엄청나야 한다. 당신의 사업은 100만 달러 단위의 수입을 통해서든 인생을 바꾸는 매각을 통해서든 쳇바퀴의 굴레로부터 탈출할 수 있을 정도는 되어야 한다. 이 책은 바로 그런 일을 할 수 있는 방법에 대해 이야기하며 그것을 실현하는 데 필요한 120가지 원리와 전략을 말한다.

쳇바퀴 안에 갇힌 생쥐처럼 삶이 낭비되도록 두지 말라. 노년의 은퇴를 위해 일생을 바치지 말라. 쳇바퀴의 유혹에 빠져 TV, 비디오게임, 스포츠 경기 따위에 위안 받는 지루한 삶에 안주하지 말라.

'부의 추월차선'으로 향하라. 당신의 삶은 물론 당신 뒤를 잇는 사람들의 삶까지 바꾸는 사업을 구축하라!

- 엠제이 드마코 *MJ DeMarco*

11분

2008년 11월 10일 월요일

제프 트로트만은 갑자기 잠에서 깨어나 침대에서 벌떡 일어났다. 밖은 추운데 잠옷은 땀에 흠뻑 젖었다. '늦잠을 잤나?' '알람을 안 맞췄나?' 그는 눈을 가늘게 뜨고 방을 둘러보았다. 아직 어두운 월요일 아침이다. 비가 거세게 창을 때린다.

제프는 어둠 속에서 더듬거리며 휴대폰을 찾았다. 오전 5시 34분. 알람이 울리기까지 11분이나 남았다. 그는 얼굴을 문지르며 빈 시트로 눈을 돌렸다. 시카고 노스웨스턴 병원의 응급실 간호사인 아내는 임신으로 무거워진 몸을 이끌고 야간 근무를 하고 있을 터다. 임신은 그들이 행복한 부부라는 증표처럼 보이지만 사실은 그렇지 않다. 딸이 생긴 6개월 전이 마지막으로 사랑을 나눈 날이다. 결혼 생활, 일, 행복…. 무엇 하나 그의 기대대로 되지 않았다.

제프는 침대에서 벌떡 일어나 창문으로 걸어갔다. 창유리에는 금이

갔고 서리가 끼어 있다. 금이 간 유리는 비싼 수리비를 상기시켰다.

검은 래브라도리트리버 벨라는 창가에 벌러덩 누워 네발을 모두 들어 올린 채 코를 골고 있다. 제프는 벨라가 규칙적으로 숨 쉬는 것을 지켜보았다. 부럽다. 세상 걱정 없이 잘 수 있다니. 아내 사만다는 몇 주 전, 안락사 없는 보호소에 있던 벨라를 입양하겠다고 선언했다. 샘은 눈에 보이는 모든 생물을 사랑하고 구하려고 했다. 거기에는 끔찍한 곤충도 포함됐다. 멜론 크기의 타란툴라가 집 안을 돌아다녀도 그녀는 죽이지 않는다. 거미를 병에 담아 집을 찾아 준다. 그렇다. 샘에게는 강박증이 있다. 하지만 그녀는 그것을 동정심이라고 말한다.

벨라는 아내가 3년의 결혼 생활이 무료해서 입양한 것이 아닌가 하는 생각이 들었다. 업무 스케줄 때문에 그들은 함께 있을 시간이 항상 부족했다. 그들은 더 이상 입을 맞추지도 포옹을 하지도 않았다. 식사는 혼자 해결했다. 제프의 농담은 더 이상 아내를 웃게 하지 못했다. 애정 행위로 연결되던 정감 어린 대화는 날씨나 집안일에 대한 이야기, 가벼운 농담에 자리를 내주었다. 그는 벨라를 좋아하지만 그 개는 단지 두 사람의 관계를 악화시키는 공허감을 채우기 위한 뇌물이자 정서적 변명이라고 생각했다.

갑자기 제프를 깨웠던 코르티솔은 사라지고 피로와 몽롱함이 그 자리를 채웠다. 불안과 후회가 젖은 담요처럼 그를 감쌌다. 그는 장래의 자기 모습을 혐오했다. 제프는 무의미한 직장과 허물어지는 결혼 생활 속에서도 생계에 매달려 고분고분하게 쳇바퀴만 돌리는 쥐다. 주말의 오락과 생각 없는 쇼핑으로는 더 이상 현실을 가릴 수 없다. 그의 삶은

'일-잠-청구서 지불'의 반복이다.

어린 시절 제프는 세상에 맞서 꿈을 이루겠다고 마음속으로 맹세했다. 그때는 선택지가 많았나. 제프의 아버지는 그에게 목공을 가르쳤다. 10대 후반이 되자 제프는 나무 그루터기를 모나리자로 바꿀 수 있었다. 그는 부유하고 유명한 사람들을 위해 가구를 만들거나 조각하는 자신의 모습을 그렸다. 색소폰을 연주하던 그는 재즈밴드에 들어가는 꿈도 꾸었다. 소설을 쓰는 작가는 어떨까? 무엇이든 풍족하고 여유로운 삶으로 이어지는, 의미 있는 일을 하는, 그런 흥미진진한 미래를 그렸다.

그러나 제프는 대학에서 회계학 학위를 받았다. 그는 숫자에 밝았지만 그 일을 좋아하지는 않았다. 그럼에도 불구하고 그의 아버지는 "회계를 해야 돈을 벌지!"라고 말씀하셨고 제프는 그 말에 동의했다. 그는 이국적인 곳에서의 휴가, 빠른 자동차, 디자이너 브랜드 옷을 좋아한다. 굶주린 예술가로 살며 허름한 집과 작은 차에 만족할 수 없었다.

대학을 졸업하자마자 제프는 대형 제약 회사에 취직했다. 소송이 수두룩한, 그런 회사 말이다. 안타깝게도 직장 생활은 페라리나 피지에서의 휴가를 가져다주지 못했다. 4년 동안 보험회사와 정부 관료를 위해 계산기를 두드리고 인플레이션을 따라가지 못하는 월급 인상을 거치자 집을 장만하는 것이 고된 일로 느껴졌다.

불편한 양복을 차려입고 차가운 날씨를 뚫고 기차역까지 운전한다. 눈에 젖은 신발을 신고 역시 다른 불쌍한 사람들과 함께 1시간 남짓 통근 열차를 탄다. 엘리베이터를 타고 67층까지 올라가 8시간 동안 숫자와 씨름할 하루를 생각하면 숨이 막힌다.

제프와 아내는 묵묵히 참으며 일을 했고 상당한 수입을 올렸다. 그러나 실제로 둘은 불행하고 여윳돈이 없다. 그래도 태연한 척 살아간다. 교외에 있는 침실 3개짜리 근사한 집과 최신형 자동차는 어느 모로 보나 아메리칸드림의 전형이다. 하지만 하얀 울타리 뒤에 실제로 도사리고 있는 것은 '아메리칸 악몽'이다.

제프의 아내는 수의사가 되고 싶었다. 하지만 그녀는 제프와 마찬가지로 일찌감치 꿈과 멀어졌다. 의대 학비를 감당할 수 없었던 그녀는 간호사를 선택했다. 졸업 후 그녀는 기업 카르텔과 다름없는 간호 컨소시엄에 취직했다. 간호사라는 선택이 실수였다는 것이 밝혀지는 데는 긴 시간이 걸리지 않았다. 의사들은 파라오처럼 황금으로 장식된 옷을 입고 대추야자잎으로 부채질하는 사람을 거느린 상태로 돌아다니길 바랐다. 더 나쁜 것은 환자 치료가 곧 수익 관리와 연결된다는 점이다. 환자는 보드에 적힌 숫자고 들것은 조립라인처럼 재빨라야 한다.

제프는 침대로 느리게 걸어와 모서리에 앉았다. 진눈깨비는 계속 창문을 두드렸다. 부드러운 시트는 한편으로는 죄책감을 자극하고 한편으로는 쿠키처럼 그를 유혹했다. 잠간 눈을 붙일까? 11분을 더 잘 수 있어. "빌어먹을 11분!" 욕실로 터덜터덜 걸어가며 중얼거렸다.

이를 닦은 후 제프는 거울 속 자기혐오와 마주했다. 거울에 비치는 모습 역시 절망감을 내뿜었다. 갈색 눈 밑의 다크서클은 싸움에 진 것 같은 모습이다. 자신감 없이 구부정한 자세는 190cm의 키를 작아 보이게 만들었다. 갈색 머리와 무감각한 눈빛은 그를 범인 식별용 사진처럼 보이게 했다. 제프는 이제 겨우 스물일곱 살이지만 마흔 살처럼 보였다.

체감상으로는 일흔 살도 지난 것 같다.

제프는 샤워기를 틀고 욕조 가장자리에 걸터앉아 뜨거운 물이 나오기를 기다렸다. 그는 곰팡이 핀 욕조 배수로를 노려보았다. '할 일' 리스트에 '욕조 청소'가 추가되었다. 빙빙 돌면서 빈 공간으로 빨려 들어가는 물은 지난 27년의 인생과 닮았다. 대학에서 좋은 성적을 받고 학위를 따고 괜찮은 직업을 구했다. 중산층다운 물건을 갖추고 동화 같은 결혼을 하고 비록 29년 4개월 동안 갚아야 할 대출이 있지만 소박한 집도 샀다. 친구와 가족 앞에서 그는 성공한 척했지만 그의 영혼은 뇌에게 진실한 고백을 애원한다. 제프의 삶은 지루한 TV 프로그램처럼 재방송을 반복해야 했다.

예전에는 이해하지 못했던 말이 머릿속을 끊임없이 맴돌았다. '대부분의 사람은 스물다섯에 죽지만 일흔다섯까지 땅에 묻히지 못한다.' 새 골프채, 전자 제품, 야구장에서의 하루 등 불행을 외면할 혹은 부유함을 과시할 장난감은 효력이 없어졌다. 같은 효과를 누리려면 점점 더 많은 양이 필요한 마약처럼 쇼핑은 며칠 동안은 도취되지만 부작용이 수년 동안 지속된다. 아내의 바쁜 스케줄에 맞춘 짧은 휴가나 주말에 집에서 보내는 여가 시간으로 한숨 돌리지만 어김없이 돌아오는 월요일을 막지는 못한다.

땡땡땡!!! 땡땡땡!!!

제프는 휴대폰 알람이 내는 새된 소리에 깜짝 놀랐다. 11분이 사라졌다. 삶에 대한 의지도 사라졌다. 착한 생쥐처럼 그는 깔끔한 양복을 차려입고 기차역으로 차를 몰았다.

001 통념의 원리

챗바퀴에서 탈출하려면 '통념'에서 벗어나야 한다

 2005년이었다. 배관공이 수도를 고치기 위해 집에 왔다. 그는 바닥에 등을 대고 파이프를 조이면서 부동산으로 얼마나 많은 돈을 벌었는지 쉴 새 없이 떠들었다. 그 순간 나는 부동산 호황이 막바지에 이르렀다는 것을 깨달았다. 몇 달 후, 주택 시장이 붕괴했다.

통념의 원리에는 비정한 현실이 담겨 있다. 통념적인 삶을 사는, 통념적인 사람들에게서 나온 통념을 따른다면 정확히 그런 삶에 이른다. '통념적인 삶' 말이다. 통념적인 삶은 꿈에서 동력을 공급받지 않는다. 통념적인 삶은 끊임없이 챗바퀴 도는 종살이를 통해 유지된다. 강제적인 이 게임 속에서 사람들은 성취감 없이 일하며 고행을 이어 간다. 빠듯한 월급과 평범한 주말을 보내며 40년 후에나 시작될 은퇴 생활만 꿈

꾸며 살아간다. 그렇지만 그런 시기는 무릎에 인공관절을 박거나 머리가 다 벗겨지거나 주름이 자글자글할 때, 인생 대부분을 끔찍하게 싫어하는 일에 낭비한 후에나 온다.

주변을 살펴보자. 가족, 친구, 동료, 통근 열차에 빼곡히 들어찬 동지들 말이다. 의미 있는 일을 하며 풍족한 삶을 누리는 사람이 있는가? 월요일 아침을 반가워하는 사람은? 포르쉐 매장에서 빨간색 차를 사면서 현금으로 지불하는 사람은? 경제적인 스트레스로부터 자유로운 사람, 집을 30년 할부로 살 필요가 없는 사람은? 솔직히 그럴 수 있는 사람이 없다! 우리의 문화가 평범과 순종 위에서 번성하기 때문이다. 그것이 세상의 비즈니스 모델이다.

당신의 삶은 요람에서부터 무덤까지 프로그램되어 있다. 당신이 알든 모르든 진실 뒤에는 광범위한 운영체제가 돌아가고 있다. 스크립트(Script)라고 불리는 이 운영체제는 문화를 이용해 사람들을 길들이는 제도다. 통념은 체제의 코드 언어다. 그런 통념에 따라 비용과 경제나 고용 전망에 대한 고려는 뒷전으로 한 채 대학에 가서 학위를 받는다. 좋은 회사에 취직하고 월요일부터 금요일까지 뼈 빠지게 일하며 토요일과 일요일에는 열심히 논다. 좋아하는 축구팀을 응원하고 인기 있는 넷플릭스 드라마를 보고 당신에게 주입되는 최신 뉴스에 흥분한다. 세금을 내고 자동차 할부금을 갚으며 융자를 받아 집을 사고 몇 명의 아이를 낳고 5대 영양소를 골고루 섭취한다.

알뜰살뜰 모은 돈은 언젠가는 부자가 되어 은퇴할 수 있을 거라는 기대 속에 모조리 주식에 투자한다. 목돈이 들지 않는 인덱스펀드 같은 것에 말이다. 물론 주식시장이 절대 폭락하지 않고 당신이 부자가 될 때까지 충분히 오래 산다는 전제가 있을 때만 가능하다. 쳇바퀴 운영체제에 들어온 것을 환영한다.

힘만 들고 보상은 적은 일, 주식시장의 성과, 파산한 정부 연금 프로그램에 의지하는 노년의 은퇴를 위해 젊은 시절의 꿈을 저버려도 괜찮다면 통념대로 복권을 사라. 단, 복권이 쳇바퀴를 뒷받침하고 있다는 것을 명심해라.

스크립트는 당신처럼 쳇바퀴를 달리는 꼭두각시를 움직이는 손이며 가축을 기르기 위해 만들어진 문화적인 존재다. 양, 소, 돼지, 닭 등의 가축을 기르는 목적은 무엇일까? 도살해서 고기를 먹고 노예로 부리기 위해서다. 당신의 삶은 금붙이, 세금, TV 시청률보다 큰 가치가 있다. 스크립트, 경제라는 종교의 가르침이 당신 인생을 장악하게 두지 말라. 1%처럼 살고 싶다면 99%처럼 생각해서는 안 된다.

 핵심 개념

- 통념에 의문을 제기하라. 그렇지 않으면 통념은 당신을 '통념적인 삶'으로 이끈다.
- 스크립트는 강력한 기관과 기업이 자금을 조달하는 문화의 기본 운영체제이며, 쳇바퀴를 관리한다.

002 새로운 펜 전략

새로운 선택을 두려워하면 똑같은 이야기만 반복된다

 1995년 겨울, 나는 자살을 생각했다. 자정에 가까운 시간, 시카고에 있는 작은 회사의 리무진을 운전하고 있었다. 사실 운전 중은 아니었다. 눈보라에 갇혀 갓길에 꼼짝 못하고 서 있어야 했다. 앞 유리 와이퍼의 규칙적인 소리만이 불안한 침묵을 깨뜨리고 있었다. 제설차를 기다리면서 나의 비참한 삶에 대해 곰곰이 생각했다. 나는 경영학 학위를 2개나 가지고 있고 동기 중에서 거의 수석으로 졸업했다. 하지만 나는 지금 학위와 전혀 상관없는 일을 하고 있다. 대학을 다니지 않아도 바로 구할 수 있는 그런 일을 말이다. 대학은 내게 가르쳐준 것이 없다. 대학 때문에 빚더미에 앉았고 대학 때문에 내가 더 많은 것을 누릴 자격이 있다는 기대만 가지게 되었다. 하지만 결과는 더 많은 빚, 더 많은 골칫거리, 더 많

은 실패뿐이었다. 20대 중반쯤에는 어느 정도 성공하여 좋은 사람을 만나고 경제적 자유에 가까워질 것이라 기대했다. 하지만 실제 내 손에는 아무것도 없었다. 설상가상으로 오랫동안 만난 여자 친구는 나를 차 버리고 방송국 중역에게 갔다. 바보 같은 나를 두고 그녀가 떠나는 것은 당연한 일이었다. 대학 동기들이 겉보기에는 적어도 성공한 중산층 생활을 하는 동안, 나는 엄마 집 지하실에 처박혀 있었다.

당신이 오늘 죽게 되어 당신 인생을 기록해야 한다면 그 이야기는 어떤 이야기가 될까? "조가 그렇게 좋은 녀석이었나?"라는 식의 진부한 이야기가 될까? 아니면 다른 사람들이 놓치고 싶지 않은 매력적인 이야기가 될까? 이 책을 읽고 있다면 아마도 당신은 자신에 대한 이야기에 만족하지 못하는 사람일 것이다.

갓길에 세운 차 안에 앉아서 내 이야기는 시시하고 쓸모없다는 것을 깨달았다. 자살을 생각한 것은 그때다. 어떻게 자살할지, 자살하는 방법에 대한 몇 가지 칙칙한 상상을 했다. 38구경 권총을 입에 집어넣을지, 자동차 배기구에 플라스틱 튜브를 꽂을지 등 암울한 상상 도중 불현듯 어떤 생각이 떠올랐다. 자살과 자살 방법조차도 선택이다. 자유의지와 선택할 수 있는 힘, 나에게는 그때까지 내가 거부했던 그런 자질이 있었다. 그 자질에 대해 내가 어떻게 생각하고 느꼈는지를 비롯해 인생의 모든 것이 선택이다. 다른 이야기가 펼쳐지는 다른 삶을 원한다면 다른 선택을 해야 한다. 하지만 더 중요한 것은 어떤 믿음이 그런 선택을 하게 만들었는지, 어떤 신념이 내 인생을 망가뜨린, 실패한 선택의 토대가 되었는지를 찾는 것이다.

당신이 희망 없는 직업을 전전하든 사랑 없는 결혼 생활을 이어 가든 대학에서 법학을 공부하든 꿈결 같은 생활을 하든, 그러니까 당신이 어떤 상황이든 당신이란 존재는 한 가지 진실에 매어 있다. 낭신이 오늘 감당하는 결과는 당신의 신념과 그 신념이 품은 선택에서 나온 것이다. 내적 환경(당신의 생각)이 외적 환경(이야기)을 유발하고 당신의 인생을 위한 계획이 된다.

신념 → 선택 → 결과 → 인생

매일 수백 개의 선택이 이런 순서를 거친다. 그 선택 모두가 당신의 신념에서 진화한 것이다.

- 어떤 음식을 입에 넣을까
- 어떤 미디어로 눈요기를 할까
- 어떤 친구와 어울릴까
- 어떤 책을 읽고 어떤 책을 읽지 말까
- 문제와 어떻게 맞붙을까
- 반대를 어떻게 처리할까
- 돈에 대해 어떤 느낌을 가질까
- 여가 시간에 무엇을 할까

당신의 신념과 선택이 당신이라는 책, 당신의 이야기를 만든다. 당신의 책 안에서 이야기를 적는 여러 가지 펜이 곧 당신의 신념이다. 종이에 적히는 각각의 단어는 생각, 각 문장은 선택, 각 단락은 행동, 각 장은 습관이다. 당신의 이야기는 당신 행동의 총합이며 이런 행동은 당신의 신념을 기록하는 펜에 의해 유발된다.

사람은 누구나 어떠한 환경에서 태어나더라도 자신의 이야기를 쓸 권리를 가지고 있다. 만약 지금 있는 정거장이나 목적지가 마음에 들지 않는다면 자신의 이야기를 쓰는 펜을 바꾸면 된다. 펜을 바꾸는 유일한 방법은 신념을 바꾸는 것이다. 당신의 삶을 평범하게 하거나 불행 또는 행복하게 하는, 그리고 죽음에 이르는 방법까지 모두 '각본화'하는 독이 든 펜, 포이즌 펜(poison pens)을 버려야 한다.

한 지인이 심각한 비만, 고혈압, 당뇨와 싸우고 있다고 가정해 보자. 그는 심근경색, 여러 차례의 스텐트 시술, 십여 가지의 처방약에도 불구하고 식습관을 바꾸지 않았다. 그의 식습관은 도넛, 프라이드치킨, 훈연 소시지 등 패스트푸드와 휴게소 음식의 조합이다. 두 번이나 심근경색을 경험하고 몇 번이나 병원 신세를 진 것을 위기로 인식하지 못한다면 도대체 어떤 위기를 겪어야 식습관을 바꿀까? 중풍? 죽음? 이런 질문을 받자 그는 잘못된 신념을 드러냈다. "유전 때문에 건강에 문제가 생긴 거지, 음식 때문이 아니야." 나이지리아 왕자가 군사 쿠데타로부터 목숨을 구하려면 비자금이 필요하다고 생각하는 것과 다를 바 없다.

슬프게도 잘못된 신념에는 큰 대가가 따른다. 돈 이야기가 아니다. 최악의 포이즌 펜은 당신을 죽일 수도 있다. 진실은 당신의 신념 따위를 개의치 않는다. 맨몸으로 날 수 있다고 믿는 사람은 절벽에서 뛰어내리다 죽을 것이다.

쳇바퀴로부터의 자유에도 같은 공식이 적용된다. '좋아하는 일을 하는 것'이 성공 비결이라고 말하는 어느 블로거의 말을 믿는다면, 당신은 20개의 사업을 해도 성공한 것이 아니다. 당신이 회사에 의지하는 것은 사유에 해를 끼지지 않고 사업에 의지하는 것은 위험하다고 믿는가? 그럼 당신은 직장을 떠나지 않을 것이다. 그러나 신념이 의도한 결과를 낳지 못하면 당신은 현실의 가차 없는 공격을 받는다. 불발된 신념은 심각한 결과를 낳고 끔찍한 이야기를 쓴다. 자기 계발 쪽에서는 그런 것을 '제한적인 신념'이라고 부르는 모양이지만 적나라하게 말하자면 그것은 망상에 지나지 않는다.

30초만 준다면(혹은 30단어만 들으면) 나는 당신이 평생 쳇바퀴를 달릴 사람인지 아닌지를 바로 예측할 수 있다. 예지력이 있어서가 아니다. 지난 십여 년 동안 수만 명의 사람들과 커뮤니케이션을 한 덕분에 실패를 예약하는 사고방식을 알아볼 수 있게 된 것뿐이다. 쳇바퀴에서 비롯된 포이즌 펜을 들고 있다면 절대 블록버스터는 쓸 수 없다.

10대 때 내 포이즌 펜은 특별한 사람들만 빠르게 부자가 될 수 있다는 생각이었다. 젊은 부자는 유명인, 운동선수, 음악가나 가능하다고 생각했다. 연기나 드리블이나 노래에 뜻을 두지 않는 한 가망이 없었다. 그렇게 월스트리트의 50년 저축 계획이 내 운명이 됐다. 나는 완벽한 쳇바퀴 속의 생쥐가 된 것이다.

다행히 나는 10대 때 포이즌 펜의 정체를 깨달았다. 말도 안 되게 비싼 스포츠카 람보르기니 쿤타치를 가진 젊은 남자를 만난 순간, 모든 것이 바뀌었다. 버트 레이놀즈의 영화 〈캐논볼〉로 유명해진 쿤타치는 드림카였다. 〈스타워즈〉의 랜드 스피더에 가장 흡사했기 때문이다. 아이스크림 가게 앞에서 그 차를 발견한 나는 주차장에서 주인을 기다렸다. 젊은 남자 차주가 나타났을 때 나는 대담하게도 그에게 다가가서는 무슨 일을 하냐고 물었다. 나의 잘못된 신념과 관련된 답을 들을 것이란 예상과 달리 그는 자신을 발명가라고 밝혔다. 발명가? 나는 어리둥절했다. 그 순간 나의 포이즌 펜이 드러났다. 그리고 나도 젊은 부자가 될 수 있다는 깨달음을 얻었다. 쿤타치의 차주는 '젊은 부자가 되는 것'이 유명인이라는 틀 밖에 존재했으니까 말이다! 새로운 신념이 생겼다. 내게는 새로운 펜이, 새로운 이야기를 쓸 새로운 선택이 주어졌다. 갓길에 처박혀 자살을 생각할 때까지는 그랬다.

하지만 나의 고군분투 뒤에 숨어서 이야기를 망치는 2개의 포이즌 펜이 더 있었다. 나는 사업이 빠르게 금전적 자유를 낳는다는 것을 알고 있었다. 하지만 내 투지와 창의성으로 시험에 뛰어들지 않고 이런저런 변변찮은 사업 계획에 기웃거렸다. 심야의 기획 광고에서 용기를 얻은 부동산 투자 전략, 질 나쁜 가맹점 사업, 네트워크 마케팅 같은 것 말이다. 나는 바로 성공으로 이어지는 손쉬운 시스템이 있다는 잘못된 믿음을 가지고 있었다. 알고 보니 이런 '시스템'으로 부자가 되는 것은 이를 판매하는 사업가뿐이었다. 총은 가지고 있었지만 탄창이 빈 것이다. 그래서 나는 실패를 거듭하며 몇 년을 또 날렸다.

자살 계획을 취소한 후에 나는 2가지 포이즌 펜을 제거했다. 첫째, 나는 내 사업의 성공을 절대 제3자에게 의존하지 않기로 맹세했다. 다단계도, 조합에도, 프랜차이즈에도, 늦은 밤 광고하는 사업 계획에도 휘둘리지 않았다. 둘째, 나를 시카고에 묶어 둔 보이지 않는 족쇄를 잘라

냈다. 몇 개월 후 나는 애리조나주로 이주했다. 이 2가지 신념을 박살 내자 내 삶은 바로 달라졌다.

어떤 각본화된 신념이 내 이야기를 쓰고 있는가? 누가 그런 믿음을 강화시키는가? 사회적 지위를 가졌다는 이유로 의사가 되어야 한다고 종용하는 부모님이 계신가? 끈기 있는 투자로 큰돈을 벌 수 있다며 동기부여 세미나를 팔아서 자기만 큰돈을 버는 위선적인 전문가가 그런 믿음을 강화하고 있지는 않은가?

문제는 통념의 마녀들, 각본이 쳇바퀴라는 결과에 순종하는 복선으로 당신의 이야기를 오염시킨다는 데 있다. "사업을 하는 건 위험하다!" "한 달에 100달러를 저축하면 부자가 될 수 있다!" "수도나 전기가 없는 강가의 오두막에 살아도 행복할 수 있다!" 쳇바퀴는 거짓말로 가득하다. 쳇바퀴에서 벗어나는 첫 단계는 자신에게 더 이상 거짓말하지 않는 것이다.

 핵심 개념

- 내적 환경은 외적 환경을 유발하고 당신의 인생을 위한 계획이 된다.
- 당신이라는 책은 지금 당신의 삶, 당신의 신념과 그 신념이 만든 선택의 총합이다.
- 진실은 당신의 신념을 개의치 않는다.
- 매일 당신은 무엇을 생각하고 느낄지를 비롯한 수천 가지의 선택을 한다. 이런 선택이 단어, 단락, 장이 되어 당신의 이야기를 만든다.
- 포이즌 펜은 삶을 불행하게 하는 각본화된 신념이다.

뇌물

2008년 11월 16일 일요일

일요일 오후 제프는 주방 아일랜드 테이블에 기대어 TV 광고를 멍하니 보았다. 베어스가 그린베이 패커스에게 3대37로 밟히는 것을 보자 긴장이 조금씩 차오른다. 스포츠 경기가 끝나자 다시 현실만 남았다. 그는 일요일 밤이 싫다. 영원히 벗을 수 없는 올무가 목에 채워진 느낌이다. 월요일에 매여서 금요일이면 느슨해졌다가 일요일 밤이면 다시 조여지는, 끝없이 반복되는 올무 말이다.

주위를 둘러보자 부끄러운 느낌이 들었다. 그저 배부른 소리인가? 어떤 면으로 보아도 제프와 사만다는 성공적인 인생을 살고 있다. 아름다운 집, 좋은 차가 있고 냉장고에는 음식이 가득 차 있다. 보수가 후한 직업을 가지고 있으며 심지어 베어스의 다음 홈경기 입장권도 있다!

하지만 마음속 깊은 곳에서는 진실을 보고 있다. 뜨거운 물에 샤워를 하거나 혼자 차에 있을 때처럼 조용히 생각에 잠기면 그의 영혼이 속삭인다. 지난 5년이 다음 50년을 예언하는 것이라면 그는 후회 많은 억울한 늙은이로 죽게 될 것이라고 말이다. 대학을 졸업하고 세 군데의 직장을 거치면서 그의 커리어가 산업혁명 시대의 조립라인에서 일하는 것과 다르지 않다는 것이 명확해졌다. 다만 그는 부품을 조립하거나 레버를 당기는 대신 숫자를 만지고 재고 리스트를 감사했다. 젠장, 제프는 자신이 몸담은 회사에서 만드는 약조차 믿지 않았다. 자신의 신념과 상관도 없는 전쟁을 하느라 제1선에서 총알받이 보병이 된 기분이다.

그의 아내는 파자마 차림으로 전자레인지에 콩과 쌀이 든 접시를 넣어 돌리고 있었다. 너덜너덜한 그녀의 파자마에 프린트된 양은 빛이 너무 바래서 이제는 더러운 눈덩이처럼 보였다.

병원 내 가십으로 수다를 떨다가 제프는 아침에 알람과 벌인 싸움을 이야기했다. "겨우 11분이었다고!" 제프는 주방 스툴에 앉으면서 전자레인지의 소음을 이기기 위해 목소리를 높였다. 음식을 데우는 동안 그는 이야기를 계속했다. "침대에서 나가지 않게 해준다면 영혼이라도 팔았을 거야. 지금 하는 이런 일을 얼마나 더 계속할 수 있을지 모르겠어." 전자레인지가 땡 소리를 내며 멈추었다.

샘은 콩이 담긴 접시를 내려놓고 행주에 손을 닦았다. 그녀는 키가 크고 날씬한 몸을 대리석 테이블에 기대면서 수정 같은 푸른 눈을 가늘게 떴다. "어허." 그녀가 팔짱을 끼며 말했다. 제프는 잠시 말을 멈추었다가 어금니를 질끈 물었다. "게다가 우리 재정 상태는 엉망이야. 빚이 너무 많은데 줄어들지 않아. 우리 둘 다 자기 일을 끔찍하게 싫어하고 당신 얼굴도 잘 못 봐. 그리고…" 그의 목소리가 가라앉았다.

샘은 이제 제프의 옆에 있다. 그녀는 눈을 찡그리며 물었다. "그리고?" 팔 위에 올린 손가락을 가만두지 못하고 부산스럽다. 그는 잠시 망설였지만 "그리고 우리 결혼 생활도 형편없지" 솔직하고 퉁명스럽게 말했다.

결혼 생활이 '형편없다'라는 남편의 말을 들은 샘은 당혹감으로 움찔했다. 결혼 생활이 형편없는 데 동의하기가 두렵다. 하지만 다른 일에 정신을 빼앗기지 않을 때면 그녀 역시 그런 생각에 괴로웠다. 제프는 이야기를 계속했다. "거의 연례행사야. 올해 우리가 잠자리를 가진 건 단 두 번이야. 나를 '라이라이'로 부르지 않은 지도 2년이나 됐어."

라이라이는 라이언 레이놀즈를 닮아서 대학 때 샘이 제프에게 지어 준 별명이다. 라이라이는 사귀던 시절 내내, 신혼 때까지 샘이 애정을 담아 사용하던 호칭이었다.

샘의 눈에 눈물이 고였다. 그는 라이라이 이야기를 꺼내면 그녀의 감정이 혼란스러울 것을 알았다. 애칭은 그들이 사랑하던 시간을 대변하기 때문이다. 샘은 눈물을 닦고 마음을 추스른 후 꾸밈없이 말했다. "스콧의 신년 파티가 끝나고 잠자리를 가졌잖아." 스콧은 제프의 직장 동료이자 운동을 같이 하는 친구로 야구에 관한 한 걸어 다니는 백과사전이다. 스콧에게 어느 해든 월드 시리즈 우승 팀의 선발 라인업을 대라고 하면 연도, 게임, 이닝까지 세세하게 말해 줄 것이다.

제프는 계속 따지듯이 말했다. "그리고 그다음에는 어디였는지 알아?" 샘은 불룩한 배를 힐끗 보고 소매로 눈물만 닦을 뿐 아무 말도 하지 않았다. "정확히 알아. 리츠칼튼이잖아. 잠깐 호캉스를 갔지. 즐거운 시간을 가진 건 그때가 마지막이었어. 나는 옷을 벗는 일에 대해서만 이야기하는 게 아냐."

그녀는 훌쩍거리며 마음을 가라앉히려고 노력했다. 그는 샘의 무릎 위에 손을 올리며 말했다. "우리가 얼굴을 많이 볼 수 없는 상황인 건 이해하지만 우리는 더 잘해야 해. 아기가 태어나면 상황은 더 복잡해질 거야. 우리는 결혼 생활에 대해서 더 노력을 기울여야 한다고. 우리 딸이 당신과 같은 어린 시절을 보내길 원해?"

아이다호주 트윈폴즈 외곽의 작은 마을에서 태어난 샘의 어린 시절은 미스터리였다. 그녀는 그 시절에 대해 말해 주지 않지만 제프는 좋지 않은 이야기라는 것을 눈치챘다. 종종 샘의 과거를 수면 위로 드러내려고 노력했지만 그녀는 부모가 종교에 미친 매정한 사람들이었다는 것 외에 자세한 이야기를 하지 않았다.

샘은 어린 시절에 대한 남편의 언급에 냉정을 유지하려고 노력했지만 코가 씰룩거리고 미간에 주름 잡히는 것을 막을 수는 없었다. 그녀가 대답할 기회를 주지 않고 제프는 말을 이었다. "이렇게 될 줄 알았다면 우리는 결혼하지 않았을 거야."

잠시 후 샘은 마침내 침묵을 깨고 인정했다. "상황이 좋지 않다는 건 알아. 하지만 임신 상태에서 스트레스를 만들고 싶지 않았어. 아기가 태어난 후에 해결하면 된다고 생각했지." "아기가 태어났다고 이 대화가 더 쉬워질 것 같지는 않아." 제프가 자신 없이 말했다. "이 문제는 지금 해결해야 해."

샘이 한숨을 쉬었다. "얼굴도 잘 보지 못하고 만날 때마다 파김치가 되어 있는데 행복하기는 어렵지." 그녀는 말을 멈추고 이마를 문질렀다. "졸업 후에 우리는 당신 오토바이를 타고 여행하거나 소프트볼을 하고 재즈 클럽에 가거나 토요일 밤이면 데이트를 했어." 그녀가 생각에 잠겨 말을 멈추었다. "데이트 전에 당신은 항상 색소폰으로 세레나데를 연주하고는 했는데…. 기억나?"

제프가 답했다. "그래. 그리고는 학자금 대출 상환이 시작되었어. 다음에는 주택 융자금 상환이, 다음에는 당신 야간 근무가 시작됐지." 그는 성이 나서 씩씩거리며 덧붙였다. "그다음에는 당신이 비건 다이어트를 시작하면서 외식을 하지 않게 됐고!" 샘은 진절머리가 나서 한숨을 쉬며 고개를 저었다. 그녀는 제프의 말을 정정했다. "도대체 몇 번이나 이야기를 해야 해. 다이어트가 아니라 '라이프스타일'이라고." 그녀는 의자를 돌리며 제프에게서 시선을 거두었다. 목소리가 딱딱해졌다. "처음 당신을 만났을 때도 우리가 결혼하기 전에도 나는 채식주의자였어. 그 이야기는 더 듣고 싶지 않아."

제프가 쏘아붙였다. "하지만 당신은 이제 채식주의자가 아니라 비건이잖아!" 샘은 그의 항변을 무시했다. 그녀는 콕 집어 대답했다. "매주 스테이크 레스토랑에 가지 않으면 식비가 덜 들잖아!" 샘은 남편에게 말할 기회를 주지 않았다. "책임감 있는 부모가 되려면 앞으로 들 돈에 대해서 신경을 써야 해." 그녀는 큰 눈을 가늘게 뜨며 제프를 노려보았다. "평생 병원에서 일하고 싶지는 않다고!"

제프는 팔짱을 꼈다. "아이 대학은 어떻게 할 거야? 그때까지 돈이 얼마나 들 거라고 생각해?" 그는 발끈했다. "우리 삶에는 절대 끝나지 않는 엄청난 노동만 남아 있어." 그녀는 입가에 가짜 미소를 띠었다. 하지만 제프는 그녀의 표정을 읽을 수 있었다. 담배를 피우는 것처럼 뺨을 빨아들이는 행동은 제프가 옳나는 인정의 표시나. 그녀가 잘라 밀했다. "이건 우리 인생이야. 우리는 그걸 최대한 활용해야 해. 너무 부정적으로 생각하지 마. 몇 달 후면 우리 딸이 태어나고 모든 것이 달라질 거야."

"아니지." 그가 말했다. "똑같은 게 더 많아질 뿐이야. 일도 더 많아지고 청구서도 더 많아지고 스트레스도 더 많아지겠지." 샘은 그의 손목을 잡고 배를 내려다보았다. "우리 딸이 태어난 후에, 언젠가는 기회가 있을 거야." 그녀는 말을 멈추고 고개를 들더니 고민했다.

"우리 이달 말에 라스베이거스에 가는 게 어때? 아기 때문에 꼼짝도 못하게 되기 전에 마지막으로 신나게 놀자. 주말 동안 긴장도 풀고 재충전도 하는 거야." 그녀가 윙크하며 새침한 미소를 지었다. "당신 좋아하는 고기 피자도 먹고 베어스 게임에 돈도 좀 걸게 해줄게." "돈을 걸게 해준다고?" 그가 어이없다는 투로 말했다. "언제부터 돈을 쓰는 데 허락이 필요했지?" 그녀는 눈썹을 찌푸리며 그를 빤히 쳐다보다 다시 자신의 배를 가리켰다.

제프는 라스베이거스를 떠올리려 애썼다. 신나는 주말을 보낸 게 언제인지 까마득했다. 도박, 근사한 식사, NFL 게임 등이 머릿속에 떠오르자 비로소 미소가 그려졌다. "좋아! 다음 주에 예약할게." 샘이 말했다. 제프는 태연한 척 앉아 있었지만 아내의 뇌물 공세에 꼼짝 못하는 자신이 못마땅해 배가 뒤틀리는 듯했다.

003 편안한 고통의 원리

평범한 편안함은 꿈을 망각하게 하는 침묵의 질병이다

 20대 초반 나는 형편에 맞지 않는 스포츠
카를 샀다. 검은색 미쓰비시 3000GT다.
당시 나는 그 어느 때보다 수입이 좋은 직장에 다녔다. 스스로가 자랑
스러워 멍청한 짓을 했다는 것을 깨닫지 못했다. 급여를 저축하거나 사
업에 투자하는 대신, 차에 써 버렸다. 스포츠카는 빚으로 나를 짓누르고
선택을 방해했다. 더 나쁜 것은 고통을 편안하게 받아들이게 했다는 점
이다. 거짓 성공의 환상은 진짜 성공을 위해 노력할 의욕을 없앤다.

편안한 고통의 원리 : 평범한 편안함(mediocre comfort)을 제공할 만
큼의 보수를 주는, 그럭저럭 참을 만한 일자리를 주면 아무것도 바꾸지
않으려는 사람이 생긴다.

당신을 달래서 현상에 안주하게 하는 평범한 편안함은 당신을 매주, 매년 판에 박힌 생활에 고착시키기 위해 고안된 것이다. 정기적인 급여와 그것으로 살 수 있는 대학 야구 게임 티켓, 4일간의 라스베이거스 여행, 시카고 베어스에 돈을 거는 일 같은 모든 편안한 일상이 당신으로 하여금 같은 펜, 같은 말, 같은 줄거리로 책상을 지키게 한다. 결국 시간이 흘러도 이야기는 변함이 없다.

거의 100년 전에 만들어진 이런 계획으로 우리의 노예제도는 고착되고 우리의 꿈은 매수당했다. 1926년 〈월드 워크〉지에 발표된 인터뷰에서 자동차왕 헨리 포드는 임금을 동일하게 유지한 채 노동자의 작업량을 주 6일, 48시간에서 주 5일, 40시간으로 줄이는 이유를 설명했다.

여가가 소비에 미치는 영향이 '주 5일 근무'를 꼭 필요한 것으로 만든다. 물건을 소비하는 사람이 곧 물건을 만드는 사람이다. 우리는 절대 그 사실을 잊으면 안 된다. 그것이 번영의 비밀이다. 주 5일 근무를 하는 사람들은 주 6일 근무를 하는 사람들보다 더 많은 상품을 소비할 것이다. 더 많은 여가를 가진 사람은 더 많은 옷이 필요하다. 더 많은 종류의 음식이 필요하다. 더 많은 교통 시설도 필요하다. 당연히 다양한 종류의 더 많은 서비스가 필요하다. 이렇게 늘어난 소비는 지금보다 더 많은 생산을 필요로 한다. 사람들이 '일을 쉰다'고 해서 거래가 부진해지는 것이 아니다. 거래는 오히려 더 늘어난다. 그리고 이것은 더 많은 일로, 곧 더 많은 이익으로 이어질 것이다.

주 6일 근무제에서는 우리의 노예 상태가 지나치게 명백하다. 때문에 당신을 현실에 안주하게 할, 편안한 소비로 이끄는 하루가 더 주어졌다. 현대의 주 5일 근무제는 악마의 미소와 같다. 바쁘게 일한 시간 덕분에 당신은 적당한 집에 살면서 당뇨병을 일으키는 음식을 먹고 중독적인 오락을 향유한다. 시스템을 자각하지 못하고 순종적이고 수동적인 태도를 지키는 데 충분할 정도의 보상이다. 이런 일상에서 편안함을 느끼는 한, 뇌물 같은 주말은 계속되고 변화는 빛을 잃은 꿈, 공허한 정치 공약으로 전락한다. 갑자기 낯선 사람이 누르는 인스타그램의 '좋아요'가 중요해지고 의미 있는 유일한 '좋아요'가 된다. 당신 자신으로부터의 '좋아요'는 점점 멀어진다.

또 다른 현실 : 평범함이 '대오각성사건(fuck this event)'을 자극하지 않는 한 대부분의 사람들은 평범함과 그에 대한 경제적 추종에서 결코 벗어나지 못한다. '대오각성사건'은 당신을 미쳐 버리게 만드는 충격적인 사건이다. 편안함을 궁극적으로 와해하고 보통 "망할!""더는 이렇게 못 살아!"라는 대사가 따라오는, 주먹으로 '벽을 내려치는' 사건이다.

나의 경우, 갓길에서 조용히 눈보라를 견디고 있을 때 '대오각성사건'이 내 머리를 강타했다. '대오각성사건'은 날씨 때문에 집에서 수천 마일 떨어진 곳에서 발이 묶인 채 공항 벤치에서 밤을 보낼 때 경험할 수 있다. 아이에게는 온전한 아버지가, 아내에게는 온전한 남편이 없다는 깨달음을 얻는 것이다. 직장, 저축, 그리고 이성을 잃게 한 세계적인 감염병과 같이 많은 사람들이 공유하는 '대오각성사건'도 있다. 영양 공급 튜브를 통해 편안함을 섭취하는 상황에서 '대오각성사건'은 그 튜브를 찢어 버린다. 그것은 당신의 뇌에 새로운 현실이라는 낙인을 찍는다. 현상 유지의 고통이 마침내 탈출에서 예상되는 고통을 넘어선 것이다. 축하할 일이다. 영혼을 옥죄는 종교에서 벗어나는 데 필요한 첫걸음은 자신이 그런 종교에 빠져 있다는 것을 깨닫는 일이다.

 핵심 개념

- 평범한 편안함에 안주하는 사람은 현상과 맞서 싸울 동기를 발견하기 힘들다.
- 편안함은 평범함과 지루함에 빠진 삶에 연료를 공급한다.
- 현대의 주 5일 근무는 순종과 안주를 위한 각본의 도구다.
- '대오각성사건'은 현상 유지의 고통이 거기에서 벗어나는 고통보다 심하다는 것을 인식하는 충격적인 사건이다.

004 언젠가 원리

'언젠가'는, 절대 아니다라는 뜻으로 받아들여라

 몇 개월 전 나는 너무 이른 나이에 세상을 떠난 친척의 장례식에 참석했다. 삶에 대해 생각해보고 싶다면 공동묘지에서 시간을 보내라. 묘지 주위를 돌아다니며 죽은 사람들의 비석을 둘러보면 대단히 안타까운 마음이 든다. 나에 대해서가 아니라 꿈꾸는 삶을 살지 못하고 스러진 영혼에 대해서 말이다. 언젠가의 세상에서 죽어 갔을 꿈들…. 언젠가 이걸 해야지, 언젠가 저걸 해봐야지, 아기가 태어나면 언젠가, 빚이 청산되면 언젠가…. 언젠가…. 하지만 '언젠가'는 절대 오지 않는다.

'언젠가'를 단어장에서 빼야 한다. '언젠가'는 마음속 극장의 극적 효과이자 무위에 대한 변명이며 절대 오지 않을 미래를 생각하며 오늘을 외면하기 위한 정신의 뇌물이다. '언젠가'의 문제는 그것이 거짓말이라

는 데 있다. 수학의 차원 분열 도형처럼 '언젠가'는 무한히 계속 되풀이 되는 함수일 뿐이다. 현재의 전제 조건이 충족되면 또 다른 새로운 조건이 생기면서 '언젠가'는 되풀이된다.

"새해를 기다려요."

"학교 마칠 때를 기다려요."

"아내가 직장을 가질 때를 기다려요."

"더 나은 직업을 찾을 때를 기다려요."

"승진할 때를 기다려요."

"아이가 좀 더 클 때를 기다려요."

"감염병이 유행하는 상황이 끝나기를 기다려요."

"새로운 대통령이 취임할 때를 기다려요."

"경기가 좀 나아질 때를 기다려요."

"온수기가 고쳐질 때를 기다려요."

"방학을 기다려요."

"은퇴를 기다려요."

'기다린다'는 말이 공통적으로 들어간다. '언젠가'는 미래의 가능성을 믿으며 안정을 찾으라고 영혼에 쥐여 주는 뇌물이다. '언젠가'는 '나중에' 마을에서 태어나 '절대로' 마을에서 죽는 새빨간 거짓말이다. '언젠가'를 믿지 말라. 당신의 내일은 그것이 거짓말이라는 것을 안다.

언젠가 원리 : '언젠가'를 절대 아니다라는 뜻으로 받아들여라. 타이밍은 결코 완벽할 수 없다. '언젠가'는 오늘, 바로 지금이어야 한다. 7번의 '오늘'이면 일주일이, 365번의 '오늘'이면 1년이 된다. '언젠가'를 오늘로 바꾸는 데 실패하고 "시작하기에는 너무 늦었어"라는 새로운 변명을 내놓을 텐가? 그다음에 기다리고 있는 것은 장례식이다. 결국 당신은 관 속에 누워 있고 당신의 꿈도 함께 묻힐 것이다.

◇ 핵심 개념

- '언젠가'는 거짓말이다. 절대 아니다라는 뜻이다.
- '언젠가'는 무위에 대한 변명이며 절대 오지 않을 내일을 생각하며 오늘을 외면하기 위한 정신의 변명이다.
- '언젠가'는 차원 분열 도형이 끝난다는 데 돈을 거는 것과 같다.
- '언젠가'는 오늘, 지금 이 순간이어야 한다.

어둠의 순간들

2010년 9월 26일 일요일

사만다가 라스베이거스 여행을 예약하는 일은 일어나지 않았다. 제프가 아내와 결혼 생활에 대해 이야기를 나누고 며칠 지나 주식시장이 폭락했다. 몇 주 후, 시장은 또 폭락했다. 투자한 돈은 없었지만 상황이 안정될 무렵 제프는 직장을 잃었다.

비상금도 없고 샘의 월급이 유일한 수입이라 지출을 다시 분류해야 했다. 그들은 자동차 할부금을 체납했다. BMW 3시리즈와 링컨 네비게이터는 시빅과 코롤라로 바뀌었다. 제프의 형인 세스가 타던, 담배 냄새에 절은 코롤라다.

물론 시장이 바닥없이 추락하는 동안 금융 전문가는 "당황하지 말라!" "바닥에서 팔지 말라!"는 조언을 내놓았지만 제프 부부에게는 선택의 여지가 없다. 샘은 불황의 영향을 받지 않는 직업인 간호사지만 임신 중이었다. 딸 매디슨을 낳은 후 샘은 출산휴가는 물론 연차까지 모두 사용했다. 불경기가 거의 2년 동안 지속되었기 때문에 그녀의 수입만으로는 도저히 빚을 감당할 수 없었다.

제프의 실직과 불황으로 인한 집값 하락에서 살아남기 위해서 그들은 연금에 투자한 돈에 손을 댔다. 천천히 회복이 시작될 무렵에는 이미 늦었다. 집은 압류로 빼앗겼고 연금은 사라졌다. 부유함의 모든 허세가 사라졌다.

살림을 줄여야 했기 때문에 그들은 팰러타인에 있는 방 2개짜리 타운 하우스를 빌렸다. 제프에게는 치욕스런 일이다. 집 주인은 데이브 블리스라는 샘의 대학 동창이었다.

2층짜리 타운 하우스는 제프의 표현에 따르면 '거지 소굴' 같은 곳이었다. 빼앗긴 집에 비하면 수준이 한참 낮다. 2층에 있는 거실은 아래층 차고에 딸린 좁고 긴 계단을 통해서만 올라갈 수 있었다. 바닥은 칙칙한 겨자색 장판이었고 주방의 흰색 장은 압축 합판을 붙여 조각이 벗겨진, 90년대 중반 정신병원에서나 볼 수 있을 법한 종류의 것이었다. 더구나 이 집에서는 노스웨스트 고속도로가 내려다보였다. 팰러타인에서 가장 붐비는 도로다. 구급차 사이렌, 시끄러운 엔진 소리, 이중 배기 장치를 단 할리데이비슨으로 조용할 때가 없다. 하지만 샘은 불평하지 않았다. 그녀가 어린 시절 살던 트윈폴즈의 집은 농장이라기보다는 고철 처리장에 가까운, 약 7만 평 땅 위에 놓인 이동 주택이었다. 그녀에게는 40평짜리 타운 하우스도 여전히 업그레이드다. 그녀는 취미인 요리를 할 수 있는 가스레인지만 있으면 만족했다.

두 살 난 딸이 있는 스물아홉 살의 제프와 스물여덟 살의 샘은 그 어느 때보다 나쁜 상황에 처했다. 불황으로 딸이 태어나기 전 그들이 나누었던 결혼 생활에 대한 대화 같은 것은 사치가 되었다. 결혼 생활의 문제를 해결하려고 노력하는 것보다는 생존이 우선이다. 불황으로 권태의 새로운 기준이 정립되었고 모른 체하던 문제가 수면 위로 떠올랐다. 딸의 탄생은 그 문제를 그들의 코앞으로 가져왔다. 보살피고 먹이고 입히고 교육을 시킬 또 다른 인간이 생긴 것이다! 딸이 열여덟 살이 되면 대학 학비는 100만 달러 단위가 될 것이다. 이대로는 안 된다. 무언가는 변해야 한다.

'거지 소굴' 같은 타운 하우스에 들어간 후 그들은 지침이 필요하다는 데 뜻을 모았다. 제프는 CNBC에 나오는 다양한 금융 전문가의 의견을 들었다. 많은 투자자가 평생 저축한 돈이나 직장을 잃었다고 말하는데 전문가라는 사람들은 같은 이야기만 반복했다. 반복 주제는 엄격한 저축, 검소한 생활, 인내심의 조합이다. 제프는 침대에 기대서 돈에 대한 또 다른 설교를 보았다. 혈압이 오르고 머리가 지끈거린다. 6억 달러의 자산을 관리하는 월스트리트 펀드매니저가 사람들에게 "더 많은 투자를 하라" 그리고 "인내심을 가져라"라고 말하자 그는 더 이상 참지 못하고 TV를 껐다. 그러고는 리모컨을 거칠게 내려놓았다. 화가 난 그는 화장대 서랍을 뒤적이는 아내 쪽으로 몸을 돌렸다.

"이 나쁜 자식들! 요트에 타고 있으면서 가라앉는 배에 있는 사람들에게 인내심을 가지라고 하네! 말은 쉽지!" 샘은 고개를 들어 거울에 비친 그를 바라보았다. 서랍을 닫으며 그녀가 말했다. "저녁 먹고 나서 이야기하자."

제프는 설거지를 하고 샘은 매디슨을 재운 뒤 두 사람은 부엌 식탁에 마주 앉았다. 제프는 내일부터 출근한다. 이제 주부 노릇을 그만두어야 했다. 지난 2년간은 현상 유지만으로도 힘겨웠다. 그녀가 번 돈으로 생계를 유지했고 모자라는 부분은 신용카드로 메꾸었다. 그러는 동안 제프는 기저귀를 갈고 되는 대로 이력서를 집어넣었다. 두 사람 모두 불황이 그들의 현실을 까발렸다는 것을 안다. 그들에게는 새로운 방향의, 새로운 계획이 필요했다. 결정을 내려야 할 때다.

불편한 침묵 뒤에 샘이 입을 열었다. "앞으로는 한 푼도 허투루 쓰지 말아야겠어." 그녀가 연필을 돌리며 말했다. 그녀는 남편의 낡은 아이폰을 향해 고갯짓했다. "정말 필요한 것이 아니라면 업그레이드는 자제하자. 외식도 없어. 필요할 때까지는 새 차도 없고 HBO나 MLB 시즌권도 마찬가지야." 오래 이어진 재정 문제에 상황까지 악화된 후부터 혼자 가장의 무게를 담당한 아내에게 기가 꺾인 제프는 거세게 항의할 수 없었다. "잠깐, 당신 CNBC의 멍청이들 이야기를 들은 거야? 거기에서 듣고 이런 소리를 하는 거야?"

샘이 대답했다. "그런 면도 있지. 출근길에 라디오방송을 듣는데 데이브라는 사람이 비상금을 마련해야 한다고 말하더라고. 빚을 전부 갚고 한 달에 최소한 100달러 이상 저축하기 시작하면 예순다섯 살 때까지 수백만 달러를 모을 수 있다는 거야. 100만 달러 단위라고!" 제프는 눈을 크게 뜨고 소리를 빽 질렀다. "예순다섯? 서른도 넘길 수 있을지 모르는 판국에?"

샘은 장황한 이야기를 이어 갔다. "프로그램을 몇 개 듣고 그 사람

웹사이트에 들어가 보았어. 보니까 비슷한 이야기를 하는 웹사이트가 여럿 눈에 띄더라." 그녀는 잠시 말을 멈추고 제프에게 날카로운 시선을 던졌다. "당신이 스타벅스에 가지 않고 그 돈을 모으면 40년 후에는 수천 달러가 된대. 알고 있었어? 컵스 경기를 보는 데 낭비하는 돈을 모으면 얼마가 될까?"

제프는 발치에서 잠든 벨라를 가리키며 성질냈다. "사만다, 벨라를 동물 보호소에 보내지 그래? 개 사료에 드는 돈을 모으면 얼마나 될까?" 그는 입술을 깨물며 딱딱한 표정으로 아내를 노려보았다. 그녀는 제프가 주의를 끌려고 할 때 그녀를 "사만다"라고 부르는 것을 알고 있다.

샘은 모른 채 이야기를 계속했다. "어쨌든, 이런 식이야. 빚을 전부 갚고 가능한 최대로 저축을 하는 거지. 그리고 그 돈을 인덱스펀드인가에 투자하는 거야. 지금부터 시작하자." 그녀는 손가락 하나를 들었다. "한 푼 한 푼이 소중해." 그녀는 잠시 말을 멈추고 손가락으로 제프의 손목을 건드렸다. "당신은 회계사야. 숫자에 밝잖아!" 그녀가 사정하는 눈빛을 보내며 미소를 지었다. "우리는 할 수 있어!"

제프는 바로 그녀의 말에 반박했다. "말도 안 되는 소리! 도대체 누가 그런 소리를 해? 나는 피자와 컵스가 좋아." 그리고 덧붙였다. "커피도!" 그는 그녀에게 경멸의 눈빛을 보냈다.

이런! 샘은 의도적으로 천천히 커피를 한 모금 마셨다. 2안을 실행할 시간이다. "제프!" 그녀가 침착하게 말했다. "결혼하고 5년 동안 당신 방식대로 살았잖아. 그래서 우리에게 남은 게 뭐가 있지? 빚더미에, 난 병원에서 죽도록 일해야 하고 당신은 망할 직장을 잃었어. 난 지난 2년간 생계를 책임졌지. 그러니 이제 내 방식대로 할 거야."

샘은 이성적으로 보이기 위해 목소리를 낮추었다. "우리 둘 다 이 상황에 책임이 있어. 나도 인정해. 당신이 내 생일 선물로 루이 비통 지갑을 주었을 때만 해도 난 불평은커녕 무척 좋아했지. 당신이 나 모르게 큰 SUV를 샀을 때도 난 반대하지 않았어. 그 차가 좋아서."

"하지만 우리 가족을 지키려면…." 그녀는 말을 멈추고 닫힌 침실 문을 가리켰다. "우리 은퇴에서부터 매디슨의 대학 문제까지 미래에 대해서 현명하게 판단해야 해. 다들 그렇게 이야기한다고." 제프는 이를 악물었다. "다들?" 그는 식탁을 손으로 내리쳤다. "그 사람들이 무얼 안다고? 모두 다 똑같이 형편없는 상황에 처해 있는데!"

005 경제 종교의 원리

첫바퀴는 세계의 경제 종교이며 문화는 그 사원이다

2020년 첫 월급을 받은 한 젊은이의 영상
이 입소문을 타고 퍼졌다. 함박웃음과 즐거
운 기대감은 봉투를 뜯자마자 바로 사라졌다. 오히려 눈살을 찌푸렸다.
미처 생각지 못했던 세금이 뭉텅이로 빠져나간 것을 보고 그는 크게 낙
심했다. 그는 화가 나서 이렇게 외쳤다. "그들의 계략에 말려들었어!"

이 젊은이처럼 광기, 세계의 경제 종교, 흔히 첫바퀴라고 불리는 것
에 끌려 들어가는 '계략'에 당신 역시 말려들었다. 스크립트는 이 종교
의 가르침이고 미디어와 문화는 사원이다. 첫바퀴는 경제의 신학이다.
이 이론은 당신의 노동력을 징발하고 당신의 참여를 부추긴다. 태어나
는 순간부터 당신은 부모님으로부터 이 종교를 물려받는다. 첫 호흡과
동시에 당신에게는 바코드와 사회보장번호가 찍힌다. 그때부터 당신은

다음 둘 중 하나가 되어 기꺼이 쳇바퀴 패러다임에 참여한다.

① 쇼핑하는 쥐 : 월마트보다는 니만 마커스 백화점, 혼다보다는 메르세데스 벤츠 등의 과시적 소비로 행복, 존중, 충족감 등을 느낀다.
② 저축하는 쥐 : 돈 한 푼에도 벌벌 떨면서 급여에서 몇 백 달러씩을 저축하고 수십 년간 꾸준히 월스트리트가 보증하는 인덱스펀드에 투자를 하면 부자가 될 것이라고 믿는다.

쇼핑하는 쥐는 주말마다 치즈를 즐긴다. 그는 자신의 치즈를 가능한 한 빨리, 많이 만들기 위해 쳇바퀴를 빠르게 돌린다. 한편 저축하는 쥐는 치즈 소비를 최소화한다. 그는 쳇바퀴의 빵과 서커스에 절대 돈을 쓰지 않고 빵과 서커스를 제공하는 회사에 돈을 투자한다. 이것은 정말 끔찍한 일이다!

어떤 역할을 하든 그 사람을 키우는 목적은 하나다. 경제 노예의 개방 사육이다. 대부분의 사람들은 눈치채지 못하지만 우리는 국가의 피보호자다. 그렇다, 재산인 것이다. 국가는 노동력, 부채, 소비를 담보로 해서 우리를 소유하고 있다. 급진적인 음모론처럼 들리는가? 그렇지 않다. 비자나 여권 없이 국가를 떠날 수 있는가? 부가세를 내지 않고 음식이나 가스를 살 수 있는가? 운전면허증을 갱신하지 않고 버틸 수 있는가? 재산세를 납부하지 않고 버티면 당신이 진짜로 무엇을 소유하고 있는지 알게 된다. 당신은 평생 국가에 세금을 내는 생물학적 동산이다. 자유? 그런 것은 없다. 당신은 바코드가 찍힌 노예일 뿐이다.

저축하는 쥐라면 당신의 썩은 치즈는 수십 년 후에 약속된 노년의 퇴직이다. 맡은 역할이 무엇이든 당신에 대한 세뇌는 어릴 때부터 시작된다. 성공은 좋은 대학에서의 좋은 교육으로부터 나와 좋은 직장과 좋은 동네에 있는 좋은 집으로 이어지며 40년 동안 성장하는 우량 투자 포트폴리오가 함께한다. 이러한 모든 '선'에도 불구하고 이 암묵적인 사회계약 어디에도 자유와 영혼의 행복은 없다. 물론 이는 당신의 동의를 얻어 당신의 인지 아래에서 일어나는 것이 아니다. 노예를 복종시키는 가장 좋은 방법은 자신이 노예임을 알지 못하게 하는 것이다.

모든 종교 교리가 그렇듯 일탈에는 대가가 따른다. 대학 진학을 포기하고 에어컨 설치 기술이나 차량 정비, 배관 공사를 배우고 싶은 10대에게 물어보라. 취업 준비 대신 사업을 시작하는 대학 졸업생에게 물어보라. 이 문화의 상부구조, 쳇바퀴라고 알려진 광신적 경제 종교는 인류의 그 어떤 속임수보다 강력하다. 스크립트(SCRIPT), 즉 그 계획에 동력을 공급하는 가르침 뒤에는 다음 같은 각본이 있다.

1. 학교 교육(Schooling)

2. 소비 지상주의(Consumerism)

3. 책임(Responsibility)

4. 무지(Ignorance)

5. 약속(Promises)

6. 세금(Taxation)

학교 교육

당신이 18세까지 월요일부터 금요일은 학교에 다니고, 다음 50년을 월요일부터 금요일까지 일하는 것은 우연이 아니다. 초등학교부터 대학교까지 모든 수준의 교육이 월요일부터 금요일까지의 작업 체계를 당연한 것으로 받아들이게 한다. 정규교육은 지성이 기계적인 암기나 반복과 연관되며 그런 행동에는 보상이 따른다고 말한다. 학교는 진실이 권위에서 비롯된다고 말한다. 교사는 체제 내에서 순종적인 쥐가 되는 방법, 미디어가 주는 정보에 파묻힌 맹목적인 추종자 집단 안에서 좋은 피고용인이 되는 방법을 가르친다. 주어진 작업은 금방 배워서 일할 만큼은 똑똑하지만 일하는 방법을 지시하는 사람들에게 감히 이의는 제기하지 못하도록 가르친다.

나는 경제문제에 대해 이야기하는 라디오방송을 애청한다. 어떤 프로그램에서 한 청취자가 전화를 걸어 자신과 아내의 학자금 대출과 신용카드 빚이 100만 달러에 이른다고 불평했다. 두 사람이 높은 학력을 쌓는 데 거의 30만 달러가 들어갔다. 그 많은 돈이 '학교 교육'에 들어갔는데도 그들이 돈을 관리하는 수준은 침팬지나 다를 바가 없다. 스크립트에 쥐 2마리 추가요!

소비 지상주의

어린 시절 우리는 장난감, 인형, 레고 세트, 장난감 트럭과 행복을 결부시켰다. 10대가 되면 이런 연상은 게임기, 전기 기타, 자전거로 확대되고 그에 따라 가격도 올라간다. 성인이 되어서도 이런 연상은 지속된다. 단 이제는 장난감 즉, 오락 시스템, 자동차, 보트, 집을 갖기 위해서는 견고한 자금 조달 체계가 필요하다. 돈을 갚느라 너무 바빠서 주말에나 누릴 수 있는 집을 30년 만기 대출로 장만하는 것은 정말 미친 짓이다. 집이 얼마나 좋고 멋지든 30년간의 대출에 대한 담보는 그 부동산만이 아니다. 재산세라는 이름으로 주정부에 바치는 돈은 물론이고 당신의 종신 노동까지 담보물에 포함된다.

책임(과 생존)

주택 융자, 학자금 대출, 자동차 할부, 아이 등 책임이 커질수록 스크립트의 지배력도 커진다. 음식, 집, 의료, 아기 신발 등은 그저 존재만을 위해서도 엄청난 돈이 들어간다. 스크립트는 아주 어린 나이부터 당신에게 교활한 마수를 뻗친다. 스스로를 구속하는 데 엄청난 학자금 대출과 그저 그런 직업보다 더 좋은 방법이 있을까? 책임의 멍에는 스크립트의 MVP다. 책임이 노동과 소비를 강요하기 때문이다. 미국에서는 대학 학위를 따는 데 100만 달러 단위의 돈이 들어간다. 아이 하나를 키우는 비용은 수십만 달러를 훌쩍 넘는다. 결혼식을 하는 데도 5만 달러가 넘게 든다. 게다가 아플 수도 없다. 건강보험의 효용은 성긴 파리채로 모기를 막는 것과 별다를 바가 없다. 병원에서 처방받았다는 이유로 해열제 하나에 700달러를 내는 즐거움도 빼놓지 말자! 이런 잔인한 현실과 엄청난 빚에서 탈출하는 사람은 몇 안 된다. 이런 상황은 당신에게서 선택지를 빼앗고 각본을 떠안긴다. 일을 해서 빚을 갚다 죽는, 이 계획은 지금도 작동 중이다. 당신은 어쩔 수 없이 노동을 계속해야 한다. 그렇지 않으면 트레일러에서 살거나 요즈음 방식으로 '캥거루'가 되어 부모님께 얹혀살아야 한다.

무지

자유를 얻는 방법, 부자가 되는 방법, 행복과 정신적인 충족감을 느끼면서 재산을 늘리는 방법, 사회규범의 틀에서 벗어나서 사고하는 방법을 학교에서 가르쳐 주지 않는 이유를 궁금하게 여긴 적이 있는가? 부에 대한 대부분의 정보가 일, 저축, 주식시장에서의 인내와 연결된다는 것을 알아차린 적이 있는가? 스크립트에서 인정한 재정적 자유에 '저축과 투자'의 서사만 존재하는 이유는 무엇일까? 무지는 스크립트의 목표다. 권위가 그것을 강요하고 합의가 이야기를 마무리한다.

1961년 밀그램 실험은 불편한 진실을 보여주었다. 권위 있는 사람이 명령을 내리면 평범한 사람들은 그 명령을 따르게 마련이라는 진실 말이다. 문제 제기는 없다. 해로운 명령도 심지어 무고한 사람에게 치명적인 해를 끼치는 명령도 마찬가지였다. 권위에 대한 순종은 부모에서부터 시작해서 학교 교육을 통해 강화된다. 권위가 합법적이고 정당하다고 인식되는 한, 사람들은 권위에 복종한다.

약속

스크립트는 고결하고 막연한 약속을 근거로 살아남았다. 100만 달러 단위의 돈을 들여 방금 딴 학위가 당신이 원하는 직장을 얻게 해줄 것이라는 약속, 주식시장의 높은 수익률, 밝은 경제 전망, 낮은 인플레이션, 성장하는 고용 시장, 이 차나 저 기기를 사면 행복할 것이라는 약속, 그리고 그 모두를 능가하는, 30년, 40년 또는 50년 동안 월스트리트에 저축액을 모두 투자하면 먼 훗날 부자로 은퇴해서 자유를 얻을 것이라는 약속까지 말이다. 한편 중앙은행은 3조 달러의 돈을 방금 또 찍어 냈고, 당신 동창은 2,000만 달러로 새 축구 코치와 계약을 맺고, 헤지펀드 억만장자는 인덱스펀드가 전기 이후 가장 위대한 발명품이라고 이야기하는 책을 또 출간한다.

세금

챗바퀴의 주목적은 당신의 노동, 당신이 감수하는 위험, 당신의 소비에까지 세금을 붙여 당신 돈을 뜯어내는 것이다. 월급을 받으면 세금이 부과된다(근로소득세). 음식과 일용품을 사도 세금이 부과된다(부가가치세). 투자위험을 감수하고 성과를 올려도 세금이 부과된다(양도소득세). 그러나 성과를 내지 못할 때는 아무런 혜택이 없다. 집을 사면 무기한으로 세금이 부과된다(재산세). 마지막으로 죽음에도 세금이 부과된다(상속세). 경제적 산출물이 전부, 100% 몰수되는 것이 노예제도라면 어느 선까지는 노예제도가 아닌가? 80%? 50%? 39.6%? 그 숫자가 무엇이든 우리는 계속 국채를 찍어내는, 인간 담보일 뿐이다.

스크립트가 당신을 낚아채 챗바퀴의 벽을 더 높이면 평범한 편안함은 파블로프의 보상(중독적인 HBO 시리즈, 스포츠 행사, 할부로 산 외제차 등 외부 영향을 쉽게 받는 사람들이 좋아하는 것)을 준다. 삶은 서서히 행복 극대화라는 목표에서 거의 모든 인간의 현실인 고통 최소화로 악화된다.

진실 : 평생 동안 당신의 역할은 꿈이 아닌, 빚과 의존을 위해 설계된 마키아벨리 체제에서 세금이라는 성과를 내는 것으로 각본화되어 있다. 종교와 사제의 목표를 정확히 이해해야만 이곳에서의 탈출 계획을 세울 수 있다.

 핵심 개념

- 챗바퀴를 경제 종교, 자신도 모르게 빠진 광신교로 이해하라.
- 당신은 쇼핑하는 쥐나 저축하는 쥐, 둘 중 하나의 역할로 챗바퀴에 참여한다.
- 쇼핑하는 쥐는 소비의 노예이며 저축하는 쥐는 저축과 포트폴리오의 노예다.
- 쇼핑하는 쥐가 챗바퀴에 의문을 제기하면 문화는 챗바퀴의 다른 역할, 즉 저축하는 쥐의 역할을 장려한다.
- 스크립트, 즉 챗바퀴의 교리에는 학교 교육, 소비 지상주의, 책임, 무지, 약속, 세금의 6가지 요소가 있다.

006 허니팟 원리

부자로 죽기 위해 오늘의 가난을 인내해야 할까?

"경고 : 미끼 자동차가 있을 수 있음" 몇 천만 달러짜리 주택이 늘어선 우리 동네 초입에는 이런 표지판이 서 있다. 일종의 허니팟이다. 컴퓨터 용어를 잘 모르는 사람들을 위해 간단히 설명하자면, 허니팟(honeypot)은 곰을 유인할 때 쓰는 꿀단지를 가리키는 말로, 컴퓨터 시스템에 대한 무단 접근을 막고 거기에 대응하기 위한 보안 수단을 가리킨다. 우리 동네와 같은 경우에는 도둑이 기회를 엿보는 곳에 미끼 자동차를 세워서 허니팟으로 이용한다. 사실 허니팟 원리는 일탈 행동을 유혹하는 계획이지만 여전히 시스템의 일부다.

영리한 쳇바퀴도 나름의 허니팟을 둔다. 쳇바퀴의 정통 교리는 소비가 당신을 더 근사하고 건강하고 행복하게 만든다는 환상을 이용하는 적나라한 물질주의다. 일하고 쇼핑하고 세금 내는 일을 반복시킨다. 그런 사기를 폭로하고 일탈 행동을 시도할 만큼 똑똑한 사람이 있다면 어떻게 할까? 스크립트는 그 사람을 실패의 위험이 없는 허니팟으로 안내한다. 돈을 모두 주식시장에 투자하는 광적인 저축하는 쥐로 만드는 것이다. 재무 관련 베스트셀러 책, 웹사이트, 잡지를 보라. 허니팟의 신조는 어디에나 있다.

- 매달 급여의 10%를 저축하고 그것을 주식시장에 투자하면 50년 후에 수백만 달러가 된다! 부자로 은퇴할 수 있다!
- 스타벅스 커피를 마시지 않고 아낀 돈을 인텍스펀드에 투자하면 65세에 100만 달러 단위의 돈을 만질 수 있다!

허니팟 계획 뒤에는 또 다른 쳇바퀴 공모자가 있다. 바로 복리, 내가 서행차선(Slowlane)이라고 부르는 것이다. 서행차선은 평범함을 극대화하기 위한 재정계획으로 오늘을 가난하게 살면, 즉 매일 마시는 커피, 새 차, 근사한 식당, 정기적인 휴가를 포기하면 나중에는 풍요롭게 살 것이라는 진부한 신조다. 그런 마법과 같은 미래를 화려한 도표가 뒷받침한다. 당신의 제국이 몇 십 년 후에는 하늘 높은 줄 모르고 솟아 있을 것이라고, 자극하는 도표다.

이론적으로는 훌륭하지만 현실은 그렇지 못하다. 복리는 작은 액수에는 거의 혹은 전혀 영향을 미치지 않는 수학적 계산에 불과하다. 복리가 무기가 될 때는 액수가 클 때뿐이다. 쳇바퀴에 갇힌 사람들은 큰 돈을 만질 기회가 없다. 각각의 원금에 따라 5%의 복리가 어떤 효과를 내는지 보여주는 다음 표를 살펴보자.

5% 금리	월수입
500달러	2.08달러
5,000달러	20.83달러
50,000달러	208.33달러
500,000달러	2,083.33달러
5,000,000달러	20,833.33달러

5% 금리는 500만 달러에 적용되었을 때나 눈에 띄는 변화를 보인다. 문제는 쳇바퀴를 달리는 대부분의 사람들은 절대 거기에 도달하지 못하며 간혹 그런 경우에는 돈이 모일 때까지 40~50년의 시간이 필요하다. 쳇바퀴에서 탈출하지 못한 채 푼돈을 세는 동안 요양병원에 갈 날이 다가온다. 복리가 정말로 힘을 발휘하려면 100만 달러 단위의 돈을 손에 넣어야 한다. 그것도 매우 단시간에 말이다!

설상가상으로 서행차선 허니팟을 밀어붙이는 작업은 말도 못하게 성공률이 높다. 나는 우연히 〈포브스〉지 비디오를 보았다. 〈포브스〉가 기업가와 자수성가한 유명 사업가의 이야기를 다루는 잡지인 만큼, 〈부자가 되는 법〉이란 제목의 비디오는 '50년의 저축'이라는 서사를 밀어붙인다. 그 비디오를 본 후 나는 그 암묵적 위선에 실소할 수밖에 없었다. 그래서 〈포브스〉의 표지 모델에 대해 조사를 했다. 〈포브스〉의 백만장자와 억만장자 중 실제로 비디오에서 추천한 충고를 따른 사람은 과

연 얼마나 될까? 단 한 사람도 없다!

기업가, 상속자, 스포츠와 연예계의 거물, 기업 내부자, 투자자가 아닌 금융업에 종사하는 사람들을 제외하고 생각한다면 내가 발견한 사실을 당신도 정확히 깨닫게 될 것이다. 주식시장은 투자자를 부유하게 만들지 않는다. 주식시장은 그곳의 나팔수만 부유하게 만든다. 예상대로 〈포브스〉의 표지 모델 중에는 서행차선 허니팟으로 부자가 된 사람이 한 명도 없었다. 하지만 그들은 그 충고를 밀어붙여서 자신의 주머니를 불렸다.

샴페인 위선자(champagne hypocrite, 샴페인을 마시면서 사회와 진보를 논하는 유한계급 샴페인 사회주의자를 기반으로 저자가 만든 말-옮긴이)는 쳇바퀴 구조(직업, 주식, 검소, 인내)에 대해 설교하면서 그 영향력을 이용한 사업(서적 판매, 자산 관리 수수료, 세미나, 금융 상품)으로 돈을 번다. 피지에 살면서 세계 각지에 별장을 둔 금융계의 거물이 커피나 고급 식당, 스웨덴식 마사지를 포기할까? 나는 그렇게 생각하지 않는다. 그렇지만 그들은 먼 미래에 5,000달러짜리 샴페인을 사기 위해 5달러짜리 커피를 마시지 말라고 말하고 있다. 이런 샴페인 위선자를 경계하라. 그들은 '부자가 되는' 전략을 팔아 돈을 번다. 정작 자신은 그 전략으로 부자가 된 것이 아니면서 말이다. 복잡한가? 전문가라는 사람이 팔고 있는 내용과 그 자신이 하는 일이 서로 다르다면 다른 전문가를 찾아야 한다는 뜻이다.

안타깝게도 '소비'와 '복리' 신조는 쳇바퀴 체제와 공생하는, 조작된 동전의 양면이다. 영락없는 기만이다. 같은 도살장으로 들어가는 2개의 다른 문일 뿐이다. 어느 편에 서든 당신은 이미 속임수에 넘어갔다. 당신은 행복을 위해 소비하고, 쇼핑하는 대신 저축하며 자유를 기다린다. 더 아이러니한 것은 당신의 모든 초과 노동(저축)이 주식시장에 투자되어 소비 패러다임을 촉진하는 기업의 성장을 돕는다는 점이다.

시장 투자에 복리의 원리를 적용하면 수십 년에 걸쳐서 견실한 포트폴리오를 만들 수 있다는 것은 맞다. 하지만 동전의 뒷면에서는 복리의 사악한 쌍둥이인 인플레이션이 실질 구매력을 갉아먹고 있다. 2021년 25세에 저축을 시작해 65세 생일(2061년)에 수백만 달러를 갖게 된다 해도 그 돈은 오늘만큼의 가치가 없다. 지금이라면 100만 달러로 괜찮은 집을 한 채 구할 수 있지만 2061년의 100만 달러는 괜찮은 차 한 대 구입할 돈밖에 안 된다.

또한 복리는 많은 '불변성'을 전제한다. 변하지 않는 고용, 변하지 않는 건강, 변하지 않는 저축, 변하지 않는 경제 활황, 변하지 않는 인플레이션 통제 등을 전제한다. 이런 조건이 모두 갖추어지는 것을 기대하느니 라스베이거스에서 주사위를 굴리는 편이 더 낫다. 현실은 꿈을 짓밟는다. 현실은 망할 복리계산을 짓밟는다.

이렇게 자문해보라. 복리가 그렇게 효과적이라면 그 많은 65세 백만장자들은 어디에 있는가? 은퇴자의 절반은 부자여야 하는 것이 아닌가? 당신의 조부모는 백만장자인가?

2018년 노스웨스턴 뮤추얼의 연구에 따르면, 은퇴한 혹은 은퇴를 앞둔 베이비 붐 세대 중 3분의 1은 저축한 돈이 2만 5,000달러 이하이거나 최악에는 전혀 없다고 한다. 이런 질문을 하고 싶다. 베이비 붐 세대의 33%가 긁어모아 투자한 돈이 2만 5,000달러라면 나머지 66%의 주

머니에는 얼마가 있을까? 연방준비제도이사회의 〈2019년 소비자 재정
조사〉 자료에 따르면 65~74세 은퇴자의 퇴직금 적립 계정에는 16만
4,000달러가 있다고 한다. 백만장자들은 다 어디에 있는 것인가? 이 자
료는 과학의 민낯을 보여준다. 복리와 저축과 검소함에 대한 터무니없
는 요구에서 살아남은 백만장자 생존자들은 아마 1%도 되지 않을 것이
다. 그 1%는 〈야후 파이낸스〉와 〈마켓워치〉의 1면을 장식한다.

　감옥에서 수감자에게 탈출 방법을 알려줄까? 마찬가지다. 쳇바퀴가
'탈출법'을 광고할 것이라고 기대하지 말라. 노년의 10년을 즐기기 위
해 65년 동안 감옥에서 사는 것에 동의하지 말라. 희망, 인내, 빈곤은 재
정계획이 아니다. 그것은 구속이고 멍에일 뿐이다.

 핵심 개념

- 복리, 즉 서행차선은 오늘 1달러를 저축하면 먼 미래에는 수백만 달러
가 된다는 생각이다.
- 쇼핑하는 쥐와 저축하는 쥐는 조작된 동전의 양면으로, 공생 관계다.
- 인플레이션, 시간, 많은 변동 전제가 복리를 무력화시킨다.
- 자료에 따르면 복리는 실생활에 적용될 경우 극도로 비효과적이다.
- 샴페인 위선자는 대중 마케팅으로 '부자가 되는' 전략을 판매해서 부
자가 된 것이지 그 '전략' 덕분에 그들이 부자가 된 것은 아니다.
- 감옥이 수감자에게 탈출 방법을 알려주지 않는 것과 마찬가지로 쳇바
퀴도 탈출 방법을 알려주지 않는다.

티끌 모아 개죽음

2015년 9월 26일 토요일

제프는 주방 테이블을 등지고 2층 창문을 통해 밖을 내다보았다. 아내는 옆에 앉아 있다. 하늘은 흐리다. 두꺼운 회색 구름이 가느다란 햇빛도 집어삼킨다. 그는 갓 일곱 살이 된 딸 매디슨과 벨라가 뒷마당에서 장난감을 던지고 물어 오며 노는 것을 지켜보았다. 위스키를 한 모금 마셨다. 오늘만 벌써 두 번째다. 목이 덴 것처럼 뜨거웠지만 그는 개의치 않았다.

매디슨을 보고 있자니 딸아이가 성장하는 모습을 제대로 보지 못했다는 생각이 든다. 아이가 기어 다니던 것이 엊그제 같은데 벌써 키가 150cm에 가깝고 자라면서 점점 엄마 판박이가 되어 간다. 하루가 다르게 성장하는 딸과의 추억이 별로 없다는 것이 그를 서글프게 했다. 매디슨은 그의 기운을 돋우고 지루한 일상을 참고 버티게 하는 빛이다. 하지만 아이와 시간을 많이 보내지 못했다. 디즈니랜드에 데려간다고 약속했지만 3년이 넘도록 못 갔다. 실망이 거듭되자 매디슨은 더 이상 디즈니랜드 이야기를 꺼내지 않았다.

매디슨이 벨라와 실랑이하는 동안 그녀의 긴 금발이 바람에 휘날렸다. 그 모습에 샘을 뒤에 태우고 할리를 타던 일이 떠올랐다. 그 오토바이는 2008년 대침체 이후 팔아 버렸다. 지금 샘의 빡빡한 저축과 투자 계획에서 오토바이는 '비필수' 항목으로 치부됐다. 샘은 카드 빚을 갚기 위해 제프의 색소폰까지 팔아야 한다고 고집을 부렸다. 그는 거부권을 행사했지만 기각됐다. 현실로부터의 마지막 도피처였던 그의 색소폰은 지금 전당포 쇼윈도에서 새 주인을 기다리고 있다.

벨라와의 실랑이에서 승리한 매디슨은 장난감을 다시 마당 건너편으로 던졌다. 벨라는 유유히 그 뒤를 쫓았다. 벨라도 변했다. 벨라는 장난감을 빼앗기는 법이 없었고 총알보다 빨랐다. 하지만 지난 5년 동안 아무도 설명할 수 없는, 무슨 일이 일어났다. 빠르게 깜빡이던 벨라의 눈은 이제 천천히 움직인다. 벨라라는 이야기책에 몇 년 분량이 추가되긴 했지만 실제 페이지는 비어 있는 느낌이다. 그의 기억도 희박하고 모호했다. 뇌가 위스키에 절여지면서 '희박하고 모호한' 것이 자신의 삶을 표현한다는 생각이 강하게 들었다. 기쁨, 사랑, 흥분, 열정, 숨쉬기는 희박했고 결혼 생활, 삶의 목적, 딸과의 관계는 대단히 모호했다.

그는 창에서 몸을 돌려 아내를 향해 섰다. 아내는 휴대폰 화면을 넘기고 있었다. 그들은 여전히 '거지 소굴' 같은 타운 하우스에 살고 있다. 사만다가 독재적인 재정 전략을 시행한 지 5년이 되었다. 그녀의 고집과 강요로 제프는 마지못해 그 전략을 따르고 있다. 끔찍한 작업 스케줄은 그렇지 않아도 무기력한 결혼 생활에서 그나마 남아 있던 것까지 빼앗아 갔다. 그가 보기에는 도저히 행복할 수 없는 상황이지만 그녀는 그것을 숨기고 있다. 아니, 외면하는 건가?

제프는 보란 듯이 노트를 펼쳤다. 그가 평생 동안 가지고 다닌 노트다. '니브(제프가 10대 때 좋아하던 여배우 니브 캠벨의 이름을 땄다)'라는 이름의 이 노트에는 다양한 고백, 낙서, 계산, 비전 보드가 들어 있다. 표지에는 빛바랜 시카고 컵스의 스티커가 붙어 있고 속지는 닳고 주름졌다. 그가 숫자로 가득 찬 페이지 중 하나를 펼치고 펜을 움직이자 샘이 그를 힐끗 쳐다보았다.

"복권에 당첨되거나 내가 컵스에서 시속 160km로 공을 던지지 않는 한, 우리는 남은 평생 동안 일을 해야 해." 그는 차분한 목소리로 말했다. 샘은 그를 슬쩍 살피며 휴대폰을 내려놓았다. 제프는 목청을 가다듬고 말을 이었다. "계산을 좀 해봤는데 주식시장이 앞으로 10년 내내 호황이어도 우리는 가망이 없어."

남편의 지나치게 극단적인 상황 판단을 무시하곤 했던 샘도 귀를 기울이고 있다. 지난 5년 동안 그들은 모든 전문가의 설교를 그대로 따랐다. 저축하고 검소하게 살면서 모은 돈을 인덱스펀드에 투자했다. 그런 복종의 대가로 그들의 삶은 점점 더 지루하고 허탈해졌다. 보상은? 투자 계좌는 빨리 늘어나지 않았다. 빠르게 부자가 될 만큼 빠르게 저축한다는 것은 아예 불가능했다.

간호 일은 고되었고 최근 들어 더 심해졌다. 현실은 사려 깊고 사랑 충만한 간호사가 되겠다는 어린 시절의 꿈을 지웠다. 병원은 기업이고 수익 최대화가 경영 목표다. 봉급, 수당, 보너스, 환자에 대한 관심까지 모든 것이 반 토막이 되었다. 토막 나지 않은 것은 환자 수뿐이다. 그녀는 종종 이렇게 불평했다. "어떤 때는 맥도날드에서 일하고 있는 기분이 들어. 감자튀김 대신 약을 내밀고 빨리 다음 환자를 받는 거지."

3년 동안 낮 근무를 한 후 그녀는 야간 근무로 돌아갔다. 야간 근무는 시급이 3달러 높기 때문이다. 지난해 이사에 대해서 의논할 때 샘은 "우리는 돈을 더 모아야 해!"라고 주장했다. 제프는 반대했다. 야간 근무가 그녀와 그들의 관계에 미치는 영향을 알기 때문이었다.

제프가 일을 끝내고 집에 오는 시간은 저녁 6시 무렵이었고 샘은 밤 11시면 출근을 해야 했다. 그들이 함께할 수 있는 것은 단 서너 시간, '황혼의 교차로'뿐이다. 하지만 집에 돌아올 때쯤 제프는 이미 커뮤니케이션이 아닌 휴식을 원했다.

야간 근무는 주말이 없다는 의미다. 밤 11시에 시작되는 금요일 근무는 토요일 저녁까지 영향을 미친다. 야간 근무로의 복귀는 얼마 남지 않은 결혼 생활에 대한 낙관을 바닥내 버렸다. 스스로 모은 티끌에 깔려 죽는 셈이다.

샘은 주방 테이블로 돌아가 계속 고집을 부렸다. "제프, 우린 인내심을 가져야 해." 하지만 사실 그녀는 자신을 설득하고 있었다. 휴대폰을 가리키며 "워런 버핏이 그렇게 말했어, 그는 억만장자잖아"라고 말하지만 그녀의 목소리에는 자신이 없었다.

007 **과학자 전략**

실험실의 쥐가 되지 말고 과학자가 되라

 빨래를 들고 침실에 들어오니 파리 한 마리가 창밖으로 나가기 위해 창에 몸을 부딪치고 있었다. 양말을 짝 맞추어 정리하면서 파리의 고집스런 행동에 주목했다. 파리는 자신의 노력이 이전과 다른 결과를 낳기를 바라며 계속해서 창에 몸을 부딪쳤다. 나는 하던 일을 멈추고 파리가 자유를 찾기 위한 시도를 반복하는 것을 지켜보았다. 유감스럽게도 그 파리는 '더 열심히 노력하는 것'이나 '부지런히 일을 하는 것'으로 자유를 얻지 못할 것이고 그런 시도만 계속하다가 결국 죽게 될 것이 분명했다.

견고한 쳇바퀴 구조 속에 갇힌 우리도 방에 갇힌 파리와 다를 바 없다. 과학 실험에서는 쥐를 미로에 집어넣는다. 미리 만들어져 있는 미로의 복도에는 가끔 보상이 등장한다. 쥐가 단추를 누르면 치즈가 튀어나

온다. 쥐가 선택하는 것처럼 보이지만 쥐의 선택은 과학자가 미리 설계해 놓은 자기 제어 시스템에 매어 있다. 체념하고 체제를 받아들인 쥐에게는 선택이라는 환상이 주어진다. 어떤 선택에는 보상이 주어지기는 하지만 대부분은 미로, 즉 스크립트에 둘러싸여 있을 뿐이다.

코미디언 릴리 톰린은 "이 미로의 문제점은 당신이 이기더라도 여전히 쥐라는 것이다"라고 말했다. 쥐의 경주에서 이길 수 있는 것은 쥐뿐이다. 주말에 치즈를 얻는 것으로는, 한 주를 마치고 혹은 한 달을 마치고 봉급을 받는 일로는 아무것도 바뀌지 않는다. 승리는 일시적이며 의미가 없다. 다음 주면 또다시 경주에 나서야 하니까 말이다.

설상가상으로 쇼핑하는 쥐의 행복이 환상임을 깨달으면 스크립트는 다른 고된 노동으로 당신을 안내한다. 평범함에 최적화된 저축하는 쥐가 되는 것이다. 저축하는 쥐는 5일 후에 오는 주말을 위해 일하는 대신 50년 후에 도착하는 은퇴를 바라보고 일한다. 드물지만 승자는 70세가 되면 인플레이션이 구매력을 저하시키지 않는다는 전제하에 통상 임금의 40%를 받는 은퇴 생활을 맞이한다. 물론 이 모든 것은 당신이 고소득 직업을 유지하면서 스크루지처럼 검약하고, 승려처럼 절제하고, 달팽이처럼 인내심 있는 생활을 해야 한다는 것이 전제다.

의도적으로 판 이런 함정에 대한 해법은 승리의 전략을 세우는 것이 아니다. 처음부터 그곳에서 달리지 말아야 한다. 행복을 위해서 소비하는 쥐도 은퇴를 바라보고 꾸준히 저축하는 쥐도 되어서는 안 된다. 절대 그 안에 들어가 달리면 안 된다! 대신 과학자의 자리에 앉아라.

아마도 당신은 나보다 열심히 일을 하지만 나보다 적은 돈을 벌 것이다. 문제는 당신의 직업윤리가 아니다. 문제는 당신이 파리의 역할을 받아들였다는, 쳇바퀴에서 달리는 쥐가 되기로 했다는 것이다. 당신은 비효율적인 시스템, 미로 혹은 쳇바퀴 경제라는 불리한 조건하에서 애를 쓰고 있다. 우사인 볼트를 세발자전거에 태운다고 생각해보라. 아마도 100m 달리기는 해본 적도 없는 아이들이 그를 제치고 달릴 것이다. 볼트가 능력을 잃어서 그런 것이 아니다. 비효율적인 시스템이라는 부담을 졌기 때문이다. 이런 짓이 파리가 하는 일과 무엇이 다른가?

아무리 노력해도 시스템은 바뀌지 않는다. 이 '비효율적' 시스템은 정책을 봉쇄하여 유지하는 일에는 대단히 효과적이다. 유일한 승리 전략은 애초에 시스템 안에 있지 않는 것이다. 쳇바퀴 경주 참가를 거부하는 것이다. 다른 결과를 기대하며 계속 창문에 머리를 부딪치는 일을 중단하라. 대신 실험실에서 쓰는 방법과 수단을 배워라. 과학자가 되겠다고 마음먹어라.

 핵심 개념

- 쳇바퀴는 실제 실험실에서 진행하는 쥐 미로 경주와 비슷하다. 미리 정해진 복도와 치즈, 즉 보상으로 완성된다.
- 오로지 쥐만이 쥐 경주에서 우승해 주말이나 머나먼 은퇴 생활을 상품으로 받는다.
- 비효율적인 시스템에서의 노력은 무력감, 때로는 무가치를 선사한다.
- 쇼핑하는 쥐도 저축하는 쥐도 되지 말라. 어떤 역할이든 쳇바퀴에서 달리면 안 된다. 대신 과학자의 자리에 앉아라.

008 손실 불가피 원리

쳇바퀴 투자는 마이너스 수익과 손실로 돌아온다

 친구가 당신에게 일주일 후에 돌려주겠다며 500달러 투자를 제안한다. 당신은 친구의 제안을 쉽게 받아들인다. 일주일 후, 친구는 당신에게 200달러를 주면서 "고마워, 친구!"라고 말했다. 당황한 당신은 "수익이 200달러나 난 거야?"라고 물었다. 친구는 웃으며 말한다. "미안해. 투자금에서 남은 것이 그것뿐이야. 일이 잘 안 풀려서 300달러는 날렸지 뭐야. 다시 한 번 더 투자할래?" 당신은 친구의 턱을 날리면서 꺼지라고 말한다.

이게 사기라는 것은 금방 알아챌 수 있다. 당신의 투자는 마이너스 60%의 수익을 남겼다. 친구가 그런 투자를 다시 제안한다면 아마 주먹부터 나갈 것이다. 하지만 쳇바퀴에서 당신은 그런 끔찍한 투자를 기꺼이 받아들인다. 이번에는 돈이 아닌 시간이다. 알다시피 당신은 월요일

부터 금요일까지를 투자해서 토요일과 일요일을 얻는다. 5일을 투자해서 이틀을 얻었으니 투자수익률은 마이너스 60%다. 돈은 얼마든지 계속 찍어낼 수 있지만 시간은 그렇지 못하다. 5일을 쓰면 그 5일은 영원히 사라진다. 손실 불가피의 원리는 쳇바퀴 투자의 표준 수익률이 마이너스 60%라고 말하고 있다. 친구의 형편없는 투자처럼 말이다.

왜 그런 마이너스 수익률에 시간을 투자하는가? 스크립트는 시간이 거래 가치가 있는 상품이라고 당신을 설득한다. 벼룩시장에 나온 낡은 짐차 정도의 값어치로 취급하면서 말이다. 5일의 노동을 주말 이틀간의 자유와 맞바꾼다면 당신의 거래 수익률은 마이너스 60%다. 파산으로 가는 지름길이다. 모두 시간이 없다고 말하는 것은 당연하다. 우리는 우리의 귀중한 시간을 마이너스 수익률에 반복적으로 투자하도록 길들여져 있기 때문이다.

우리 모두에게는 각각 하루 8만 6,400초가 주어진다. 더 얻는 사람도 덜 얻는 사람도 없다. 아무도 시간을 더 만들 수 없기 때문에 균형을 유지하는 데 탁월한 수단이다. 당신과 나, 제프와 사만다, 테일러 스위프트, 제프 베이조스, 북한의 김정은 위원장… 이 모두에게는 공통점이 있다. 누구나 공평하게 각각 하루 24시간을 산다는 것이다. 대부분의 세상 사람들은 최신 비디오게임에서 레벨을 높이거나 하루 종일 TV 드라마를 보는 데 시간을 쓰지만 간혹 그 시간을 의미와 목표와 자유를 위해 투자하는 사람도 있다.

주인이 참으라고 했다고 해서 시간에 대한 마이너스 수익을 계속 수용할 생각인가? 그 균형을 플러스 수익으로 바꿀 생각은 없는가? 상황을 뒤집는 것이 가능할까? 이틀을 일하고 5일을 얻을 수 있을까? 10년을 일하고 40년을 얻는 것은 어떤가?

가능하다. 바로 내가 그렇게 했다.

당신도 할 수 있다. 체스의 킹을 대하듯 시간을 우선시하라. 게임에서 이기려면 킹을 보호해야 한다! 돈은 퀸이다. 대단히 중요하고 힘이 세며 유연하다. 하지만 승자를 결정하는 것은 시간이다. 전형적인 쳇바퀴에서 말하는 '조기 은퇴'에서는 시간을 폰처럼 여긴다. 제물이나 다를 바 없는 상품으로 전락시킨다. 이제는 생사의 문제인 것처럼 킹을 보호해야 한다. 실제로 시간이라는 킹에 당신의 생사가 걸려 있다.

 핵심 개념

- 쳇바퀴의 투자수익률은 마이너스 60%다. 당신은 토요일과 일요일을 얻기 위해 월요일부터 금요일을 바친다.
- 돈과 달리 시간은 한 번 잃으면 되찾을 수 없다.
- 시간은 균형을 만드는 데 대단히 효과적인 수단이다. 모든 인간은 매일 같은 양의 시간을 얻는다.
- 체스에서 킹을 대하듯 시간을 대하라. 돈은 퀸처럼 대하라.

대오각성사건

2016년 6월 24일 금요일

"무슨 일이야?" 금요일 저녁, 샘이 병원으로 출근하기 전이다. 차고에서 위층으로 걸어 올라간 제프는 무엇인가 잘못됐음을 알아차렸다. 샘은 자주색 수술복을 입고 있었는데 팔꿈치를 테이블에 올린 채 손으로 헝클어진 머리를 감싸고 있었다. 더 걱정스러운 것은 그녀가 어릴 때부터 가지고 있는, 낡을 대로 낡은 양 모양 인형 핑키가 무릎 위에 있다는 점이다. 인형의 존재가 제프를 놀라게 했다. 핑키가 서랍에서 나왔다는 것은 아내가 격한 감정과 씨름하고 있다는 뜻이었다.

제프는 침실을 힐끗 보았다. "매디는 잘 놀았고?" 그녀가 고개를 들었다. 눈가가 젖어 있다. 그녀가 딱 잘라 말했다. "괜찮아. 방에 있어." 찢어진 봉투와 편지를 손에 들고 있는 것이 보였다. "그건 뭐야?" 제프는 손짓하며 앞으로 향했다. 불안으로 얼굴이 굳었다. 그녀는 시선을 피하면서 편지를 재빨리 접어 핑키 위에 놓았다. 잠시 후 그녀가 웅얼거렸다. "검사 결과야."

제프는 헉하고 숨을 몰아쉬었다. 얼굴에 핏기가 가셨다. 일주일 전 샘이 유방암 검사 예약에 대해서 이야기한 것이 기억났다. 그가 입을 열기도 전에 샘이 손사래를 쳤다. "괜찮아. 난 괜찮아. 검사 결과는 걱정할 거 없어." 안도감이 밀려들었고 제프의 표정은 풀렸다. "휴!" 하는 소리가 저절로 나왔다. 아내는 미소를 지었지만 바닥에 시선을 고정하고 있다. 그는 그녀 옆에 선 채 의자 위에 가방을 내려놓았다. "그런데 왜 그렇게 우울한 거야? 당신이 핑키를 꺼내 놓은 걸 보고 걱정했잖아."

샘은 힘없이 미소를 지었지만 시선은 여전히 바닥에 두었다. 부드럽게 이야기를 시작했다. "봉투를 열기 전에 서랍에서 핑키를 꺼냈어. 핑키가 내 행운의 부적인 거 알잖아. 이번에도 행운을 가져다주었지. 그런데…. 더 이상은 못하겠어."

제프의 얼굴에 공포가 어렸다. 심장이 뚝 떨어지는 것 같다. "더 이상은 못하겠다"는 문장 뒤에는 '이혼'이라는 단어가 이어지기 마련이다. 이혼 변호사, 양육권 분쟁, 딸에 대한 접견권 같은 것이 순식간에 스쳐지나갔다. 두 사람의 결혼 생활이 눈앞에 펼쳐졌다. 지루한 일상이 아닌, 샘에 대한 사랑이 깊어진 순간들 말이다. 30여 년 인생을 살면서 그녀보다 착하고 사람을 잘 믿는 사람은 본 적이 없다. 그의 아내는 눈에 띄게 아름답고 마음은 테레사 수녀에 필적할 정도로 고왔다. 눈물은 나지 않았지만 마른침이 넘어갔다. 샘은 그 모습을 보고 그의 무릎에 손을 올리며 분명히 말했다. "우리 두 사람 사이를 말하는 게 아니야!"

그녀는 천천히 집을 돌아보았다. "우리가 지난 5년 동안 한 일에 대해서 말하는 거야. 우리는 생애 최고의 몇 년을 희생하면서 좀비처럼 살았어. 무엇을 위해서? 지금부터 30년 후에나 찾아올 은퇴를 생각하면서? 도대체 우린 무엇을 한 거지?" 그녀는 제프에게서 몸을 돌리며 손바닥에 머리를 묻었다. "평생 이렇게 우울한 적이 없었어. 모든 것이 내 생명력을 갉아먹고 있어. 우린 몇 년 동안 휴가도 못 갔고 뼈가 빠지게 일만 했어. 우리 재정계획은 노예제도 같고 결혼 생활은 간신히 이어지고 있지." 마침내 눈물이 터졌다. 훌쩍이면서 그녀가 중얼거렸다. "서로 얼굴도 제대로 못 보는데 결혼 생활을 어떻게 바로잡지?"

그녀는 얼굴을 적시는 눈물을 소매로 재빨리 닦았다. 마음을 추스른 그녀는 휴대폰을 꺼내 주식 앱을 가리켰다. "오늘 주식시장에서 무슨 일이 일어났는지 알아? 2년 동안 저축한 돈이 몇 시간 만에 눈앞에서 사라졌어." 그녀는 역겨워하는 얼굴로 고개를 저었다. "3만 6,000달러였던 우리 돈이 2만 7,000달러가 됐어. 9,000달러를 모으려면 얼마나 걸리는지 알아? 2008년에 연금 저축액이 매주 줄어들던 공포가 떠올랐어."

제프는 그녀의 문제가 이혼이나 암이 아니라는 안도감에 잠자코 앉아 있었다. 그녀는 뺨을 깊이 빨아들였다. "지난해 당신이 했던 말 기억해? 지출을 저축과 맞바꾸고 있다는 말? 이게 모두 쳇바퀴를 달리는 일이라고 했던 말?" 제프는 침묵을 지키며 고개를 끄덕였다.

샘은 2년간의 야간 근무 후에야 제프가 8개월 전에 했던 말에 설득된 모양이다. 병원의 야간 근무는 아내를 망치고 있다. 눈가에는 잔주름이 생기고 뺨에도 옅은 주름이 찾아들었다. 낮에 자는 얕은 잠으로는 기운을 회복할 수가 없다. 항상 하나로 묶고 있는 그녀의 금발은 노스웨스턴 병원의 형광등 불빛 아래서 끊임없이 시달리며 가늘어지고 갈라지고 있었다. 때때로 가던 체육관에는 발길을 끊었다. 응급실에서 긴 밤을 보낸 후에는 체육관에서 역기를 들고 싶은 생각이 통 들지 않는다. 이 모든 것이 시간당 3달러, 한 달 352달러의 추가 수입을 위한 일이었다. 먼 미래의 부유한 은퇴라는 환상을 위해, 야간 근무에 영혼을 팔아서 얻는 수입의 현행 요율이다.

그녀는 말을 이었다. "매일 주식시장을 지켜보고 작은 움직임에도 일희일비하는데 그것이 어떻게 우리에게 재정적인 독립을 가져다준다는 거지?" 그녀가 코웃음 쳤다. "독립이 아니라 의존이지. 주식시장이 또 한 번 붕괴하면 우리는 끝장이야, 2008년처럼. 지금까지 아무것도 바뀌지 않았어. 우리의 삶은 미래의 언젠가까지 우리가 손댈 수 없는 것을 중심으로 돌아가. 우리는 싫어하는 직장에서 일하면서 인생을 낭비하고 있어. 그렇게 하면 은퇴한 후에는 어떻게 되는 거지? 그때까지 살 수는 있는 거야?" 그녀는 주저하면서 검사 결과지로 눈을 돌렸다. "난 지금도 예순 살은 된 것 같아. 바로 이걸 보고 정신이 들었어. 작년에 당신이 말했지? 눈 한 번 깜빡였는데 매디가 다 자라 있었다고." 그녀는 한숨을 쉬었다. 넌더리가 난다는 표정이다. "당신이 옳았어. 지금처럼 살기에는 인생이 너무 짧아. 난 매디의 삶에서 수동적인 역할만 하고 싶지 않아. 나는 내 인생을 알 수도 없는 어떤 날, 보이지도 않는 미래를 기다리고 기대하면서 아끼고만 살고 싶지는 않아. 아무런 의미

76

도 없는 일을 하는 데 진력이 나."

"당신은 간호사야. 당신은 중요한 일을 하고 있어." 제프가 말했다. 그녀가 웃었다. "당신은 의료계가 얼마나 썩었는지 몰라. 난 아무것도 바꾸지 못해. 내게는 그런 게 허용되지 않으니까 말이야. 내 직업은 영혼을 고무시키는 종류의 사적인 관심이나 진심 어린 토론을 허락하지 않아. 지금 당장 다음 환자로 넘어가야 해. 그렇지 않으면 해고지." 마치 가라앉는 배에 타고 있는 것처럼 그녀의 눈동자에 공포감이 비쳤다. "제프, 무언가 해야 해. 더 이상은 이렇게 못 살겠어."

제프는 조용히 앉아 고개만 끄덕였다. 커튼이 걷히고 입에 올리지 않았던 진실이 명료하게 드러난 순간이었다. 트로트만 부부가 신뢰했던 시스템은 자유와 명분을 제공하도록 설계된 것이 아니다. 그것은 그들을 노예로 만들기 위해 고안된 것이다. 라이프스타일의 노예가 되거나 투자 포트폴리오의 노예가 되게끔 말이다. 그들은 열심히 일했지만 아무런 변화도 없고 조금의 즐거움도 얻지 못했다. '시스템'은 의미 없는 일을 평생 해야 한다는 종신형 선고다. 먼 미래의 은퇴라는 가석방은 현실이라기보다는 환상에 가깝다.

그들은 자신들이 직면한 문제를 갑자기 깨달았다. 문화의 규칙을 계속 따르는 한 승리하지 못하는 게임이 계속된다는 것을 말이다. 이제 다르게 일해야 할 때다. 그렇지 않으면 죽음이 그들을 갈라놓을 때까지 똑같은 생활을 계속하며 고통받아야 할 것이다.

009 언스크립티드 전략

쳇바퀴 각본을 고쳐 쓰고 모험을 감행하라

 초장거리 사이클 선수 쿠르트 시르보겔
은 매일 자전거를 타서 약 12만km의 누
적 거리를 돌파하겠다는 목표를 세웠다. 2016년, 그는 목표를 넘어서서
1년 초장거리 세계기록까지 달성했다. 쿠르트의 이야기가 주목받자 사
람들은 어떻게 그렇게 할 수 있었고 어떻게 그 많은 운동 시간을 확보
했는지 궁금해 했다. 쳇바퀴 각본에서는 이처럼 대담한 목표 설정이 불
가능하기 때문이다.

기업가로서 쿠르트의 경험이 예외적이라고 생각하는가? 절대 그렇
지 않다. 세상에 새로운 경제 계층이 나타났다. 나는 그들을 '언스크립
티드 1%'라고 부른다. 땀, 열린 마음, 배우려는 의지만으로 사업을 일군
기업가 계층이 늘어나고 있다. 이런 사업은 길가의 커피숍이나 이베이

스토어 같은 전형적인 사업이 아니다. 이런 사업은 삶의 목적, 재정적 자유, 사업과 무관할 수도 있는 열정 추구, 그리고 더 중요하게는 시간에 대한 자유 등 모든 의미 있는 측면에서 스스로의 삶을 책임지는 사업이다. 언스크립티드 1%에 해당하는 기업가는 보통 경제 계층으로도 상위 1%에 해당한다.

경제 계층 상위 1%란 순자산이 1,000만 달러 이상인 부유한 사람을 말한다. 나머지 99%는 노동자 계층이다. 트럭 운전사, 교사는 물론 치과 의사 같은 직업을 가진 사람도 사실은 노동자다.

나는 경제 계층 상위 1%에 속한다는 점보다 언스크립티드 1%에 속한다는 것이 훨씬 더 행복하다. 왜일까? 언스크립티(Unscriptee, 언스크립티드 1%의 궤도에 오른 사람)는 인생이라는 체스 게임에서 시간을 킹처럼 가장 우선시하기 때문이다.

언스크립티드 기업가에는 3가지 단계가 있다. 각각의 단계를 차례대로 거쳐 가야 언스크립티드 1%에 도달하기 때문에 각각의 단계를 반드시 통과하겠다는 포부를 가져야 한다.

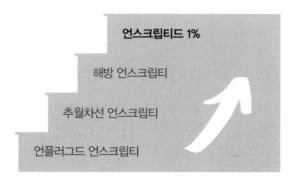

1단계 | 언플러그드 언스크립티

'대오각성사건'을 겪은 적이 있는가? 축하한다. 챗바퀴 시스템을 인식하고 거기에서 탈출하기로 마음먹은 순간, 당신은 언플러그드 언스크립티(The Unplugged Unscriptee)가 된다. 모두가 '1단계'에서 출발한다. 다시는 되돌아갈 수 없다. 할리우드 영화로 예를 들자면 앤디 듀프레인이 쇼생크 교도소에서 탈출하기 위해 땅굴을 파기 시작한 시점이다. 매트릭스에서 네오가 '진짜 현실에 눈을 뜨게 해주는 빨간 알약'을 삼킨 순간이다. 당신은 각성했다. 예전으로 되돌아가는 것은 불가능하다.

2단계 | 추월차선 언스크립티

추월차선 언스크립티(The Fastlane Unscriptee)는 각성을 졸업하고 실행으로 이행한 사람이다. 이 시점에서 당신은 추월차선 CENTS(빠른 속도로 큰 부자가 되기 위한 추월차선 5계명 : 통제의 계명, 진입의 계명, 필요의 계명, 시간의 계명, 규모의 계명) 체제를 이용해 성공적인 기업가로 자리매김했다. 내 포럼의 한 29세 기업가는 2개의 복층 아파트와 전자상거래 웹사이트를 갖고 있다. 그는 최근 두 번째 람보르기니를 구입했다. 16세 때부터 람보르기니는 그의 꿈이었다고 말한다. 이 젊은이는 아직 경제 계층 상위 1%는 아니지만 언스크립티드 1%에 속한다. 그는 스케줄을 스스로가 정하고 자신에게 중요하다고 생각되는 일이라면 무엇이든 할 수 있다. 자신의 젊음과 미래를 희생시키지 않으면서 말이다.

'1단계'에서 '2단계'로의 이동에는 많은 실패가 있을 수 있고 수년이 걸릴 수도 있다. '2단계'는 당신 사업이 당신의 라이프스타일을 바꾸기 시작하면서 시작된다. 당신이 중요한 일을 추구할 수단을 소유하고 당신의 자유 시간을 지배하는 권한을 행사하기 시작할 때 시작된다. 사람마다 다르겠지만 이 책에서 꾀하는 언스크립티느 사업은 당신에 불가해한 힘을 가져다줄 것이다.

3단계 | 해방 언스크립티

추월차선 언스크립티가 남은 평생의 지출을 감당할 수 있을 만큼의 충분한 부(탈출액)를 축적하면 해방 언스크립티(The Liberated Unscriptee)가 된다. 은퇴를 하는 것이다. 재정적으로 완벽한 독립을 이루고 쳇바퀴에서 벗어난다. 일은 선택 사항이다.

해방 언스크립티가 되어도 다른 사업이나 열정을 추구하는 프로젝트는 시작할 수 있다. 하지만 여기에서 우선이 되는 것은 수익이 아니라 기여, 명분, 자선이다. 추월차선 언스크립티와 마찬가지로 그들은 유연하게 근무해도 1년 365일 돈을 벌며 자기만의 삶의 규칙을 계속 만든다. 상사도, 정해진 휴가 날짜도, 더 중요하게는 빚의 부담도 없다. 더구나 금전이나 문화의 제약을 받지 않고도 얼마든지 하고 싶은 일을 할 수 있다.

나는 저술에 대한 열정을 추구하는 출판사와 비즈니스 포럼을 시작했다. 이 책이 노력의 결과다. 나는 편집자나 출판사가 내세우는 스크립트를 따를 필요가 없다. 유명한 기업가 중에도 해방 언스크립티가 있다. 그들은 자선사업, 벤처 자금 조달, 무모한 열정, 아주 별난 아이디어를 열심히 좇는다. 빌 게이츠는 갑자기 백신 전문가가 되었고, 일론 머스크는 로켓에 손을 댔다. 데릭 시버스는 2012년 자신의 블로그에 다음과 같은 글을 남겼다.

제가 은퇴했다고 말하는 사람들이 있습니다. 2008년부터 돈을 거의 벌지 않기 때문입니다. 어떤 면에서는 맞는 말입니다. 저는 지금 가지고 있는 이상의 돈이 필요하지 않습니다. 명성도 인정도 다른 어떤 외부적인 것도 더 이상 원하지 않습니다. 그런 면에서의 일은 다 끝냈습니다. 은퇴한 것이지요. 더 이상은 돈을 바라고 일을 하지 않습니다. 지금 저의 포부는 완전히 내적이고 지적인 것입니다. 저는 그 어느 때보다 열심히 일하고 있습니다. 다만 제 자신의 배움, 창작, 베풂을 위해서 일을 하고 있습니다.

당신도 짐작하겠지만 데릭이나 나 같은 언스크립티는 외부 경제 요인에 의존하지 않는다. 시장이 붕괴하거나 10년에 걸친 불황이 찾아와도 내 삶은 바뀌지 않는다. 나는 여전히 자본시장에 레버리지 투자를 한다. 하지만 거기에 인질로 잡혀 있지는 않다. 2020년 코로나19의 유행에도 나는 공황에 빠지지 않았다. 사실, 내 수입과 순자산은 늘어났다. 그렇다, 늘어났다. 주식시장 붕괴나 4년간의 불경기 후에 이력서를 고쳐 써야 한다면 당신은 아직 재정적으로 독립하지 못한 재정 의존 상태에 있는 것이다.

진실 : 당신의 재정 자유가 스스로 통제할 수 없는 어떤 것에 좌우된

다면 당신은 자유롭지 못하다. 해방 언스크립티를 요즘 유행하는 파이어(Financial Independence Retire Early, FIRE, 경제적 자립과 조기 은퇴)족과 혼동하지 말라.

대단히 검소한 생활을 하면서 엄격하게 저축을 하고 주식에 투자를 한다면 조기 은퇴가 가능할 수도 있다. 하지만 직장을 그만둔 후에는 주식시장에서의 수익에 의지해 살아야 한다. 의존하는 대상을 고용주에게서 주식시장으로 바꾸기로 결심한, 월스트리트에 저축하는 쥐가 되는 것이다. 여전히 쳇바퀴 안이다. 동네는 좋지만 집은 나쁘다.

재정 자유라는 아이디어가 평범함, 주식시장 수익, 계좌 인출 등 통제 불가능한 변수의 최적화에 묶여 있어서는 안 된다. 해방 언스크립티는 이에 의존할 필요가 없다. 존재에 대한 유일한 위협은 세계경제의 파멸이나 절멸 같은 사건뿐이다. 총, 탄약, 무기가 새로운 화폐가 되는, 우리 모두가 심각한 문제에 직면하는 그런 상황 말이다.

언스크립티드의 장점은 3단계 모두 나이에 상관없이 누구나 가능하다는 점이다. 유명한 실리콘 밸리의 기업가나 자산가일 필요가 없다. 대학 학위도 벤처 자본가와의 인맥도 필요 없다. 혁신적인 아이디어도 필요치 않다. 무엇이 효과 있고 무엇은 그렇지 않은지만 알면 된다.

1%의 비전형이 되려면 전형적인 99%처럼 생각해서는 안 된다. 기억하라. 새로운 스토리에는 새로운 단어를 쓸 새로운 펜이 필요하다.

핵심 개념

- 언스크립티드 1%는 추월차선 CENTS 기반 기업가정신을 지렛대로 이용하는 새로운 경제 계층이다.

- 언스크립티드 1%는 3단계를 거쳐야 달성되며 단계가 올라갈 때마다 더 많은 자유를 누린다.

- 1단계 : 언플러그드 언스크립티는 '빨간 알약'을 먹은 것처럼 쳇바퀴의 존재를 인식한다.

- 2단계 : 추월차선 언스크립티는 보다 많은 자유를 허락하는, 유연한 스케줄을 짜는 수익성 있는 사업을 소유하고 있다.

- 3단계 : 해방 언스크립티는 보통 큰 수입이나 하나 이상의 탈출 사건을 통해 쳇바퀴에서 벗어나 다시는 생존을 위해 일할 필요가 없다.

- 파이어족은 의존 대상을 직장에서 주식시장으로 바꾼 것뿐이다.

- 대부분의 경제적 사건은 해방 언스크립티에게 영향을 미치지 않는다.

010 할인된 시간 원리

청년의 시간과 노년의 시간은 대등하게 맞바꿀 수 없다

 대학에서 경영을 공부하면서 계속 마주친 개념이 있다. "오늘의 돈이 내일의 돈보다 가치 있다"는 것으로, 화폐의 할인된 시간가치는 전 세계 어느 대학에서나 가르치는 개념이다. 간단한 내용이다. 선택권이 주어진다면 합리적인 투자자는 지금의 X달러를 나중의 X달러보다 더 선호한다는 것이다. 오늘날 100만 달러는 지금으로부터 50년 후의 100만 달러보다 훨씬, 훨씬 더 낫다.

복권을 사 보았다면 이 점에 대해서 잘 알고 있을 것이다. 1등 당첨자는 1,000만 달러의 상금을 즉시 받는 것이 아니라 30년 이상 나누어 수령한다. 그러나 당장 돈을 받겠다고 하면 절반 정도만 받을 수 있다. 시간이 개입하면 미래 화폐는 임의 금리에 의해 할인이 된다. 처음으로

돌아가서 50년 후에 받을 100만 달러는 5%의 이자로 할인했을 때 현재는 8만 7,000달러의 가치만 지닌다. 시간이 부의 끔찍한 파트너라는 것을 입증하는 증거다!

하지만 시간 그 자체는 돈보다 훨씬 더 귀중한 자원이다. 시간에는 할인이 없다. "'노인이 된' 미래의 시간이 '젊은' 지금의 시간보다 가치가 낮다"는 할인된 시간의 원칙을 가르치는 학교는 없다. 어떤 사람도 감히 돈처럼 시간을 할인하지 못했다. 하지만 이런 식으로 생각해보자. 램프의 요정이 나타나서 당신에게 재정 자유의 시간을 준다면 당신은 그 시간을 어느 때 누리겠는가? 30대에? 70대에? 젊고 생기 넘치는 시절의 자유가 건강과 활력이 위태로운 황혼기의 자유보다 좋지 않겠는가?

사실 쳇바퀴는 시간을 하찮은 상품이라고 낙인찍었다. 합리적인 투자자라면 돈의 시간가치는 염두에 둔다. 하지만 자유 시간에 대해서는 그렇지 못하다. 전환을 꼭 해야 하는 포이즌 펜 하나만 꼽으라고 하면 인생에서 자원의 중요도에 대한 순위를 매기는 방법이다. 시간을 첫 번째에, 돈을 두 번째에 두어야 한다. 돈은 더 벌 수 있지만 시간은 만들 수 없다. 시간을 돈 따위와 바꾸는 일을 멈추어야 한다. 시간으로 돈 '그리고' 시간까지 벌어야 한다.

쳇바퀴 미디어가 지금부터 수십 년 후의 재정 자유에 대해서 설교하면 경각심을 가져라. 그들은 25세의 자유가 75세의 자유와 똑같다는 믿음을 갖도록 포교한다. 모든 학교가 돈의 할인된 시간가치를 가르치듯이 할인되는 시간의 가치를 가르친다면 "가난하게 살다가 부유하게 죽는다"는 월스트리트의 허니팟은 살아남지 못할 것이다. 쥐가 자신의 시간은 그렇게 내놓기에 너무 귀중하다는 것을 파악하면 전 업계와 경제가 파산할 것이다. 노년의 시간과 청년의 시간을 교환하는 데 높은 가치를 두는 문화적 규범 때문에 젊음이 낭비되고 있다. 좋은 시간을 나쁜 시간과 교환하는 것은 끔찍한 인생 전략이다. 다른 것을 요구하지 않고 다르게 일하지 않는 사람은 계속 똑같은 삶만 얻는다.

 핵심 개념

- 화폐의 시간가치는 항상 오늘의 돈이 미래의 돈보다 가치 있다고 말한다.
- 돈의 시간가치는 지구상 모든 대학이 가르치는 보편적 개념이지만 시간의 할인된 가치는 어디에서도 가르치지 않는다.
- 청년의 자유는 언제나 노년의 자유보다 가치 있다.
- 쳇바퀴가 시간의 가치를 폄하하고 재정 자유를 위한 수학적 변수 정도로만 취급한다면 그것은 당신에게 포교하고 있는 것이다.

011 금융 광신 원리

재정 자유는 금전에 대한 금욕이 아니다

 2021년 초 새로운 형태의 허니팟 교리인 '조기 은퇴'를 다루는 기사를 읽었다. 경제적으로 독립했다고 주장하는, 자녀가 없는 부부를 소개했다. 이 모호한 경제적 독립을 이루기 위해 그들은 생활의 모든 부분에서 비용을 축소했다. 빠른 차를 좋아하고 매일 맛집 방문을 낙으로 삼았던 남편은 차를 팔고 좋아하는 식당 방문을 한 달에 한 번으로 줄였다. 비용 감축으로 집을 팔고 10년 된 트레일러로 이사했다. 이 젊은 부부는 생활의 안팎에서 모든 비용을 통제하는 것이 분명했다. 음식, 오락, 가스 등 모든 일에는 예산이 정해져 있었다. 금전에 대한 금욕은 부부가 더 이상 선물을 주고받지 않는다고 자랑스럽게 고백할 정도로 극심했다. 이것은 절대 재정 자유가 아니다. 명백한 금융 광신이다.

'자유'란 제한이 없는 것을 말한다. 일상생활이 돈에 지배 받고 돈에 의해 규정되고 돈으로 예산이 정해진다면 미안하지만 당신은 금전적으로 자유로운 것이 아니다. 당신이 금전적 자유를 어떻게 정의하는가는 중요하지 않다. 이 부부는 돈에서 자유로운 것이 아니라 영주에게 소유된 농노처럼 실제로는 돈에 종속되어 있다.

시간 자유를 재정 자유와 혼동하면 안 된다. 직장에 다니지 않고 부모님 집에 사는 대학 졸업자에게는 시간의 자유가 있다. 사회 밑바닥 생활을 하는 노숙자도 마찬가지다. 이들은 시간은 소유했을지 모르지만 선택권은 소유하지 못했다. 그들의 선택권은 돈이 소유했다!

내가 가장 즐겨 가는 상점은 코스트코다. 나는 원하는 만큼 카트를 채울 수 있는 재정 자원이 있다. 몇 개의 상품만 사서 나올 때도 있지만 수천 달러를 쓸 때도 있다. '예산'이라는 말은 내 사전에 없다.

언스크립티드는 시간 자유와 재정 자유 모두에 대한 것이다. 일주일에 다섯 번 다른 식당에서 저녁 식사를 할 수 있다. 빠른 차를 살 수 있다. 화려한 집에서 살면서 인생에서 '예산'이라는 단어를 지워 버렸다.

다음 5가지 지침을 충족시킨다면 당신은 경제적 독립을 이룬 것이다. 그렇지 않다면 자신에게 거짓말을 하며 허니팟 교리에 사로잡혀 단어만 재정의 하고 있을 가능성이 높다.

1. 라이프스타일의 자유 : 직장이나 사업에서 나오는 일정한 수입이 없어도 원하는 라이프스타일로 자유롭게 산다.
2. 예산의 자유 : 장을 보거나 주유를 하거나 시내에 놀러 나가는 등

의 일상생활에서 당신 사전에 '예산'이라는 단어는 없다.

3. 경험의 자유 : 경비 절감을 위해 라이프스타일을 바꾸거나 좋아하는 것(오토바이, 악기, 자동차 등)을 팔 필요가 없다.

4. 이동의 자유 : 장기간 여행해도 재정에 영향을 주지 않는다.

5. 경제로부터의 자유 : 주식시장 붕괴나 그에 이은 3년, 5년, 10년의 불황에도 당신의 라이프스타일은 변하지 않는다.

'조기 은퇴' 부부의 저축 노하우나 시간 자유를 얻은 일은 칭찬받아 마땅하다. 그러나 영업 사원의 장광설에 속지 말라. 재정 자유가 없는 시간 자유는 디즈니랜드에 가서 놀이기구를 전혀 타지 않는 것과 같다. 맛있는 것의 냄새는 맡을 수 있지만 먹지 못하는 것과 같다. 진정한 재정 자유를 얻는다면 자유를 느끼고, 누리고, 그것을 사랑하게 된다.

 핵심 개념

- 재정 자유는 제약 없이 원하는 대로 사는 것을 의미한다.
- 재정 자유는 일상생활에 대한 당신의 사전에 '예산'이라는 단어가 없다는 뜻이다.
- 시간 자유는 재정 자유와 같지 않다.
- 재정 자유는 라이프스타일, 여행, 경험, 예산, 경제 모든 것이 자유롭다.
- 간식도 사 먹지 못하고 놀이기구도 타지 못한다면 디즈니랜드가 무슨 소용이겠는가?

10년 후 우리는
2016년 6월 26일 일요일

"결혼 10주년 기념일이 다음 주 일요일 이야." 샘이 우중충한 잠옷 차림으로 미소 지었다. 야간 근무가 없는 날이라 가족들은 식탁에서 망고 셔벗을 먹고 있었다. 제프는 눈썹을 치켜올리고 빙그레 웃으며 말했다. "잊지 않았어." 그는 샘을 아래위로 훑어보고는 웃음을 터뜨렸다. "새 잠옷 하나 사줄까? 좀 더 섹시한 걸로?" 그는 셔벗을 한 스푼 떴다. 샘은 입술을 오므리며 손으로 셔벗에 코를 박고 있는 매디를 슬쩍 가리켰다. 매디는 그들의 이야기를 듣지 못했다.

셔벗을 다 먹은 후 제프는 아래층 차고에서 색색의 마커 상자와 화이트보드를 가져왔다. 수년 만에 처음으로 큰돈을 들여 산 물건이다. 그는 그것을 테이블 위에 놓고 빨간 마커의 뚜껑을 열었다. 매디가 눈을 빛내며 물었다. "무엇을 그릴 거예요?" "엄마와 아빠는 '미래' 계획을 세울 거야." 부모님의 일이 재미없게 느껴진 매디는 방에 들어간다고 했고 제프는 따뜻한 미소를 지으며 아이의 이마에 입맞춤을 했다.

제프가 샘에게 물었다. "자, 10년 뒤에는 어떤 상황이면 좋겠어?" 그는 화이트보드에 '10년'이라고 적었다. "램프의 요정처럼 손짓 한 번으로 소원을 이룰 수 있다면 당신 삶은 어떤 모습일까?"

결혼식을 올린 이후 제프 부부는 삶에 위안을 주는 여러 가지 것에 정신을 빼앗겼었다. 어떤 종류든 계획은 필요하지 않았다. 하지만 불황은 악순환을 만들었고 위안을 주는 것이 불편을 만드는 것이 되었다. 그들은 기만적인 풍족함 전략에서 숨 막히는 평범함 전략으로 이동했다. 그들은 자신들의 저축과 투자 계획이 같은 죽음의 수용소에 존재하는, 다른 모양의 죽음일 뿐이라는 것을 알지 못했다. 강박에 가까운 절약을 6년 동안 지속했지만 결과는 마찬가지였다. 사실은, 더 악화되었다. 그들은 젊은 부자로 보이려고 애를 쓰는 대신 늙은 부자로 죽기 위해 뼈 빠지게 일하고 있다. 바뀐 것은 전혀 없다. 무의미한 일도, 중산층 급여와 재산도, 그들의 관계도 전혀 바뀌지 않았다. 새로운 계획을 세워야 할 때다. 그들이 평생 믿었던 시스템에서 벗어나는 데 도움이 될 계획을 세워야 한다.

샘은 마커를 쥐고 화이트보드에 무엇인가 그렸다. 다리가 4개인 상자 더미와 50이라고 적힌 상자였다. 마지막으로 교회처럼 생긴 건물을 그리더니 검은색으로 크게 X 표시를 했다.

제프가 물었다. "당신 꿈은 테이블 잔뜩, 5,000만 달러, 종교가 없는 세상이야?" 샘이 웃더니 다리가 4개 있는 4개의 상자를 하나씩 가리켰다. "이건 강아지야. 새끼 양도 있고 이쪽은 소와 양이야." "동물원을 가지고 싶어?" "아니, 동물 구호소를 만들고 싶어." 제프가 고개를 끄덕였다. 비건 아내가 할 법한 대답이다. 샘의 엄격한 채식주의는 영양학적인 문제가 아니라 동물 보호의 문제였다. 그녀는 생존을 위해 우유가 필요하다는 광고가 없던 시절부터 채식을 시작했다.

"X 표시가 된 교회는? 부모님에 대한 반항인가?" 그녀가 그의 어깨를 찰싹 때렸다. "그것은 교회가 아니라 병원이야. 다시는 병원에서 일을 안 한다고. 다시는!" 제프가 눈썹을 치켜올렸다. "병원을 그만둔다는 거야 아니면 간호사 일을 그만둔다는 거야?" "간호사 일을 그만둔다고!" 그녀는 그것이 실현되는 것을 느끼는 것처럼 손을 비비며 단호하게 말했다.

"저것은?" 50이라고 적힌 상자를 제프가 가리켰다. 그녀가 난색을 표하며 얼굴을 붉혔다.

"그래서, 저 커다란 5와 0은 뭐야?" 그녀의 뺨에는 아직 홍조가 남아 있다. 그녀는 겸연쩍게 웃었다. "TV에서 〈비버는 해결사〉라는 프로그램 본 적 있어?" 제프는 의외의 질문에 어정쩡하게 대답했다. "그럼! 클리버네 가족이 나오는 거 말이지? 어릴 때 몇 번 보았어. 아주 좋아하던 프로그램은 아니고."

샘은 손톱을 깨물면서 말을 이었다. "그 프로그램이 50년대 후반을 배경으로 하는 시트콤인 것도 알지? 아이가 둘 있는 부부잖아. 아빠는 일을 하고 아내는 살림을 해. 당시의 아내에게 맡겨진 전형적인 일 말이야. 요리하고 청소하고 아이들을 돌보고…. 난 모든 화를 다섯 번씩은 본 것 같아."

제프가 눈을 크게 떴다. "다섯 번? 그래서?" 그녀는 한숨을 쉰 뒤 그를 응시했다. 조심스러운 표정이었다. "난 그런 단순한 삶으로 되돌아가고 싶어." 제프가 머리를 긁적였다. "무슨 말인지 모르겠어." 그가 화이트보드를 가리키며 말했다. "그게 50이랑 무슨 관련이 있어?"

"1950년대라는 뜻이야." 그녀가 말했다. "난 1950년대 스타일의 엄마가 되고 싶어. 난 늘 평범한 가정주부가 되고 싶었어. 버스 정류장까지 아이들을 바래다주고 아이들과 TV를 보고 아이들에게 여러 가지 요리를 해주고 옷을 빨아 주는 엄마 말이야.

제프는 웃음을 터뜨리며 테이블을 두드렸다. "진보적인 내 아내의 꿈이 가정주부라고? 그는 다시 무릎을 치면서 웃었다. 믿을 수 없다는 표정으로 그가 말했다. "진심이야?" "나 진지해." 그녀가 불편한 표정으로 단언했다. "우리 부모님이 독재적이었다는 건 알지? 〈비버는 해결사〉는 어린 시절의 나를 달래 주는 존재였어."

제프가 끼어들었다. "난 그 더러운 인형이 당신을 달래 주는 존재인 줄 알았는데." 샘이 못 말린다는 표정으로 이야기를 계속했다. "못하는 소리가 없네. 핑키는 더럽지 않아." 그녀는 원래 이야기로 돌아갔다. "어쨌든, 나는 클리버 부부처럼 애정이 가득한 부모님이 있었으면 했어. 물론 어린 시절의 소망이란 것은 나도 알아." 그녀의 목소리가 부드러워졌다. "아마도 그 때문에 모성이나 내 아이를 키우는 방법에서 전형적인 엄마의 모습을 이상적으로 여기게 된 것 같아." 마음이 무거워지면서 제프의 웃음도 옅어졌다.

잠시 후 샘이 목을 가다듬었다. "그래서 당신의 10년 후는 어떤 모습이야?" 제프는 마커를 쥐고 군중처럼 보이는 그림 앞에 동그라미 하나를 그렸다. 샘은 그것이 사람들 앞에서 색소폰을 연주하는 그림이라는 것을 알아보고 고개를 끄덕였다. 그는 지폐를 그리고 그 안에 집을 그린 뒤 문 앞에 ×표시를 했다. "이것은 우리가 꿈꾸는 집이야. 대출은 없어." 샘이 묻지도 않았는데 그는 먼저 이야기를 시작했다. "공구가 그려진 작은 상자는 큰 작업장이야. 선반, 전기 대패, 샌딩 머신, 드릴 프레스…. 부자나 갖출 수 있는 공구가 가득 있지!" 그는 야자수 밑에서 손잡고 있는 두 사람을 그렸다. "이건 원하는 만큼 긴 휴가를 즐기는 우리야."

그녀는 낄낄대며 막대로 그려진 사람을 가리켰다. "당신 살이 좀 빠졌는데?" "그거, 참 웃기는군." "그리고 이것은…." 그는 사각형 블록을 쌓아 둔 것 같은 그림을 그렸다. "내 베스트셀러들이야. 난 조지 마틴과 경쟁할 만한 판타지 소설을 쓰고 싶어." 샘이 퉁명스럽게 말했다. "조지 마틴은 당신이 자신과 경쟁한다는 것을 알까?" 제프는 그녀의 말을 못 들은 체했지만 그의 눈은 그림을 응시하면서 반짝였다.

10분 후, 10년 후의 미래상이 완성됐다. 놀랍게도 대부분 딸의 플루트 연주회를 볼 수 있는 자유, 여행할 자유, 그들의 하루를 마음대로 계획할 자유, 중요한 일을 할 수 있는 자유 등 자유가 중심이었다. 저택이나 메르세데스 벤츠, '조기 은퇴'로 골프나 치는 삶은 그들이 원하는 것에 없다. 그들은 부채가 없는 많은 선택권, 상위 1%에게 허락되는 종류의 선택권을 가지기를 원했다. 제프가 3년에 걸쳐 유니콘과 괴물에 대한 판타지 소설을 쓰고 싶다면 그렇게 할 수 있고 테슬라 차를 사고 싶다면 바로 살 수 있고 샘이 12마리의 개를 입양하고 싶다면 입양할 수 있도록 말이다.

제프는 일어서서 화이트보드를 들어 올렸다. 두 사람 모두 그들의 미래상이 무척 마음에 들었고 새 계획에 고무되긴 했지만 한편으로는 혼란스럽다. 차고로 내려갔던 제프는 망치를 들고 돌아와 화이트보드를 벽에 걸었다.

망치 소리를 들은 매디슨이 플루트를 손에 든 채 방에서 달려 나왔다. 매디는 복도에 걸린 화이트보드를 살폈다. "이게 뭐야?" 매디가 물었다. 제프는 아내에게 웃음을 보내고 일곱 살 난 예쁜 딸에게 시선을 돌렸다. "엄마와 아빠가 계획한 우리 가족의 미래야."

샘이 끼어들었다. "초를 치려는 건 아닌데…, 그 모든 것을 어떻게 이루어야야 하지?" 제프는 어깨를 으쓱했다. "모르지!" 그는 딸을 안아 올렸다. 매디슨을 보며 그가 말했다. "이제부터 우리가 그걸 알아내야지"

1·5·10 플래너시 전략

의사 결정의 방향을 정하는 1·5·10 플래너시를 만들어라

 이사를 하기 위해 짐을 싸다가 차고 뒤쪽

선반에 처박혀 있던 낡은 상자를 발견했

다. 그 안에는 잊고 있던 기억이 들어 있었다. 대학 시절의 물건, 낡은

상장, 미술 시간에 만든 작품, 내 젊은 날의 유물인 일기장이 들어 있었

다. 무더위에도 불구하고 자리에 앉아 땀을 비 오듯 흘리며 일기장을

읽었다. 얼마 안 되는 성공, 셀 수 없는 혼란과 불안이 담겨 있었다. 하

지만 그 모든 고뇌 가운데서도 미소 짓게 만드는 것이 하나 있었다. 나

의 1·5·10 플래너시(planasy, 작가가 계획(plan)과 환상(fantasy)을 조합해 만든

말-옮긴이)다.

많은 사람들은 시간이 자신을 어디로 데려갈지 오리무중인 상태로

방황하며 살아간다. 우리는 우리의 행복에 가장 이익이 되는 방식으로

움직이는 것이 아니라 기대와 전통에 따라 움직인다. 미래를 설계하는 일의 주도권을 잡지 못하면 당신의 이야기는 쳇바퀴가 쓴다. 그런 미래는 당신 마음에 들 리가 없다.

각본에서 탈출한 당신의 미래는 무엇이든 당신이 원하는 모습이 될 수 있다. 최적의 삶과 그곳에 이르는 방법을 그리는 일에 있어서 1·5·10 플래너시는 당신의 무기다. 실제로 내가 수십 년 동안 사용한 무기다! 1·5·10 플래너시는 이렇게 작동한다. 10년 후의 목표를 마음속에 그린다. 이후 그것을 5년, 1년, 1개월 단위로 분해한다.

첫째, 두꺼운 도화지와 오랜 시간을 견딜 수 있는 표지가 두꺼운 노트를 마련한다. 나는 종이 한 장을 사용하고 그것을 플라스틱 파일에 집어넣었다. 디지털 기기는 사용 금지! 둘째, 10년 후의 미래로 시간 여행을 한다. 3단계의 해방 언스크립티가 된 당신이 꿈꾸는 생활을 시각화한다. 모든 일이 생각처럼 잘 풀린다면 당신은 어떤 모습일까? 일을 하고 있다면 무슨 일을 하고 있을까? 어디에서 어떻게 살고 있을까? 어떤 차를 혹은 어떤 비행기를 타고 있을까? 당신 삶에는 어떤 사람들이 있을까? 또 어떤 사람들은 없을까? 건강 상태는 어떨까? 이 모든 것을 적는다. 그림을 그려도 좋고 사진을 붙여도 좋다. 시각화할 수 있는 모든 도구를 이용해라. 당신 삶에 필수적인 것에 대해서 구체적이고 대담한 계획을 세운다. 10년은 급진적인 성과를 이루는 데 충분한 시간이다.

이제 10년 후의 각본 탈출 비전 밑에 선을 긋고 5년이라고 적는다. 여기에는 방금 했던 것처럼 2단계 추월차선 언스크립티로서의 목표에 대한 계획을 세운다. 10년 후 비전의 절반에 이르는 데 필요한 개인적,

사업적 목표는 무엇인가? 두 기간 모두, 당신의 목표와 비전은 흥분되고 도전적이되 현재의 상황에서 성취할 수 있는 것이어야 한다. 돈이나 기술이 하나도 없고 부모님과 함께 살고 있는데 5년 후 계획이 말리부에 있는 맨션이어서는 안 된다. 억대의 투자금이나 상당한 수익을 내는 성장 사업 정도면 더 나은 예측이 될 것이다.

1년에 대해서도 똑같은 활동을 한다. 5년 비전의 토대를 갖추려면 어떤 목표를 달성해야 할까? 당신의 첫 고객은 누가 될까? 처음으로 코딩하는 소프트웨어는 무엇일까? 무엇을 배워야 할까? 돈은 얼마나 벌어야 할까?

마지막으로 1개월에 대해서 똑같은 과정을 거친다. 다음 30일 동안 어떤 행동을 취해야 할까? 어떤 행동을 멈추어야 할까? 비디오게임? 정제당 섭취? 하루 일과를 어떻게 바꾸어야 할까? 1년 비전으로 나아가기 위해서 단련해야 할 기술, 받아야 할 교육에는 어떤 것이 있을까?

1단계	2단계	3단계	4단계
10년 뒤	**5년 뒤**	**1년 뒤**	**1개월**
개인적으로 직업적으로 금전적으로 당신이 꿈꾸는 10년 후의 삶을 그린다.	10년 비전의 절반에 이르기 위해서 5년 후에는 어떤 위치에 있어야 할까?	5년 비전의 토대를 갖추려면 1년 후에 어떤 위치에 있어야 할까?	1년 비전을 향해 출발하기 위해 다음 30일 동안 해야 할 일은 무엇인가?

1·5·10 플래너시

4개의 목표와 비전을 마련했는가? 축하한다. 당신은 대부분의 사람들이 절대 하지 않는 일을 방금 해냈다. 인생에 대한 의사 결정의 틀을, 모든 미래 행동의 지침을 만든 것이다. 이것이 '무엇을'로 시작하는 모든 질문에 답을 한다. 이 행동은 나를 1개월 목표에 가까워지게 하는가? 내일은 무엇을 해야 하지? 다음 주에는? 1개월 목표와 그 미래에 반하는 결정은 무엇인가? 지금부터 당신이 하는 모든 것은 당신을 1개월, 1년 후의 미래에 가까워지게 하고 이는 다시 당신을 5년, 10년 후의 미래에 더 가까워지게 한다.

예를 들어 2년 전에 내가 쓴 5년 후 비전에는 세도나의 붉은 바위를 굽어보는 곳에 아름다운 통나무집이 있었다. 2021년 초 나는 그곳의 땅을 샀고 통나무집 설계 단계에 있다. 1년 비전 안에는 건축업자와의 인터뷰가, 다음 해에는 공사가 있다. 1·5·10 플래너시는 5년 후의 현실에 나를 더 가깝게 하는 오늘의 결정을 내리게 한다. 1·5·10 플래너시는 의사 결정의 로드맵이다. 하지만 주의할 것이 있다. 이런 1개월, 1년 단위의 하위 계획이 없는 10년 후 비전은 플래너시가 아니라 환상일 뿐이다.

그 더운 날의 차고와 몇 십 년 전 쓴 내 10년 비전으로 돌아가자. 나는 일어나고 싶을 때 일어나는 삶을 원했고 람보르기니를 원했고 빚이 없는 삶을 원했고 융자가 없는 수영장 딸린 좋은 집을 원했다. 그리고 돈 걱정 없이 의미 있는 일을 할 수 있는 능력을 원했다. 몽상처럼 들리는가? 그 계획은 8년 뒤에 실현됐다. 그 점이 중요하다. 거의 모든 것이 실현됐다. 다른 비전은 내 마음이 변하면서 더 이상 원하지 않게 되어

사라졌다.

1·5·10 플래너시는 유연하고 변화가 가능해야 한다. 시간이 흐르면서 당신의 목표도 변한다. 당신이 삶을 제대로 살고 있다면 당신의 목표는 당신이 진전해서 자신에 대한 새로운 것을 발견하여 인식이 넓어짐에 따라 계속 변한다. 1·5·10 플래너시를 살아 있는 문서로 생각하라.

당신의 비전을 계속 업데이트하고 1·5·10 플래너시의 틀을 당신 삶의 최전선에 두어라. 그렇게 한다면 10년 후는 물론이고 1년 후만 해도 몰라보게 달라진 삶을 만나게 될 것이다.

 핵심 개념

- 1·5·10 플래너시는 10년 후 최적의 삶을 먼저 그리고 5년, 1년, 1개월 후의 비전을 역으로 설계하는 것이다.
- 1·5·10 플래너시는 살아 있는 문서로, 당신의 변화에 따라 변한다.
- 1·5·10 플래너시는 삶에서 의사 결정의 틀 역할을 한다.

013 공격 · 수비 원리

강력한 공격으로 승리를 얻고 물 샐 틈 없이 수비하라

 처음으로 한 달 만에 1만 달러를 벌었을
때 그것은 패러다임을 바꾸는 일이 되었
다. 하지만 충격적이지는 않았다. 그다음 달에 5만 달러, 그다음은 10만
달러, 그다음은 20만 달러…. 가속도가 붙으면서 부에 대한 내 이론이
옳다는 것이 분명해졌다. 부의 축적은 대부분 당신 삶에 매인 숫자의
질에 달려 있다. 바로 이 숫자가 당신이 언스크립티드 1%가 될 가능성
이 있는지를 결정한다.

공격 · 수비 원리는 극단적인 검소함이나 미니멀리즘의 지배를 받지
않는 진정한 재정적 자유가 강력한 공격을 통해 이루어진다고 말한다.
공격은 소득, 즉 자산의 폭발적 증가를 뜻한다. 1년에 5만 달러가 아니
라 한 달에 5만 달러를 벌기 시작하는 것이다. 1·5·10 플래너시에서

그런 대담한 미래는 이렇게 실현된다. 제2의 브래드 피트나 르브론 제임스를 꿈꾸는 것이 아닌 한, 이것은 사업의 통제를 통해서만 가능하다.

반면에 수비는 지출 절감과 우울한 검약을 뜻한다. 이상하게도 쳇바퀴에서의 역할을 받아들이고 값싼 좌석에 앉는 삶과 치즈를 제한하는 수비 전략을 쓰는 사람들이 있다. 싸고 몸에도 좋지 않은 먹거리, 값싼 항공권, 성냥갑 같은 아파트, 저렴한 휴가, 이것도 싼 것으로, 저것도 싼 것으로 선택한다. 이후 게임은 정신 승리에 대한 것으로 변한다. 원하는 일을 할 수도, 원하는 것을 볼 수도, 먹을 수도, 살 수도 없다면 그것은 진정한 자유일까? 쳇바퀴의 허니팟이 그것이 승리 전략이라고 당신을 설득하게 두지 말라.

단, 공격·수비는 공생 관계다. 허술한 재정 수비는 강력한 공격을 파괴할 수 있다. 반면 아무리 공격이 강력해도 약한 수비 구멍은 메울 수 없다. 돈 관리가 허술하면 아무리 많은 돈이 있어도 소용이 없다. 그것은 가라앉는 타이태닉호에서 갑판 의자를 바다로 던지는 것과 같다. 결국 배는 가라앉는다. 많은 복권 당첨자나 운동선수가 수백만 달러를 벌고도 몇 년 만에 파산하는 것도 그 때문이다. 강력한 공격은 갑자기 차단되었는데 허술한 수비가 더해지면 파산이 뒤따를 수밖에 없다. 강력한 공격은 잠시 화려한 앞가림은 될 수 있지만 썰물이 빠지면 결국 누가 벌거벗고 헤엄쳤는지 드러난다.

당신의 근로 가능 시간은 길게 잡아도 50년밖에 안 되기 때문에 푼돈만 모아서는 효과가 없다. 좀 더 큰돈이 필요하다. 삶을 뒤바꿀 수입을 올리거나 수백만 달러의 자산을 일구어야 한다. 그래야만 수비가 제

역할을 할 수 있다. 쳇바퀴 탈출을 향한 부의 축적 뒤에야 부의 유지가 뒤따르는 것이다. 그렇다. 둘 다 중요하다! 10년 혹은 그 안에 게임에 이기기 위해서는 공격이, 나머지 50년을 유지하기 위해서는 수비가 필요하다.

 핵심 개념

- 재정적 자유는 수비(지출 감축, 빚 청산)가 아닌 공격(수입, 자산)을 통해 얻을 수 있다.
- 유명한 운동선수나 복권 당첨자, 유명인이 파산하는 경우처럼 형편없는 수비는 강한 공격을 무위로 돌릴 수 있다.

014 머니시스템 전략

시장 투자는 부를 위해서가 아닌 수입을 위해서 사용하라

 증조할머니께서는 나를 만날 때마다 5달러를 주셨다. 나는 그 돈을 예금계좌에 넣었다. 예금을 하러 가면 그사이에 은행에서 계좌에 돈을 더 넣어 놓은 것을 발견할 수 있었다. 예금 통장에 나타난 이 '공돈'은 이자다. 겨우 몇 센트에 불과했지만 어린 나에게는 큰돈이었고 신경세포를 활성화시켰다. 나는 그렇게 묵은 돈이 새로운 돈을 낳는다는 것을 알게 되었다. 다음 달까지 기다리는 것 말고는 아무런 노력 없이도 말이다. 나는 일하지 않고도 평생 수입을 얻을 수 있다는 심오한 깨달음을 얻었다.

나이가 들고 경영학 학위를 받은 후 나는 이 전략에 큰 문제가 있다는 것을 알게 되었다. 정기적으로 큰 액수의 수입을 얻으려면 더 많은 돈, 수백만 달러가 필요했다. 경기에 영향을 받지 않고 여유로운 라이프

스타일을 누리려면 어떨까? 수백만 달러가 더 필요하다. 수익률이 4%라면 1만 달러의 한 달 수입은 33달러에 불과하다. 일주일치 전기 요금도 안 된다. 그러나 4% 수익률일 때 1,000만 달러의 한 달 수입은 3만 3,000달러가 된다. 많은 청구서를 해결하고도 얼마간 돈이 남는다. '공짜 돈'에 대한 성취는 투자 수입, 제품이나 서비스를 제공하는 사업이 아니라 돈의 사업, 즉 머니시스템에서 나오는 수입이다.

머니시스템이란 자본을 임대하거나 투자하는 데 필요한 비용을 지불하는 투자 포트폴리오다. 임대에 대한 대가로 매달 이자, 시세 차익, 이익 또는 배당금을 받는다. 그런 지급금은 나의 첫 '공돈' 경험과 마찬가지로 완벽하게 수동적이다. 자본 투자의 대상은 채권, 배당금을 지급하는 회사, 공공 파트너십, 투자 펀드, 또는 세계의 다양한 주식시장에서 발견되는 부동산 투자신탁 등이 될 수 있다.

다시 현재로 돌아오자. 지난 15년 동안 머니시스템은 내게 월급을 주었다. 나는 이 돈을 월급이라는 뜻의 페이첵(paycheck)과 거액의 상금을 뜻하는 잭팟(jackpot)을 합쳐 페이첵-팟(paycheck-pot)이라고 부른다. 나는 일부러 이 돈이 종이 수표 형태로 집에 배달되도록 만들었다. 사람들은 번 돈보다 얻은 돈이 더 기분 좋게 느껴진다고 말한다. 나는 이 말이 사실이라고 확실하게 말할 수 있다. 내 경우 엄밀하게 말하면 돈을 얻은 것은 아니지만 매달 머니시스템이 주는 월급을 받을 때마다 '공돈'이 주는 기쁨과 흥분을 느낀다. 매달 상황에 따라 월급의 액수는 달라지지만 대략 중소기업 중역의 평균 급여 정도는 된다.

나는 많은 자금을 비과세 지방채, 기업, 신흥 시장, 폐쇄형 펀드와 같은 채권에 투자한다. 다른 투자처에는 애비 비(Abbie Vie, 의료 기업)와 같은 배당주와 부동산신탁이 있다. 이런 자본 배분을 통해 돈이 한곳에 몰리거나 현금으로 남지 않게 한다. 예를 들어 내가 가장 선호하는 머니시스템 투자는 서던 컴퍼니다. 이 회사는 미국 남부의 여러 주에 전력을 공급한다. 나는 수천 주의 주식을 가지고 있다. 수익은 5%를 상회한다. 현재 시점의 배당은 매년 주당 2.5달러 정도다. 이 회사는 거의 70년 동안 배당금을 낮추지 않았다. 70년! 1만 주를 가지고 있다면 매년 가만히 앉아서 3만 달러의 수입이 생기는 것이다. 증조할머니가 5달러씩 주신 용돈으로 불붙은 '공돈'의 환상은 현실이 되었다!

금리에 따른 내 머니시스템의 월간 수익을 보여주는 표가 있다. 원금에 손을 대지 않는 이론적인 계산이다.

수익률	2,500,000달러	5,000,000달러	10,000,000달러
3%	6,250/월	12,500/월	25,000/월
4%	8,333/월	16,666/월	33,333/월
5%	10,416/월	20,833/월	41,666/월
6%	12,500/월	25,000/월	50,000/월

잠깐, 앞에서 주식시장 투자가 서행차선 허니팟이라고 하지 않았던가? 쳇바퀴의 '가난하게 살다가 부자로 죽는 모델'을 뒷받침하는 복리 개념은 부의 비효율적인 창조 기재라고 하지 않았나? 그렇다. 하지만 목적과 적용에 차이가 있다. '과학자'인 우리는 주식시장을 부의 창조를

위해 사용하는 것이 아니라 수입, 환금성, 인플레이션 방어를 위해 사용한다. 우리는 40년 동안 100달러를 1,000만 달러로 만드는 것이 아니다. 1,000만 달러를 가지고 매달 3만 달러의 월급을 만드는 것이다. 당신을 부자로 만드는 데 자본시장을 사용하지 말라. 당신의 부를 지키는 데 사용해라.

머니시스템은 내 순자산의 아주 작은 부분이다. 어느 때든 주식시장에 투자하는 돈은 자산의 25%를 넘지 않는다. 주식시장은 인생을 걸기에는 위험한 곳이다. 시장이 붕괴해도 내 삶은 변하지 않는다. 나는 월스트리트에 의존하지 않는다. 기억하라. 우리는 쳇바퀴 경주를 지켜보는 과학자이지 거기에 붙잡힌 쥐가 아니다. 머니시스템의 목적은 인플레이션을 극복하고 돈의 환금성을 유지하는 동시에 수입을 얻는 것이다. 쳇바퀴에서 벗어나는 것은 주식시장이 아닌 사업을 통해서다.

 핵심 개념

- 저축은 새로운 돈을 낳는다. 그것은 완벽하게 수동적이다.
- 머니시스템은 자본을 임대하는 일이다. 수입을 생성하는 자산(배당주, 채권, 부동산신탁)에 투자된 돈은 정기적인 수입을 가져다준다.
- 4%라는 낮은 수익률도 500만 달러에 적용되면 원금에 손을 대지 않는다는 전제에서 매달 1만 6,000달러 이상의 수입을 얻는다.
- 머니시스템은 순자산의 작은 부분이어야 한다.
- 부를 창출하는 것은 사업이고 자본시장은 부를 임대해 수동적인 수입을 얻는 곳이다.

015 탈출액 전략

자유를 40년의 몽상이 아닌 숫자로 전환시켜라

 6만 2,050달러. 내가 여행이나 옷, 장난감을 제외하고 매년 쳇바퀴 각본에서 탈출한 라이프스타일을 영위하는 데 사용하는 비용이다. 6만 2,000달러가 별로 많지 않다고 생각되는가? 그렇다면 좀 더 자세히 이야기를 해보자.

나는 모든 것을 현금으로 구입한다. 빚이 전혀 없다는 뜻이다. 가지고 있는 모든 차도 현금으로 구입했다. 부동산이 있지만 대출은 없다. 내가 사는 집에는 당신이 상상할 수 있는 모든 것이 있다. 수영장, 농구 코트, 사우나, 10대의 차가 들어가는 차고, 과수원도 있다. 세도나에 짓고 있는 수백만 달러짜리 통나무집은 여기에 포함되지 않는다. 생물학적인 자녀는 없지만 고릴라처럼 먹어 대는 2명의 10대와 함께 살고 있다. 세도나에 짓고 있는 돈 덩어리 집에도 불구하고 여전히 내 사업과

투자 사이에는 어디에 써야 할지 모르는 많은 돈이 있다.

생활에 드는 가장 큰 3가지 비용, 즉 자녀, 융자 또는 집세, 자동차 할부금만 아니라면 6만 2,000달러는 매우 큰돈이다. 숨을 쉬기 때문에 어쩔 수 없이 생기는 순수한 '존재 비용'을 뜻한다. 부동산에 대한 재산세, 면허세, 의료비용, 음식, 주유, 수도 및 전기, 여러 가지 보험과 신탁, 유지 보수 서비스, 기타 생활 간접비 같은 비용 말이다.

각본에서 벗어나 쳇바퀴에서 탈출하려면 엄청난 돈이 필요하다. 5%의 수익률로 연간 간접비를 벌려면 최소한 120만 달러 이상이 있어야 한다. 그 외에도 집과 차를 사기 위한 수백만 달러가 더 필요하다. 안전망도 필요하다. 몇 백만 달러를 또 더해야 한다. 자유는 공짜가 아니다. 자유는 더럽게 비싸다. 존재하기만 해도 엄청난 돈이 들어간다. 여유 있는 라이프스타일(차, 집, 휴가 등)을 바란다면 5,000만 달러에서 1억 달러가 필요하다. 그렇다. 흔한 말처럼 "임대료가 너무 비싸"다.

그렇다면 1·5·10 플래너시에서 설계한 최적의 라이프스타일을 누리는 데는 돈이 얼마나 필요할까? 그 답은 사람마다 다르다. 우리 포럼에 함께하는 수많은 기업가를 자극하는 동기는 메르세데스 벤츠나 집이 아닌 자유다.

사실 나는 자유 그 자체만으로도 모두를 자극하는 동기가 된다고 생각한다. 그러나 어떤 이들에게는 300평 부지에 지어진 집 앞에 메르세데스 벤츠 S클래스가 세워진 모습이 자유를 나타낼 것이다. 어느 쪽이든 중요하지 않다. 자유를 현실로 만들기 위해서는 돈이 필요하다. 그것도 엄청나게 많은 돈이 말이다. 그런데 정확히 얼마나 필요할까? 그것을 계산해 본 적이 있는가?

아래의 방정식으로 계산을 해보자. 이 금액을 탈출액(Escape Number)이라고 부른다. 탈출액은 쳇바퀴에서 벗어나 1·5·10 플래너시에 넝시된 바람직한 라이프스타일로 들어가는 데 필요한 액수다.

탈출액 = ATCA + 머니시스템 + POM

변수는 다음과 같다.

- ATCA(after-tax cost of the assets) : 10년 후 미래에서 명시한 자산의 세후 비용
- 머니시스템 : 자산의 연간 유지비용과 연간 라이프스타일 및 존재 비용을 생성하는 대략적인 투자금
- POM(Peace of Mind) : '마음의 평화'는 머니시스템에서 장기간의 경기 침체와 주식시장 붕괴에 대비하는 환금성이 큰 잉여 현금을 나타내는 임의의 비율이다. 열정이나 취미를 좇는 프로젝트에 사용할 수 있는 돈이다.

탈출액 방정식은 다음과 같이 풀 수 있다.

1단계 : ATCA를 계산한다

1·5·10 플래너시를 검토하고 10년 후 미래상에서 명시한 자산의 세후 비용을 계산한다. 세율을 계산하려면 자산의 비용을 1에서 당신

나라의 가장 높은 세율을 뺀 값으로 나눈다. 세율이 40%라면 0.6(60%)으로 나눈다.

> 멋진 집 = 2,250,000달러
>
> 별장 = 500,000달러
>
> 차 4대 = 250,000달러

> 세전 총액 = 2,250,000 + 500,000 + 250,000 = 3,000,000달러
>
> 세후 순 금액 = 3,000,000 / 0.6 = 5,000,000달러

해설 : 300만 달러의 자산을 구입하려면 세전 500만 달러를 벌어야 한다.

2단계 : ATCA 유지비용을 계산한다

10년 비전을 다시 살펴보고 위에서 설명한 자산액에 1.5%를 곱해 자산 유지비용을 계산한다. 여기에는 보험, 공공요금, 재산세, 기타 수리 및 유지비가 포함된다. 그리고 당신의 라이프스타일을 유지하는 데 드는 비용과 존재 비용을 추가한다. 여기에는 건강보험, 음식, 옷, 오락과 같은 비용이 포함된다. 아이를 가질 계획이라면 유지비에 아이 한 명당 1만 5,000달러를 더한다. 마지막으로 세후 총 유지비를 계산하려면 1에서 수동 투자에 대한 당신 나라의 세율을 뺀 수로 총 비용을 나눈다. 세율이 40%라면 0.6(60%)으로 나눈다.

자산 유지비용(1.5% × 300만 달러) = 45,000달러

건강보험 = 10,000달러

라이프스타일 · 오락 = 10,000달러

생계비 = 10,000달러

3명의 자녀(자녀 1명당 1만 5,000달러를 더한다) = 45,000달러

연간 유지비용 = 45,000+10,000+10,000+45,000 = 120,000달러

세후 총 유지비용 = 120,000 / 0.6 = 200,000달러

해설 : 1 · 5 · 10 플래너시에 기술된 10년 후의 라이프스타일을 유지하기 위해서는 세전 20만 달러를 벌어야 한다.

3단계 : ATCA 유지비용을 조달하는 머니시스템을 계산한다

머니시스템을 계산할 차례다. 매년 투자 수입으로 20만 달러를 창출하는 데 필요한 총액을 구하는 것이다. 순 유지비(20만 달러)를 안전한 장기 투자에 대한 기대 수익률 0.05(5%)로 나누어 구한다.

머니시스템 = 유지비(20만 달러) / 기대 수익률(5%) = 4,000,000달러

해설 : 5%의 기대 수익률로 매년 20만 달러의 수동적 소득을 얻으려면 400만 달러가 필요하다.

4단계 : POM을 계산한다

마지막으로 연간 유지비용 투자에 '마음의 평화' 비율을 곱한다. 언스크립티드 1%는 투자 수익에 의존하지 않기 때문에 이런 계량은 불황에 대한 보험이자 면역제이다. 사용하는 비율이 낮을수록 주식시장의 재앙이나 다른 통제할 수 없는 시장 상황에서 당신이 감수할 위험이 커진다. 50% 이상으로 설정하기를 권한다. 나는 200% 이상을 사용한다.

POM = 머니시스템(400만 달러) × 50% = 2,000,000달러

해설 : 200만 달러는 '마음의 평화'을 위한 쿠션이다.

5단계 : 탈출액을 계산한다

마지막 단계는 순자산 비용을 머니시스템 액수에 더해 정확한 탈출액를 계산하는 것이다.

ATCA + 머니시스템 + POM = 탈출액
5,000,000 + 4,000,000 + 2,000,000 = 11,000,000달러

해설 : 쳇바퀴에서 벗어나 1·5·10 플래너시의 꿈꾸는 미래상을 누리려면 세전 1,100만 달러를 벌어야 한다는 것이다. 이는 400만 달러가 수동적 소득 투자에 들어가고 당신이 융자나 할부 없이 자기 집과 차를 소유한다는 것을 가정한다.

호화로운 자유는 엄청난 돈이 필요하다. 자녀를 원할 때는 더 말할 것도 없다. 검소하게 생활하고 트레일러에서 산다고 해도 마찬가지다. 모든 기대가 실망으로 이어지는 느낌인가? 좌절하지 말라. 이 책이 희망의 불씨를 줄 것이다. 당신은 그 불씨를 잘 키우기만 하면 된다.

◇ **핵심 개념**

- 기본적인 생계비만으로도 큰돈이 들어간다. 미니멀리즘의 생활환경에서도 마찬가지다.
- 제한 없는 자유를 누리는 삶, 상대적인 풍요를 누리는 삶에는 수백만 달러의 비용이 들어간다.
- 당신의 탈출액은 쳇바퀴에서 탈출해서 1·5·10 플래너시에서 그린 바람직한 라이프스타일을 누리는 데 필요한 총액이다.
- 세전액을 기반으로 계산되는 탈출액은 10년 후 미래상에서 명시된 자신의 세후 비용에 당신이 꿈꾸는 라이프스타일의 유지비를 조달하는 투자 총액과 경제적 면역을 위한 추가적인 자금을 더한 금액이다.

016 가치 수익 체계 전략

눈뜬장님이 되지 않으려면 수입 체계를 바꾸어야 한다

 내가 처음 샀던 스포츠카는 콜벳이다. 며
칠 운전하자 어디에서나 콜벳이 보였다.
내가 생각한 것만큼 대단한 차가 아니었던 것이다. 물론 실제로 콜벳이
더 늘어난 것은 아니다. 바뀐 것은 내 지각이다. 내 두뇌가 이 시각적 자
극에 눈을 뜬 것이다.

매일 당신 두뇌에는 수십 억 가지 데이터가 입력된다. 혼란에서 살아
남으려면 정신은 그 대부분을 무시해야 한다. 달리 표현하자면 눈에 띄
지 않는 것은 잘 보지 못한다. 망상 활성계라고 알려진 이 현상은 X에
대해서 인식하기 시작하면 두뇌가 더 이상 X를 걸러 내지 않기 때문에
X가 눈에 잘 띈다는 의미다. 라디오를 생각해보자. 주파수는 수백 개지
만 당신은 당신이 맞춘 주파수 하나만을 듣는다.

마찬가지로 쳇바퀴는 체제가 들려주고 싶은 주파수만 당신 두뇌가 인식하도록 훈련시켰다. 당신 두뇌는 귀를 기울여야 하는 해법을 코앞에 두고도 보지 못한다. 트로트만 부부의 경우, 그들의 두뇌는 콜벳을 찾아야 하는 상황에서도 도요타와 혼다만 보도록 훈련된 셈이다.

사람들은 서로 조금씩 다른 방식으로 돈을 버는데, 이 수입 체계가 돈 문제를 어떻게 처리하느냐를 결정한다. 수입이 더 필요하면 어떤 계획을 세우는가? 더 많은 일? 더 나은 직장? 더 나은 급여? 당신이 돈을 버는 수입 체계가 당신에게 쳇바퀴 내에서 움직이는 기본 정체성을 부여한다. 쳇바퀴 정체성은 당신에게 탈출 티켓을 주기도 하지만 거기에 남는 수갑을 주기도 한다. 올바른 수입 체계를 찾을 때까지, 과거에 보지 못했던 것을 볼 수 있게 될 때까지는 쥐에서 과학자로 전환할 수 없다. 돈을 버는 방식에는 다음과 같은 3가지 체계가 있다.

시급 체계
쳇바퀴 정체성 : 노동자

쳇바퀴 현실 : 비숙련직을 전전하는 사람

이익 창출 : 전문화되지 않은 노동에 대한 시급

당신은 쳇바퀴 내의 노동자, 시급을 받는 비숙련직을 전전하는 사람이다. 1시간에 15달러를 받고 삶에서 10시간을 내준다. 당신은 그 대가로 150달러를 받는다. 돈은 일자리(대개는 형편없는 보수를 받는)에서 거래되는 시간의 함수다. 소매점 점원, 택배 기사, 건설 노동자, 패스트푸드 레스토랑의 조리사 등 사장이 당신을 언제든 바꿀 수 있는 일자리다. 시스템 내에서 쉽게 대체할 수 있는 톱니로 취급하는 곳이다. 마찬가지로 직원도 그 일자리를 언제든 버릴 수 있는 것으로 여긴다. 누가 돈을 더 주느냐에 따라 얼마든지 일자리는 바뀔 수 있다. 시급 체계의 경우, 재정적 고통은 더 나은 시급을 주는 새로운 일자리를 찾음으로써 타개한다. 평생 시급 체계를 유지한다면 쳇바퀴의 결과는 가난이다.

연봉 체계

쳇바퀴 정체성 : 전문가

쳇바퀴 현실 : 숙련직 연봉을 극대화하는 사람

이익 창출 : 전문적 기술에 대한 연봉

연봉 체계의 쥐는 전문가다. 그들은 직업을, 시간 단위가 아닌 연 단위로 돈을 계산하는 숙련 노동 사고방식에 연결시킨다. 돈은 전문적 기술과 치과 의사, 엔지니어링, 약학, 소프트웨어 개발 등 전문 분야에 의해 결정되는 연봉의 함수다. 상승 이동은 전문적 기술과 그들을 고용하는 기업과 관련 있다. 연봉 체계의 사람들은 기술이나 자격을 향상시키기 위해 대학원에 가는 경우가 많다. 연봉을 결정하는 기술을 가진 연봉 체계는 사람을 평생 그 직업에 묶어 두는 경향이 있다. 도중에 직업을 바꾸는 사람들이 있기는 하지만 소수다. 비숙련직을 전전하는 사람들과는 달리, 숙련직 연봉을 극대화하기 위해 노력한다. 기존의 기술과 경험을 이용해야 하기 때문에 돈 문제를 해결할 방법은 많지 않다. 그 좋은 예가 트로트만 가족이다. 연봉 체계를 유지하는 결과는 평범함이다.

가치 수익 체계

쳇바퀴 정체성 : 기업가

쳇바퀴 현실 : 가치를 창출하는 사람

이익 창출 : 순 인지 가치에 대한 수익

가치 수익 체계로 세상을 보면 돈은 시간에 연결된 난해한 개념이 아니고 기업가로서 벌어들이는 수익의 함수다. 수익은 순 인지 가치(Net perceived-value, NPV), 당신이 창출한 가치와 그것을 판매한 가치 사이의 차이를 말한다. 당신이 발명한 장치가 50달러에 팔렸는데 그것을 시장에 내놓기까지 든 비용이 20달러라면 당신의 순 인지 가치, 즉 이윤은 30달러다. 10년 동안 50만 개를 판다면 당신의 수익은 1,500만 달러다. 하지만 이윤(혹은 NPV)은 양날의 검이다. 10년 동안 10개밖에 못 팔면 귀중한 시간을 잃고 이윤은 고작 300달러다.

가치 수익 체계일 때의 당신은 시스템 내에서 가치를 창출하는 기업가다. 수입은 일자리, 기술, 경험과 연관되는 것이 아니라 수익, 즉 전달되는 가치의 함수다. 가치 수익 체계를 평생 유지하면 평생 부와 자유를 얻는다.

당신의 수입 체계가 무엇인지 알아보려면 이렇게 자문하라. 만약 내년까지 추가로 2만 5,000달러를 벌어야 한다면 어떻게 해야 할까? 돈을 버는 체계에 따라 질문에 대한 반응은 달라진다.

시급 체계 : 시급이 더 높은, 더 나은 일자리가 필요해! 사람 구하는 곳이 어디 없나? 근무시간을 더 늘릴 수 있을까?

연봉 체계 : 학교로 돌아가서 새로운 기술을 익혀야겠어. 연봉을 높일 수 있는 기술을 말이야! 헤드헌터에게 전화해야겠군.

가치 수익 체계 : 더 많은 사람들에게 더 큰 가치를 인정받는, 더 나은 제품이 필요해!

수입 체계는 공략 대상을 정한다. 가능한 해법만 볼 수 있게 한다. 트로트만 부부가 고통을 겪는 것은 게을러서가 아니다. 쳇바퀴에 의해 주어진 한계에 머물러 있기 때문이다. 옛말처럼 망치를 들고 있을 때는 모든 것이 못처럼 보인다. 더 나은 일자리, 더 나은 직업은 답이 아니다. 더 나은 가치를 지닌 더 나은 제품을 통해 더 나은 수익을 추구해라.

◆ **핵심 개념**

- 인식, 당신의 망상 활성계는 평소에 보이지 않던 것을 시야에 들어오게 만든다.
- 시급 체계인 사람은 돈을 시급으로 버는 비숙련 노동의 함수로 본다.
- 연봉 체계인 사람은 돈을 연봉으로 버는 숙련 기술의 함수로 본다.
- 가치 수익 체계인 사람은 돈을 순 인지 가치 제품 단위에서 나오는 수익의 함수로 보고 쳇바퀴 탈출의 문을 연다.
- 수입 체계가 공략 대상을 결정한다.

017 나쁜 셈법의 원리

레버리지가 없으면 기회도 없다

 직업을 말해 주면 나는 당신의 쳇바퀴 탈출 여부를 거의 확실하게 예측할 수 있다. 어떻게 그럴 수 있을까? 나는 당신이 개인적으로 가지고 있는 레버리지(leverage, 지레, 수단, 보강 조치) 유형만 살핀다. 나쁜 셈법의 원리는 치열한 경쟁 속에 갇힌 모든 사람들이 다루기 어렵고 통제 불가능한 수학에 갇혀 있다는 것을 보여준다. 즉 레버리지가 없다.

쳇바퀴에서 탈출한 사람들은 모두 일종의 수학적 레버리지를 이용했다. 투자 수익이나 부동산 대출 같은 사업적 레버리지(차입 자본의 이용)를 말하는 것이 아니다. 다음에 설명하는 3가지 쳇바퀴 닻이 당신 삶에 나쁜 셈법의 원리가 활성화되게 한다.

첫 번째 닻 : 수입과 부는 시간과 상관관계가 있다

챗바퀴는 시급과 연봉 체계의 시각을 유지하는 사람들에게 돈을 버는 유일한 방법이 시간을 돈과 바꾸는 것이라고 설득한다. 나는 시어스 매장에서 선반에 물건 채우는 일을 했었다. 그때는 출근해야만 돈을 벌 수 있었다. 내 수입은 내가 맞바꾼 시간과 이용할 수 있는 시간에 제한되었다. 둘 다 통제가 불가능하고 레버리지를 이용할 수 없다. 마찬가지로 전문가, 관리자도 시간이 아닌 연봉 개념으로 돈을 받을 뿐 부의 창출이 얼마의 시간을 맞바꾸었는가에 직접 연결되는 것은 똑같다. 더 많은 돈이 필요하면 더 많은 시간을 내놓아야 한다.

두 번째 닻 : 시간은 늘릴 수 없다

시급을 받는 경우 당신의 수입은 일을 한 시간에 제한된다. 이론적으로 하루에 일할 수 있는 최대 시간은 24시간이지만 현실적으로는 8~12시간 정도 일한다. 연봉을 받는 사람도 똑같은 제약을 받는다. 이론적으로 당신이 일할 수 있는 시간은 50~60년이지만 현실적으로는 40년 정도다. 40시간이나 40년은 나쁜 셈법이다.

주당 40시간 × 시간당 20달러 = 주당 800달러
40년 근무 × 연간 5만 달러 = 평생 수입 200만 달러

만약 시간을 늘릴 수 있다면?
주당 400시간 × 시간당 20달러 = 주당 8,000달러

400년 근무 × 연간 5만 달러 = 평생 수입 2,000만 달러

아무리 에너지가 넘치는 사람도 일주일 400시간, 혹은 400년을 일할 수는 없다. 시간은 늘릴 수가 없다.

세 번째 닻 : 쳇바퀴 경제는 조정이 불가능하다

이런 가혹한 문제에 직면한 쳇바퀴 쥐는 더 높은 시급이나 연봉을 받기 위해 노력하는 반응을 보인다. 직장을 바꾸거나 새로운 직업을 찾거나 심지어 대학으로 돌아가서 한 단계 높은 학위를 받는 데 돈을 쏟아붓는다. 이번에는 세 번째 문제가 그들을 가로막는다. 시간 제약이 아닌, 쳇바퀴 경제학의 제약을 받는 것이다. 공급은 과잉이고 수요는 적다. 수많은 사람들이 당신이 하는 일을 할 수 있다면 당신에게는 레버리지가 없다.

당신이 패스트푸드 레스토랑의 조리사라면 시간당 20달러를 벌기도 힘들다. 하지만 갑자기 패스트푸드 레스토랑 조리사 수요가 많아지고 공급이 부족해진다면 시간당 1,000달러를 받게 될 수도 있다. 물론 실제로 그런 일은 없다. 연봉을 받는 사람에게도 같은 경제학이 적용된다. 당신이 올해 6만 달러를 받는 제약 회사의 감사라도 갑자기 당신이 하는 일을 할 수 있는 사람이 전혀 없어서 내년에 60만 달러를 받게 되는 일은 생기지 않는다. 수천 명의 대졸자가 줄을 서서 당신의 일자리를 기다리고 있다! 두 경우 모두 돈을 제어하거나 늘릴 수 없다.

우리의 재정 여정을 단순화해서 당신의 탈출액이 500만 달러라고

가정해 보자. 이 시나리오에서는 돈을 매트리스 밑에 숨겨 놓을 수 있다. 세금도 인플레이션도 없다. 500만 달러를 모으는 데 30년이 걸린다면 그 500만 달러는 지금과 똑같은 가치를 가진다.

셈법을 들여다보고 다양한 직종과 일자리에서 레버리지의 영향력이 얼마나 낮은지 확인해라. 이 숫자는 세금을 고려하지 않은 것이며 넉넉하게 10%의 이율을 가정한다는 것을 반드시 기억하라.

직업 / 직종	평균 급여	500만 달러를 버는 데 필요한 햇수	500만 달러를 저축하는 데 필요한 햇수
건축가	87,130	57년	574년
자동차 정비사	46,760	107년	1,069년
목수	54,200	92년	923년
요리사 / 요리장	58,740	85년	851년
의사	211,000	24년	237년
치과 의사(고용)	180,000	28년	278년
초등학교 교사	65,300	77년	766년
보험 손해사정사	70,650	71년	708년
대출 담당자	76,930	65년	650년
매장 점원	31,200	160년	1,603년
상업용 항공기 조종사	110,830	45년	451년
소프트웨어 개발자	109,950	45년	455년

출처 : https://www.bls.gov/oes/current/oes_nat.htm (2020년 5월)

보다시피 소매점 점원으로 연 3만 1,200달러의 시급을 받아 총 500만 달러를 벌려면 160년이 필요하다. 매일 8시간 근무를 41,666번 해야 한다. 생활 간접비(세금, 인플레이션, 필수품)를 더하고 10% 이율로 500

만 달러를 모으려면 1,603년이라는 엄청난 시간이 필요하다. 다시 말해 지금 자유를 창출하는 부를 축적하려면 5세기 초, 훈족 아틸라가 통치하던 시절부터 시작했어야 한다. 시급 제계로 쳇바퀴를 돌리는 것은 사형선고와 다름없다.

연봉 체계도 별로 다를 것은 없다. 건축가라는 직업을 가지고 있다고 가정하자. 이율을 넉넉하게 10%로 잡아도 500만 달러를 모으려면 574년이 필요하다. 부자가 되기 위해 이런 방법을 미는 전문가라면 구약성경부터 연구하는 것이 좋겠다. 성경에 나오는 사람들은 900세까지 살았다고 하니까 말이다. 8만 7,000달러의 연봉으로 그릴 수 있는 최선의 시나리오는 쳇바퀴 시스템에 내장되어 있다. 시나리오의 주제는 평범함이다. 시급과 연봉에 매달리는 쥐는 자신이 통제할 수 없는 제한적 레버리지(Uncontrollable Limited Leverage, ULL)에 갇힐 수밖에 없다. 'ULL'은 당신이 결코 탈출하지 못할 것이라는 뜻이다.

프로 선수나 유명인은 ULL을 와해시킬 수 있는 몇 안 되는 직업군에 속한다. 르브론 제임스와 같은 기량을 가진 사람이라면 모두가 농구 경기나 광고를 위해 그를 원한다(공급은 적고 수요는 많을 경우). 르브론 제임스는 ULL의 지배를 받지 않는다. 그는 레버리지가 적용된 액수를 받는다. 대부분의 사람들이 명성을 원하면서도 그 이유는 모른다. 명성은 곧 레버리지고 활황이다. 영화 한 편으로 500만 달러를 벌고 강연 한 번으로 50만 달러를 벌고 게임 한 번으로 5만 달러를 벌고 싶지 않은 사람이 어디 있겠는가? 야구공을 시속 160km로 던지는 등의 비범한 기술, 재능 자체가 레버리지 시스템이다. 우리 같은 평범한 사람들에게는 그런 선택지가 없다. 나는 노래도 연기도 야구에도 재능이 없다. 쳇바퀴에서 탈출할 기회를 원한다면 나쁜 셈법, 통제할 수 없는 제한적 레버리지와 함께해서는 안 된다.

사실 대학에서는 나쁜 셈법의 원리를 가르치지 않는다. '커피'를 끊으라는 경제 베스트셀러에서도 가르쳐 주지 않는다. 대부분의 교육기관은 나쁜 셈법의 전략을 조장한다. 한 달에 100달러를 저축하고 40년 동안 투자해서 8% 수익을 기대하면 어쩌고저쩌고…. 100, 40, 8%와 같은 숫자는 빠르게 부를 창출하는 것이 아니라 부를 늦게 만들거나 혹은 부를 전혀 창출하지 못한다. 나쁜 셈법은 부유해지는 데 나쁜 조건을 만들고 결국 나쁜 공격이 된다. 그런 식의 동기부여는 하루 이틀만 의욕을 북돋는다. 잘못된 셈이라면 의욕을 아무리 높여 봐야 전혀 의미가 없다. 잘못된 방향으로 열심히 달리라는 것은 잘못된 가르침이다.

 핵심 개념

- 나쁜 셈법에는 3개의 덫이 있다. 수입과 부는 시간과 상관관계가 있다. 시간은 늘릴 수 없다. 쳇바퀴 경제는 조정이 불가능하다.
- 상당한 급여를 받는 직업에 10%의 이율이라도 500만 달러를 모으려면 수백 년이 걸린다.
- 유명인이나 운동선수는 ULL이나 나쁜 셈법의 적용을 받지 않는다.
- 경제 전문가나 대학은 통제할 수 없는 제한적 레버리지에 대해 가르치지 않는다.

018 특화 상품 전략

인생에 레버리지를 넣는다 : 돈은 더 많이 시간은 더 적게

 20대 초반, 나는 돈을 벌고 빚을 갚고 재산을 모으느라 고생했다. 나는 가치 수익 체계의 사고방식은 가지고 있었지만 인지 가치를 제공하지 못했다. 근사한 차도 도움이 되지 않았다. 하지만 특화 기술로 웹 개발을 독학하여 그것을 특화 상품으로 전환하는 법을 깨우치면서 모든 것이 변했다. 인생을 바꾸는 강력한 공격을 내놓은, 첫 번째 중요한 발걸음이었다. 특화 기술을 특화 상품으로 전환시키면 쳇바퀴 닻과 나쁜 셈법을 약화시킬 수 있다. 예외는 없다.

특화 상품에는 2차 특화 상품, 1차 특화 상품 이렇게 두 가지 유형이 있다. 하나는 수입에 대한 시간의 지배를 약화시키고 다른 하나는 그것을 날려 버린다.

2차 특화 상품

특화 기술인 웹 디자인을 독학한 후 기술을 판매할 방법을 모색했다. 나는 웹사이트를 필요로 하는 사람에게 기술을 판매했다. 2차 특화 상품을 통해 나는 시간에 대한 수익을 몇 배로 끌어올렸다.

기술을 이용해 수익을 올리는 방법은 다양하다. 시급 체계 사고방식이라면, 웹 디자인에 대한 특화 기술을 이용해 웹사이트를 디자인하는 부업을 할 수 있다. 결과는 시간당 15달러다. 연봉 체계 사고방식이라면, 각종 혜택과 수당이 있는 직장에 취직할 수 있다. 결과는 연봉 4만 2,000달러, 시간당 약 22달러다. 시급 체계보다 발전은 있지만 많은 시간이 필요하다.

그렇지만 웹사이트 하나당 평균 2,500달러를 받고 그것을 납품하는 데 10시간을 들이면 시간당 수익을 10배로 만들 수 있다. 시간당 22달러에서 250달러가 된 것이다. 더 많은 돈을 벌고 그 돈을 버는 데 드는 시간은 줄었다.

10배의 보수 상승에도 불구하고 2차 특화 상품은 여전히 시간에 종속되어 있다. 웹사이트를 필요로 하는 고객을 찾지 못하면 한 푼도 벌지 못한다. 24시간 코딩을 할 수 없는 노릇이고 영업에도 많은 시간이 필요하기 때문에 2차 특화 상품은 시간의 제한을 받는다.

마찬가지로 도구도 소유권이나 숙련도를 통해 2차 특화 상품을 만들 수 있다. 재봉틀, 용접기, 고소작업대, 잔디 깎는 기계 등을 생각해보라. 내 포럼의 한 기업가는 한 달에 150달러를 받고 잔디를 깎는다. 얼마 안 되는 것처럼 보이는가? 그럴지도 모르지만 그는 똑똑해서 큰돈을 벌었다. 직원과 함께 일을 하는데 15분이 걸리고 일을 20회 하면 1,800달러의 수익을 얻는다. 1,800달러를 버는 데 5시간밖에 안 걸린다. 시간당 360달러인 것이다. 단지 5시간이다. 그 역시도 시간당 비용을 계산하면 자기 회사에게 일을 맡길 사람은 거의 없을 것이라고 인정했다. 한 달에 150달러는 합리적이지만 시간당 360달러는 그렇지 않다. 그것이 바로 특화 상품의 힘이다. 2차 특화 상품은 쳇바퀴 경제를 깨뜨리는 괜찮은 출발점이다.

1차 특화 상품

수요가 있다면 무엇이든 1차 특화 상품이 될 수 있다. 단 시간과 관계없이 살아남을 수 있는 제품·서비스여야 한다. 소프트웨어, 프랜차이즈, 음식, 게임, 정보, 책, 옷, 기기, 발명품 등의 물리적 제품을 고려해 보라. 당신, 즉 기업가와 분리되어 존재할 수 있는 것이라면 어떤 것이든 좋다.

이 책은 좋은 예가 된다. 내가 연봉 체계 사고방식을 가지고 있고 전문 기술이 글쓰기라면, 나는 글을 쓰는 직업을 구해 연 3만 달러를 벌수 있다. 또는 가치 수익 체계 사고방식과 2차 특화 상품을 이용하여 프리랜서로 100명의 고객에게 프로젝트당 500달러를 청구해 연간 5만 달러를 벌 수도 있다. 문제는 프리랜서라도 5만 시간 일을 하거나 5만 개의 주문을 받을 수 없다는 데 있다. 여전히 시간의 통제를 받는다. 반면 내 특화 기술을 투입한 1차 특화 상품인 책은 5만 권을 팔 경우, 연간 50만 달러를 벌 수 있다.

궁극적으로 특화 상품은 쳇바퀴 덫에 대한 세 갈래 공격이다. 시간과 쳇바퀴 경제와 달리 특화 상품에는 확장성이 있다. 식료품부터 소프트웨어 구독, 미용 제품에 이르기까지 당신의 창작품은 대량으로 판매되어 나쁜 셈법을 좋은 셈법으로 바꾸는 이론적인 힘이 있어야 한다. 올바른 1차 특화 상품은 반복적인 제작, 사용, 소비, 판매가 가능하다. 돈은 더 많이 벌고 시간은 더 적게 든다! 이 사실은 쳇바퀴 경제학의 문제점을 드러낸다.

 핵심 개념

- 시간 대비 수익을 10배로 만들 수 있는 특화 상품에는 두 가지 유형이 있다.
- 2차 특화 상품은 특화 기술을 웹사이트, 광고 문안 작성 서비스, 프리랜서 프로젝트 등의 완성된 제품이나 서비스로 전환시킨다.
- 2차 특화 상품은 느슨하지만 여전히 시간에 종속된다.
- 1차 특화 상품은 시간과 분리되어 대량으로, 반복적으로 판매될 수 있는 제품·서비스다.

019 비즈니스 시스템 전략

시간의 영향을 받지 않는 수익을 만들어라

 나의 양아들은 재능 있는 판타지 소설 작가다. 『왕좌의 게임』 같은 글을 쓴다. 출판사를 가지고 있는 나는 그의 작품을 출판하고 싶어 안달이 난다. 그는 대학 생활이 힘들수록 글을 더 많이 쓰는데 자신의 미래에 취직은 없다고 느끼는 것 같다.

어쨌든 책 그 자체로는 가치가 없다. 비디오게임, 모바일 애플리케이션, 식품, 발명품 등도 마찬가지다. 궁극적으로 특화 상품은 그것을 필요로 하는 구매자의 손에 들어가야 한다. 특화 상품은 쳇바퀴를 약화시키지만 비즈니스 시스템은 쳇바퀴를 없애 버린다. 비즈니스 시스템은 당신의 특화 상품이 적절한 청중의 손에 들어가게 하는 일을 책임진다.

내 출판사의 비즈니스 시스템은 내 포럼, 고객 명단, 전자상거래 웹 사이트, 소셜미디어 계정, 아마존, 잉그램(Ingram), 베이커 앤 테일러 (Baker & Taylor) 및 수십 개의 해외 출판사 등 여러 도서 판매 채널을 아우른다. 내 양아들은 지금까지 나온 어떤 책보다 대단한 책을 쓸 수 있지만 그것을 판매하는 비즈니스 시스템이 없다면 그의 재능은 개발되지 않은 잠재력으로 남을 것이다. 당신이 어떤 식품을 가지고 있다면 당신의 비즈니스 시스템은 전자상거래 웹사이트, 마케팅 전략, 도매 배급업자와 타겟(Target), 크로거, 세이프웨이(Safeway)와 같은 소매 채널이 될 것이다. 특화 상품과 비즈니스 시스템의 몇 가지 사례가 있다.

특화 상품	비즈니스 시스템
모바일 앱	애플 스토어, 구글 플레이, 당신의 웹사이트, 당신의 고객 명단
책	아마존, 오더블(Audible), 잉그램, 서점, 당신의 블로그, 당신의 고객 명단
발명품	당신의 웹사이트, 소매점, 배급 업체, 당신의 고객 명단
의류	당신의 웹사이트, 소매와 도매 업체, 당신의 고객 명단
영화	넷플릭스, 유튜브, 영화관, 방송사, 신디케이터(syndicator, 콘텐츠를 수집하여 패키지로 묶거나 부가 서비스와 연결시켜 다양한 채널에 유통시키는 콘텐츠 유통 전문 사업자-옮긴이)

특화 상품과 마찬가지로 비즈니스 시스템은 시간의 제약을 받지 않

는다. 비즈니스 시스템은 쳇바퀴의 첫 번째 닻을 없앤다. 책을 팔기 위해 이용하는 시스템은 영구적으로 존재하면서 일을 멈추지 않고 휴식 시간도, 휴가도 필요 없는 수백 어쩌면 수천의 정규 영업 사원이 된다. 내 출판사는 당신이 책을 사는 순간 아주 적은 돈을 번다. 그러나 그 순간에 내가 무엇을 하고 있는지 누가 알겠는가? 잠을 잘 수도 글을 쓸 수도 개를 산책시킬 수도 있다.

비즈니스 시스템을 통해 당신은 남은 평생 동안 항상 1년 365일 하루 24시간 내내 '돈을 버는 중'인 상태가 된다. 비즈니스 시스템은 당신을 대신해 자신의 시간을 돈과 바꾼다. 특화 상품은 마지막 2개의 쳇바퀴 닻을 무효로 만들면서 쳇바퀴 경제를 무력화시키고, 비즈니스 시스템은 당신에게 시간을 지배하는 힘을 준다. 나는 10년도 더 전에 『부의 추월차선』이라는 책을 썼는데 아직도 내게 연 100만 달러 단위의 수입을 가져다준다. 특화 상품에 시간을 투자한 지 10년이 넘었지만 비즈니스 시스템은 여전히 작동한다. 5일의 노동을 주말 이틀간의 자유와 맞바꾼다는 마이너스 60% 수익률이 아닌 플러스 수익률을 제공한다.

나는 수백만 개의 특화 상품을 팔 수 있다. 결국 이런 매출을 견인하는 것은 수요와 내가 채용한 비즈니스 시스템이다. 자가 출판을 시도하는 수백만의 작가들이 있다. 아마존에 책을 올리고 기다린다. 그들은 결국 책을 거의 혹은 전혀 팔지 못한다. 그들은 특화 상품을 가지고 있지만 비즈니스 시스템이 없다. 아마존에 책을 올리고 기다리는 것은 비즈니스 시스템이 아니라 복권이다. 나는 비즈니스 시스템을 구축하는 데 수년을 투자했다. 광고 매체에서부터 소매 채널, 도매 배급 업체, 마케팅 전략에 이르기까지 많은 노력을 했다. 노력은 특화 상품 개발에서 끝나는 것이 아니다. 거기에서부터 시작된다. 비즈니스 시스템이 없는 특화 상품은 애당초 수익으로 연결될 수가 없다.

핵심 개념

- 비즈니스 시스템은 판매 채널에서 마케팅 전략까지 아우르는 시스템으로 특화 상품이 적절한 청중의 손에 들어가게 하는 일을 책임진다.
- 비즈니스 시스템과 함께하는 특화 상품은 시간을 지배하는 힘과 제한 없는 레버리지를 가져다준다.
- 3가지 쳇바퀴 덫을 깨뜨리려면 특화 상품과 비즈니스 시스템 모두가 필요하다.

020 지식 격차 전략

지식 격차를 외면하면 낙오한다

"어떻게 해야 하는 건지 정확하게 이야기 해주지 않았잖아요!"

몇 년 전 한 독자가 내 책에 내가 사업을 성장시키기 위해 사용했던 '정확한' 방법이 나와 있지 않다고 불평했다. 그 이야기를 한 독자는 분명 사업을 해본 적이 없는 사람일 것이다. 마케팅이나 영업 분야의 일은 말할 것도 없다. 수년 전은 물론이고 불과 몇 달 전에 사용했던 사업 전략도 지금은 도움이 되지 않는다. 2018년에 효과가 있었던 매출 급등 전략은 2021년에는 효과가 없다. 간단히 말해, 어제는 유익한 지식이라도 오늘은 가치 없는 지식이 된다.

이런 진실 뒤에는 지식 격차(knowledge gap)라고 불리는 것이 있다. 지식 격차는 당신이 알아야 하는 것과 알지 못하는 것 사이의 차이를 말한다. 이는 기술 부족에서부터 제대로 실행되지 않은 마케팅 전략, 문화적 추세에 대한 잘못된 데이터 포인트에 이르기까지 다양하다. 지식 격차는 점점 커지는 성질을 가지고 있으며 변화와 상관관계가 있다. 기술, 경제, 사회규범, 소비자 취향, 행동 등이 모두 역동적이기 때문에 지식 격차는 지속적으로 확대된다. 당신이 비트코인 같은 새로운 투자 시스템을 '복잡하다'는 이유만으로 외면한다면 그것은 미래의 큰 기회를 놓치는 일이 될 것이다. 지식 격차를 줄이려고 하지 않았을 뿐인데 말이다. 복잡해 보인다고 해서 당신이 그것을 배울 수 없다는 의미는 아니다. 대개 알지 못하는 새로운 것은 복잡해 보이기 마련이다!

내가 지금 누리고 있는 성공은 과거에 지식 격차를 염두에 둠으로써 얻은 것이다. 나는 끊임없이 지식을 추구했다. 코딩을 배우고 새로운 업계에 대해서 배우고 마케팅을 배우고 적용법을 배웠다. 또 다른 예로 2020년의 코로나19 유행은 세상의 집단적 지식 격차를 크게 확대했다. '뉴 노멀(new normal)'이라는 말을 들어 보았을 것이다. 이것은 지식 격차와 급속한 확장을 종합적으로 이르는 말이다.

그렇다면 지식 격차를 어떻게 줄일 수 있을까? 첫 단계는 지식 격차가 계속 확장된다는 점을 인정하는 것이다. 두 번째 단계는 끊임없는 학습이다. 지난달에 몇 권의 책을 읽었는가? 책을 읽을 때마다 당신은 저자로부터 1대1의 개인 강습을 받는다. 수많은 전문가, 억만장자, 과학자 등이 기꺼이 당신의 멘토가 되어 지식 격차를 줄이는 데 도움을 주기 위해 기다리고 있다. 새로운 교육, 그에 따른 새로운 가능성은 몇 번의 검색만으로도, 도서관에 가기만 해도, 날카로운 관찰자가 되는 것만으로도 얻을 수 있다.

안타깝게도 스크럽트 내에서 챗바퀴를 달리는 쥐는 지식 격차를 염두에 두지 않는다. 그들은 오락에만 관심을 둔다. 유명인의 근황, 왕실의 결혼, 축구 경기는 한 주만 지나도 아무 상관없는 일이 된다. 틀에 박힌 삶의 근원은 애초에 당신을 거기에 데려다 놓은 그 지식이다. 지식 격차를 유념하라. 그렇지 않으면 그것이 당신을 도태시킬 것이다. 낡은 교육은 새로운 가능성에 들어맞기 힘들다.

 핵심 개념

- 지금 효과가 있는 것이라도 내일은 효과가 없을 수 있다.
- 지식 격차는 당신이 모르는 것과 당신이 알아야 하는 것 사이의 차이로 기호, 기술, 인간 행동에 의해 유발되며 계속해서 확장된다.
- 지속적인 학습만이 지식 격차를 줄일 수 있으며 지식 격차의 존재를 인식하는 일이 우선되어야 한다.
- 낡은 교육은 새로운 가능성에 들어맞기 힘들다.

새로운 희망

2016년 11월 12일 토요일

트로트만 부부는 그들이 가장 좋아하는 멕시코 음식점에 마주앉았다. 샘이 '데이트'를 해야 한다고 재촉해서 제프는 운동이 끝나자마자 달려왔다. 샘은 화장기 없는 얼굴이었지만 살짝 흥분된 듯한 표정이었다. 웨이터가 오자 그녀는 평소에 마시던 와인 대신 마가리타를 주문했다. 제프는 늘 마시는 위스키를 주문했다. 웨이터가 사라지자 제프는 그녀에게 날카로운 시선을 보냈다. "자, 말해 봐. 앉으면서부터 계속 빙글거리는데…. 와인이 아니라 마가리타라니…. 축하할 일이 있는 거야?"

샘은 눈을 반짝이며 얼굴을 들이대더니 국가 기밀이라도 이야기하는 것처럼 속삭였다. "찾았어!" "무엇을 찾았는데?" 제프는 수상하다는 표정을 지으면서도 역시 낮은 목소리로 물었다. "은행 도면을 찾은 거야? 오랫동안 잊혔던 영국 왕족이라는 것을 알게 된 거야?" 그가 낄낄거렸다. "아니." 그녀는 다시 물러나 앉으며 말했다. "우리 문제에 대한 답을 찾았어." "우리 문제? 어떤 거? 내가 마지막으로 확인한 바로는 몇 백 가지였는데…" "쳇바퀴에서 벗어나는 문제 말이야."

제프는 막 도착한 음료수를 손으로 가리켰다. 웨이터가 음식 주문을 받아 간 뒤 제프는 말을 이었다. "음료에 20달러를 쓴 걸 보면 그것이 평생 빈털터리로 사는 것과는 상관없는 모양이지?" "맞아." 샘은 잔에 묻은 소금을 핥으며 마가리타를 한 모금 마셨다. "경영서에서 답을 찾았어." "경영서? 처세술, CEO로 승진하는 방법… 그런 거? 나는…"

샘이 손을 들어 말을 막았다. "아니, 이건 회사에서 일하는 게 아니라 사업을 시작하는 이야기야." 곧바로 제프가 물었다. "무슨 책인데? 내가 아는 사람이야?" "당신은 아마 모를 거야. 그의 첫 번째 책 제목은 『부의 추월차선』이고 두 번째 책은 『언스크립티드』야." 제프는 의심스러운 눈초리로 그녀를 쳐다보았다. "처음에는 제목이 너무 오글거린다고 생각했는데 그 사람이 하는 말을 읽어 보니 이치에 닿더라고. 특히 수학은 완전히 수긍이 돼." "추월이 어떻다고?" 제프가 말을 잘랐다. "피라미드나 뭐 그런 거라면 말도 꺼내지 마. 우리 가족 모두 네 사촌이라면 진저리 치는 거 알지? 살아만 있으면 누구에게나 화장품을 들이밀잖아."

샘은 고개를 저으며 미소 지었다. "아니, 제프, 『언스크립티드』는 피라미드가 아니야. 사실은 우리의 피라미드를 만드는 것에 가까워. 그 작가는 비대칭적 수익(asymmetrical returns)을 낼 수 있는 특정 유형의 사업을 시작해야 한다고 해."

의외의 이야기에 제프의 눈이 동그래졌다. 아내의 입에서 '비대칭적 수익'이라는 이야기가 나오리라고는 상상도 한 적이 없다. 이것은 위험 신호다. 다단계 사기에 빠진 거 아닌가? 그녀가 점점 빠르게 말을 이었다. 음식이 나온 뒤에도 20분이나 책에 대해 설명한 후 주장했다. "책을 한 번 읽어 봐. 그러면 내가 무슨 이야기를 하는지 알게 될 거야. 길게 잡아 10년이면 돼. 주식시장이나 구두쇠로 사는 것과는 거리가 멀어."

샘이 마가리타를 마시며 말했다. "우리는 쳇바퀴 문제에 잘못된 각도로 접근했어. 실험 쥐를 통제하는 과학자의 전략만 맹목적으로 따른 거지. 이제 상황을 역전시키고 규칙을 만드는 사람이 되는 거야. 그 규칙은 모두 수학을 기반으로 해." 그녀가 건배하듯이 잔을 들어 올렸다. "수학하면 당신이잖아?"

제프가 눈살을 찌푸리며 못 미더운 표정을 지었다. 아내와 수학은 비디오게임 중인 말썽쟁이와 집안일처럼 어울리지 않는다. 샘이 침착하게 말했다. "집에 책 있어. 당신이 직접 읽어 봐." 제프는 갑자기 무더기 숙제를 받은 아이처럼 아내를 노려보며 말했다. "사업을 시작한다고? 실험실의 과학자?" 그는 냅킨으로 입을 닦았다. "그것 참… 음…." 일부러 크게 목을 가다듬었다. "흥미롭네."

021 **비대칭적 수익 전략**

레버리지 수단의 구축 : 한 단위의 노력, 다섯 단위의 보수

 우체국에 갈 때마다 쇼핑몰에 있는 작은 의류점을 지난다. 그 길은 통행하는 사람이 별로 없고 주차장도 늘 비어 있다. 하루는 근처 카페에서 아침을 먹은 후 아내의 손에 이끌려 그 의류점으로 들어갔다. 나는 나이 든 여사장에게 온라인 판매를 하거나 웹사이트를 가지고 있냐고 물었다. 그녀는 아니라고 대답하면서 내가 그런 것을 팔려고 하나 싶어 얼굴을 찌푸렸다.

나는 의류점 사장이 결코 쳇바퀴에서 벗어날 수 없으리라고 확실하게 추론할 수 있다. 왜 그럴까? 그녀는 나쁜 셈법과 함께하는 비효율적인 비즈니스 시스템에 갇혀 있기 때문이다. 의류점에 일주일에 평균 100명의 고객이 온다고 가정해 보자. 이 고객들은 매장 근처를 걸어서

혹은 차를 타고 오가는 사람들의 함수다. 의류점은 인터넷 판매를 하지 않기 때문에 나는 거의 정확한 예측을 할 수 있다. 사장이 100명의 고객을 1,000명으로 늘릴 방법은 없다고 말이다. 1만 명은 말할 것도 없다. 다음 주까지는 물론, 다음 달, 다음 해가 되어도 불가능하다. 사장이 천재적인 마케터라도 소용없다. 사장이 내년에 200만 달러를 벌 가능성은 제로다. 200만 달러는커녕 50만 달러도 벌 수 없다. 의류점 사장에게는 나쁜 사람 레버리지라는 침묵의 동업자가 있다. 그녀는 자기 사업을 하고 있지만 쳇바퀴 경제를 벗어나는 데 실패했다.

사실 대부분의 사업자는 시급이나 연봉에 매달리는 사람들과 마찬가지로 어려움을 겪는다. 나쁜 셈법이 사업을 지배할 때면 특히 더 그렇다.

결국 당신이 원하는 것은 기술을 팔면서 시간도 내주는 것이 아니라 특화 상품과 비즈니스 시스템에 기술을 투자하는 것이다. 빈도를 늘리거나(더 많은 시간) 기술의 가치를 높이는(더 많은 연봉) 대신, 특화 상품의 외적 가치(더 많은 영향력)와 영향을 미치는 범위(더 많은 사람)를 확장하는 데 노력을 기울여야 한다. 이런 변혁이 쳇바퀴의 든든한 동맹인 ULL을 통제할 수 있는 무제한적 레버리지(Controllable Unlimited Leverage, CUL)로 대체한다.

비즈니스 시스템에서 특화 상품은 반복적으로 무한 판매될 수 있다. 순 인지 가치가 50달러인 특화 상품을 만들어 하루에 2~3개를 팔 경우 1년에 5만 달러를 번다. 날마다 50개를 팔면 수입은 91만 2,500달러로 껑충 뛰고 66개월이면 500만 달러를 벌 수 있다.

단위당 평균 수익	일간 평균 판매 단위	500만 달러를 버는 데 필요한 햇수
25달러	50	11.0년
	100	5.5년
	200	2.7년
50달러	50	5.5년
	100	2.7년
	200	1.4년
100달러	50	2.7년
	100	1.4년
	200	8.5개월
6달러	900	2.5년

내 인터넷 사업의 경우 2만 명이 매일 서비스를 찾으며 각 방문자는 평균 6달러의 가치를 가지고 있다. 평균 회전율은 4.5%다. 위의 표를 보면 내가 얼마나 빠르게 부를 축적하고 탈출액에 이를 수 있었는지 파악할 수 있다. 시간이 아닌, 내가 통제한다. 수학에는 제한이 없다.

같은 이론이 내 출판사에도 적용된다. 첫째, '판매되는 상품 단위'는 얼마든지 늘어날 수 있는 변수다. 이론적으로는 100만 권도 팔 수 있다. 하지만 내 인생의 시간은 100만 단위로 팔 수 없다. 창의적 기여가 들어간 제품은 그렇게 팔 수 있지만 말이다. 둘째, 가격 설정, 구성 방식의 변경, 짧아지는 책 생산 주기 등으로 내가 출판하는 책의 단위당 수익을 늘릴 수 있다. 예를 들어 나는 최근 인쇄업체를 바꾸어 책의 단가를 약 60센트 낮추었다. 푼돈처럼 보이겠지만 한 해에 20만 부를 판매한다면 12만 달러가 된다. 다른 업체에 견적을 요청한 것뿐인 데 말이다. 한 시간의 일로 12만 달러의 수익을 내고 레버리지 소득을 창출했다.

어떤 것을 100만 단위로 판다면 수백만 달러를 벌 수 있다. 수백만 단위에 영향을 주면 수백만 달러를 번다. 이것이 비결이다. 당신이 영향을 미치는 규모와 강도가 커질수록 당신이 버는 돈이 늘어난다. 규모는 당신이 올릴 수 있는 판매량을 말한다. 이윤이 1달러인 휴대폰 케이스를 1,000만 개 판매하면 1,000만 달러를 벌 수 있다. 당신의 시장 규모와 레버리지 잠재력은 이윤이 아니라 당신의 휴대폰 케이스를 원하는 사람이 얼마나 많은지에 따라 결정된다. 한편 강도는 영향력의 정도를 나타내며 단위당 이윤이 매우 클 때 발생한다. 이윤이 1만 달러인 청동 조각 1,000개를 팔아도 똑같이 1,000만 달러를 벌 수 있다. 강도의 경우에도 레버리지의 잠재력은 시장 규모와 이윤 모두에 있다. 규모는 많은 사람에게 적은 영향을 미치고, 강도는 소수에게 미치는 영향을 극대화한다. 둘 다 비대칭적 수익의 토대를 마련한다.

쳇바퀴 생존경쟁을 수천 마일에 이르는 광활한 땅을 가로지르는 마라톤이라고 상상해 보자. 스크립트의 악당은 참여를 부추기기 위해 여정의 끝에는 부와 자유로 가득 찬 '은퇴'가 있을 것이라고 약속한다. 여행 거리를 탈출액이라고 생각해도 좋다. 당신이 계산한 탈출액이 300만 달러라고 가정해 보자. 그렇다면 300만km를 달려야 한다. 짐작하다시피 이 마라톤은 수십 년이 걸릴 수도 있다. 날씨와 도로 상황에 따라 진전 속도는 달라진다. 경로를 구상하는 것은 지금까지 해본 어떤 일보다 어렵다. 길을 잃는 일도 부지기수다. 좌절감을 느낄 때는 그보다 더 많다. 대부분의 사람들은 마라톤 도중에 죽는다. 몸은 상하고 영혼은 너덜너덜해진다. 간혹 완주하는 사람도 있지만 그때는 이미 늙고 지친 후다. 자유는 요양원에서나 맛볼 수 있다.

시급 체계 사고방식으로 마라톤에 나가는 것은 샌들을 신고 걷는 꼴과 같다. 진전은 대칭적이며 레버리지가 없다. 한 단위의 노력은 곧 한 단위의 움직임이다. 더 빨리 걷거나 달리는 것은 거의 불가능하다. 대학에 가서 학위를 따면 연봉 체계로 멋진 운동화 한 켤레를 얻는다. 이제 더 빨리 걷거나 달릴 수 있다. 그러나 여전히 시간을 기반으로 하는 한 단위의 노력에는 한 단위의 움직임이라는 보상이 주어진다. 두 경우 모두 끊임없는 노력이 필요하며 시간을 들여 '발품' 파는 것을 기반으로 한다. 더 높은 시급이나 연봉을 바라보며 더 긴 시간 혹은 더 빨리 달릴 수는 있지만 쳇바퀴 쥐는 여전히 노동에 갇혀 있다.

더구나 맨몸으로 달리는 동안 험한 길, 가파른 언덕, 폭풍우 치는 날씨와 같은 예측할 수 없는 사건 즉 실직, 경기 침체, 인플레이션, 지금과 같은 세계적인 폐쇄 조치로 이어지는 감염병 등의 통제 불가능한 환경에 직면할 수 있다. 심한 폭풍(불황)으로 여행이 중단되거나 가파른 길(인플레이션, 생활비 등)로 인해 이동속도가 떨어질 수 있다.

자유의 기회를 원한다면 기존의 이동 방법을 버리고 더 빠르고 더 효율적인 이동 수단으로, 레버리지로 강화된 수단으로 업그레이드해야 한다. 시간을 특화 상품, 엔진, 비즈니스 시스템, 수단에 투자하고 "시간을 대가로 돈을 얻는다"는 교리는 버려야 한다.

비즈니스 시스템을 구축하면 운영자에게 시스템의 구동을 맡길 수 있다. 혹은 자동조종장치를 켤 수도 있다. 당신이 키를 잡고 있지 않아도 여정은 계속된다. 사람들은 게을러서 고통 받는 것이 아니다. 일주일에 5일씩 40년을 일하는 것은 쉽지 않다. 사람들은 결국 자기 발로 쳇바퀴를 뛰도록 묶었기 때문에 고통을 겪는 것이다. 샌들이나 운동화는 해법이 아니다. 레버리지로 강화된 수단이 해법이다. 맨손으로는 산을 옮길 수 없다. 산을 옮기려면 불도저가 필요하다.

 핵심 개념

- 나쁜 셈법으로 하는 일은 언제나 쳇바퀴 경제에 종속된다.
- 시간을 거래하는 일을 특화 상품과 비즈니스 시스템에 시간을 투자하는 일로 바꾸면 비대칭적 수익이 가능하다. 한 단위의 일로 다섯 단위의 보수를 받는다.
- 수백만의 사람들에게 영향을 주면 수백만 달러를 벌 수 있다.
- 통제할 수 없는 제한적 레버리지를 통제할 수 있는 무제한적 레버리지로 대체하면 비대칭적 수익이 가능하다.
- 쳇바퀴 탈출을 대륙을 횡단하는 장거리 마라톤으로 생각하라.
- 시급 체계 사고는 샌들을 신고 마라톤에 참여하고 연봉 체계 사고는 운동화를 신고 달린다. 가치 수익 체계 사고는 레버리지로 강화된 기기를 이용해서 도로를 달리는 것이다.
- 레버리지로 강화된 기기를 운영자가 조종하면 당신에게는 자유의 도구가 생긴다.

022 **다중 보수의 원리**
시간은 거래의 도구가 아니라 투자의 대상이다

영화 〈쇼생크 탈출〉에서 부패한 교도소장을 연기한 배우 밥 건튼이 최근 〈월스트리트 저널〉 인터뷰에서 조연으로 연기하면서도 여전히 1년에 100만 달러 단위의 돈을 번다고 밝혔다. 그는 연기에 대한 재능으로 영화를 찍으면서 레버리지로 강화된 큰돈을 벌어들인다. 재능이 2차 특화 상품이기 때문이다. 하지만 그가 배역을 연기하는 데는 여전히 시간이 필요하므로 시간과 돈을 직접 거래하는 '단일 보수(monomorphic pay)'를 받는다. 연기로 더 많은 돈을 벌고 싶으면 더 많은 영화 출연에 더 많은 시간을 투자해야 한다. 즉, 시간의 통제를 받는다.

다행히도 밥 건튼은 1차 특화 상품에도 기여했다. 반복해서 로열티를 받는 비즈니스 시스템인 영화에 말이다. 특화 상품과 그것이 가진

복제와 반복 능력 덕분에 배우는 평생 로열티라는 형태의 배당을 받는다. 언스크립티드 용어로 '다중 보수(polymorphic pay)'라고 한다. 과거의 투자가 계속해서 미래의 수입을 무한히 산출한다는 뜻이다.

회계에서부터 돈을 모으는 기법, 투자 연구와 전략에 이르기까지 재무 분야에 매년 수조 달러가 사용된다. 1달러를 매년 1달러 20센트로 만들 수 있다면 투자계의 스타로 대접 받을 것이다. 세상에는 기꺼이 당신에게 투자 방법을 가르치는 자원이 많다. 그렇지만 가장 귀중한 자원인 시간 투자에 관해서는 그 어디에도 아무런 자료가 없다.

돈처럼 시간을 투자할 수 있다는 것을 깨달은 사람은 극소수다. 적절한 시간 투자의 수익은 더 많은 시간, 그러니까 자유 시간이다. 일을 하지 않는 동안 돈을 버는 것은 자유 시간이라는 보수를 받는다. 이 현상은 비즈니스 시스템을 통해서만 가능하다. 비즈니스 시스템(과거의 시간 투자)을 통해서 하룻밤 동안 1,000달러를 번다면 미래에 1,000달러를 벌 필요가 없다. 당신의 자유 시간이 가지는 가치가 시간당 50달러라면 당신은 방금 20시간의 자유 시간을 벌었다(20시간×50달러=1,000달러). 일하지 않는 동안 버는 수입은 자유 시간을 보수로 준다. 미래의 근무 시간을 줄이는 것이다. 머니시스템도 다중 보수를 지급한다. 하지만 썩 잘하지는 못한다. 연간 2달러의 배당금을 주는 회사의 주식을 산다면 즉, 제3자 비즈니스 시스템을 채용하면 당신의 과거 시간 투자가 평생 다중 보수를 준다.

반면 단일 보수는 시간을 내주고 돈을 버는 쳇바퀴 보수의 기본적인 형태다. 문화는 우리를 손쉽게 세뇌시켰다. 시간을 물물교환 수단으로 생각하게끔 말이다. 일은 시간이나 해를 단위로 규정하여 돈과 연결한다. 맥도날드는 시간당 15달러의 임금을 준다. 레이시온(Raytheon, 가전제품 및 항공우주 제품 제조업체-옮긴이)의 엔지니어는 연봉 11만 달러를 받는다. 단일 보수는 쳇바퀴 내에서 유일하게 인정받는 소득에 대한 서사다. 문화적으로 세뇌된 시간은 자유를 빼앗는 스크립트의 공모자다.

시간을 동맹으로 바꾸려면 시간을 거래하는 것이 아니라 투자해야 한다. 특화 상품을 통해 비즈니스 시스템에 시간을 투자한다면 성공하든 실패하든 당신은 다중 보수를 얻으려 노력하는 시간 투자자가 되었다. 다중 보수의 성격을 가진 직종은 소수에 불과하며 그 성질을 개발하지 못하는 경우가 많다. 발명가는 과거의 발명품에 대해 특허료를 받는다. 특화 상품은 발명품이고 그것을 판매하는 경로는 비즈니스 시스템이다. 배우는 여러 곳에 팔린 TV 드라마에서 오래전에 연기한 장면으로부터 수입을 얻는다. 작가는 수년 전에 쓴 책에서 인세를 받는다. 내 책은 25개 이상의 언어로 번역되었고 나는 모든 곳에서 저작권 수입을 얻는다. 책은 특화 상품이고 외국 출판사는 전 세계에서 24시간 내내 대신 일을 하는 비즈니스 시스템이다. 한국이나 태국, 일본에서 누군가 내 책을 살 때 나는 아마 잠을 자고 있을 것이다. 하지만 나는 일할 필요가 없이 이윤과 시간이라는 다중 보수를 받는다. 당신이 전 세계 매장에서 판매되는 제품을 만든다면 같은 원리가 적용된다. 제품이 하루 종일, 매일 팔리면 다중 보수를 받을 수 있다.

'돈 버는 법'을 중심으로 형성된 비즈니스 판에서는 이 개념을 '수동적 소득(passive income)'이라는 말로 포장한다. 거기에 속지 말라. 기업가를 꿈꾸는 사람들에게 몇 십만 달러에 이르는 코칭 프로그램을 파는 장사꾼들, 내가 드림플러너(dreampreneur, dream(꿈)과 entrepreneur(기업가)를 조합한 단어-옮긴이)라고 부르는 사람들이 내세우는 것이 바로 이 수동적 소득이다. 오랜 세월 수천 명의 기업가를 만나 본 후 나는 수동적 소득을 좇는 사람들이 아이러니하게도 대단히 수동적이라는 것을 알게 되었다. 실제로 '수동적 소득'을 조성하는데 긴 시간이 필요하다는 것을 발견한 드림플러너는 금방 포기하고 더 쉬운 목장을 찾아 떠나고는 한다. 다중 보수를 주는 나의 모든 비즈니스 시스템은 구축하는 데 상당한 시간이 소요되었다. 그 기간 동안은 형편없는 보수에 긴 시간 일을 해야 한다. 수동적 소득은 아마추어의 이야기고 다중 보수는 프로의 이야기다.

 핵심 개념

- 단일 보수는 시간을 돈과 직접 맞바꾸어 버는 소득이다.
- 다중 보수는 과거의 시간 투자로 버는 소득이다.
- 돈과 마찬가지로 '시간'도 투자할 수 있다.
- 특화 상품을 통해 비즈니스 시스템에 시간을 투자한다면 성공하든 실패하든 당신은 다중 보수를 얻으려 노력하는 시간 투자자다.
- 다중 보수는 '수동적 소득'이라는 말을 내세운 장사꾼들이 떠벌리는 것처럼 쉽게 얻을 수 있는 것이 아니다.

023 소비자 · 생산자 원리

숫자와 연차 보고서는 거짓말하지 않는다

 숫자는 거짓말하지 않지만 사람들은 거짓
말을 한다. 이는 2008년 주택 대란 때 명
확히 입증되었다. 세인트루이스 연방준비제도이사회의 연구에 따르면
대부분의 압류는 가난한 사람이 아니라 부유하고 교육 수준이 높은 구
매자를 대상으로 이루어졌다고 한다. 이 위기는 은행의 약탈적 대출 때
문이라기보다 '거짓 대출'로 부에 과도한 욕심을 낸 구매자 때문에 벌
어진 것이다. 사실을 증명하는 숫자를 제시할 필요가 없어지자 구매자
의 재정 '건전성'은 구매자의 정직성, 아니 부정직성에 좌우되었다.

기업의 건전성을 조사하거나 투자를 평가할 때는 연차 보고서를 본
다. 현금 흐름, 손익계산서, 대차대조표, 마진, 수익, 부채, 수익률 등의
숫자를 확인하는 것이다. 모든 데이터 포인트가 냉정하게 속을 들여다

볼 수 있게 한다. 법적으로 기업은 진실만 보고해야 한다. 그렇지 않으면 사기다. 그렇다면 당신 개인의 숫자를 정확하게 밝힐 경우 사람들은 당신이 어디에 소속되어 있다고 생각할까?

소비자·생산자 원리에 따르면 당신의 연차 보고서는 쳇바퀴 속에서 당신의 역할을 보여준다. 쥐는 소비자 팀에서, 과학자들은 생산자 팀에서 뛴다. 어떤 팀에 속하든 쳇바퀴에서의 당신 역할을 분명하고 완벽하게 드러내는 거짓말탐지 테스트가 있다. 이것을 수(數)라고 부르며 숫자는 거짓말하지 않는다.

우리는 사회보장번호라는 바코드가 찍힌 인간 동산(動産)이다. 우리는 우리 삶에 매인 수를 잘 살피지 않는다. 반드시 조사해야 하는데도 말이다. 만약 당신 개인의 연차 보고서, 인생의 모든 수를 공개하는 자료를 만들어야 한다면 그것은 어떤 모습일까? 당신이 수익을 창출하고 돈을 쓰고 당신의 미래에 투자하는 방법에 관해 이 수는 무슨 이야기를 할까? 당신의 금융 상황이 '주식회사 나'라는 이름으로 주식시장에서 거래된다면 투자자는 그 주식을 살까? 당신이라면 살 것 같은가? 혹시 '주식회사 나'는 이미 파산 신청을 해서 블록버스터(Blockbuster), 엔론, 리먼 브라더스가 걸었던 길을 걷고 있지는 않나?

사실 지구상의 모든 인간은 자신의 수가 적힌 보이지 않는 연차 보고서를 짊어지고 다닌다. 그러나 수백 개의 변수가 있는 기업 보고서와 달리 우리가 걱정해야 할 것은 연간 총생산, 연간 총소비, 연간 순존재, 순자산, 연구·개발 5가지뿐이다. 그것이 소비자 팀의 쥐 역할인지 생산자 팀의 과학자 역할인지를 보여준다.

연간 총생산(Gross Annual Production, GAP)

연간 총생산은 당신과 당신 자산이 한 해 동안 창출한 총 생산 가치를 나타낸다. 당신이 직장에서 받는 급여, 투자 수익, 사업 이익(및 그에 상응하는 가치), 보유 부동산, 기타 판매 가치가 있는 모든 것을 말한다. 전체적으로 GAP는 공격·수비에서 공격을 나타낸다. 과거에는 연간 총생산을 부의 창출 방정식과 혼용했다. 당신이 연봉 체계 사고의 석공이고 전문 기술에서 파생된 연봉을 받는다고 가정하자. 지난해 당신은 세금을 제하고 5만 달러를 벌었고 당신 집의 가격이 1만 달러 올랐다. 전년도의 연차 보고서에 대한 당신의 GAP는 다음과 같다.

GAP = 세후 연봉(50,000달러) + 순 투자 수익(10,000달러)

GAP = 60,000달러

연간 총소비(Gross Annual Consumption, GAC)

연간 총소비는 식품, 자동차, 주택, 의료, 오락 등에 소요되는 총비용이다. 여기에는 부채도 포함된다. 석공이라는 가상의 직업으로 돌아가서 만약 당신이 그해에 4만 달러를 쓰고 새 트럭을 사기 위해 3만 달러의 자금을 조달했다면 당신의 GAC는 7만 달러다.

GAC = 생활비(40,000달러) + 새 트럭 대출(30,000달러)

GAC = 70,000달러

연간 순존재(Annual Net Exsitence, ANE)

연간 순존재는 당신의 그해 순 생산이나 소비를 나타낸다. ANE가 음수라면 그해에 생산에 비해 소비가 많았다는 뜻이고 양수라면 소비보다 생산이 많았다는 뜻이다. 따라서 당신이 석공이라고 할 경우 그해는 순 소비자, 즉 쇼핑하는 쥐었다.

ANE = 연간 총생산 - 연간 총소비

ANE = GAP(60,000달러) - GAC(70,000달러) = -10,000달러

순자산(Net Worth, NW)

당신의 순자산은 절대 틀리는 법이 없는 거짓말탐지기 테스트, 쥐인지 과학자인지를 밝히는 확실한 자백제다. 엄밀히 말해 순자산은 노동 연령에 이른 이후 모든 ANE 수치의 누적 합계(Σ)다. 간단하게는 당신의 자산에서 부채를 뺀 수다. 순자산이 양수라면 축하한다. 당신은 생산자다. 당신은 과학자로 게임에 임하고 있다. 음수인가? 안타깝게도 그것은 당신이 소비자이고 게임 속 쥐라는 의미다.

NW = Σ(ANE)년

NW = 총자산 - 총부채

연구 · 개발(Research and Development, R&D)

마지막 수치는 자기 계발, 즉 과학자 세계에서 두각을 나타내기 위한

지식과 기술을 개발하는 데 소요되는 연간 총시간을 말한다. 문화는 당신을 끌어들여 소비자 팀의 쥐 역할을 하도록 만든다는 점을 기억하라. 쇼핑하는 쥐에게 치즈는 주말이고 저축하는 쥐에게 치즈는 노년의 부유한 은퇴다. 두 경우 모두 물질적인 상품이나 투자 상품을 소비한다.

소비자 팀을 떠나 생산자 팀으로 가는 일은 새로운 언어를 배우는 것과 같다. 과학자의 게임 방법을 연구하려면 쉽게 찾을 수 없는 자원에 대한 지속적인 학습이 필요하다. 이런 학습 자료는 끈질기게 찾아야만 얻을 수 있다. 이는 생산을, 과학자의 언어를 평생 공부해야 한다는 것을 의미한다. 구매를 유도하는 광고 메시지를 읽을 때는 생산자의 관점에서 그것을 검토한다. 구체적으로 어떤 이유 때문에 그것을 구매하는가? 라벨? 가격? 혜택? 좋은 내용? 왜 경쟁 업체 제품을 사지 않나? 이 회사는 어떻게 돈을 버나? 마케팅에는 어떤 심리적인 전술이 사용되나? 이 제품 또는 서비스를 제공하는 데 어떤 종류의 운영 프로세스가 작용되나? 이 회사는 이익을 내고 있나? 수익 모델은 어떤 것인가? 이 제품은 해외에서 제조했는가 아니면 국내에서 제조했는가?

생산이라는 과학자의 역할을 맡으면 당신은 어느새 아마존에서 제품을 사는 것이 아니라 판매하고 있을 것이다. 유행을 쫓는 것이 아니라 유행을 선도한다. 수업을 받는 것이 아니라 하게 된다. 헤지펀드에 투자하는 것이 아니고 관리하게 된다. 투자 보고서를 살펴보는 것이 아니라 그것을 쓰게 된다.

연구·개발은 글을 더 잘 쓰고 말을 더 잘하는 방법을 배우는 일이고 코딩을 배워 자신을 일류로 만드는 자기 계발이기도 하다. 비즈니스 세계에서 연구·개발에 투자하지 않는 기업은 도태된다. 마찬가지로 연구·개발에 투자하지 않는 사람들은 쳇바퀴 속에서 평생 살다가 죽는다. 목표가 없는, 즉 이윤이 없는 기업은 살아남지 못한다. 이와 똑같은 방식으로 당신을 보아야 한다.

위의 5가지 변수는 당신의 재정적 삶을 드러낸다. 또한 현재 당신이 쳇바퀴에서 차지한 위치를 드러내고 입증한다. 당신은 쥐인가 과학자인가? 당신은 진전하고 있는가 퇴보하고 있는가? 숫자와 마찬가지로 순자산은 거짓말하지 않는다.

 핵심 개념

- 수는 거짓말하지 않지만 사람들은 거짓말을 한다.
- 쥐는 소비자 팀에서 과학자는 생산자 팀에서 뛴다.
- 당신의 연차 보고서는 재정적 삶의 수치를 보여주고 쳇바퀴 탈출의 가능성을 결정한다.
- 연차 보고서의 5가지 핵심 수치는 연간 총생산(GAP), 연간 총소비(GAC), 연간 순존재(ANE), 순자산(NW), 연구·개발(R&D)이다.
- 연간 순존재는 당신이 그해 순 생산자였는지 순 소비자였는지를 결정한다.
- 순자산은 쳇바퀴에서 현재 당신의 역할을 나타낸다. 양수라면 과학자, 음수라면 쥐다.
- 생산자 팀에서 성공하기 위해서는 연구·개발에 초점을 맞추고 과학자의 언어 즉 비즈니스, 재무, 마케팅, 경영에 대해 배워야만 한다.

음전하 전략

돈을 끌어당기는 자석을 만들어라

 수년 전, 갓길의 차 안에서 자살을 고민하던 나는 돈을 쫓고 있었다. 내가 사업을 시작한 이유는 전적으로 이기적인 이유에서였다.

다른 사람 밑에서 일하고 싶지 않다.

양복을 차려입고 만원 버스에 시달리며 출근하고 싶지 않다.

엄마가 일찍 은퇴하는 데 보탬이 되고 싶다.

슬프게도 당신의 엄마나 아내를 제외하고는 사업을 시작하는 동기가 무엇인지에 대해 아무도 신경 쓰지 않는다. 돈을 쫓는 것은 포이즌 펜이며 시장 중심의 외적 관찰보다는 나 중심의 내적 동기에서 나오는 사고방식이다. 초기에 내 사업의 뼈대가 된 것은 '열정 따르기'부터 람 보르기니에 대한 열망까지 포이즌 펜이었다. 실패한 모든 사업의 중심은 내 이기적인 욕구와 욕망이다. 나는 내 욕망에 집중하느라 시장의 욕구를 고려하지 못했다.

내 비즈니스 포럼에는 100만 개 가까운 게시물이 있다. 나는 많은 기업가 지망생의 글을 읽었다. 때문에 글을 조금만 읽어 보면 돈을 쫓는 사람인지 아닌지 판단할 수 있다. 글이 돈에 대해 양전하를 띤다면 실패를 예측할 수 있다. 돈을 쫓는 전형적인 사람의 글을 살펴보자.

어떻게 하면 사업을 시작해서 돈을 벌 수 있을까요?

어떤 일을 하면 500달러로 한 달에 5만 달러를 벌 수 있나요?

친구가 위젯을 만드는데 그것을 팔아서 돈을 벌 수 있을까요?

어떻게 하면 수동적 소득을 만들 수 있을까요?

아마존에서 팔기 위해 어떤 제품을 수입하면 좋을까요?

적은 자본으로 시작하기에 가장 좋은 사업은 무엇인가요?

저는 양말을 정말 잘 만들어요. 그런데 그것을 어떻게 팔지요?

이런 질문은 모두 돈에 대해 양전하를 띠고 있다. 돈을 쫓는 것이다. 같은 극의 자석을 맞대면 어떤 일이 벌어지는가? 서로를 밀어낸다.

쥐의 미로 안에는 항상 치즈가 있다. 과학자가 월요일 아침에 실험실에 도착해서 연구를 위해 쥐를 미로에 떨어뜨릴 때는 쥐에게 동기를 부여할 방법이 필요하다. 쥐에게 달려야 할 이유, 일해야 할 이유를 주어야 한다. 쥐는 본능적으로 치즈를 원한다. 현실에서 치즈는 돈이다. 우리는 돈을 쫓는 본능적이고 긍정적인 전하를 가지고 있다. 치즈를 찾는 쥐와 다르지 않다. 누가 돈을 들고 있는지 빈털터리 대학생인지 억만장자 자선사업가인지는 중요하지 않다. 돈은 항상 양전하를 띤다.

돈을 밀어내지 않고 끌어당기고 싶다면 음전하 전략을 사용해서 당신의 극성을 뒤집어야 한다. 문화의 양전하와 실패하는 본능을 받아들이는 대신 음전하를 띠어야 한다. 그렇다면 어떻게 해야 음전하를 가질 수 있을까? 황금 망토를 걸친 것처럼 자신을 가치로 감싸라. 가치는 음전하를 띠므로 소유자에게는 인력이 생긴다. 인간은 돈에 끌리지만 돈은 가치에 끌린다. 따라서 당신이나 당신 회사가 인지 가치를 제공하면 돈이 끌려온다. 다른 사람들이 원하는 것이 무엇인지 당신이 어떤 해법, 편리함, 갈망을 충족시킬 수 있는지, 당신이 얼마나 많은 사람에게 영향을 주고 있는지를 생각해보라.

양전하를 띤 채 돈을 공략하는 것은 나무 위로, 덤불 뒤로, 차 아래로 숨어들어 당신을 따돌리는 까다로운 고양이를 쫓는 것과 같다. 대부분의 사람들이 이런 식으로 쳇바퀴를 공략한다. 그것은 잘못된 추적 방법이다. 대신 고양이의 주의를 끌어야 한다. 고양이가 원하는 것을 제공해보아라. 참치 통조림? 개박하(캣닙, 고양이가 좋아하는 풀)? 극성이 바뀌면서 갑자기 고양이가 당신 무릎 위로 올라올 것이다. 추격은 필요 없다.

쳇바퀴 사고방식을 사업에 그대로 가져오면 당신은 양전하를 띤다. 사람들의 욕구가 중심이 되고 해법을 지향하고 가치가 주도하기보다는 '나'에게 중심이 있다. "스포츠카를 사서 지붕을 열어젖히고 달리는 것이 제 오랜 꿈이었거든요!" 미안하지만 그런 것에는 아무도 관심 없다. 당신은 고양이를 쫓고 있는 것이다.

나 중심의 환상으로 돈을 벌려고 노력할수록 돈은 당신을 피해 다닌다. 자기중심주의를 몰아내지 않으면 이 게임에서 이길 수 없다. 자신이 원하는 것에만 집중하면 다른 사람들이 원하는 것이 무엇인지 절대 알 수 없다. 시장은 이기적이고 버릇없는 악동이다. 악동에게 또 다른 악동이 무슨 필요가 있겠는가? 그에게는 자신의 니즈를 충족시켜 줄 어른이 필요하다. 어른이 되어서 아이에게 먹을 것을 주어야 한다. 그러면 아이는 울음을 멈추고 당신을 따른다. 세상은 평범한 편안함을 요구한다. 그것을 제공하면 당신은 근사한 편안함을 얻게 될 것이다.

 핵심 개념

- 당신의 욕망에는 아무도 관심이 없다.
- 돈을 쫓는 것은 외적 시장 관찰이 아닌 이기적 내적 동기를 특징으로 하는 포이즌 펜이다.
- 쥐가 치즈를 쫓듯이 사람들은 양전하를 띠고 돈을 쫓는다.
- 돈도 양전하를 띠기 때문에 2개의 양전하는 서로 밀어낸다.
- 음전하를 띠는 가치는 당신의 극성을 바꾸고 돈을 끌어당긴다.
- 자신이 원하는 것에만 집중하면 다른 사람이 원하는 것을 볼 수 없다.

025 **열정 원리**

돈은 승리하기 위한 필요조건이지만 충분조건은 아니다

 나는 은행으로 걸어 들어갔다. 기타 케이스를 둘러멘 채로 말이다. 경비원이 내게 의심스러운 눈초리를 보냈다. 나는 은행 직원에게 가서 주택담보대출 이자 청구서 3장을 내밀었다. "이자가 연체되었어요. 밀린 이자를 내려 고요." 직원은 내 기타 케이스를 불안한 표정으로 쳐다보더니 이자 청 구서를 받았다. 그녀는 컴퓨터에 계좌 번호를 입력했다. 몇 번 클릭하더 니 그녀가 말했다. "연체료와 이자 모두 합해서 5,253달러입니다. 어떻 게 납부하시겠어요?"

나는 대답 없이 기타 케이스를 내려 걸쇠를 열었다. 직원은 눈을 동 그랗게 뜨며 의자 뒤로 몸을 젖혔다. 경비원이 의자를 박차고 나에게 달려들었다. 내가 기타 케이스에서 총을 꺼낼 것으로 생각하고 당황한

직원이 손을 올렸다. 하지만 케이스 안에는 총이 아닌 밴조만 있다. 난 밴조를 꺼내 '딕시(Dixie)'를 연주했다. 직원이 천천히 손을 내리면서 말했다. "도대체 무엇을 하시는 거지요?" 나는 대답했다. "대출이자를 어떻게 낼 거냐고 물으셨잖아요. 이게 제 대답이에요. 열정으로 갚으려고요." 물론 이 이야기는 실화가 아니다.

나는 밴조를 연주하지 못한다. 다만 이 이야기에서 짚고 넘어갈 것이 있다. 열정을 따라야 한다고 설교하는 사람을 조심해라. '열정은 끔찍한 비즈니스 모델'이라는 것이 열정 원리다. 제발 열정을 좇는 일을 그만두어라. 열정은 보상이 크지 않다. 아예 없을 수도 있다. 내 말을 믿어라. 열정으로는 전기 요금을 낼 수도 없고 한 달에 한 번 이태리 레스토랑에 갈 수도 없다. 돈, 책임, 대출에 열정을 들이밀면 열정을 완전히 망칠 수도 있다.

어린 시절 나는 운전을 좋아했다. 자유를 상징했기 때문이다. 때문에 내가 처음 했던 일은 배달 차를 몰거나 리무진을 운전하는 등 대부분이 운전대를 잡는 것이었다. 얼마 지나지 않아 운전에 대한 내 애정은 혐오로 변했다. 몇 십 년이 흘렀지만 그 혐오는 여전하다.

열정의 문제는 열정으로 대변되는 시장이 만원이라는 점이다. 공급 과잉은 다음 3가지를 의미하는 나쁜 기회의 싹이다.

1. 모두가 같은 열정을 좇으면서 경쟁이 심화된다.
2. 기회의 범용화 및 제한된 차별화로 수익률이 떨어진다.
3. 레버리지와 확률이 낮아진다.

첫째, 열정을 좇는 일을 해서 돈을 버는 것은 유치하고 이상주의적이다. 홀라후프, 말타기, 기타 연주를 해서 두둑한 보수를 받을 수 있다면 좋아하지 않을 10대가 있을까? 낭신이 하는 일을 하고 싶어 하거나 하고 있는 사람이 수천, 수백만이라면 당신은 어떤 레버리지도 가지지 못하고 쳇바퀴 경제가 작동할 것이다.

둘째, 범용화 리스크다. 가치가 어디에나 있고 차별성이 없다면 최저 가격이 승리하게 마련이다. 주유소, 항공권, 티셔츠, 데이터 저장소, 개인 과외를 생각해보라. 중소기업에게 가격경쟁은 빈곤을 향한 경쟁과 다름없다.

셋째, 경쟁이 심하고 이윤이 박하고 범용화된 상태라면 성공 가능성은 급락한다. 레버리지는 말할 필요도 없다. 당신의 연차 보고서와 거기에 사용하는 셈법은 당신의 성공에 결정적인 역할을 한다. 경쟁하는 '디지털 마케팅' 업체가 7,000만 개라면 레버리지는 형편없고 가능성은 희박할 것이 분명하다.

어른은 가치 중심적이다. 어른은 열정을 따르지 않는다. 어른은 생산에 초점을 맞추고 니즈, 욕구, 욕망, 해법을 추구한다. 그들은 열정이 행동에서 오는 것이 아니라 성취에서 나온다는 것을 이해한다. 열정이 어제보다 오늘 더 나아지는 일에서 비롯된다는 것을 이해한다. 열정은 자기 계발, 두려움을 극복하는 일, 새로운 것을 배우는 일, 한 번에 한 사람씩 세상 문제를 해결하는 일에서 비롯된다는 것을 이해한다.

스티브 잡스 같은 사람을 보라고? 널리 알려진 몇 안 되는 사람들의 설득에 넘어가면 안 된다. 그가 자신이 하는 일을 사랑하라고 말했다고? 물론 그는 자신의 일을 사랑했을 것이다. 하지만 그는 전 세계에 영향을 미치는 엄청난 가치를 창출한 억만장자이기도 하다. 지구의 절반이 당신이 창조성을 발휘한 일에서 가치를 발견하는 것은 당신이 열정을 좇아서일까?

지속적인 투지는 열정이 아닌 목적의식에서 나온다. 노력으로 열정을 유도해야 한다. 승리를 얻거나 기대를 넘어섰을 때 즉, 게임에서 이기거나 기말고사에서 1등을 했거나 지루한 운동 계획을 마쳤을 때 열정이 샘솟는다. 승리와 자기 성장이 열정을 낳는다. 패배와 편안함에 젖으면 열정을 낳을 수 없다. 열정을 좇는 것을 그만두어라. 노력으로 열정이 따라오게 만들어라.

 핵심 개념

- 열정은 끔찍한 비즈니스 모델이다.
- 열정 추구에는 경쟁이 대단히 심할 수밖에 없다. 범용화와 차별성의 부재, 레버리지 감소, 희박한 가능성으로 인한 공급 과잉과 이윤 축소 때문이다.
- 지속적인 투지는 열정이 아닌 목적의식에서 나온다.
- 노력과 자기 계발, 인격 도야에서 비롯된 긍정적인 결과가 우선되어야 열정이 뒤따른다.

026 가치 융합 전략

상대 가치와 인지 가치의 결합으로 돈을 끌어들인다

 '가치를 창출'하는 데 큰 성공을 거두어도 그것을 전달하는 데는 실패할 수 있다. 나는 수년간 수백 권의 경영서를 읽었다. 2개의 경영학 학위를 따는 데 필요한 대학 교재까지 포함해서 말이다. 그 모든 책 중 인지 가치와 상대 가치에 대해서 이야기하는 책은 본 적이 없다. 그것은 범죄나 다름없다. 사업에 성공하기 위해서는 이 두 가지 가치 유형을 반드시 결합시켜야 한다. 그렇지 않으면 당신의 가치는 땅에 묻힐 수도 있다.

십여 년 전 첫 책을 쓸 때만 해도 '가치 창출'은 새로운 개념이었다. 하지만 현재는 20세 유튜버도 이 말을 입에 달고 산다. 그런데 기업가들은 여전히 '가치 창출'을 잘못 받아들이고 있다. 그들은 가치가 단일체라고 생각하지만 실제로 가치는 파악하기 어려울 정도로 매우 다채

롭다. 이렇게 다양한 유형의 가치를 어떻게 다루느냐에 따라 윤리적으로 돈을 끌어들이거나 돈을 쫓거나 훔치거나 무가치하게 사라질지 결론이 난다. 가치 유형은 참 가치, 효용 가치, 잉여 가치, 상대 가치, 인지 가치 등 크게 5가지로 나뉜다.

참 가치는 당신의 상품이 의도대로 이용되었을 때 전달되는 가치의 총합을 말한다. 암 치료제의 참 가치는 암이 근절되는 것이다. 소프트웨어의 경우 설계된 대로 모든 기능이 실행되어 솔루션에 영향을 미치는 것이다. 책의 경우에는 모든 장과 그 모든 개념을 완전히 이해하고 효율적으로 적용하는 것이다.

효용 가치는 제품을 사용한 고객의 경험이다. 때문에 가장 불확실하며 주관적일 때가 많다. 마케팅 회사를 운영하는데 고객들이 내가 제공하는 소프트웨어를 제대로 활용하지 못한다면 효용 가치는 참 가치에 미치지 못한다. 특정 기능을 사용하지 않는 고객도 있고 영업 기회를 창출하기 위한 시도를 완전히 무시하는 고객도 있다. 효용 가치가 참 가치에 미치지 못하는 것이다. 어떤 독자가 이 책을 50페이지까지만 읽는다고 가정해 보자. 효용 가치가 떨어지면서 참 가치와의 사이에 격차가 생기는 것은 그 독자의 회의적인 시선, 편견, 기대로 인한 것이지 내가 500페이지를 비워 둔 책을 전달해서가 아니다. 반대로 이 책을 완전히 이해하고 쳇바퀴에서 탈출한 사람이 있다면 그 사람의 책에 대한 효용 가치는 참 가치와 일치한다.

상대 가치는 다양한 가치 유형의 어머니 격이다. 이는 시장에 있는 다른 상품과 비교한 당신 상품의 참 가치를 말한다. 당신의 참 가치는 이미 존재하는 다른 것과 비교해 상대적인 가치를 가지는가? 혹은 동일한가? 혹은 거기에 미치지 못하는가? 당신이 티셔츠 판매 사업을 시작한다면 당신은 상대 가치를 생성하는 데 실패했다. 세상에는 같은 것을 제공하는 400만의 기업가가 이미 존재하기 때문이다. 세상이 페이스북에서 티셔츠를 판매하는 또 다른 업체를 원할까? 그렇지 않다. 당신은 가치의 또 다른 유형인 잉여 가치, 가치 유형에서 가장 형편없는 존재를 만들었을 뿐이다.

잉여 가치는 가장 낮은 가격이 승리하게 마련인 범용화 상품 영역에서 발견된다. 잉여 가치로는 기회를 얻기가 대단히 어렵다. 수백, 어쩌면 수천의 대안이 있기 때문이다.

마지막 가치 유형은 인지 가치다. 인지 가치는 시장에서 광고하는 눈에 띄는 상품이다. 이상적인 인지 가치는 상품의 참 가치, 상대 가치를 가장 잘 보여준다. 인지 가치는 웹사이트, 제품 라벨링, 마케팅, 광고, 메시징을 말한다. 고객이 당신 회사로부터 무엇인가를 살 경우, 그들은 언제나 당신이 광고하고 자랑하는 것이 당신이 전달하는 것과 일치하리라고 기대하며 인지 가치에 따라 행동한다.

인지 가치는 당신의 극성을 양에서 음으로 변화시킬 수 있는 유일한 가치 유형이다. 특화 상품을 이용한 가치 수익 체계가 출발점이다. 단, 상대 가치와 인지 가치가 결합할 때만 회로가 완성된다.

인지 가치는 킹이다. 때문에 수상쩍은 마케터와 기업가 지망생이 인지 가치를 악용하는 경우가 종종 있다. 그들은 큰 것을 약속하고 거기에 미치지 못하는 것을 제공하는 기만적인 마케팅, 의심스러운 주장, 앞

뒤가 다른 행동을 한다.

인지 가치는 잉여 가치를 상대 가치로 변신시킬 수 있다. 당신이 흔한 피트니스 업계에 있더라도 최고의 마케팅 역량으로 진부한 개념을 독특하게 해석한다면 당신의 블로그(잉여 가치)는 다르게 받아들여지면서 상대 가치를 창출할 수 있다.

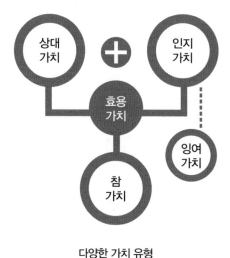

다양한 가치 유형

기업가에게 완벽한 시나리오는 완벽하게 소통되는 인지 가치와 완벽하게 사용되는 상대 가치의 융합이다. 마케팅이 부적절하거나 상품이 적절하게 이용되지 않으면 효용 가치는 참 가치와 상대 가치 이하로 떨어진다. 이때 고객은 환불을 요구하거나 사기라고 외친다. 이런 일은 마케팅, 고객 지원, 고객 적응에 문제가 있다는 신호다.

마찬가지로 당신이 어마어마한 상대 가치와 참 가치를 제공하는데 시장이 가치를 알아보지 못하고 매출이 생기지 않는다면 마케팅과 메시징에 문제가 있는 것이다. 마지막으로 돈은 많이 들어오지만 지급거절, 불만, 소송을 전담하는 직원만 200명이라면 참 가치를 비롯한 어딘가에 심각한 문제가 있는 것이다. 사기나 다름없는 '브로마케터(bro-marketer, boiler room operation, 보일러 룸 운영, 즉 인지 가치 술수를 강매하는 상인들)'가 되지 말라. 상대 가치와 참 가치를 제공하고 그것을 효과적으로 알리면 돈을 벌 수 있다!

 핵심 개념

- 가치에는 참 가치, 효용 가치, 잉여 가치, 상대 가치, 인지 가치 이렇게 5가지 유형이 있다.
- 인지 가치는 가치 유형의 킹이다. 당신의 상대 가치를 적절한 청중에게 노출시키기 때문이다.
- 상대 가치와 인지 가치를 융합하여 돈을 끌어당겨라.
- 상대 가치나 참 가치를 전달하지 않는 인지 가치는 운영 결함의 신호거나 사기다.
- 기업가로서 가장 큰 비극은 상대 가치를 창출했으나 인지 가치를 만들지 못한 것이다.

027 유사 직장 원리

유사 직장은 러시안룰렛을 하는 것과 같다

 2018년 아마존은 킨들 언리미티드 프로그램을 악용하는 악덕 작가에 대한 수수료 지급을 중단했다. 며칠 사이에 작가들의 라이브러리 전체가 계정과 함께 삭제되었다. 수백만에 달하는 수입원이 하룻밤 사이에 사라진 것이다. 불법 전략 때문만이 아니다. 돈을 쫓는 사람들이 유사 직장(proxy job)을 만들기 시작했기 때문이었다.

유사 직장 원리는 사업의 전체 수입원이 하나의 회사에 집중되어 있을 때는 즉각적인 붕괴를 겪을 수 있다는 이야기다. 네트워크 마케터로 한 달에 수천 달러씩 벌지만 수입이 하나의 회사에서만 나온다면 당신은 유사 직장에 다니고 있는 것이다. 아마존이 당신 사업 수익의 100%를 차지한다면 당신은 유사 직장에 다니고 있는 것이다. 당신이 위젯

부문에서 구글 랭킹 1위고 당신의 수입이 우호적인 검색 결과에 나온다면 당신은 유사 직장에 다니고 있다. 당신은 발명가이지만 월마트가 유일한 고객이라면 당신은 유사 직장에 다니는 것이다.

유사 직장은 진짜 직장에 다니는 것과 다를 바 없다. 인간 사장 대신에 기업이 사장일 뿐이다. 그 기업이 모든 것을 결정한다. 당신의 보수, 규칙, 규정, 더 중요하게는 당신의 관계까지 정한다. 사장이 수수료, 절차, 조건을 바꾸기로 마음먹으면 당신은 어쩔 수 없이 그 결과를 수용해야 한다. 당신의 의지는 고려 대상이 아니다. 심하게는 그들이 아무 이유 없이 당신을 해고할 수도 있다. 사업을 하고 싶었던 이유가 바로 그런 것에서 벗어나기 위해서가 아니었나?

오로지 아마존 플랫폼만 기반으로 사업을 키울 때의 공포를 상상해 보라. 어느 날 끔찍한 이메일이 도착한다. "당신의 아마존 계정은 폐쇄되었습니다." 몇 초 만에 수년간의 노력이 물거품 되고 수입은 0이 된다. 설상가상으로 계정을 복구하고 사업을 부활시키는 일은 뭄바이에 있는 신입 직원들 몇 명의 손에 달려 있다!

인터넷에서 기업 공포 이야기를 검색하면 유사 직장이 흔한 원인 중 하나다. 구글이 알고리즘을 바꾸면서 내 검색 트래픽이 0으로 떨어졌어! 페이스북이 API 호출 규칙을 바꾸었어! 다단계 마케팅 설립자가 사기로 기소되었어! 티셔츠 엠포리엄(T-shirt Emporium)에서 알렉스 존스를 지지하는 내 계정을 폐쇄시켰어! 내 유튜브 채널이 삭제되었어!

각본에서 탈출한 기업가인 당신은 혁신을 하고 가치를 창출해야 한다. 혁신과 가치 부가를 다른 회사에 맡긴 뒤 그 회사에 편승하는 것은 대단히 위험한 일이다. 일괄 수주에는 단 한 가지 구조만 존재한다. 당신은 상품이거나 톱니다. 쳇바퀴가 만들어 낸 환상일 뿐이다.

한 회사의 한 사람이 한 번의 결정으로 당신 사업 전체를 망칠 수 있다면 당신은 러시안룰렛을 하고 있는 것이다. 유사 직장이 수익성이 높고 유리할 수도 있다. 대형 유튜브 채널은 큰 자산이며 오점 없이 수년 동안 번성할 수도 있다. 다만 당신이 장전된 총 앞에서 춤추고 있다는 점을 잊지 말라. 그 총은 언제든지 당신을 향할 수 있다.

◇ **핵심 개념**

- 유사 직장은 하나의 기업에 종속되는 사업이다. 그 회사가 한 번의 결정으로 당신 사업을 방해할 수도, 끝낼 수도 있다.
- 유사 직장은 오랜 기간 높은 수익을 남기며 운영될 수도 있지만 순식간에 당신을 재앙과 다름없는 큰 위험에 노출시킬 수도 있다.

11분의 싸움

2016년 11월 22일 화요일

떵동! 샘의 휴대폰에서 알림이 울렸다. 그녀는 눈을 떴다. 블라인드 사이로 스며드는 이른 오후의 햇살을 보자 속이 들끓었다. 오늘 역시 야간 근무를 하고 얕은 잠을 자고 있었다. 그녀는 휴대폰을 들고 시간을 확인했다. 오후 1시 49분. 알람이 울리기까지 11분 남았다. 휴대폰 잠금을 풀고 체이스 은행에서 온 문자 메시지를 보자 분노가 표적을 찾았다. "망할 은행이 11분의 잠을 빼앗아 갔어!"

은행이 그녀를 깨울 만큼 급할 일이 무엇인지 신경 쓰지 않고 휴대폰을 침대에 던진 후 눈을 감고 깊은 신음 소리를 냈다. 6시간 전에 느꼈던 피로가 아직도 가시지 않았다. 마지막 환자였던 거트루드의 악몽이 자는 내내 그녀를 괴롭혔다. 그녀는 편두통으로 응급실에 걸어 들어왔다가 3시간 후 영안실에 누웠다. 그사이 동맥류가 발생했고 샘은 모든 괴로운 장면을 목격했다. 대기실에서 그 소식을 들은 자녀들과 손주들이 괴로워하며 오열했다. 47년을 함께한 그녀의 남편은 병원 바닥에 쓰러졌다. 그도 응급실에 실려 들어갔다.

샘은 그 일을 잊으려고 노력했다. 그녀의 정신은 재빨리 11분을 더 자야 한다고 고집했다. 하지만 그녀는 동의하지 않았다. 짧게 눈을 붙이는 것은 아무런 의미가 없다. 11시간은 필요하다. 제프가 11분 동안 겪었던 고민을 기억하고 킥킥거렸다. 그가 무슨 말을 하고 싶었는지 알 것 같다. 그게 벌써 8년 전이다. 20년은 된 것 같은 기분인데…. 그 이후 그녀의 삶은 계속 형편없다.

땡동! 알림이 다시 울렸다. "악!" 그녀는 침대 시트를 손으로 쾅쾅 내리쳤다. "제발 나 좀 가만 놔두라고!" 그녀는 일어나 앉아 여전히 그녀를 조롱하고 있는 휴대폰을 흘끗 보았다. 체이스 은행에서 온 문자는 방금 티셔츠 엠포리엄에서 비자카드로 499달러가 결제되었다고 알려 준다. 은행이 문자를 보내고 싶었던 것이 아니다. 남편이다. 야간 근무 뒤에 자는 그녀를 방해하면 안 된다는 것을 잘 아는 남편 말이다. 샘은 그에게 전화를 걸었다. 점심시간이 끝나 갈 때다.

"응! 왜 일어났어?" 제프가 대답했다. 돌려 말할 기분이 아니었던 샘이 발끈 성을 냈다. "모르겠어? 겨우 이런 거 때문에 날 깨운 거야? 티셔츠 어쩌구에서 500달러가 청구되었던데?" 제프가 상황을 파악했는지 잠시 침묵이 이어졌다. "그래!" 그는 아내의 화가 누그러지길 바라며 밝게 대답했다. 야간 근무 이후에는 오후에 아내를 방해하면 안 된다는 것을 깜박하고 말았다. "인터넷 회사인데 티셔츠를 프린트해서 직송해 줘. 우리는 그것을 팔기만 하면 돼! 티셔츠 한 장당 최대 7달러를 벌 수 있어. 100만 장 팔면 700만 달러인거지!"

샘은 잠시 고개를 젖혀 천장을 바라보았다. 제프의 사업이 천장에 매달린 환풍기보다 더 아찔한 것 같다. 그녀가 딱딱한 목소리로 말했다. "우리가 판다고? 미안한데 내가 놓친 게 있나? 우리가 티셔츠를 팔기로 결정했어? 그 많은 티셔츠 회사들이 다 문을 닫기라도 했대?"

제프는 샘이 왜 화가 났는지 알 수가 없었다. 그는 아내가 자신의 계획을 높이 평가하고 자신이 수학을 도맡은 것에 감사하리라고 생각했다. 아내는 수학을 좋아하지 않았다. 그런데 최근 들어 갑자기 수학과 관련된, 연간 총생산이니 부의 방정식, 확률 등 그녀가 보통은 사용하지 않는 용어를 말한다. "회사에 있는 동안 가입했어. 상관이 일찍 퇴근해서 우리 사업을 좀 처리하자고 생각했지."

"우리 사업?" 그녀가 크게 한숨을 내쉬었다. 바닷물도 밀어낼 것 같은 깊은 한숨이다. 제프는 아무 말도 할 수 없었다. 아내가 말했다. "방금 산 500달러짜리 복권, 환불할 수 있어? 내가 읽어 보라고 한 책 안 읽었지?" "책?" 제프가 어리둥절하게 물었다. "그래, 책! 기억조차 못하는구나." 침묵 후에 샘이 지적했다. "내가 읽어 보라고 했던 엠제이의 책 말이야." 그는 '책벌레'가 되지 못한 일에 대해 몇 가지 변변찮은 변명을 늘어놓았다. 샘은 그 모든 것을 하나하나 반박했고 영원히 끝나지 않을 것 같은 두 사람의 싸움은 기상 시간을 알리는 샘의 알람이 울리면서 끝났다.

028 목마른 소 원리
소를 물가로 인도할 수는 있지만 물을 마시게 할 수는 없다

집 한 채 값은 되는 비싼 자동차를 운전하는 사람에게는 처음 보는 사람도 서슴없이 많은 질문을 한다. 값비싼 차는 나를 즉석에서 인생 코치나 직업 카운슬러로 변신시킨다. 이런 일이 일어날 때면 나는 질문을 한 사람에게 내 책을 주곤 했다. 이렇게 몇 년 하다가 나는 그 일을 중단했다. 책이 아깝거나 부족해서가 아니라 그게 종이 낭비라는 것을 깨달았기 때문이다. 호기심을 갖는 행인에게 "당신이 마지막으로 읽은 책은 무엇이고 그때는 언제인가요?"라고 물으면 대부분 기억 못하거나 책을 읽지 않는다고 인정한다.

"친구에게 당신 책을 줬는데 읽지 않더라고요"라는 말을 들을 때마다 1달러씩 받았다면 나는 백만장자가 아닌 억만장자가 되었을 것이다.

목마른 소 원리는 소를 물가에 데려갈 수는 있지만 물을 마시게 할 수는 없다는 것이다. 아무리 사정하고 달래고 흥정해도 원하지 않는 사람에게 책을 읽게 할 수는 없다. 당신이 그들의 문제에 대한 해법을 가지고 있어도 말이다. 그들의 정체성에, 더 심각하게는 그들의 변명에 반하는 책은 읽게 만들 수 없다. 간단히 말해 평범한 편안함이나 50년 후의 자유에 대한 약속이 그들을 유순하고 고분고분한 존재로, 완벽한 쥐로 만들었다.

혼자서는 결코 선택하지 않을 책을 그들 스스로 읽게 하는 데는 타이밍, 호기심, 뇌물 3박자가 잘 맞아야 한다.

첫째, 타이밍은 '대오각성사건' 이후가 가장 좋다. 감염병의 대유행으로 '비필수' 업종은 모두 문을 닫게 한 정부의 조치 때문에 친구가 직장을 잃었을 때, 그때가 책을 건넬 적기다. 스승의 조언은 적기에 더 잘 들리는 법이다.

둘째, 표적을 호기심에 빠지게 한다. 불행히도 당신이 하고 있는 일이 성공하기 전까지는 이 방법을 사용할 수 없다.

"그렉, 이런 좋은 집을 어떻게 샀어? 정말 죽여주는데!"

"현금으로 샀지."

"세상에! 어떻게? 사업이 그렇게 잘 돼?"

"내가 4년 전에 추천한 책 기억해?"

친구는 이제 그 책을 읽지 않을까? 다음 상황도 비슷한 경우다.

"그럭, 신수가 훤하네!"

"응, 45kg 정도 빠졌거든."

"세상에, 난 20년 동안 애써도 안 되던데."

"몇 달 전 내가 추천했던 책 기억해?"

책을 읽게 할 마지막 방법은 뇌물이다. 섹스, 음식, 돈…. 어떤 것이든 좋다. 남편이 받은 책을 읽지 않는다면 옷을 벗지 말라. 아내가 읽지 않는다면 아내의 발 지압이나 허리 마사지를 중단하라. 물론, 이 말은 농담이지만 상대방이 책을 읽을 만큼 근사한 뇌물을 떠올려 봐라.

편안함에 안주하고 만족하는 사람에게는 책을 주지 말라. 책은 '대오각성사건' 이후 고통을 견디고 있는, 불편과 불평에 가득 찬 사람에게 주어야 한다.

◆ **핵심 개념**

- 평범한 편안함에 젖어 있는 쥐에게 책을 주거나 추천할 수는 있지만 읽게 할 수는 없다.
- 누군가 책을 스스로 읽게 하려면 타이밍, 호기심, 뇌물 3박자가 잘 맞아야 한다.

029 과정 원리

땀 흘리는 과정을 겪은 사람만 무대에 오를 수 있다

 수영 선수 마이클 펠프스는 세계기록을 경신하고 시상대에 올라 스물세 번째 올림픽 메달을 목에 걸면서 전 세계의 TV, 잡지, 웹사이트를 장식했다. 수백만 건의 광고가 줄을 잇고 명성, 돈, 찬사가 뒤따랐다.

펠프스나 다른 큰 성과를 올린 사람들의 성공 비결은 비밀이 아니다. 그것은 훤히 보이는 곳에 있다. 모든 성공 스토리에는 큰 목표에서 시작되어 많은 시도, 반복, 보이지 않는 실패, 조정으로 이루어진 엄정한 과정이 뒤따른다는 것이 과정 원리다. 평범한 일에 쏟아부은 고된 노력은 결코 헤드라인을 장식하지 않는다.

펠프스의 이야기에서 우리는 금메달, 명성, 광고만 보고 그것을 만든 과정, 어려움에 대해서는 잘 찾아보지 않는다. 잠이나 비디오게임을 멀리하고 매일 했던 훈련, 수영 후 얼음 목욕, 엄격한 식이요법, 갈 수 없는 파티와 친구들과의 시간, 5kg 추를 매달고 하는 접영 연습 등.

마이클 펠프스의 위키피디아 페이지는 1만 9,000개가 넘는 단어로 이루어져 있다. 하지만 얼음 목욕과 같은 과정의 세부 사항을 드러내는 단어는 27개에 불과하다. 단 27개! 전체 이야기의 0.1%인 27개의 단어가 나머지 18만 973개의 단어를 가능하게 했다. 그의 사적인 스토리는 거의 감추어져 있다.

인생의 모든 일이 그렇듯, 걸작으로 가는 지름길은 존재하지 않는다. 사업에 대해서라면 특히 더 그렇다. 사업을 시작하는 데 5분이 걸린다면 그것은 사업이라고 할 수 없다. 범용화된 따분한 일을 시작했거나 불행히도 다른 사람 사업의 부품이 된 것이다. 1%와 99% 사이에는 또 다른 차이가 있다. 1%는 과정 지향적인 반면 99%는 사건 지향적이다. 즉, 99%는 결과, 바라는 목표와 목표 달성을 위한 지름길에 초점을 맞추고 1%는 결과를 도출하는 활동에 초점을 맞춘다.

모든 중요한 것은 한 번의 행동, 한 번의 작은 승리, 앞으로 나아가는 한 걸음 등 사소한 것에서 시작한다. 내 포럼은 한 명의 사용자, 하나의 게시물, 하나의 스레드로 시작했다. 지금 포럼에는 100만 개에 육박하는 메시지가 있다. 톨스토이의 『전쟁과 평화』도 다르지 않다. 소설 속 587만 287개의 단어에 혼을 불어넣기 시작한 것은 한 단어였다. 당신의 목표가 무엇이든, 성공은 큰 그림을 이루는 수백 가지의 훌륭하지만 작은 선택이다. 매일 하는 사소한 일이 모여 1년이면 큰 것이 된다. 수많은 픽셀이 한 장의 사진을 만든다.

강력한 공격으로 성장하는 사업, 다중 구성 요소를 가진 특화 상품 중심으로 굳건하게 사업을 시작하는 것도 마찬가지다. 순 인지 가치를 창출하고 전달하는 것이 하나의 사건, 즉 단 하나의 선택이었다면 누구나 그렇게 했다. 이것이 "클릭 한 번으로 사업가가 된다"고 외치는 생산자 직송, 제휴 마케팅이 진정한 사업일 수 없는 이유다. 상대 가치를 지닌 특화 상품의 창출은 돈으로 살 수 있는 과정이 아니다. 무엇인가 특별한 것을 생산하려면 당신은 끝없이 노력해야 한다.

살을 빼는 것은 간단한 일이다. 건강한 음식을 먹고 운동을 한다. 그리고 그것을 습관으로 만든다. 과정은 곧 절제된 끈기이며 그것은 생활 방식이 된다. 명료하고 간단하다. 평범하고 지루하다. 지름길은 없다. 땀 흘리는 과정만이 효과를 낸다. 어이없을 정도로 단순한 성공의 비결은 비밀이 아니다. 다만 헤드라인에 드러나지 않을 뿐이다.

 핵심 개념

- 사건은 짧고 축하를 받을 만한 눈에 띄는 성과이지만 과정은 그것을 가능하게 하는 지속적인 땀과 노력이다.
- 성공의 비결은 비밀이 아니다. 다만 헤드라인에 드러나지 않을 뿐이다.

030 문제학 원리

문제학 : 새로운 1%를 위한 새로운 분야

 회사를 두 번째로 매각한 후 그 여정을 돌이켜 보다가 나는 내 자신이 기업가라기보다는 문제 전문가라는 결론을 내렸다. 아이디어에서 론칭까지, 관리에서 성장에 이르는 전 과정은 끊임없이 이어지는 문제의 연속이다. 이 기능을 구현하려면 어떻게 해야 할까? 가장 좋은 광고 매체는 무엇이지? 메시지를 전달하는 가장 좋은 방법은 무엇일까? 사람을 고용해야 할까? 그렇다면 급여, 세금, 고용법 등 인적 자원과 관련된 복잡한 사안에는 어떻게 대처해야 할까? 이것은 어떻게? 저것은 어떻게?

문제가 끝나는 날은 그 사업체를 매각한 날이다. (어쩌면 아닐 수도 있다. 나중에 엄청난 세금 고지서가 날아왔으니 말이다.) 이후 나는 출판사와 비즈니스 포럼을 시작했다. 여지없이 또 문제가 시작되었다.

최초의 달 착륙은 미시 플러스 거시 문제 해결의 전형적인 사례다. "어떻게 하면 달에 사람을 착륙시킬 수 있을까?"라는 거시적인 문제는 수백 개의 미시적인 문제를 포괄한다. 로켓 공학에서 동결 유압 장치, 달 먼지가 인화성일 때 해결 방법 등 겉보기에 진부해 보이는 문제까지 수천 개의 작은 문제가 먼저 해결되어야 큰 문제 하나가 해결된다.

기업가정신도 마찬가지다. 사업은 수십 개, 어쩌면 수백 개의 해결된 문제가 합쳐져 더 큰 문제를 해결하는 것이다. 문제에는 외적인 것(누군가 이것을 제조할 수 있을까?)과 내적인 것(내가 어떻게 하면 제조 방법을 배울 수 있을까?)이 모두 있다. 전체적으로 해법은 상대 가치, 특화 상품, 다중 보수 등 많은 것을 나타낸다. 언스크립티드 기업가는 문제 해결사다. 이 역시 업계 거물이 엄청난 가격에 판매하는 세미나에서는 언급하지 않는 숨겨진 과정의 일부다. 선택은 분명하다. 문제 해결 분야에서 독학으로 박사 학위를 받을 것인가? 이력서를 업데이트하고 월스트리트의 신에게 기도나 할 것인가?

 핵심 개념

- 기업가는 문제 해결사다.
- 기업가는 수십, 수백 개의 미시적인 문제를 해결함으로써 거시적인 상대 가치의 문제를 해결한다.

031 지름길 원리

지름길 찾기를 멈추고 과정에 집중하라

 나는 직장을 구하지 못하고 대학을 졸업했다. 직업은 없었지만 나는 체이스 은행의 신용카드로 졸업을 자축하는 선물에 돈을 펑펑 썼다. 하지만 맥주, 옷, 스테레오 시스템에 돈을 쓴 것은 아니다. 지름길에 돈을 썼다. 빨리 부자가 될 수 있다는 정보 광고, 부자가 되는 방법을 가르치는 세미나 등 부자가 되는 쉬운 길을 약속하는 것들에 돈을 썼다. 눈앞에 흔들리는 '지름길 비디오'는 알코올 의존자에게 주는 양조장 무제한 이용권과 같다. 그러나 결국 내게 돈을 빌려준 곳이나 세미나 사기꾼만 부자가 되었고 나는 가난해졌다.

지구상에서 가장 큰 산업, 수십 억 달러 규모의 산업에는 어떤 것이 있을까? 원유? 건강관리? 금융? 다 틀렸다. 세상에서 가장 규모가 큰 산

업은 지름길 산업이다. 질병을 알약 하나로 고친다는 제약 회사부터 우리의 조급함에 자금을 대주는 은행, 리스크 없는 부를 약속하는 거물들, 좋아하는 음식을 실컷 먹으면서 뱃살을 쏙 빼준다고 약속하는 다이어트, 우리의 환상을 자극하는 자기 계발서 등 과정을 줄여 주는 지름길, 엄청난 비법 등에 매년 수조 달러가 쓰인다. 지름길 원리는 지름길을 찾을 때마다 우회로로 접어들고 만족스럽지 못한 결과를 얻게 될 가능성이 높다는 것을 보여준다. 지름길은 과정 없이 결과를 찾는 일이다. 그것은 세상에서 가장 쉽게 팔리는 상품이다.

슬프게도 사회와 매체라는 공범은 사건 지향적이고 과정을 외면하기 때문에 성취와 보상에만 집중하고 그것을 낳은 과정은 가린다. 마이클 펠프스의 위키피디아에 과정에 관한 단어가 27개뿐이라는 것을 기억하라. 근사한 사건에만 끌린 우리의 정신은 과정을 건너뛸 수 있다는 주장에 오도되어 지름길에 초점을 맞춘다. 결과적으로 우리는 빠른 해결책이 없는 일에서 빠른 해결책을 찾으며 사건 지향적으로 움직인다. 사건 지향적으로 과정의 지름길을 찾는 몇 가지 예가 있다.

- 시험에서 부정행위를 하는 것은 사건이다. 시험을 대비해 공부하는 것은 과정이다.
- 결혼식을 준비하는 것은 사건이다. 결혼 생활을 견디는 것은 과정이다.
- 할부로 차를 사는 것은 사건이다. 차를 사기 위해 저축하는 것은 과정이다.

- 콜레스테롤을 낮추기 위해 약을 먹는 것은 사건이다. 콜레스테롤을 낮추기 위해 식습관을 바꾸는 것은 과정이다.
- 새해 결심을 인스타그램에 게시하는 것은 사건이다. 새해 결심의 결과를 게시하는 것은 과정이다.

존재하지 않는 지름길을 찾는 데만 매달리면 오히려 돌아가게 된다. 진정한 성취와 그 과정이 방해를 받는다. 기대가 충족되지 않으면 좌절감이 커진다. 정보 광고에 현혹되어서 쓴 돈은 내 포이즌 펜에 자금을 댔고 나를 자살의 길로 내몰면서 개인적 성장을 지연시켰다. 나는 지름길을 찾는 데만 노력을 기울였지 과정을 구축하는 데는 노력을 기울이지 않았다.

 핵심 개념

- 지구상에서 가장 큰 산업은 지름길, 다이어트 약과 같이 과정에 대한 혐오를 이용해 마케팅 하는 상품 관련 산업이다.
- 지름길, 사건 지향의 우회로, 과정의 결과만 찾는 것은 비효과적인 사건이다.

032 가치 편향 전략

끝없는 개선으로 가치 선택 기준을 넘어서라

 며칠 전 나는 토르티야 칩 한 봉지를 샀다. 구매 결정을 내릴 때마다 마음속에서는 어느 쪽 가치가 높은지 결정하는 가치 경쟁이 펼쳐진다. 다른 제품이 아닌 그 제품을 선택하는 기준은 하나 이상의 속성 요인에 의해 결정된다. '가장 좋은 가격' 또는 '가장 좋은 성분'이 주요 속성이지만 대부분의 소비자 판단에는 여러 요소가 있다. 무엇이든 당신의 가치 체계에 큰 영향을 미치는 것이 경쟁에서 승리한다.

토르티야 칩에 대해서는 어땠을까? 다음은 내 의사 결정 과정을 채운 속성 리스트다.

• 하나는 칩 한 봉지당 0.89달러가 쌌다.

- 하나는 생분해성 포장지를 사용했고 다른 하나는 그렇지 않았다.
- 하나는 카놀라유를 사용했고 다른 하나는 아보카도 오일을 사용했다.
- 하나는 옥수수가 주재료이고 다른 하나는 카사바를 사용했다.
- 하나는 포장에 재미있는 이야기가 있었다.
- 하나는 시각적으로 매력 있는 포장 디자인을 사용했다.
- 하나의 포장에는 유전자 변형 농수산물이 없다는 라벨이 있었고 다른 하나는 그렇지 않았다.

내가 선택한 제품은 더 비쌌고 포장 매력도 떨어졌다. 하지만 나는 그것을 구입했다. 유전자 변형 농수산물이 안 들어 갔다고 명시되어 있었기 때문이다. 하나의 주요 속성이 나를 쇼핑객에서 구매자로 만들었다.

바퀴를 다시 발명해야 기업가가 될 수 있는 것은 아니다. 차세대 페이스북을 론칭하고 전기 차를 발명하고 암 치료제를 발명해야 하는 것이 아니다. 비결은 간단하다. 상대적 참 가치는 가치 편향(value-skew, 가치 기준이 한쪽으로 비스듬히 기울어진 상태를 말함)을 통해 만들어진다.

당신의 특화 상품이 경쟁자보다 좋게 인지되도록 만드는 모든 속성이 가치 편향이다. 긍정 편향된 속성이 많을수록, 결승선을 처음 지나는 주자가 더 많을수록 매출은 높아진다.

재료를 비롯해 위에 나열된 속성은 잠재적 가치 속성이다. 나의 가치 체계에는 건강이 크게 자리 잡고 있기 때문에 유전자 변형 농수산물이 안 들어갔다는 라벨이 붙은 칩을 샀다. 반면에 환경에 대한 관심이 큰 사람들은 사회적 의미를 보여주는 생분해 포장 칩을 선택할 것이다. 중요한 것은 이런 가치 경쟁이 대단히 주관적이고 사람마다 다르다는 점이다. 어떤 속성이 경쟁하게 될지, 어떤 속성이 결승점을 통과할지 알 수 없다. 당신의 목표는 경주에 가능한 많은 선수를 내보내는 것이다.

가치 편향

선수를 추가하고 가치 편향을 늘려서 매출을 올리려면 당신의 상품과 당신이 속한 업계에 있는 모든 잠재적 가치 속성을 확인해야 한다. 사소한 것까지 모두 다 말이다. 1차 속성부터 시작한다. 당신의 상품을 핵심 요소에 이를 때까지 파고들어 경쟁자에 비해 더 낮게 만들 수 있는 요소나 재료가 있는지 찾는다. 더 나은 기능, 더 나은 사용자 인터페이스, 더 나은 가격, 더 나은 색상 옵션, 더 나은 마감, 더 나은 원료….

모든 요소에 편향 가능성이 있다.

다음에는 제품의 마케팅과 배송으로 이루어지는 2차 속성을 공략한다. 마케팅은 가장 중요한 2차 속성이다. 동일하거나 비슷한 가치 편향 사이에서 승자를 결정짓는 타이브레이커가 되기 때문이다. 시선을 끄는 사람이 물건을 판다. 다른 2차 속성에는 웹사이트의 주문 과정, 사진, 배송/환불 정책, 회사 스토리, 고객 서비스, 광고 문안, 옐프(Yelp, 식당, 소매점, 병원 등에 대한 평판을 크라우드 소싱을 이용해 모으는 지역 기반 서비스-옮긴이) 댓글, 소셜미디어 게시물 등이 포함된다. 경쟁사와 비교 가능하면서 1차 속성에 들지 않는 모든 것이 2차 속성이다! 고객의 눈에 더 나아 보이는 부분은 무엇일까? 모든 고객이 다른 가치 체계를 가지고 있음을 기억해라.

'최저 가격'은 매출을 향한 경주에서 강력한 주자이지만 당신이 생각하는 것만큼 우선적인 사항은 아니다. '최저 가격'은 분석적인 지표지만 대부분의 결정은 감정적 끌림을 기반으로 한다. 심하게 편향된 감정적 속성은 상당히 높은 가격 격차까지 정당화시킨다. 애플, 노드스트롬, 아우디, 페라리, 루이 비통을 생각해보라.

범용화된 상품의 경우, 가치 편향 차별화와 상대 가치 창출이 유일한 길이다. 저가 맥주는 범용화된 상품의 한 예다. 대형 맥주 제조업체는 편향을 만들기 위해 엄청난 노력을 기울인다. 쿠어스의 특화된 캔에 있는 산 그림은 맥주가 충분히 시원해지면 푸른색으로 변한다. 2019년 슈퍼볼 기간 동안, 버드와이저는 편향을 만들기 위한 시도로 콘 시럽이 들어 있지 않은 맥주를 광고했다.

두세 가지 가치 속성을 유리하게 편향시킬 수 있다면 몇 가지 경쟁에서 이길 수 있는 사업을 가질 수 있다. 4개 이상의 가치 속성을 편향시키면 거대 기업을 이끌고 세계 무대로 향할 수 있다. 더 많아지면 어떨까? 가치 편향은 경영 대학원에서 가르쳐 주지 않는다. 지금 유리한 사람은 당신이다!

◇ **핵심 개념**

- 매출을 올리려면 고객의 가치 선택 기준을 넘어서야 한다.
- 소비자의 구매 결정에는 많은 가치 속성이 평가 받는다. 각 속성에 부가하는 가중치는 소비자마다 다르다.
- 1차 가치 속성은 제품 그 자체와 관련이 있다. 2차 속성은 제품을 보여주고 배급하고 전달하는 방식과 관련이 있다.
- 가치 속성을 '편향'되게 만들면 경쟁자 사이에서 두드러지게, 때로는 잠재 고객의 눈길도 끌 수 있다.
- 어떤 편향된 속성이 가치 기준을 넘어 고객을 끌어들일지는 아무도 알 수 없다.
- 편향시킨 속성이 많아질수록 경주에서 구매 가치 기준을 넘을 수 있는 주자가 많아진다.

033 일용품 원리

시작하기 쉬운 사업일수록 이윤을 내기 힘들다

 2000년 말, 포럼을 통해서 알게 된 친구가
한 명 있다. 그는 고무로 만든 휴대폰 케이
스를 팔았다. 영업 첫 달에는 상당한 수익을 올렸지만 결국 판매를 중
단했다. 나는 왜 그랬냐고 물었다. 그는 1년 만에 경쟁자(중국과 인도네시
아)가 너무 늘어서 타코 식당에서 일하는 것이 더 나은 지경이 되었다고
답했다. 그에게 유일한 가치 편향은 저렴한 가격, 저렴한 가격, 저렴한
가격뿐이었다.

일용품 원리는 범용화된 상품을 판매할 경우 결국 수익이 아닌 가난
을 두고 경쟁할 것이라고 경고한다. 범용화된 제품 또는 서비스는 제공
업체만 다를 뿐 차이가 전혀 없다. 데이터 저장, 종이, 보험, 택시 서비
스, 주유 등을 생각해보라. 가치 편향의 여지가 적기 때문에 편향이 가

능한 유일한 부분이 가격이다. 매출을 올리려면 내 제품이 가장 싸야한다!

나는 최근에 보험을 바꾸었다. 기존에 거래하던 보험회사가 아무런 이유 없이 보험료율을 올렸기 때문이다. 6년 동안의 관계를 청산하고 같은 혜택을 500달러 더 싸게 주는 새로운 보험회사로 갈아탔다. 항공권도 마찬가지다. 대부분의 사람들은 항공사에 충성하지 않고 최저 가격에 충성한다. 시카고행 사우스웨스트 항공과 유나이티드 항공의 이코노미석은 모두 똑같이 불편하기 때문에 최저 가격이 유리하다. 몇 달러면 충성심을 살 수 있다.

가치 편향의 가능성이 오로지 가격에만 있는 범용화된 상품으로는 가난을 향한 경쟁만 할 뿐이다. 이런 1차원 공격에서는 계속해서 입찰 전쟁에 임해야 한다. 입찰 전쟁에서는 가장 싼 가격을 유일한 목표로 이윤을 줄여 나가야 한다. 범용화된 제품 시장에서 경쟁하는 것은 바닥으로의 경쟁이다. 각 참가자들은 "살아남기 위해서 이윤을 얼마까지 줄일 수 있을까?"를 고려하며 가격을 낮춘다.

알리바바의 상품 절반은 '그날의 최저 가격' 상 수상을 기대하며 수많은 판매자 대열에 합류하는 또 다른 기업가 지망생의 범용화 제품이다. 수상자는 계속 줄어들기만 하는 이윤과 자기 출혈식 수익으로 결국 가난을 선고받는다. 더 나쁜 경우는 "지긋지긋하다!"며 시장을 떠나기로 결정하고 그게 미친 짓이라는 것을 아직 깨닫지 못한 또 다른 기업가에게 자리를 물려주는 것이다.

"일용품 시장에서 누를 수 있는 것은 가장 어리석은 경쟁자뿐이다"

라고 피터 드러커가 말했다. 기업가라면 이렇게 자문해보라. 그 시장에 있는 이유는 무엇인가? 내가 편향시키는 가치는 무엇인가? 내가 회사 문을 닫으면 누가 그 자리를 탐낼까? 내가 갑자기 시장에서 사라지면 기분 나쁜 침묵이 찾아올까? "아마존에서 팔면 좋은 물건이 무엇일까요?"라고 묻는 기업가 지망생은 일용품 판매자가 되려고 하는 것이다. 당신이 그 물건을 파는 유일한 판매자일까? 착각이다. 당신은 엄청난 수의 판매자 중 하나일 뿐이다!

 핵심 개념

- 편향 가능성이 제한적인 제품은 '최저 가격'의 범용화된 상품이 될 확률이 높다.
- 범용화된 제품을 판매하는 것은 아주 적은 이윤, 심지어는 손실을 기꺼이 수용할 사람을 정하는 경주다.

034 쉬운 길은 고생길 원리

쉬운 길 끝에서 행운을 만나는 일은 없다

 실패로 점철된 시간을 보내고 있을 때 나
는 한동안 벼룩시장에서 물건을 팔았다.
시카고에는 수입 도매상이 여러 개 있다. 주중에 나는 업체를 방문해서
무작위로 여러 가지 물건을 샀다. '무작위로 산 물건'은 곧 쓰레기를 말
한다. 주말에 열리는 벼룩시장에서 물건을 판매했다. 내 부스를 살피는
사람은 몇 명 되지 않았다. 물건을 사는 사람은 그보다 더 적었다. 시간
당 수입은 최저임금보다 낮았다. 하지만 몇 칸 떨어진 부스의 나이 든
판매자는 장사를 아주 잘했다. 그의 부스는 항상 붐볐다. 큰돈이 오가는
것도 자주 목격했다. 100달러 지폐가 꽤 많았다.

　나와 그 사람의 차이점은 무엇일까? 나는 돈을 쫓고 있었다. 내가 팔
던 물건은 일용품, 싸구려 그림 액자, 장신구 등 어디서나 쉽게 살 수 있

는 것이다. 시장의 다른 판매자들 역시 비슷한, 범용화된 물건을 팔고 있었다. 큰돈을 벌어들이던 그 남자는 어땠을까? 그는 상대 가치를 제공하고 있었다. 그는 수공예 가구와 나무조각을 팔았다. 그가 파는 물건은 시카고의 여느 상점에서 살 수 있는 싸구려 물건이 아니었다.

돌이켜 보면 나는 쉬운 길이 오히려 고생길임을 알았어야 했다. 사업을 쉽게 시작할수록 성공하기 힘들다는 것을 말이다. 누구든 시카고의 도매상 몇 곳을 들르는 것처럼 시간과 돈을 별로 투자하지 않고 당신 회사와 경쟁할 수 있다면 당신은 사업을 시작한 것이 아니다. 당신이 하는 일은 어떤 바보라도 할 수 있는 일인 것이다.

시작하기 쉬운 사업은 장래에 돈을 벌기 힘들다. '쉬운' 시작 과정에는 큰 대가가 따른다. 경쟁이 더 많고 이윤은 적고 노이즈 마케팅은 포화 상태이며 광고비용은 높다. 스트레스는 많고 보수는 적다. 일례로 나는 10년 전 비즈니스 포럼을 시작했다. 시작은 쉬웠다. 소프트웨어와 호스팅에 대한 비용만 지불하면 바로 시작할 수 있다. 하지만 순조롭게 운영하고 키우고 활발하게 유지되도록 하는 일은 대단히 어렵다. 블로그와 마찬가지로 대부분의 포럼은 성공시키기가 무척 어렵다. 또한 시작하기가 더 쉬운 페이스북 그룹과 경쟁해야 한다. 나는 몇 달 동안 포럼이 내가 한 일 중 가장 힘들다는 말을 입에 달고 살았다. (포럼을 1차 사업으로 추천하지 않는다. 하지만 비즈니스 시스템의 일부로는 효과가 있다.)

과정에 '용이성'이나 '재미'의 가능성이 있을 때('열정을 따르라'거나 '좋아하는 일을 하라'는 감성을 자극하는 진부한 이야기도 포함한다) 거기에서 자유를 찾으려면 탁월해야 한다. 상위 50%, 상위 10%, 상위 5% 정도로는 안 된다. 상위 1%의 탁월함이 필요하다. 다시 한 번 강조하지만 그것은 결국 수학, 즉 확률의 문제다. 유튜브에 접속해서 피아노 연주자를 찾아보라. 수백 명의 고도로 숙련된 피아니스트를 발견할 수 있다. 하지만 큰 성공을 거두고 공연 티켓을 매진시키는 사람은 손에 꼽는다.

프로 운동선수를 생각해보자. 모든 스포츠는 '열정을 따르라'거나 '좋아하는 일을 하라'는 진부한 표현의 부산물이다. 부자든 가난하든 누구나 농구공은 던질 수 있다. 그 분야에는 전 세계 수억 명의 지원자가 득실거린다. 농구를 하는 사람이라면 모두 프로 선수로 수백만 달러를 벌어들이는 꿈을 꿀 것이다. 그런데 프로 농구 선수의 정점인 NBA에 있는 선수가 몇 명인지 아는가? 겨우 494명이다. 세계 최고의 기량을 가진 현역 농구 선수는 작은 호텔 연회장 하나면 모두 수용할 수 있다. 농구와 같이 경쟁자가 많은 시장에서 성공하려면 탁월해야 한다.

탁월하다는 것은 어떤 일을 수백만 명 중에서 가장 잘한다는 뜻이다. 그것이 진입 장벽이 없고 경쟁이 치열한 시장에서 빛을 발할 수 있는 유일한 방법이다. 사람들이 당신을 도저히 무시할 수 없을 정도로 잘해야 한다. 벼룩시장의 그 판매자는 일을 대단히 잘했기 때문에 무시할 수가 없다. 값싼 수입 그림 액자는? 당연히 무시당한다.

쉬운 일은 성공하기 어렵다. 쉬운 일에는 경쟁자가 많고 진입이 쉬우며 유사 직장일 가능성이 높다. 쉬운 일은 진입은 쉬울지 몰라도 탁월함에 이를 가능성은 끔찍이 낮다. 직송 시스템으로 티셔츠를 파는 것은 누구나 할 수 있다. 1만 달러만 있으면 누구나 외환 거래를 시작할 수 있다. 인터넷에 연결 가능한 사람이라면 누구나 워드프레스 같은 웹 페이지 제작 툴을 설치하거나 아마존에 상품을 올릴 수 있다. 농구공을 집어 드는 것처럼 간단하고 쉽고 진입 장벽이 전혀 없다. 하지만 그렇게 하고 있는 수천 명의 기업가는 최저임금보다 못한 돈을 번다. 소수의 사람만 큰돈을 만진다. 왜일까? 탁월성은 과정이다. 워드프레스를 막 설치하고 CEO라고 주장하는 것은 사건일 뿐이다.

올바른 기대를 가져라. 사업을 시작하는 것(문제를 해결하고 제품을 개선하고 가치를 편향시키는 것)은 체중을 14kg 줄이는 것과 같다. 몇 시간, 며칠 만에 되는 것이 아니다. 몇 주, 몇 달, 시간이 필요하다.

◈ **핵심 개념**

- 시작하기 쉬운 사업일수록 문제를 해결하고 가치를 높일 가능성은 낮으며 이윤을 내기 힘들다.
- '즉각 사용할 수 있는', '계약만 하면 OK'인 사업은 잉여 가치를 제공하는 범용화된 시도일 가능성이 높다.
- 탁월성은 하는 일에서 특출하게 두드러짐으로써 경쟁이 심한 시장에서의 성공 가능성을 높인다.
- 사업을 시작하는 일은 몇 분, 몇 시간 만에 되는 것이 아니다. 몇 주, 몇 달, 시간이 필요한 과정이다.

035 진입장벽 구축 전략

창조는 어렵지만 생산은 하기 쉽게 만들어라

 내 친구는 전매권을 가진 면도 크림과 향 수를 판매하는 회사 헤밍웨이 어쿠트러먼 트(Hemingway Accoutrements)와 바베리 코스트 쉐이브 컴퍼니(Barberry Coast Shave Company)를 소유하고 있다. 나는 이 회사 제품의 열성 팬이 다. 친구가 하는 회사여서가 아니라 그가 '탁월한' 향을 만들기 때문이 다. 그의 제조법은 몇 달간의 실험을 요하는, 재생이 어려운 과정이다. 하지만 100만 개의 주문이 보장된다면 할 수 있다. 그의 특화 상품은 경쟁업체가 따라 하기는 어렵지만 내부에서 생산하기는 쉽다.

당신의 특화 상품을 얼마나 쉽게, 얼마나 많이 생산할 수 있는지, 얼 마나 많은 사람이 이용할 수 있는지 말해주면 나는 당신이 얼마나 부유 해질지, 얼마나 자유로워질지 말해 줄 수 있다. 나는 큰 힘을 들이지 않

고 이 책을 수백만 부씩 찍을 수 있다. 포럼도 마찬가지다. 구독자가 기하급수적으로 증가해도 자원이나 트래픽 문제를 걱정하지 않고 얼마든지 원활하게 운영할 수 있다. 비즈니스 서비스도 같은 구조다. 사용자의 증가는 곧 수익의 증가다. 수는 무한 확장되고 한편으로 제로 레버리지와 제로 가능성은 제거된다.

이상적인 특화 상품이라면 창조는 어렵지만 생산이나 이용은 쉬워야 한다. 이것 역시 문제학의 함수이며 쉬운 시작과 어려운 이행의 정반대다. 창의적인 구축 과정을 견딘 후, 그 생산이나 사용에서는 거의 무제한적인 확장이 가능해야 한다. 기타리스트를 표적으로 한다면 모든 기타리스트가 당신이 제공하는 것에서 가치를 발견할 것이다. 그렇다면 그 수는 수백만이다. 생산의 용이성은 고객이나 매출의 확대에 대한 문제가 아니라 잠재 수요의 확대에 대한 문제라는 것을 유의하라.

이런 간단한 관계는 레버리지는 물론이고 보호된 레버리지까지 보장한다. 경쟁자 입장에서는 상품, 서비스를 따라 하기 어렵지만 내부적으로는 생산하기 쉬워야 한다. 새로운 경쟁자는 사건이 아닌 과정을 견뎌야 한다.

 핵심 개념

- 특화 상품은 창조와 시장 출시는 어렵지만 생산은 쉬워야 한다.
- '창조는 어렵고 생산은 쉬운' 상품은 보호된 레버리지를 낳는다.

036 부정 편향 전략

부정적 요소를 없애 구매 가능성을 최대화한다

 한 여성이 돈 많고 키 크고 잘생긴 남성과 데이트를 했다. 데이트를 한두 번 하고 나니 사랑에 빠진 느낌이었다. 하지만 세 번째 데이트에서 여성은 어떤 성향을 눈치챘다. 그는 서버, 도어맨, 발렛 파킹 담당자, 식료품점의 점원 등 모르는 사람에게는 무례하게 굴고 그들을 비하하는 것이었다. 이런 부정적인 속성이 관계 자체를 위협하는 걸림돌이 되었다. 관능적인 매력, 부유함, 스타일 등 남성의 모든 긍정적인 특징이 힘을 잃었다.

10개의 긍정적인 가치 속성이 있어도 하나의 부정적인 가치 속성이 모든 것을 망칠 수 있다. 고객이 당신 회사와 연관된 부정적인 속성을 발견하면 긍정 편향은 약화되고 매출은 떨어진다. 무례한 우리의 매력남과 마찬가지로 하나의 부정적 특성이 수십 가지 긍정적 특성을 무효

화할 수 있다.

사업에서는 부적절한 제품 라벨링, 문제의 소지가 있는 재료, 허술한 고객 서비스, 총기 소유에 대한 지지나 규탄 같은 극단적인 정치적 입장, 웹사이트의 맞춤법 실수 등이 부정 편향의 사례다. 모두가 긍정적 속성을 위험에 빠뜨리고 고객에게 "어휴, 이건 아니지"라고 말하게 하는 부정적인 속성이다.

회사의 정치화 역시 위험한 형태의 편향이다. 2017년 나이키는 새로운 라인의 광고 모델로 콜린 캐퍼닉(Colin Kaepernick, 미국의 미식축구 선수로 흑인 민권 운동을 지지하는 것으로 유명하다. 인종차별을 하는 나라의 국민의례에 자리에서 일어나고 싶지 않다고 자리를 지켜 주목을 받았다.-옮긴이)을 기용했다. 그의 모델 기용은 긍정적, 부정적 양쪽 측면에서 즉각적인 편향을 만들었다. 나이키의 결정을 못마땅하게 생각하는 시장에서는 바로 부정적인 가치 편향을 만들었고 많은 사람들이 나이키 제품을 불태웠다. 다시는 나이키 제품을 사지 않겠다고 말하는 사람도 있었다.

반대로 많은 고객이 나이키를 옹호했고 그 결정을 좋아했으며 매출은 높아졌다. 나이키의 마케팅 담당 임원들은 이런 전략이 결과적으로 긍정적인 결과를 만들어 낼 것이라고 예상했을 수도 있고, 편향에 대한 우려를 외면했을 수도 있다. 어느 쪽이든 회사가 정치에 기반을 두고 있거나 정치화를 통해 수십 억의 홍보 효과를 기대할 수 있는 것이 아니라면 정치화는 위험한 편향이다.

다음은 내 돈을 경쟁사에 보내는 꼴이 되는 부정 편향의 예다.

- 제품 성분 중에 인공 착색제, 아스파탐, 말로덱스트린, 유전자 변형 옥수수, 유전자 변형 분유, 유전자 변형 동물성 성분 등 바람직하지 못한 재료가 들어 있다.
- 제품이 과대 포장되어 있다.
- 회사가 나의 신념에 반하는 정치 활동에 적극적으로 참여한다.
- 제품에 대한 부정적인 댓글이 지나치게 많다.

다시 말하지만 긍정적이든 부정적이든 모든 편향은 주관적이며 고객에 따라 다르다. 모든 속성이 긍정적으로 편향되고 부정 편향을 제거할 수 있다면 고객의 가치 기준을 넘어설 가능성이 높아져 구매자의 총수는 늘어난다. 그리고 혜택은 당신에게 돌아간다.

 핵심 개념

- 당신이 제공하는 제품이나 서비스에 대한 어떤 면이 누군가에게 악감정을 갖게 할 때 그것을 부정적 속성이라고 한다.
- 한 가지 부정적인 속성이 수십 가지 긍정적인 속성을 무력화시킬 수 있다.
- 부정적인 속성을 제거함으로써 더 많은 고객이 가치 기준을 넘게 하고 더 많은 매출에 이르게 할 수 있다.

037 불완전 원리

불완전은 가치 편향과 새로운 사업의 씨앗이다

 불완전성은 어디에나 있다. 나는 기회가 불완전성의 함수라는 것을 알기 때문에 돈이 될 만한 기회를 매일 발견한다. 어쩔 수 없이 가입하는 보험, 점심에 먹은 밍밍한 음식, 믿을 만한 베이비시터의 부족 등 불완전성은 도처에 자리하고 있다. 소비자 팀을 버리고 생산자 팀으로 간 사람이라면 이런 사실에 짜증이 나는 것이 아니라 미친 듯 흥분될 것이다. 불완전 원리는 개선의 여지가 있는 모든 것은 사업 기회가 된다고 말한다.

어떤 사업을 해야 할까요?

어디서부터 시작해야 할지 모르겠어요!

모든 것이 이미 시작되었어요!

내 포럼에 방문하면 기업가 지망생의 공통적인 고민거리를 발견할 수 있다. 위와 같은 고민은 기업가적 무지를 보여준다. 기업가정신은 전구를 발명하거나 차세대 아이폰을 만드는 문제가 아니다. 불만, 불편, 문제, 바람, 짜증…, 이 모든 것이 상대 가치에서 기회를 나타내는 언어다. 이 언어를 배우면 갑자기 모든 곳에서 기회가 보인다.

비슷한 가격에 동일한 문제를 해결하는 제품이라도 2차 속성 풀을 통해 편향을 만들 수 있다. 더 나은 웹사이트, 더 나은 스토리, 더 나은 라벨 디자인, 더 나은 사용자 인터페이스, 더 나은 고객 서비스 경험, 더 나은 환불 정책, 더 나은 이것, 더 나은 저것…. 이런 것을 제공한다면 매출을 올릴 수 있다. 다시 말하지만 어떤 가치 편향이 잠재 고객을 구매자로 만들지는 아무도 모른다. 긍정적인 편향을 많이 만들수록 구매 가능성이 높아질 뿐이다.

 핵심 개념

- 불완전성에서 편향 기회를 감지할 수 있다.
- 똑같은 제품도 더 나은 디자인, 사용자 인터페이스, 스토리, 환불 정책, 고객 서비스 등 2차 속성 풀을 통해 편향시킬 수 있다.

038 이해관계자 원리

고객에게 충성하지 않는 기업은 당신에게 기회를 준다

오래전 나는 한 중견 호스팅 업체에 웹사이트 관리를 맡겼다. 가격이 적정했고 고객 서비스가 매우 훌륭했다. 무엇보다 고객 서비스 팀에 전화를 하면 사람이 받았다! 또한 기술적인 문제가 빠르게 해결되었다. 나는 이 회사를 신용할 수 있는 파트너라고 생각했다.

그러던 어느 날, 겉으로는 아무런 위험이 없어 보이는 일이 일어났다. 호스팅 업체로부터 '신나는 소식!'이라는 제목의 이메일을 받았다. 사실 신나는 소식이 아닌 나쁜 소식이었다. 대기업이 회사를 인수한다는 내용이었다. 기업 소유주 입장에서는 신나는 일이겠지만 고객에게는 그렇지 못한 일이었다.

몇 개월 지나지 않아 모든 것이 바뀌었다. 고객 서비스 팀에 전화를 하면 녹음된 음성 장치나 긴 대기 시간이 기다리고 있었다. 지원 요청에 대한 답을 얻는 시간이 몇 분 이내에서 몇 시간, 며칠로 늘어났다. 받은 메일함은 '업그레이드 기회!'라는 메일로 가득 찼고 모든 지원 전화는 구입 권유로 들렸다. 내 웹사이트가 이틀 넘게 다운된 동안 계속 '작업 중이다'라는 응답을 받은 후 관계는 끝났다. 내가 더 이상 중요하지 않은 고객이 된 것이 틀림없다.

좋아하는 회사가 상장한다고 하면 경계해라. 가격은 높아지고 가치는 낮아질 것이다. 회사는 새로운 외부 이해관계자의 비위를 맞추어야 한다. 기업이 고객이 아닌 다른 사람의 비위를 맞추는 것처럼 보이는 순간 그들은 부정한 길로 들어서게 된다. 이것은 CEO 사무실 벽에 걸린 회사 사명이 진심에서 새빨간 거짓말이 되는 순간이다. 경영진이 은행가의 날카로운 발톱 앞에 무릎을 꿇으면서 기하급수적인 성장을 촉발했던 가치 지향적, 고객 중심적 정책은 하루아침에 버려진다.

이런 현상을 스퀴즈(the squeeze, 쥐어짜기)라고 부른다. 고객들은 가치의 왕좌에서 쫓겨나고, 투자 수익을 요구하는 다른 사람들, 즉 월스트리트가 그 자리를 차지한다. 가격과 수수료 인상, 비용 절감, 품질 저하나 수량 감소, 상대 가치 감소를 통해 체계적으로 돈을 뽑아낸다.

일부 '생각 있는 경영자'들은 직원들이 최고의 이해관계자가 되어야 한다고 말한다. 웃기는 소리다. 행복한 직원이 100명이고 만족한 고객이 0명이라면 어떻게 될까? 그 행복은 순식간에 사라질 것이다. 곧 실직할 테니까 말이다. 기업이 유기체라면 고객은 심장이고 직원은 두뇌다. 유기체는 뇌사 상태에서도 살아남을 수 있지만 심장 없이는 살 수 없다.

수십 억 달러 규모의 천연 식품 업체가 스퀴즈의 직접적인 결과다. 가공식품에 질린 고객은 이제 천연 재료와 지역 생산자에게 관심을 돌리고 있다. 대기업형 농업이 한편에서는 재료를 좀비처럼 만들고 다른 한편에서는 이해관계자를 달래느라 바쁜 와중에 소규모 업체가 틈새를 파고든다.

물론 고객을 우선 이해관계자에서 몰아내는 일이 식품이나 농업 쪽에서만 발견되는 것은 아니다. 이미 자리 잡은 기업이 목적의식을 잃은 어디에서나 그런 일이 발생한다. 경쟁자가 더 이상 고객에게 충성하지 않고 고객을 우선 이해관계자 자리에서 밀어낸다면 그 상황은 당신에게 유리한 가치 편향이 된다. 두 주인을 동시에 섬길 수는 없으니까 말이다.

 핵심 개념

- 기업이 투자자나 주주의 이익을 위해 고객을 최우선에서 밀어내는 것은 고객을 이해관계자에서 강등시키는 것이다.
- 이해관계자 강등은 대부분의 공개 회사에서 일어나며 이는 편향의 기회다.
- '스퀴즈'는 업체가 가격 상승, 서비스와 가치 저하 등 고객보다 더 우위에 둔 이해관계자의 입맛에 맞추기 위해 고안된 수단으로 고객에게 더 많은 수익을 짜내려고 노력하는 것이다.

039 SUCS 전략

'형편없다'를 돈을 끌어당기는 'SUCS'로 전환시켜라

 "이블 뱅킹에 전화를 주신 고객님께 감사 드립니다. 고객님의 전화는 저희에게 대단 히 소중합니다. 때문에 우리는 최저임금을 받는 지구 반대편 직원에게 전화 응대를 아웃소싱 합니다. 이 일을 싫어하는 사람과 통화를 원하시 면 1번을, 영어를 거의 하지 못하는 사람과 통화를 원하시면 2번을, 대 본에 있는 기업 정책을 읽어 줄 상담원과 통화를 원하시면 3번을 누르 세요. 어떤 번호를 누르든 현재 대기 시간은 42분입니다."

익숙한 안내인가? 분명히 그럴 것이다. 대기업이 당신을 우선 이해 관계자 자리에서 몰아냈다면 그 결과는 이처럼 '형편없다'가 된다.

최근 체이스 은행에 전화를 했을 때 놀라운 일이 일어났다. 신호가

가자마자 인간이 바로 전화를 받은 것이다! 나는 놀라서 순간 말이 안 나왔다. 그런 사건을 'SUCS(sudden unexpected customer service, 예상치 못한 갑작스런 고객 서비스)'라고 부른다.

기업이 SUCS를 제공하면 당신은 주저없이 돈을 쓴다. 알다시피 현대의 고객 서비스는 좌절감을 줄 정도로 끔찍하다. 하지만 짜증 내지 말라. 이런 일이 반복될 때마다 당신에게는 기회가 생긴다. 당신은 쓰레기 같은 고객 서비스가 커다란 기회라는 것을 아니까 말이다. 나는 고객 서비스가 2차 속성 풀에서 가장 중요한 편향이라고 생각한다.

컴퓨터 화면 위의 숫자 따위로 취급받고 싶은 사람이 어디 있겠는가? 그러나 대부분 기업에서는 이것이 표준이다. 2개의 똑같은 제품이 경쟁할 경우, 더 나은 고객 서비스를 제공하는 회사가 승리한다. 뛰어난 고객 서비스는 가치 편향이고 상대 가치를 만든다. 더욱이 가격을 높일 자격까지 준다.

뛰어난 고객 서비스는 사업에서 나에게 큰 도움을 준 편향 중 하나다. 나의 첫 번째 회사는 엄청나게 빠른 고객 서비스로 업계에서 유명했다. 전화나 이메일 응대가 단 몇 분 만에 이루어졌다. 단순히 속도를 확인하기 위해 전화를 거는 고객도 있었다. 지금도 나는 이 기법을 사용한다. 내 포럼은 늘 활발한 상태다. 내가 하루도 빠짐없이 참여하고 독자와 상호작용 하기 때문이다.

'형편없다'는 평가를 SUCS로 바꾸는 공식은 간단하다. 고객 서비스에 대해 고객이 예상하는 바를 파악한 뒤에 그 예상을 깨뜨리면 된다. 고객이 가지는 고객 서비스에 대한 예상은 업계 서비스 표준이다. 내가 체이스 은행과 가진 상호작용은 정말 신선한 것이었다. 그 은행은 나의 예상을 깨뜨렸다. 은행에 전화하기 전에 나는 다음과 같은 내용의 통화를 예상했다.

- 녹음된 메시지를 듣는다.
- 1번은 이것, 2번은 저것, 3번은 다른 것… 끝도 없이 이어지는 메뉴에 따라 버튼을 누른다.
- 이 사람 저 사람을 계속 거친다.
- 영어가 유창하지 못한 사람과 통화한다.

이것이 나의 낮은 기대치였다. 대기업은 형편없는 서비스로 대충 넘어간다. 고객의 기대치가 낮기 때문이다. 체이스 은행이 이런 예상을 깨뜨리고 몇 분 만에 문제를 해결하자 최종 결과로 기분 좋은 놀라움만 남았다. 거의 두려움에 가까운 마음으로 시작한 통화는 완벽한 만족으로 끝났다.

명심하라. 감상적인 사명 선언은 경계해야 한다. 그런 것은 아무 의미 없다. 당신 직원은 고객 서비스를 위해 장전된 무기다. 뛰어난 고객 서비스는 고객과 처음부터 끝까지 접하는 일선에서 이루어진다. 가장 좋은 예가 서부의 햄버거 체인 인앤아웃 버거다. 모든 직원이 활기차게 인사하고 오늘 기분이 어떤지 묻는다. 음식이 미소와 함께 전달되고 "좋은 하루 되세요"라는 인사가 들린다. 벽에 붙은 사명 선언이 일선에서까지 이행된다.

고객의 예상을 깨뜨려라. 그러면 반복해서 당신을 찾는 충성 고객을 모으고 결국은 당신 사업의 추종자를 얻게 된다. 무료로 광고하는 셈이다. '형편없다'는 평가를 SUCS로 바꾸면 돈을 얻는다. 단 하나의 편향으로 매출 상승에 한 발자국 가까워진다.

 핵심 개념

- 회사가 업계의 일반적인 예상을 깨뜨릴 때, 예상치 못한 갑작스런 고객 서비스(SUCS)라고 말한다.
- SUCS는 가치 편향이다.
- SUCS를 실행하기 위해서는 업계 기준에 대한 평가를 기반으로 고객 예상을 파악한 뒤 그 예상을 깨뜨린다.
- SUCS는 벽에 붙은 사명 선언 그 이상이 되어야 한다. 일선 직원에게까지 이어져 이행되어야 한다.

빨간 알약을 삼키다

2016년 12월 15일 목요일

매디슨은 크리스마스트리 근처에 벨라와 함께 누워 있다. 벨라는 인간 누나가 토르티야 칩을 씹는 것을 바라보고 있다. 제프는 평화로운 모습에 미소를 지었다. 하지만 그의 아내는 그렇지 못하다. 아내는 세르세이 왕비(『왕좌의 게임』에 나오는 강인하고 잔혹한 여성-옮긴이)나 마리 앙투아네트에 가까운 분위기다. 제프가 티셔츠 사업 실패로 1,400달러를 날린 후 아내는 얼음장처럼 변했다. 대화는 퉁명스럽고 시선을 마주치지 않았으며 문은 큰 소리를 내며 닫혔다. 기회만 있다면 높은 건물에서 그를 밀어 버리거나 단두대 앞에 무릎을 꿇리지 않을까 하는 생각이 들 정도다.

제프는 최근 아내의 분노와 아직 도착하지 않은 신용카드 청구서 사이에서 진퇴양난의 심정으로 책을 읽고 있었다. 그는 아내가 권한 책을 졸업이냐 아니냐가 걸린 시험으로 여겼다. 아직은 엠제이의 책이 아내의 저주를 푸는 것 이상의 도움을 줄 수 있으리라고 생각하지 않았다. 발등에 불이 떨어지니 책을 다 읽는 데는 며칠 걸리지 않았다. 이후 남겨진 것은 어울리지 않는 뒤섞인 감정뿐이다. 희망이 함께하는 분노, 안도가 함께하는 후회, 흥분이 함께하는 두려움, 불가측성이 함께하는 확신…. 그런 감정을 표현할 단어는 없지만 최종적으로는 긍정적이라는 것은 알 수 있다. 마음이 가벼워졌다.

그는 샘의 무릎을 두드리며 미소 지었다. "당신이 읽으라던 책 다 읽었어." 샘의 표정에는 변화가 없다. "당신이 추천한 책 말이야." 제프가 덧붙였다. 그는 아직 김이 오르고 있는 수프를 저었다. 그녀는 건성으로 고개를 끄덕일 뿐 말이 없다. 머리카락이 살아 있는 뱀으로 변하기 전에 그가 인정했다. "난 바보야. 몇 주 전, 당신이 읽으라고 했을 때 읽었다면 당신이 나한테 그런 눈빛을 보내지는 않을 텐데…." 그녀는 다시 휴대폰으로 시선을 돌리고 화면을 스크롤하며 큰 기대 없이 물었다. "그래서 어떤 결론을 내렸는데?"

그 질문이 함정인지 확신이 들지 않은 제프가 깊이 한숨을 내쉬었다. "당신이 말을 했을 때 읽었다면 1,400달러를 낭비하지는 않았겠지." 그는 조심스레 수프를 한 입 먹고 샘의 표정이 풀리기를 기다렸다. 그녀의 입술이 미소에 가깝게 휘어지자 그가 말을 이었다. "모든 게 이해가 돼. 당신이 티셔츠 사업 때문에 나에게 소리친 이유까지 말이야." "당신이 책임져야 해." 샘이 미소 띤 얼굴로 휴대폰을 테이블에 놓으며 말했다. "난 그 돈 안 갚을 거야. 당신 카드고 당신 실수니까!" 그녀가 만족스런 미소를 지으며 몸을 돌려 그를 마주했다.

아시아식 두부 우동은 제프가 아주 좋아하는 음식 중 하나다. 정신없는 스케줄에도 불구하고 샘은 틈틈이 시간을 내 맛있는 식사를 준비했다. 아내는 동물성 식품이 든 요리를 하지 않는데도 제프는 자신이 먹을 복이 있다고 생각했다. 샘의 비건 라이프에 대한 그의 만족감은 잡초를 뽑거나 변기를 뚫는 데서 얻는 만족감에 비견할 수 있다. 제프는 혈기 왕성한 여느 미국인처럼 고기를 좋아한다. 그러나 아내의 요리는 유제품과 고기가 들어가지 않을 뿐 맛에는 부족함이 전혀 없다. 그녀는 신기하게도 케일, 퀴노아, 두부로 맛있는 요리를 한다. 그는 음식을 바닥까지 긁어 먹은 뒤 스푼을 그릇 안에 놓고 그릇을 밀었다. 의자에 기대며 찡그린 표정으로 턱을 문질렀다. 샘은 빈 그릇을 힐끗 본 뒤 그를 바라보며 한쪽 눈썹을 치켜올렸다. "맛이 없어?"

그는 꿈에서 깨어나려는 것처럼 고개를 흔들었다. "오, 아니야. 정말 맛있었어." 그는 여러 가지 생각과 씨름하면서 피아노를 치듯이 테이블을 두드렸다. 손가락을 계속 움직이며 그가 말했다. "우리가 아무 일에도 의문을 제기하지 않는다는 게 얼마나 슬픈 일인지 생각하고 있었어. 어떻게 우리는 그런 시스템이 우리에게 가장 좋은 것이라고 단정 짓는 것일까?" 손가락의 움직임은 멈추지 않았다. "뉴스부터 넷플릭스, 교육에서 스포츠까지 전부 다 말이야. 난 왜 그렇게 시카고 컵스에 매달리는 거지?" 마침내 그가 아내에게 시선을 보냈다. "샘, 중요한 계획에 전혀 영향을 미치지 못하는 일에 내 인생의 몇 달, 어쩌면 몇 년을 낭비했어." 그가 자세를 바로잡았다. "컵스가 우승을 하면 뭐? 돈이 생겨? 도파민만 잔뜩 분비되어서 끔찍한 인생에 무뎌지는 것뿐이지." 그는 스푼으로 그릇을 두드렸다. "난 비용이 얼마가 들든 매디를 드폴 대학교에 보냈을 거야." 미술 숙제를 하던 매디가 무슨 소리인가 싶어 고개를 들었다. 제프는 애정 어린 눈빛으로 매디를 바라보면서 말을 이었다. "생각도 해보지 않고 맹목적으로 받아들인 거지." 그가 넥타이를 풀어 반쯤 내렸다. 샘은 그를 빤히 쳐다보았지만 그의 독백을 막지는 않았다. "고통은 인류의 비즈니스 모델이야. 우리는 인형극 꼭두각시처럼 줄에 매달려 있지. 그들은 우리를 노예로 삼고 패스트푸드, TV, 비디오게임, 소셜미디어 같은 것으로 중독시켜. 우리는 착한 쥐처럼 거기에 순응해서 그들이 내놓는 구원 수단으로 고통을 잊지. 공허함을 잊기 위해 애쓰다가 뚱뚱해지거나 우울증에 걸리면?" 그가 웃었다. "제약 회사가 약을 팔아먹지."

그는 믿을 수 없다는 듯 고개를 흔들며 계속했다. "정말 화가 나는 건 이런 미친 상황에서 탈출하는 것이 수학으로 귀결된다는 거야." 그는 아내에게 몸을 돌렸다. "망할 수학. 나는 회계 전공인데 인생 수학은 분석할 생각도 해보지 않았어. 존재조차 생각하지 못했어. 부를 향한 암호를 푸는 공식처럼, 문자 그대로 방정식인데 말이야. 시간은 그 안 어디에도 없어."

그는 몸을 돌려 아내의 손목을 잡았다. 그녀가 평소 좋아하는 것보다 조금 더 단단하게 잡았다. 그는 눈을 부릅뜨고 이야기를 계속했다. "우리는 세상에 던져져서 우리가 자유롭다는 이야기를 들으며 살았어. 하지만 사실 우리는 자유롭지 못해. 그건 거짓말이야." 그의 갈색 눈이 더 커졌다. "세상 자체가 당신을 계속 일하고, 소비하고, 저축하게 만드는 영리한 구조일 뿐이야. 그것을 알아낼 만큼 똑똑한 사람에게는 탈출 방법을 광고하지. 하지만 그것도 도움이 되는 방법이 아니야. 오히려 쳇바퀴 안에 머무르게 하는 거지." 그는 눈을 크게 뜬 채 샘에게로 몸을 기울였다. "빠져나오려고 노력할수록 조여드는 올가미야." 제프의 목소리가 커지자 샘은 몸을 뒤로 뺐다. 그는 계속 말을 이어 가다가 낄낄거리며 말을 맺었다. "제 테드 강연에 와 주셔서 감사합니다."

샘은 마치 수영장 물속에서 나오는 것처럼 크게 숨을 내쉬고 낄낄거렸다. "당신 취했어?" "아니! 이 빌어먹을 시스템 전체가 너무 영리하고 너무 교묘하고 너무 빈틈이 없어. 누군가 의도적으로 만든 것이 틀림없다고!" 그는 고개를 젖히고 천장을 보며 입을 벌렸다. 분노가 솟구쳤다. "우리는 평생 각본에 따라 살아온 거야."

샘이 웃음을 터뜨렸다. "당신 말대로 당신은 멍청이야. 책을 읽으라고 했더니 페이스북에서 트럼프 티셔츠를 파는 게 더 나은 사업이라고 생각했잖아." 그녀는 여전히 낄낄대며 고개를 저었다. "함께 일하게 되어서 기뻐요. 이제 사업 이야기를 좀 해볼까요? 좀 말이 되는 사업으로 말이에요." 샘이 말하자 제프가 정정했다. "CENTS 말이야?"

040 구축과 학습의 원리

재능과 기술은 타고나는 것이 아니라 얻어내는 것이다

 구축과 학습의 원리에서 재능과 기술은 타고나거나 문득 깨닫게 되는 것이 아니라 노력을 통해 얻어내는 것이다. 모차르트의 탄생은 피아노와 관련 없다. 톰 브래디는 축구공을 들고 태어나지 않았다. 모든 사례에서 미래의 탁월성은 탁월함을 좇는 엄정한 훈련 과정을 거친 과거를 통해 얻어진다.

안타깝게도 많은 사람들이 재능은 타고나는 것이라고 생각한다. 재능을 유전으로 보는 견해를 갖고 있다면 평생 재능 없이 살아갈 확률이 높다. 재능을 개발하는 데 관심이 없고 발견하려고만 할 테니까 말이다. 사실 당신은 피아노를 치고 목도리를 짜고 꽃을 키우는 법을 배우듯이 특화 상품을 만드는 방법을 배워야 성공에 이를 수 있다. 야구를 하고 매디슨 스퀘어 가든에서 구름 같은 청중을 모아 놓고 노래를 하는 것처

럼 물리적인 한계가 있는 일이 아니다. 적절한 음성, 적절한 체구, 적절한 힘, 적절한 유전적 조성 등은 필요하지 않다. 이런 것은 하나도 중요하지 않다. 간단히 말해 당신이 재능 있는 기업가가 되는 데 필요한 기술을 배우는 일을 막을 수 있는 것은 아무것도 없다!

나는 기업가로 태어난 것이 아니다. 작가로 태어난 것도 아니다. 의사, 변호사, 운동선수, 엔지니어, 교사, 요리사, 설거지 담당…. 누구도 무엇인가로 태어나지 않는다. 특정한 직업에 적절한 신체적 속성을 타고날 수는 있지만 우리는 모두가 완벽한 무지 상태로 태어난다. 210cm가 넘게 크는 형질을 가지고 태어난 아이도 바구니에 공을 집어넣는 법부터 배워야 농구 선수가 될 수 있다.

기업가정신은 기업 운영에 필요한 기술처럼 완벽하게 학습을 통해 획득된다. 나를 쳇바퀴의 각본에서 벗어나게 도와주고 재정 자유를 얻게 해준 기술과 재능은 모두 대학 졸업 후에 배운 것이다. 배움은 학교를 졸업한다고 끝나는 것이 아니다. 오히려 그때부터 시작이다. 진정한 기술 구축과 학습은 내가 기업가의 세계에 뛰어들 때부터 시작되었다. 초기 사업의 실패를 겪는 동안 프로그래밍, 엑셀, 포토샵, 언어를 다루는 능력 등 기술과 지식이 쌓여 갔다. 당신이 어떤 업계에 있고 어떤 사업을 하든 반드시 익혀야 하는 두 가지 핵심 기술이 있다.

1. 의사 결정과 문제 해결 : '과학자'가 되고자 하는 자발성, 데이터와 상황을 분석하고 행동 방침을 수립하는 능력
2. 커뮤니케이션 : 고객부터 투자자, 직원, 동업자를 설득하는 능력

다시 말하지만 성공의 비결은 비밀이 아니다. 지름길은 없다. 당신이 원하는 것은 특별한 DNA나 특수한 유전 코드가 가져다주는 것이 아니다. 상자 안에서 가장 뾰족한 연필로 태어나지 않았더라도 문제없다. 당신은 연필깎이에 둘러싸여 있으니까 괜찮다. 세상은 이미 당신 것이다. 단, 당신이 움켜쥐어야 한다. 상황을 받아들이고 노력을 기울여라. 생사가 달려 있는 것처럼 재능과 기술을 추구하고 갈고 닦아라. 실제 거기에 생사가 달려 있다.

 핵심 개념

- 통제 소재를 외부에 두는 사람들은 스스로 삶의 환경에 영향을 줄 수 없다고 믿는다. 행운, 운명, 유전인자, 환경의 무작위성에 의해 변화가 생긴다고 믿는다.
- 통제 소재를 내부에 두는 사람들은 효율적인 시스템 내에서 좋은 선택을 하려고 노력한다.
- 재능은 타고나는 것이 아니라 스스로 개발하는 것이다. 특정한 전문 지식을 가지고 태어나는 사람은 없다.
- 배움은 학교 졸업과 함께 끝나는 것이 아니라 그때부터 시작이다.
- 쳇바퀴에서 탈출하기 위해서는 새로운 기술을 배워야 한다.

041 뜨거운 난로 원리

대학이라는 뜨거운 난로에 손을 델까 말까?

 값비싼 부동산은 모두 엄청난 이윤을 낸다. 그중에 특히 사업처럼 이윤을 내는 것이 있다. 다음 중 무엇일까?

1. 정부 건물

2. 대학 캠퍼스

3. 종교 회당

4. 카지노

카지노에 들어가면 당신 등에는 과녁이 생긴다. 카지노는 당신 지갑을 탈탈 털어 가도록 설계되어 있다. 벽에는 시계가 없고 내부에는 백

단향이 풍기고 바닥은 미로처럼 되어 있다. 음료를 무료로 제공하는 곳도 있다. 당신은 야수의 입안으로 걸어 들어간 것이다. 돈을 불려서 나올 확률은 극히 낮다.

대학 교육 역시 그와 다르지 않다. 카지노와 마찬가지로 당신이 깊은 생각 없이 경솔하게 돈을 쓰길 바란다. 슬픈 현실은 대학의 높은 학비만큼 가치를 지닌 학위는 상대 가치에 관한 것뿐이다. 상대 가치 학위는 시장에서 원하는 기술과 전문 지식을 기반으로 하는 모든 학위를 말한다. 사업에서의 상대 가치와 구직에서의 상대 가치는 다르지 않다. 교육은 시장에서 상대적으로 가치가 높은 기술을 제공해야만 한다. 그렇지 않다면 당신의 학위는 무가치하다. 활발한 직업 시장을 보유한 과학, 기술, 공학, 의학, 로봇공학, AI 등의 특화 지식을 생각해보라. 의학을 연구하고 싶거나 도시 공학자가 되고 싶다면 대학에 가야 한다.

고용주 입장에서 나는 학위에 신경 쓰지 않는다. 그 사람의 기술이 내 회사에 제공할 수 있는 가치에 대해서만 신경 쓴다. 본인이 코딩한 웹 애플리케이션을 보여준다면 그 사람은 합격이다. 대학을 나오지 않았어도 전혀 문제 삼지 않는다. 마찬가지로 일론 머스크는 2014년 인터뷰에서 "대학 학위는 전혀 필요가 없다"고 말한 바 있다. 거대 기술 기업 구글은 대학 학위라는 이념에서 벗어나기 시작했다. 일의 성과를 분석한 그들은 취업 첫 해 성과와 대학에서의 평균 학점이나 입학 여부 사이에 아무런 관계가 없다는 것을 발견했다. 사실 구글의 수석 부사장이 "대학 평점과 시험 성적은 채용 기준으로 아무런 가치가 없다"는 취지의 비슷한 발언을 여러 차례 한 바 있다.

안타깝게도 우리는 전 세대의 아이들에게 직장에서 사용할 수도 아니 애초에 직장을 구할 수도 없는 대학 학위라는 빚을 지우고 있다. 학자금 대출은 수조 달러에 이르고 대학 교육을 받은 수천 명의 젊은이들이 채용 박람회에 몰려들어 고등학교만 졸업해도 얻을 수 있는 일자리를 놓고 경쟁한다. 맹세컨대 학위는 어떤 것에 대한 자격도 선사하지 않는다.

대학에 갈 생각이라면 주사위를 굴리지 말고 뜨거운 난로의 원리라는 현실을 똑바로 바라보라. 대학을 뜨거운 난로로 생각해야 한다. 당신을 무언가 의미 있는 것으로 구워 낼 수도 있지만 태워 버릴 수도 있다. 난로 위에서 까맣게 타지 않고 상대 가치를 높일 수 있는 교육을 받아라.

 핵심 개념

- 카지노와 대학은 세상에서 가장 비싼 부동산에서 엄청난 이윤을 남기는 장사를 한다.
- 추구할 가치가 있는 유일한 학위는 상대 가치, 즉 시장에서 수요가 많은 과학 · 기술 · 공학 · 수학과 관련된 기술 학위다.
- 대학을 뜨거운 난로로 아니, 카지노라고 생각해보라.

042 이중 변화 전략

변화의 두 측면을 포용해 인생에 행운이 깃들게 하라

 나는 한때 많은 사람들의 비판을 받는 운 나쁜 경험을 했다. 내가 자초한 일이 아니라 소셜미디어에 태그가 되었을 뿐이었는데 말이다. 내 성공이 전적으로 행운 덕분이라고 말하는 사람들이 있다. "엠제이는 행운아다. 인터넷이 막 인기를 모으기 시작했을 때 '그 자리'에 있었던 것뿐이다." 내가 90년대 후반에 살았기 때문에 성공했다는 뜻이다. 90년대 후반에 나만 살아 있었다는 듯이 말이다. 다른 60억 명은 어떻게 된 것인가?

내 이야기와 그 지속적인 진화에서의 진짜 행운은 요행과는 아무런 상관이 없다. 그것은 내가 행운을 유발하는 것, 즉 변화와 상호작용을 한 방법과 관련이 있다. 다음 진술에서 눈에 띄는 공통점이 있는가?

- 사라는 인터넷이 막 인기를 모으기 시작할 때 행운을 잡았다.

- 조는 블로그가 막 인기를 모으기 시작할 때 행운을 잡았다.

- 루시는 아마존이 막 인기를 모으기 시작할 때 행운을 잡았다.

- 해리는 유튜브의 비디오 웹로그가 막 인기를 모으기 시작할 때 행
  운을 잡았다.

행운으로 보이는 이런 것의 공통적인 주제는 기업가가 환경 속에서 새롭게 부상하는 변화를 활용했다는 점이다. 그들은 비즈니스 사이클의 뒤늦은 수용자가 아니다. 그들은 혁신자이며 얼리 어답터다. 더구나 변화, 거기에서 비롯된 행운은 거듭된다. 변화에 편승할 수 있다면 행운도 잡을 수 있다.

동전 던지기를 생각해보라. 테이블 위에 동전이 뒤집혀 있다면 뒷면만 계속 보일 것이다. 변화, 즉 동전을 집어 들어 던져야만 가능성과 잠재적 결과를 바꿀 수 있다. 언제 어디에서 동전이 뒤집힐지 알 수 있는 수단이 있다면 결과를 정확하게 예측하고 행운을 잡을 기회를 가질 수 있다. 즉, 변화를 활용하는 것은 음과 양처럼 상보적인 시스템이다. 행운을 불러오기 위해서는 둘 다 필요하다.

변화에서 음의 측면은 기호, 문화, 기술과 같이 지식 격차의 자연스런 확장을 유발하는 환경의 외적 변화다. 위의 모든 진술은 신생의 스위트스폿(sweet-spot, 배트로 치기에 가장 효율적인 부분, 가장 좋은 부분, 최적의 상황-옮긴이)이 돈으로 전환되는 외적 변화에서 비롯되었다. 90년대에 그런 변화가 있었다. 하지만 1900년대에도 1910년대에도 1920년대에도

그런 변화는 늘 존재했다. 모든 백만장자와 억만장자 뒤에는 변하지 않는 공통점이 있다. 그들은 외적 변화를 활용하는 비즈니스 시스템을 구축했거나 변화의 뒤에서 촉매 역할을 했다. 변화는 거듭된다. 그렇다면? 기회도 거듭 찾아온다.

인간인 우리는 편안함과 효율성을 우선하도록 만들어졌다. 이런 인지적 지름길을 선호하기 때문에 우리는 외적 변화를 싫어하고 관습에 순응한다. 좋아하는 웹사이트에 변화가 생기고 디자인이 바뀌면 불안을 느낀다. 유익한 변화라도 말이다. 뉴스 피드에 변화를 주었다는 이유로 인스타그램에 항의 메일을 보낼 생각인가? 포트란(Fortran, 1950년대 말 과학적 계산을 위해 개발된 초기 컴퓨터 프로그램 언어-옮긴이)을 쓰는 일자리가 다시 인기를 얻기를 바라는가? 그렇다면 당신은 눈을 가리고 주변에서 동전이 뒤집히는 것을 외면한다. 변화에 저항하는 성질은 우리가 같은 길로 출퇴근하고 같은 가게에서 커피를 사고 같은 장르의 책을 읽고 같은 류의 TV 프로그램을 보는 이유다.

변화와 계속 커지는 지식 격차를 활용하는 데 가장 좋은 도구로 찾아낸 것이 PESTLE 분석이다. PESTLE는 모든 사업의 변화, 가능성, 위협을 확인하는 데 도움을 주는 교과서적 전략 모델이다. 다음 질문의 답을 찾는다면 외적 변화는 위협이 아닌 기회가 된다.

- 정치(Political) : 사업에 영향을 줄 가능성이 있는 정치적 요소가 있는가?
- 경제(Economic) : 사업에 영향을 줄 가능성이 있는 공급과 수요 측

면의 고려 사항은 무엇인가?

- 사회(Sociological) : 사업에 영향을 줄 가능성이 있는 문화적 변화나 취향에는 어떤 것이 있는가?

- 기술(Technological) : 사업에 영향을 줄 가능성이 있는 기술적 변화 또는 와해에는 어떤 것이 있는가?

- 법(Legal) : 기존의 혹은 장래의 어떤 법안이 사업에 영향을 줄 가능성이 있는가?

- 환경(Environmental) : 환경의 변화나 추세가 사업에 영향을 줄 가능성은 있는가?

양의 측면은 내적 변화다. 당신은 최근 얼마나 변했는가? 외적인 변화를 인식할 때 당신의 정신은 어떤 반응을 보이는가? 차이를 알아차리고 적응하는가? 저항하는가? 분석하는가? 주위의 변화 강도가 바뀌는 동안 지식 격차를 좁혀 가는가?

대답이 필요한 질문이 있다. 오늘의 당신은 5년 전의 당신과 얼마나 다른가? 당신의 대답은 당신이 변화에 얼마나 반응하고 있는가를 정확히 보여준다. 예를 들어 오늘의 나는 5년 전, 10년 전 등 과거의 나와 다르다. 2009년에 쓴 첫 책을 다시 읽으면 내가 쓴 것 같지 않다. 모든 개념에 대해서는 지지하지만 '목소리'가 마음에 들지 않는다. 어떤 변화가 있었을까? 책이 아닌 나 자신이 변했다. 기억하라. 당신 연차 보고서의 연구·개발 항목은 변화에 대한 당신의 기질을 보여준다.

변화를 무시하면 당신은 해가 바뀌어도 같은 사람일 것이 거의 분명하다. 그렇기 때문에 나는 당신의 재정 상황을 비롯한 인생도 똑같이 유지될 것이라고 예측할 수 있다. 무술 고수 이소룡은 이렇게 말했다.

생각을 비워라. 형식과 형태가 없는 물처럼 되어라. 컵에 담으면 물은 컵의 형태가 된다. 병에 담으면 물은 병의 형태가 된다.

"변화는 곧 돈!"이라는 말을 기억해라. 돈을 벌게 할 '따끈따끈한' 문화적 변화는 항상 존재한다. 플라스틱에서부터 팩스 기계, 휴대폰, 블록체인, 아마존, 곧 다가올 차세대 '아무개'가 행운을 가지고 온다. 문화라는 동전이 뒤집히는 것을 보면서 나는 새로운 기술을 익히고 불완전성을 찾아서 가치를 편향시키고 상대 가치를 제공한다. 나는 결과에 내지분을 만들었다. 당신도 당신만의 지분을 만들어야 한다.

 핵심 개념

- 변화는 이중 시스템이며 행운을 만들어 내는 원동력이다.
- 외적 변화는 환경이나 문화의 변화이며 지식 격차 뒤에 있는 힘이다.
- PESTLE 분석은 외적 변화를 파악하는 데 도움을 준다.
- 내적 변화는 당신 연차 보고서의 연구·개발, 자기 계발, 새로운 기술, 지식, 관점이다.
- 변화와 변화에 대한 적응이 백만장자와 억만장자를 만든다.

043 하드라인 전략

디지털 시장이 포화 상태라면 오프라인으로 눈을 돌려라

 나는 독자로부터 매일 수십 통의 이메일을 받는다. 단순한 감사 인사도 있고 성공 스토리도 있고 질문도 있다. 그런데 이메일을 보낸 사람들 중 최소한 한두 명은 내 책을 읽고 잘못된 결론에 이른 것으로 보인다. 그들은 인터넷 비즈니스를 시작하겠다고 한다!

이 책의 핵심 메시지는 인터넷 비즈니스를 시작하라는 것이 아니다. 인터넷은 비즈니스 채널 중 하나고 필수적인 것이기는 하다. 그것은 나쁜 셈법을 고치는 매체다. 달리 말하면 레버리지라고 할 수 있다. 안타깝게도 인터넷이 성장하면서 돈을 쫓는 사람들이 더 많이 달려들었다. 현재 나는 하드라인(hardline, 자동차, 가구, 가전, 하드웨어 및 페인트, 스포츠 용품, 아웃도어 및 원예용품, 문구류 등) 상점 선반에 오를 수 있는 물리적인 상

품에서 더 나은 사업 기회를 본다. 하드라인에는 여러 장소, 프랜차이즈, 체인이 있어야 규모를 늘릴 수 있는 오프라인 사업도 포함된다. 하드라인 사업은 인터넷 사업보다 규모 확장에 더 많은 어려움이 있다. 하지만 경쟁은 덜 치열하다. 모두가 인터넷에서 발견되는 낮은 가지의 열매를 쫓을 때는 오히려 높은 가지의 열매에 더 나은 기회가 있다.

디지털 세상을 보느라 실제 세상을 외면하지 말라. 물리적 상품으로 번 1,000만 달러도 디지털 상품으로 번 1,000만 달러와 다를 바 없다.

 핵심 개념

• 단순히 디지털로 전달되지 않는다는 이유로 일선 매장에서 판매되는 물리적 상품이나 사업을 외면하지 말라.

044 추월차선 전략

CENTS를 충족시키는 사업을 시작하라

 햇병아리 기업가일 때 가장 어려운 점은 어떤 아이디어를 밀고 나가야 할지 모른다는 것이다. 내 아이디어에 노력을 기울일 만한 가치가 있을까? 사업을 순조롭게 시작하기 위해 쉬는 날도 없이 일해야 하는 때라면 심각한 문제가 아닐 수 없다. 분명 당신 사업의 목표는 생계나 유지하는 일이 아닐 것이다. 자유를 찾는 일이다. 애석하게도 대부분의 사업은 쳇바퀴 일자리보다 나을 것이 없다. 사실 소유주가 아무 레버리지 없이 시간에 매어 있다면 오히려 쳇바퀴 일자리보다 못할 수도 있다.

내가 추월차선 전략, 인생을 바꾸고 당신을 해방시키기 위한 비즈니스 체계를 만든 것도 그 때문이다. 추월차선에 동력을 공급하는 것은 CENTS 체계, 쳇바퀴 탈출을 목표로 사업 아이디어와 진실성을 평가하

는 다섯 계명이다. 각 계명은 여러 전략과 원리를 나타낸다. 당신의 사업 아이디어가 다섯 계명 모두를 충족시킨다면 축하할 일이다. 당신의 아이디어는 1%에 진입할 가능성이 있다. 각 계명의 정의와 구성 요소는 다음과 같다.

통제(Control)의 계명

누구도 당신 사업을 지배할 수 없어야 한다. 한 사람 혹은 한 회사의 어떤 결정이 바로 당신 사업을 망가뜨릴 수 있다면 당신은 통제의 계명을 어기고 있다. 이상적으로는 운영 전체가 와해로부터 보호받거나 다각화되는 것이 좋다. 제품 개발에서 마케팅, 유통에 이르기까지 제3자가 좌지우지하는 것이 불가능해야 한다. 아마존이 당신 계정을 폐쇄할 경우 매출의 99%가 사라진다면 당신은 통제의 계명을 어기고 있다. 이것은 리스크 최소화를 위한 계명으로 블랙 스완(black-swan, 발생 가능성은 매우 낮지만 일단 발생하면 엄청난 충격과 파급효과를 가져오는 사건-옮긴이)에 대한 효과적인 보험이다. 통제의 계명은 실험 쥐가 아니라 과학자로서 발을 뻗고 잠을 잘 수 있게 한다.

진입(Entry)의 계명

진입의 계명은 진짜 기회가 어디에 숨어 있는지에 대한 식견을 제공한다. 어떤 사업이든 진입 장벽을 뚫으면 기회를 잡을 수 있다. 간단히 말해 기회가 쉬워 보일수록 잡기는 어렵다. 반대로 난이도가 높아지면 기회를 잡을 가능성도 높다.

필요(Need)의 계명

필요의 계명은 특화 상품을 통해 상대 가치를 제공하면서 필요와 욕구를 충족시키면 돈이 당신을 따르게 된다고 말한다. 필요를 충족시키면 성장, 이윤, 폭발적인 공격이 뒤따른다.

시간(Time)의 계명

시간의 계명을 따르는 것은 시간과 분리된 수입과 부를 만드는 중·장기 비전에 헌신하는 것을 말한다. 이는 물질성(physicality), 즉 당신의 특화 상품이 비즈니스 시스템을 통해 자동으로 판매되고 결국 당신의 노동으로부터 분리되면서 달성된다.

규모(Scale)의 계명

규모의 계명에 따르려면 당신의 특화 상품은 수익성 있게 상당한 양으로 생산될 수 있어야 한다.

충족시키는 계명이 적을수록 좋지 못한 아이디어다. 따라서 비즈니스의 잠재력 역시 떨어진다. CENTS를 충족시키지 못하는 사업으로 부를 달성하는 경우도 있겠지만 실제로 그럴 가능성은 적다. 더 많은 계명을 충족시킬수록 그것을 따르는 사업이나 사람의 성공 가능성은 높아진다. CENT 4개의 계명을 충족시키고 S 규모의 계명은 충족시키지 못하는 식당을 생각해보자. 사업의 성공 가능성을 높이기 위해 지금 당신의 비전은 프랜차이즈, 체인, 복제를 통해 달성되는 많은 수의 식당이 되어야 한다.

1·5·10 플래너시에 CENTS를 결합시키면 놀라운 일이 벌어진다. 이중 결정 체계를 확립하게 되는 것이다. 1·5·10 플래너시가 당신 인생을 인도하고 CENTS가 사업을 인도한다. CENTS를 달성하면 사업의 성공 가능성은 높아진다. (GradeMyBusinessIdea.com을 방문하면 전체 CENTS 사업 분석을 통해 당신이 가지고 있는 아이디어를 평가해볼 수 있다. 무료이며 이메일 주소도 필요하지 않다.)

 핵심 개념

- CENTS는 쳇바퀴 탈출과 함께 막대한 부를 창출하는 사업의 구축 가능성을 높이는 사업 체계다.
- 통제의 계명은 어떤 주체도 당신 사업을 중단시킬 힘을 가지는 지배적 위치에 설 수 없어야 한다고 말한다.
- 진입의 계명은 당신 사업의 새로운 경쟁자에게 해자나 장애물이 되는 시작 과정이 있어야 한다고 말한다.
- 필요의 계명은 당신이 가치를 편향시키고 문제를 해결하고 니즈를 충족시켜야 한다고 말한다.
- 시간의 계명은 당신의 사업이 당신과 당신 시간과는 별개로 운영되어야 한다고 말한다.
- 규모의 계명은 사업의 핵심은 창출하기 어렵지만 수천, 수백만으로 쉽게 생산할 수 있어야 한다고 말한다.

판타지에서 플래너시로

2016년 12월 15일 목요일

제프는 비전 보드를 떼어 테이블 위에 내려놓았다. "5년, 올해, 다음 달 뒤의 비전을 만들어야 해. 그렇지 않으면 희망 사항에 불과하니까 말이야." "맞아." 샘이 그의 옆에 앉아 검은색 마커를 손에 들며 말했다. 처음 10년 후의 꿈을 그릴 때는 계획을 5년, 1년의 이정표로 나누지 않았다. 이번에 그들은 몇 십 년 뒤의 모호한 미래가 아닌 다음 해에 초점을 맞추었다.

"내년 이맘때쯤이면 우리는 CENTS 계명을 모두 충족시키는 사업을 시작할 거야." 샘이 미간을 찌푸렸다. "전부? 내 생각에는 3년에서 5년은 걸릴 것 같은데? 쉽지 않을 거야. 게다가 우리는 해본 적도 없는 일이잖아. 자금도 많지 않아." 제프가 그에 대해 생각했다. "당신 말이 맞아. 제품은 좋아야 하고 수백만으로 확장이 가능해야 하고 우리가 완벽한 소유권을 가져야 해. 부모님 집 차고에 사는 놈이 단 며칠 만에 따라

할 수 있는 사업이어서도 안 되지."

샘이 흐뭇한 미소를 지었다. 그가 방금 CENTS를 이야기했기 때문이다. 샘이 말을 보탰다. "그런데 이런 이정표에 도달했다는 것은 어떻게 알지? 제품이나 시제품이 나와야 하나? 완성된 웹사이트? 첫 구입 문의?" 그녀가 말을 멈추었다. "구체적으로 정해야 해. 타당한 진전을 입증할 수 있는 것으로 말이야. 돈을 잃는 사업은 진전이라고 할 수 없어. 당신의 티셔츠 사업처럼…."

제프가 그녀에게 손짓했다. "이건 어때? 앞으로 1년 뒤에는 수익을 내는 사업을 가지고 있을 것." "수익은 얼마나? 수천 달러? 수백만 달러?" "단 몇 달러라도 상관없어. 토대를, 도약대를 만들자는 거지." 샘이 이마를 문질렀다. "좋아. 1년 안에 우리 사업을 만들고 그 사업이 수익을 내는 하나 이상의 매출을 올리는 거야. 어때?" 제프가 고개를 끄덕였다. "수백만은 수천 다음에 생각하자. 우리 사업이 일단 수익을 창출하는 매출을 올리면 거기에서부터 시작할 수 있어."

그는 샘이 쥐고 있던 마커로 화이트보드에 여러 개의 화살표, 기호, 숫자를 그리기 시작했다. 잠시 후 제프는 쓰던 것을 멈추고 물러서서 화이트보드의 내용을 점검했다. 그가 외쳤다. "일단 찾아내고 그 후에 규모를 키우자!" 화이트보드는 이제 단기 목표를 확실히 보여주고 있다. 다음 해에 당장 수백 억 달러 규모의 사업을 하는 백만장자가 되기를 기대하는 것이 아니다. 그들은 적정한 수익을 내며 팔리는 좋은 제품을 만들고 통제하려고 한다. 다음 30일 동안은 아이디어와 문제를 규정할 것이다.

제프는 문득 지난 10년 동안 활기를 잃고 살았다는 것을 깨달았다. 첫 번째 계획의 가망 없는 낙관론과는 다르다. 이것은 그들이 지휘하고 통제할 수 있는 진짜 계획이다. 그 길은 힘들어 보이지만 어쨌든 눈에 보인다. 꿈꾸는 삶을 위해 시간, 일자리, 주식시장 수익률에 의존하는 대신 그들은 스스로를 의지할 것이다. 그와 아내는 기업가가 될 것이다.

어린 시절 제프는 구체적인 꿈을, 실현 가능해 보이는 꿈을 가지고 있었다. 그는 재즈밴드에서 색소폰을 부는 자신의 모습을 그렸다. 그는 커다란 공방에서 멋진 가구를 제작하는 자신의 모습을 보았다. 이제 그는 돈 걱정 없이 그런 구체적인 꿈을 가능하게 하는 해방과 자유를 꿈꾼다.

그는 마커를 다시 집어 들고 밑줄을 그으면서 한 단어씩 소리 내 읽었다. "일단 찾아내고 그 후에 규모를 키우자!" 샘은 애정 어린 눈으로 남편을 보면서 입술을 깨물었다. 제프는 결단력, 흔들리지 않는 열정, 활기를 가지고 있었던 학창 시절의 기억이 더 뚜렷해졌다. 마커가 화이트보드 위를 움직일 때마다 짙어지는 냄새와 함께 기억이 점점 생생해졌다. 제프의 얼굴은 열정으로 환하게 빛나고 있었다. 어두운 저녁 빛의 도움으로 그가 갑자기 더 날렵해 보이고 흐트러진 긴 머리카락은 잡지 표지 모델처럼 산뜻하게 느껴졌다. 인정하기 싫지만 결혼 서약 때 이후로는 본 적 없는 경건한 미소가 그의 얼굴에 떠올랐다. 샘은 인생의 희망과 가능성이 가득했던 날을 상기했다. 쳇바퀴가 그들을 질겅질겅 씹어 뱉기 전, 두려움을 모르던 강인함이 남편에게서 흘러나오는 순간을 벅차게 바라보았다.

045 규칙과 리스크 전략

규칙을 깨는 시도가 탈출구를 넓힌다

 규칙은 깨지기 마련이다! 규칙은 스크립트의 일부고 당신을 쳇바퀴 안에 가두기 위해 존재한다. 법을 어기라는 이야기를 하는 것이 아니다. 코스트코에 람보르기니를 몰고 가는 것은 범죄가 아니다. 월요일 아침에 텅텅 빈 영화관에 가는 것은 위법이 아니다. 나는 스크립트의 지혜를 퍼뜨리고 당신이 순종적으로 버블(bubble, 차단력이 그리 강하지 않은 안전막, 보호막의 의미로 쓰였다.-옮긴이) 안에 갇혀 있게 하는 문화와 사업의 규칙을 이야기하는 것이다. 당신이 따르는 규칙은 문화적 타성과 전통을 기반으로 하는가 아니면 증거를 기반으로 하는가?

버블에는 흥미로운 점이 있다. 형태가 있고 구조적으로 보이지만 쉽게 벗어날 수도 있다. 하지만 다이어트, 정치, 종교에 이르기까지 자기

계발의 버블은 별로 없고 오히려 발전을 방해하는 버블만 많다.

나는 사람들이 자신이 맹신하는 교리를 따르는 이유에 대해서 안다면 세상은 더 나은 곳이 되리라고 생각한다. 많은 사람들이 특정 종교를 따르는 이유에 대해서 생각해본 적이 있는가? 그들이 진리를 찾아 세상의 모든 종교를 속속 탐구했기 때문인가? 아니면 그저 특정한 대륙의 특정한 지역에서 태어났기 때문인가? 사실 미국에서는 기독교, 유타에서는 모르몬교, 라틴아메리카에서는 가톨릭, 중동에서는 이슬람교, 동아시아에서는 불교 등 엄마, 아빠가 X라고 하면 X가 되는 것 아닌가? 진리에 대한 탐색은 없다. 그저 신이 당신을 지상에 내려준 장소에 속한 맹목적인 신념만 있을 뿐이다. 나는 무신론자도 아니고 종교적인 다른 속셈이 있는 것도 아니다.

요점은 내가 이 책에서 수많은 규칙을 깨뜨렸다는 것이다. 가상의 이야기가 등장하는 것도 마찬가지다. 인간을 미로 속의 쥐와 동일시하는 것은 위험하지만 이것은 규칙을 깨는 시도다. 나는 기꺼이 규칙을 거스른다. 규칙을 거스르는 것이 탈출 기회를 늘린다는 것을 알기 때문이다.

 핵심 개념

- 규칙은 얄팍한 버블과 다름없다.
- 특정한 규칙을 따르는 이유를 생각해보라. 전통이나 문화 때문인가? 증거를 기반으로 한 것인가?
- 규칙 위반은 군중 사이에서 두드러질 가능성을 높인다.

046 작은 승리 전략

작은 변화가 모여 인생을 바꾼다

 수년 동안 나는 기업가 지망생이 보낸 수
천 개의 메시지를 읽었다.

제게는 X, Y, Z 3가지 아이디어가 있습니다. CENTS를 모두 충
족시키는 것은 없습니다. X는 진입의 계명을, Y는 규모의 계명을,
Z는 2개의 계명 모두를 충족시키지 못합니다. 어떻게 하면 좋을
까요?

결과적으로 이 사람은 아무것도 하지 않고 있다. 이런 사고방식의 문
제는 시장 참여를 막는다는 점이다. 시장 참여는 당신이 성장하고 기술
을 얻고 더 나은 기회를 찾게 한다. CENTS의 틀을 따를 기회를 준다.

어떤 가능성이 CENTS에 꼭 들어맞지 않다는 것이 그 가능성을 무시해야 한다는 의미가 아니다. CENTS는 시작한 첫 주에 충족되지 않아도 수년 동안 참여하고 노력하면 충족될 수 있다.

처음 사업을 시작하고 그 일에 대한 경험이 없다면 기대 수준을 작은 승리에 맞추어라. 작은 승리란 수익을 가져다주는 모든 기업가적 노력을 말한다. 중고품 할인점에서 무엇인가를 구입해서 깨끗이 닦은 후 50% 마진을 붙여 파는 것도 작은 승리다. 그림을 그려서 오픈마켓에서 30달러에 파는 것도 작은 승리다. 초인종을 누르고 한 달 15달러에 쓰레기통을 비워 주겠다고 제안하는 것도 작은 승리다.

어렵게 생각하지 말라. CENTS는 지금 한 것보다 큰일을 하고자 하는 기업가를 위한 지침이다. 이전에 어떤 성과를 올린 적이 없다는 이유로 지레 실패한다고 생각하지 말라. CENTS를 충족시킨다는 이유만으로 수십 억 달러 규모의 소셜미디어 회사를 시작할 가능성은 0이다.

무엇이라도 좋다. 그저 무엇인가를 한다. 작은 승리, 작은 수익, '간을 보면서' 인연을 만드는 법을 배운다. 본격적으로 물에 뛰어들 준비가 되면 CENTS를 보험 삼아 당신 노력에 대한 보상이 생계비가 아닌 인생을 바꾸는 부가 되게 하라.

 핵심 개념

- 시장 참여는 당신이 성장하고 기술을 습득하고 기회를 발견하게 한다.
- 사업이 처음이라면 작은 승리부터 목표로 삼는 것이 좋다.

0에서 1로

2016년 12월 24일 토요일

크리스마스를 하루 앞둔 토요일 아침이
다. 산발적으로 날리는 눈발이 창문에 얼룩을 남긴다. 몇 년 전과 달리
크리스마스트리는 진짜 나무도 아니고 호화로운 장식이 달려 있지도
않다. 두 가닥 줄 전구와 색이 다 벗겨진 금빛 화환 하나가 나뭇가지를
장식했다. 몇 년 전, 샘은 가지고 있는 수공예 장식을 다 팔았다. 친구들
과 함께 보낸 추억이 담긴 물건도 팔았다. 당시 샘은 꼭 필요한 것 이외
의 모든 돈을 끌어모아서 투자해야 한다고 생각했다. 그녀는 그 충고를
극단적으로 받아들여서 팔지 말아야 할 것까지 다 내다 팔았다.

헐벗은 트리 아래에 놓일 매디의 선물도 없다. 지난 몇 년간 끔찍한
구두쇠의 광기에 지배 받았다. 그들은 돈을 관리하지 못했다. 오히려 돈
이 그들을 관리했다. 그녀는 얼굴을 찡그렸다. 후회로 가슴이 먹먹했다.
매디슨에게 해주고 싶은 것이 너무 많았다.

차고에서는 철컹, 윙윙 소리가 계속되면서 크리스마스로 인한 마음의 짐에 고통을 더했다. 그녀는 일어나서 아래층 차고로 갔다. 전동 드릴을 손에 든 제프가 합판 위에 카펫을 고정시키고 있었다. 윙 철컹! 윙 철컹! 샘은 잠깐 지켜보다가 끼어들었다. "뭐하는 거야? 동네 사람들 다 깨우겠어!" 나무 위에 못을 몇 개 더 박아 넣은 후 그는 잠깐 드릴을 멈추었다. 시선은 여전히 바닥에 있다. "고양이 아파트를 만들고 있지." 그는 심드렁하게 대답하고 다시 드릴을 작동시켰다. 윙 철컹! 윙 철컹!

아내가 쏘아보는 것을 느낀 그는 드릴을 내려 두고 못마땅한 표정을 지었다. "벌써 아침 9시야. 동네 사람들도 일어나야지." 그는 카펫이 고정된 나무로 다시 시선을 돌리고 철심을 박았다. 윙 철컹! 못을 2개 더 박은 그는 허리를 펴고 자기 솜씨를 살폈다. 샘이 침묵을 깨고 화를 냈다. "크리스마스에 고양이가 생기는 거야? 아니었으면 좋겠어. 우리는 여유가 없어. 벨라도 좋아하지 않을 거야." "아니. 고양이 안 키워." 제프가 고양이 집에 시선을 고정한 채 무미건조하게 말했다. 아내를 보지도 않고 덧붙였다. "돈을 벌어서 살림에 보탤까 해. 이걸 크레이그리스트에 올려서 팔면 돈을 벌 수 있을 거야."

의논도 없이 시작했던 티셔츠 사업을 떠올린 샘이 그를 짜증스럽게 쳐다보았다. 또? 그녀가 생각했다. 목소리를 높이려는 찰나 제프가 손을 들어 멈추라는 신호를 보냈다. 그가 말했다. "당신이 무슨 생각하는지 알겠어. 그러니 진정해. 사업을 시작하려면 모든 수단을 동원해서 돈을 모아야 해. 사업을 시작한다는 건 위험한 일이야. 돈도 많이 들고. 그래서 내가 가치 있는 것을 만들어서 팔 수 있는지 간단하게 실험을 좀

하는 거야." 그는 자기가 만든 물건을 자랑했다. "몇 시간만 투자하면 한 푼도 들이지 않고 이런 것을 만들 수 있어. 잃을 게 없다고."

샘은 입을 다문 채 고개를 끄덕였다. 지금의 상황을 어떻게 해석해야 할지 헷갈렸다. 남편이 적극적으로 일하고 있다. 가족을 위해 장기적인 계획을 세우고 열심히 노력한다. 그런데 자신은 짜증이나 낸다. 초라한 크리스마스 때문에 남편과의 관계를 망치고 있다. "이렇게 간절한 모습을 보니까 좋네." "아주 간절하지. 그래서 쇼생크의 그 냄새나는 하수구에라도 기어 들어갈 판이야."

크리스마스가 지나고 이틀 후 그들은 쳇바퀴 탈출을 위한 전략을 다시 세울 준비를 갖추고 식탁에 마주앉았다. 이 회의는 그들의 첫 번째 '임원회의'로 매주 진전 상황과 다음 한 주 동안의 목표를 논의하기 위한 자리다. 책임감을 갖기 위해 매주 토요일에 정기적으로 회의를 하기로 했다. 매디는 눈을 뗄 수 없는 아기가 아니긴 했지만 그들은 통제된 환경에서 최고의 아이디어가 나올 것이라고 생각했기 때문에 매디와 함께하지 않았다.

그들은 임원회의 장소가 레스토랑이 될 수도 있다고 정해 놓았다. 샘의 제안이다. 제프는 비건 메뉴가 다양한 일식당에 가기 위한 아내의 꼼수라고 생각했다. 둘 다 말은 안 했지만 그 시간이 두 사람이 서로에게 집중할 핑계라는 것도 안다. 매디슨이 태어난 후 7년도 넘게 두 사람의 데이트는 연례행사였다. 그들은 임원회의가 사업뿐 아니라 결혼 생활에서도 새로운 도약이 되기를 바랐다. 이미 불꽃은 타올랐다.

다행스럽게도 매디는 크리스마스 선물로 받은 음악 앱이 깔린 새 태블럭을 갖고 노느라 침실에서 나올 기미가 없다. 지금까지는 행동이 아닌 생각이 주를 이루었다. 벽에는 새롭게 수정된 1·5·10 플래너시가 걸려 있다. 두 사람은 연필을 쥐고 니브의 빈 페이지를 펼쳤다. 브레인스토밍 시간이다. 그들의 목표는 기회를 편향시킬 아이디어, 상대 가치로 변할 수 있으며 규모를 늘릴 수 있는 아이디어를 찾는 것이다. 아주 간단해 보인다.

"그렇게 빨리 팔릴 줄은 몰랐어. 에누리도 없이 말이야." 제프가 몰래 꿀단지라도 훔친 것처럼 미소 지으며 말했다. 샘도 만족스런 표정이다. "당신이 만든 건 고양이 아파트가 아니라 라이언 킹에게나 어울리는 고양이 궁전이야. 그거 산 사람에게 높이가 3m 넘는다고 이야기했어?" "그럼. 크기, 무게, 전부 다 확실하게 이야기했지. 내일 오후에 가지러 온대." "그럼 아직 300달러를 번 게 아니네." "아니지." 그가 단백질 바 포장지를 벗기며 말했다. "내일 가지러 와서 돈을 주기로 했어." "그럼 축하하긴 일러. 내일 돈 받을 때까지 기다리자."

그는 씹고 있던 단백질 바를 삼켰다. "다들 좋아했어. 자기들이 본 캣타워 중 최고라고 말이야. 가치 편향에 대해 읽은 후에는 천편일률적인 캣 타워를 만들고 싶지 않았지. 비싸게 값을 부를 수 있는 독특한 것을 만들고 싶었어." 다시 단백질 바를 한 입 베어 물었다. "휴일이었는데도 문의를 7개나 받았어. 그 사람이 내일 나타나지 않아도 6명이 기다리고 있어." 잠깐 말을 멈추더니 그는 갑자기 먹고 있던 단백질 바를 마법 지팡이처럼 공중에 휘둘렀다. "칭찬을 들으니 기분이 좋았어. 내가 만든 작품이 좋은 평가를 받고 그 작품을 원하는 사람이 있다니 말이야." 그는 단백질 바를 한 입 더 먹으면서 아내를 곁눈질했다. 아내가 대꾸하기 전에 말을 이었다. "고양이 궁전을 만드는 데 4시간밖에 안 걸렸어. 시간당 75달러야."

제프가 또 관심이 필요하다는 것을 감지한 그녀는 무시하지 않고 이렇게 말했다. "으쓱할 만 해. 당신은 손재주가 정말 좋아. 시간당 75달러면 우리가 직장에서 버는 것보다 많잖아!" 그녀가 킥킥거렸다. "수천 개씩 뚝딱뚝딱 만들 수 없는 게 아쉽네. 그럼 바로 목표 달성일 텐데 말이야." 그가 눈을 크게 떴다. "난 목공이 참 좋아. 하지만 밤낮으로 목공을 해야 한다면 몇 주 만에 질려 버릴 거야. 부업으로 몇 개만 더 만들고 그 이상은 안 할 거야. 그냥 용돈이나 좀 버는 거지." "좋아, 그럼 캣 타워 사업은 기각!" 샘이 말했다.

제프는 잠시 생각에 잠겼다가 머뭇거리면서 이야기를 시작했다. "며칠 전에 햄을 자르다가 짜증이 나서…." 샘이 끼어들었다. "당신이 햄 먹는 걸 내가 싫어할 거라고 생각해서 그런 거지?" 그는 채식주의자인 아내의 말에 코웃음을 쳤다. "아니거든! 당신은 당신만의 식습관이 있고 나는 나만의 식습관이 있는 거지." "세상에, 제프! 내가 10번도 더 이야기했잖아. 그건 식습관이 아니야." 그녀는 장난스럽게 테이블 아래에서 발뒤꿈치로 그의 발을 밟았다. "아악!" 그가 비명을 질렀다.

제프가 마음을 가라앉히고 차분하게 말했다. "어쨌든 사만다, 그날 커다란 고기 덩어리를 자르고 있었는데 칼이 전혀 안 들었어. 버터나이프인 줄 알았다니까. 그 후에 든 생각이 무엇인지 알아? 칼 가는 거 정말 싫은데! 그 소음, 작은 금속 부스러기가 피부에 박히는데 정말 성가

셔." 그는 효과를 극대화하기 위해 잠시 말을 멈추었다. "그 순간 생각이 난 거야. 집에 와서 칼을 갈아주는 서비스가 있으면 좋겠다고."

샘은 고개를 끄덕였다. 어쩌면 좀 과장되게 말이다. "나쁘지 않은 생각이야. 해볼 수 있을 것 같아." 다시 연필을 쥔 제프가 니브에 그 아이디어를 적고 나서 말했다. "오, 내 사랑 사만다, 당신은 나를 전혀 믿지 않는군." "너무 기대하지 마. 그런 사업이 이미 있는데 우리가 모르는 걸 수도 있어." "마케팅도 편향이야. 우리가 모른다거나 들어 본 적이 없다는 것은 가능성이 있다는 거야." "맞아. 방향을 완전히 바꿀 수도 있지. 우편 서비스도 가능하지 않을까? 무뎌진 칼을 보내면 갈아서 보내 주는 거지. 일종의 회원제 서비스는 어때? 요즘 그런 게 인기잖아." 그들은 10분 정도 무딘 칼에 대해 이야기를 나누었다.

1시간이 지날 즈음, 그들은 11개의 사업 아이디어를 더 생각해냈다. 다음 주에는 아이디어를 하나로 줄일 작정이다. 시간은 무한정 있는 것이 아니다. 이제 깊은 물에 뛰어들 때가 되었다.

047 피드백 루프 전략

열정은 과정에서 나온다

 많은 청중 앞에서 이야기하는 것이 나는 무척 두려웠다. 몇 시간이나 준비를 하고 빈방에서 연습을 했다. 단어가 떠오르지 않고 생각이 꼬이고 사고의 흐름이 끊기기도 했다. 하지만 결국은 해냈다. 마침내 연단에 올라서 나는 꽤 괜찮은 연설을 했다.

흥미로운 것은 그 후에 일어난 일이다. 박수를 받으며 연단을 내려오는데 나는 강렬한 도취감을 느꼈다. 힘, 안도감 그리고 승리감. 이 특별한 '도취감'을 나는 변혁의 열정(transformative passion)이라고 부른다. 이것은 쳇바퀴 탈출 과정의 연료다.

당신이 어떤 것을 성취했을 때, 두려움을 극복하거나 기대 이상의 성과를 올렸을 때를 떠올려 보라. 그 뒤의 당신 기분이 기억나는가? 엄청나게 흥분되는, 믿기 힘들어서 펄쩍펄쩍 뛰는 듯한 느낌을 받았을 것이다. 그것이 바로 변혁의 열정이다. 인지적으로 그것은 긍정적인 피드백 루프, 즉 당신의 노력이 긍정적인 결과와 연결될 때 불타오른다.

또 다른 예를 살펴보자. 질은 4주 동안 열심히 건강한 식습관을 따르며 운동을 했다. 4kg 정도 빠졌지만 거울로 보기에는 별 차이가 없다. 다이어트를 그만둘까 고민할 때 질은 두 달 동안 보지 못한 친구 로즈를 만났다. 로즈가 질을 보더니 환한 표정으로 이렇게 말했다. "세상에, 너 근사해 보인다. 살을 얼마나 뺀 거야?" 순간 질은 자극 받았고 다시 열정과 의욕이 샘솟는 것을 느꼈다. 그녀는 운동을 계속했다. 몇 주가 지나자 질은 몇 년 전에 입었던 청바지를 입을 수 있었다. 또 한 번 그녀의 얼굴에는 미소가 떠올랐고 가슴이 뜨거워지면서 열정이 차올랐다. 처음에는 로즈, 다음에는 스스로에게서 시작된 긍정적인 피드백 루프로 질은 계속해서 건강한 식습관을 지키며 운동을 했다. 몇 주가 지나자 그 행동은 습관이 되었고 몇 달 후에는 생활 방식이 되었다. 변혁의 열정이 질을 행동에서 습관으로, 생활 방식으로 이끌었다.

개인적 변혁의 실현은 피드백 루프에 달려 있다. 살을 빼는 데, 매출을 올리는 데, 게임에서 이기는 데 실패하면 피드백 루프는 끊어진다. 열정이 불붙지 못한다. 피드백 루프를 이어주는 유일한 방법은 결국 우리가 달가워하지 않는 단어, '과정'으로 귀결된다.

과정은 습관적인 행동과 연결된 모든 가치 있는 일에 관여한다. 과정이 당신의 끈기를 시험한다. 도전을 정복해 더 나아진 새로운 사람이 되면 변혁의 열정이 찾아온다. 아이러니하게도 열정은 과정에서 나온다. 열정은 노력을 이끌지 않는다. 열정은 노력의 뒤를 따른다. 열정은 노력을 이끌어내는 견인차가 아니라 노력을 뒤따라오는 수레일 뿐이다. 성공의 열쇠는 "좋아하는 일을 하는 것"이 아니라 불편한 일, 때로는 끔찍하게 싫은 일을 하는 것이다.

 핵심 개념

- 변혁의 열정은 쳇바퀴 탈출 과정에 연료를 공급한다.
- 노력이 좋은 결과를 낳을 때 연결되는 긍정적 피드백 루프는 변혁의 열정에 불을 지핀다.
- 끊어진 피드백 루프는 변혁의 열정을 막고 의욕을 꺾는다.
- 기꺼이 인내하고 도전할수록 성공 가능성은 높아진다.
- 기꺼이 '싫어하는 일'을 한다면 돈 걱정 없이, 문화적 승인 없이 '좋아하는 일'을 할 수 있다.

048 맥가이버리즘 전략

낮은 가치를 조합해 높은 가치를 창출한다

 나는 1980년대 방송했던 TV 프로그램 중
에 〈맥가이버〉를 가장 좋아한다. 맥가이
버는 주위의 흔한 물건을 이용해서 대단한 결과를 만드는 재주가 있다.
잡동사니 가득한 지하실에 맥가이버를 가두면 몇 시간 만에 달에 가는
로켓도 만들 것 같다.

맥가이버리즘(Macgyverism)을 통해 아무것도 없어 보이는 데서 가치
를 창출하고 혁신을 이룬다. 맥가이버리즘은 여러 면에서 기업가정신
과 닮았다. 또한 맥가이버리즘은 과학적이며 발견에 중심을 둔다. 평범
한 것을 잘 살펴보아야 '맥가이버'처럼 독특한 해법을 만들 수 있다.

이것을 가치와 매출에 대한 실험으로 생각하라. 우버와의 경쟁을 목
표로 사업에 뛰어들기 전에 맥가이버리즘을 시도해보라. 가치가 낮은

항목을 혁신적으로 조합해 높은 가치를 창출한다. 남은 카펫 조각과 폐목재가 합쳐지면 캣 타워가 된다. 낡은 나무토막은 가구나 커피 테이블 다리가 될 수 있다. 낡은 나무판, 작아진 청바지, 단열재, 폐타이어, 조경용 흙덮개, 낡은 CD커버, 10대나 젊음을 잃지 않으려고 애쓰는 장년을 위한 벽지, 오리건주 사막에 굴러다니는 잡초 줄기를 파는 사람도 있다! 애리조나 사막에 사는 나는 방금도 200달러짜리 잡초 줄기가 굴러다니는 것을 목격했다.

이런 활동의 목적은 간단하다. 다른 사람의 삶에 영향을 미치면 자신의 삶도 변한다. 그렇지만 한 사람에게 영향을 주는 법을 배울 때까지는 결코 수백만 명의 삶에 영향을 줄 수 없다. 작은 승리가 큰 승리를 만든다는 것을 기억하라! 혼자 설계하고 만들고 조달해서 가치를 만들 수 있다면, 그래서 누군가에게 팔 수 있다면, 축하할 일이다. 당신은 변혁의 열정에 불을 지폈다.

맥가이버리즘에는 보통 쉽게 규모 확장을 할 수 없는 상품이 포함된다. 차고에서 캣 타워를 만드는 것은 시간 집약적인 일이다. 사업으로 계속하려면 규모 확장의 문제를 반드시 해결해야 한다. 하지만 그 문제를 해결하지 못하더라도 그 자체로 훌륭한 부업이자 가치에 초점을 맞추는 훌륭한 연습이 된다. 오래전 나는 HTML, CSS, SQL, 자바스크립트 코딩법을 배웠다. 각각의 기술이 '맥가이버'화 되어 상당한 시급을 받고 팔 수 있는 특화 기술로 발전했다.

맥가이버리즘이 당신을 당장 해변의 근사한 휴가지로 데려다줄 것이라고 기대하지 말라. 하지만 나침반의 방향을 그쪽으로 바꿀 수는 있다. 당신은 가외 소득을 올리고 작은 승리를 거둘 수 있다. 더 중요한 것은 변혁의 열정에 불을 붙인다는 점이다.

 핵심 개념

- 한 사람에게 영향을 미치는 법을 배워야만 수백만 명의 사람에게 영향을 미칠 수 있다.
- 맥가이버리즘은 가치가 낮은 항목을 더 가치 있는 것으로 바꾼다.
- 맥가이버리즘은 작은 승리를 통해 변혁의 열정에 불을 붙이도록 도와준다.

049 마케팅 타이브레이커 원리

마케팅을 거대한 편향으로 다루어라

 당신을 백만장자 어쩌면 억만장자로 만들
어 줄 대단한 장치를 지금 막 발명했다고
가정해 보자. 안타깝게도 당신 외에 세 사람이 똑같은 때에 똑같은 장
치를 발명했다. 이들 모두 발명에 대해 쓸 수 있는 같은 액수의 돈을 가
지고 있다.

단 한 명만이 경쟁에서 '승자'가 된다면 무엇이 승자를 결정할까? 앞
의 네 발명가는 똑같은 장치를 만들었고 같은 액수의 돈을 가지고 있기
때문에 승자는 하나의 변수, 즉 마케팅에 의해 결정된다. 달리 말해 최
고의 마케터가 승리한다. 마케팅이 타이브레이커가 되었다.

마케팅 타이브레이커(tiebreaker, 승자를 결정짓는 것-옮긴이) 원리는 마케
팅이 기회를 편향시키는 가치의 집합이라는 것이다. 더 나아가 마케팅

은 인지 가치, 즉 돈을 끌어들이는 일을 책임지는 가치 유형을 만든다. 마케팅 자체가 어쩌면 속성 풀에서 가장 중요한 가치 편향일지도 모르겠다.『부의 추월차선』에서 나는 사업 성공을 체스 게임에 비교했다. 마케팅은 퀸이다. 퀸 없이 게임을 한다면 이기기 어렵다. 왜? 마케팅 자체가 가치 편향의 많은 변수를 아우르기 때문이다.

- 매력적인 제품 라벨

- 설득력 있는 광고 문구

- 회사 사명과 연결된 정서 자극 스토리

- 눈길을 끄는 헤드라인

- 믿을 만한 추천

이런 변수는 긍정적인 편향을 만들 수 있다. 당신의 상품은 보다 매력적인 라벨이나 포장을 가질 수도 있고, 더 나은 광고 문구와 함께 판매될 수도 있고, 더 나은 헤드라인으로 눈길을 끌 수도 있다. 마케팅은 한 단어에 불과하지만 수십 어쩌면 수백 개의 잠재적 편향을 나타낸다.

반드시 숙련해야 할 분야 하나만을 꼽는다면 마케팅이다. 마케팅에 익숙하지 않다면 그런 사람을 고용해야 한다. 마케팅은 잉여 가치를 상대 가치로 전환시킬 수 있다. 낡고 범용화된 것도 새롭게 해석하면 달리 받아들여진다. 마케팅은 당신의 블로그를 400만의 다른 블로그 가운데서 가장 돋보이게 만든다.

세상에서 제일가는 제품을 만들어도 팔지 못한다면 문제가 생긴다.

판매가 있어야 초기 추진력을 얻을 수 있다. 구매자는 확신이 필요하다. 다른 조건이 같다면 결국 매출을 올리는 것은 최고의 마케터 역할이다. 고객을 얻으려면 그들을 설득해야 한다. 2차 이해관계자 역시 설득이 필요하다.

결국, 기업가의 일에는 마케터의 일이 포함된다. 마케팅 분야에 초점을 맞추면 경쟁이 심한 곳에서도 다양한 편향 기회를 만날 수 있다.

 핵심 개념

- 모든 조건이 동일하다면 최고의 마케터가 승리한다.
- 마케팅은 인지 가치를 낳으며 인지 가치는 돈을 끌어오는 존재다.
- 마케팅은 제품 라벨, 웹사이트 디자인, 기업 사명 등 편향의 잠재력을 가진 많은 가치 속성으로 이루어진다.
- 마케팅은 2차 이해 관계자 즉 투자자, 직원, 공급업체 등에도 큰 영향을 미친다.

050 가시적 결과 원리

말은 멈추고 행동을 시작하라

 사업이 폭발적으로 성장하면서 새로운 지원이 필요했다. 한동안 어머니가 도움을 주셨다. 어머니의 일은 미수금 관리다. 사실 어머니는 나를 믿지 못했다. 어머니는 내 무모한 계획이 실패로 돌아가는 것을 수없이 목격했기 때문이다. 10만 단위의 거래 업체 송장과 수취 계정을 정리하면서 어머니가 물었다. "이게 다 받을 돈이니?" 내가 고개를 끄덕이자 어머니의 눈이 빛났다. 내 사업 비전에 대해 어머니가 가지고 있던 의심이 한순간에 모두 사라졌다. 여러 해가 지나고 나는 어머니의 주택 융자를 일시에 갚았다. 가시적 결과 원리는 눈에 보이는 성공이 의심을 관 속에 집어넣고 관 뚜껑을 덮는다는 이야기다.

소셜미디어 게시물에 신경 쓰지 말라. 받아들이기 힘들겠지만 사실,

사람들은 당신에게 신경 쓰지 않고 당신을 믿지도 않는다. 지지를 보내는 사람도, 축하하는 사람도, 아무 말이 없는 사람도 모두 지구에 처음 발을 디딘 외계인처럼 회의적이고 의심스러운 마음을 가지고 있다.

나는 지금 당신의 높은 목표, 사업 아이디어, 각본 탈출 비전, 10년 안에 재정 자유를 이루겠다는 꿈을 선언하는 이야기를 하는 것이다. 모두가 당신이 망상에 빠져 있다고 생각한다. 진급하거나 페이스북에 취직했다고 하면 수많은 '좋아요'를 받고 칭찬을 듣는다. 사업을 시작하기 위해 직장을 그만두었다고 말하면 미적지근한 반응을 얻는다. 가족이나 배우자, 부모님은 당신의 마음을 돌리려고 노력한다. 이혼하겠다거나 집에서 쫓아내겠다거나 재정적 지원을 끊겠다는 위협을 하는 사람도 있다. 당신이 통념에 반하는 일을 할 때마다 관습의 저주를 받은 쳇바퀴 쥐는 정신 차리라고 당신을 닦달한다.

"빨리 부자가 된다는 것은 사기야!"
"정말로 30대에 수백만 달러를 벌어서 은퇴하는 사람은 없어!"
"모든 신규 사업의 95%는 실패해!"
"넌 사업을 해본 적도 없잖아!"
"엠제이는 생존자 편향의 롤모델이야. 복권을 파는 거라고!"

충분히 이해 가는 반응이다. 이런 말이 정당화되는 것은 말은 쉽기 때문이다. 높은 목표를 떠드는 것은 사건이고 그것을 성취하는 것은 과정이다. 아무리 떠들어도 믿지 않는 사람을 믿게 할 수는 없다. 이 책을 코앞에 가져다주고 읽으라고 권할 수는 있겠지만 의심을 없애는 유일한 방법은 의심을 결과로 바꾸는 것뿐이다.

결과는 현금으로 산 페라리를 끌고 부모님 집에 다녀가는 것이다. 결과는 사업이 너무 커져서 삼촌을 고용하는 것이다. 결과는 행동이며 성취다. 결과는 의심을 잠재운다. 타인의 생활 방식이라는 한계 안에서 살고 싶지 않다면 타인의 의견이라는 한계 안에서도 살지 말라.

 핵심 개념

- 누군가 당신의 높은 목표를 믿고 지지해 줄 것이라고 기대하지 말라. 당신을 만류하는 사람만 있을 것이다.
- 목표와 야망을 외치는 것은 사건이고 그것을 성취하는 것은 과정이다.
- 의심하는 사람의 마음을 바꾸고 싶다면 눈에 보이는 결과를 달성하라.

051 실행 우선 원리

실행 없는 아이디어는 절대 돈이 되지 않는다

2007년쯤 나는 큰 실수를 했다. 수백만 달러, 어쩌면 수십 억 달러의 기회를 놓쳤다. 나는 여자 친구와 온라인 데이트에 대해서 대화를 나누고 있었다. 당시에 우리는 둘 다 데이트 주선 서비스를 받고 있었다. 그녀는 데이트 요청이 너무 많이 들어온다고 투덜거렸다. "애기야, 안녕!"과 "자기야!" 같은 쓰레기에 섞여서 브래드 피트가 메시지를 보내도 찾지 못할 지경이라고 했다. 나는 그녀의 불평을 기회로 인식하고 첫 대화를 여자들만 시작할 수 있는 데이트 서비스를 떠올렸다.

7년 뒤 남성의 먼저 말걸기를 금지한 데이트 서비스, 범블(Bumble)이 만들어져서 전 세계 수백만 여성들의 메일함이 폭발하는 일을 막았다. 현재 범블의 가치는 수십 억 달러에 이른다. 나는 이미 7년 전에 똑

같은 아이디어를 떠올렸지만 지금은 책에 실린 하소연 몇 줄의 가치밖에 없다.

실행 우선 원리는 실행을 통해 아이디어에 숨을 불어넣기 전까지는 아무 의미가 없다는 것이다. CENTS를 모두 충족시킨다 해도 가치가 없다. 효과가 없기 때문이 아니라 당장은 거기에 대한 실제적인 일을 하지 않기 때문이다. 여자 친구와의 대화 이후 나는 그 아이디어를 가지고 아무런 일도 하지 않았다. 실행이 0인 아이디어는 정확히 그만큼의 가치밖에 없다. 제로!

안타깝게도 모든 아이디어는 아직 계획에 불과하다. 철저한 조사를 거친, 구체적인 사업 계획이 딸린 아이디어도 마찬가지다. 생산자 팀의 과학자와 같은 사고방식을 받아들이면 여기저기에서 수많은 아이디어가 튀어나온다. 아이디어는 쉽게 얻을 수 있다. 대단히 쉽게 얻을 수 있다. 당신이 하는 최악의 실수는 아이디어를 떠올리는 것이 제일 대단한 일이라고 생각하는 것이다. 그렇지 않다. 아이디어에 자금을 내놓는 사람은 없다. 어떤 은행도 대출해주지 않는다. 지분 50%를 제안해도 코딩 천재는 시간을 내주지 않는다. 아이디어는 아직 머릿속 신경계에서 반짝이는 불빛에 불과하다.

챗바퀴 각본에서 벗어난 기업가 데릭 시버스는 오래전 블로그에 올린 게시물을 통해 아이디어와 실행 사이의 관계를 완벽하게 설명했다. 당신 아이디어의 힘은 승수에 불과하다고 말이다. 결과를 기하급수적으로 성장시키는 것은 실행이다.

아이디어 가치		실행 승수		잠재 가치
뛰어난 아이디어	100달러	좋지 못한 실행	1달러	100달러
좋은 아이디어	75달러	그저 그런 실행	10,000달러	75,000달러
평범한 아이디어	50달러	평범한 실행	100,000달러	5,000,000달러
그저 그런 아이디어	25달러	좋은 실행	500,000달러	125,000,000달러
좋지 못한 아이디어	1달러	뛰어난 실행	1,000,000달러	1,000,000달러

보다시피 뛰어난 아이디어도 실행력이 약하면 큰 가치를 창출하지 못한다(100달러=100×1). 그러나 평범한 아이디어(잉여 가치를 생각하라)가 뛰어난 실행과 만나면 5,000만(50×1,000,000) 달러의 가치를 낸다. 아이디어만으로는 의미가 없다. 모든 것은 실행에 달려 있다. 결과가 의심을 잠재운다는 것을 기억하라. 말은 쉽다. 누군가 관심을 가져 주길 바란다면 실행의 재능을 입증해야 한다. 매출을 보여라. 원형을 보여라. 웹사이트 모형과 10개의 선주문을 보여라. 제발, 무엇이라도 실행을 보여라!

 핵심 개념

- 당신의 뛰어난 아이디어는 실행하기 전까지는 아무런 가치도 없다.
- 당신의 아이디어는 승수와 같다. 돈을 기하급수적으로 늘리는 부분은 실행이다.
- 평범한 아이디어도 뛰어난 실행과 만나면 수천만 달러의 가치가 있다.

052 낡은 관계 작동 원리

새로운 자신을 향해 나아갈 때는 낡은 관계에 주의하라

 내가 사업을 하려 한다고 비웃는 친구가 있었다. "넌 학위를 낭비하고 있어." "철 좀 들어라. 직장도 좀 구하고." 또 다른 친구는 부를 얻는 가장 좋은 방법이 다단계 사업에 참여하는 것이라 생각하고 이런저런 사업을 전전했다. 혹시 '빈손으로 시작할 수 있는 기회'라는 말을 들어본 적 있는가? 그렇다면 그 친구에게서 달아나는 것이 좋다.

낡은 관계 작동 원리는 새로운 자신으로 성장하고 변화하는 동안 낡은 관계가 당신을 과거에 붙잡아 두려 한다는 말이다. 새로운 스토리를 위해 새로운 펜으로 무장할 때마다 낡은 관계가 저항한다. 당신의 꿈을 과소평가하는 사람들은 그 어떤 것보다 무거운 짐이다. 그들은 당신의 성장과 성공을 지원하지 않는다. 그들은 현상 유지를 권한다. 그들은 당

신이 20kg 정도 빼는 것도, 재정 자유를 찾는 것도 원하지 않는다. 쳇바퀴 농장을 떠나는 것은 그들의 자존감에 대한 위협이며 그들의 평범함에 정면으로 도전하는 일이다. 옛말처럼 불행은 동행을 원한다.

동료, 어린 시절의 친구, 심지어는 가족도 무거운 짐이 될 수 있다. 당신의 야심 찬 목표를 눈치챌 때까지는 누가 무거운 짐인지 알 수 없다. 당신이 행동에서 의심 쪽으로 움직인다면 오랜 지인들은 당신을 옛 방식으로 되돌릴 수 있다. 비시즌이나 은퇴 후에 문제를 일으키는 프로 운동선수의 뉴스를 접한 적 있는가? 그들은 인생을 진전시키면서도 문제가 많은 과거의 관계를 고수했던 것이다. 이런 낡은 관계가 그 사람을 과거의 방식으로 끌어들인다.

쳇바퀴 탈출의 길로 들어선다고 선언하고 주의를 기울이면 어둠 속에서 무거운 짐이 등장할 것이다. 비판자를 상대하는 것은 좋은 훈련이다. 의심하는 자는 그런 면에서 효용이 있다. 그렇지만 의심하는 자가 선을 넘어 무거운 짐이 될 때는 과감하게 닻을 끊어야 한다. 패배자와 어울리면 당신도 똑같이 될 뿐이다.

 핵심 개념

- 무거운 짐, 즉 당신의 꿈을 비하하고 당신을 지지하지 않는 사람들은 상대하지 말라.
- 무거운 짐을 고수하면 낡은 방식으로 회귀하게 된다.
- 무거운 짐은 당신이 꿈을 알릴 때, 당신 꿈이 추진력을 얻기 시작할 때 표면으로 드러난다.

053 사냥터 전략

사냥은 사냥감이 많은 사냥터에서 해야 한다

 수백만 명에게 영향을 주려면 수백만 명에게 가까이 가야 한다. 그리고 그들이 원하는 것을 가지고 있어야 한다. 비대칭적 수익의 비결은 미끼를 물 쥐가 많은 곳에서 사냥을 하는 것이다. 쥐는 소비자를 의미한다.

당신 제품을 사용하거나 원하는 소비자의 수는 당신의 특화 상품 시장 규모에 따라 결정된다. 비즈니스 용어로 이를 접근 가능 전체 시장(total addressable market, TAM)이라고 부른다. 당신 사업의 표적 고객이 키가 210cm 정도인 하프 연주자라면 당신은 골무만 한 연못에서 낚시를 하고 있다. 시장이 있지만 빈약하다. 당신 제품은 키가 큰 하프 연주자의 절박한 요구는 해결할 수 있지만 좁은 TAM이 레버리지를 차단한다.

TAM은 넓은 수역에서 낚시하는 것과 같다. 물웅덩이가 클수록 더 많은 물고기를 잡을 수 있다. 더 큰 TAM을 제공하는 수역은 다음과 같다.

1. 연못(해당 도시나 마을 사람이 고객이다)

2. 호수(해당 주, 지역 사람들이 고객이다)

3. 바다(해당 국가의 국민이 고객이다)

4. 대양(전 세계 사람들이 고객이다)

당신의 특화 상품 TAM을 추정할 때는 다음 3개의 질문을 던져라.

첫째, 지리나 근접성이 문제가 되지 않는다면 당신의 특화 상품에서 가치를 발견하는 사람이 얼마나 될까? 이것이 당신의 접근 불가능 전체 시장(total unreachable market, TUM)을 결정한다. 예를 들어 당신이 인도 음식점을 소유하고 있다면 당신의 TUM은 인도 음식을 좋아하는 지구상의 모든 사람이다. 하지만 당신의 TAM은 식당이 자리 잡고 있는 도시뿐이다.

TAM과 TUM을 측정하려면 하향식 접근 조사가 필요하다. 마케팅 리서치 회사나 업계 소스에서 시작한 뒤 전체 시장을 하위 집합으로 좁힌다. 예를 들어 표적 고객이 푸들 반려견이 있는 사람이라면 반려견을 키우는 모든 사람이 전체 시장이고, 푸들을 키우는 사람들은 하위 집합이다. 인터넷을 검색하면 당신 아이디어가 밀고 나갈 가치가 있는지에 대해서 좋은 결론을 얻을 수 있다.

둘째, TUM이 TAM과 다르다면 TUM을 TAM으로 바꾸는 데는 무엇이 필요할까? 프랜차이즈? 체인? 비즈니스 모델의 변화? 쇼핑몰의 의류점을 기억하는가? 나는 주인에게 인터넷 판매를 하는지 물었고 그녀는 "안 한다"고 답했다. TUM에서 TAM으로의 전환이 선혀 없고 따라서 그 사업체의 이윤이 크지 않을 것이라는 수학적 추정이 가능했다.

셋째, TAM에 효과적으로 이를 수 있는가? 당신 제품의 상대 가치를 마케팅을 통해 시장에 전달할 수 없다면 시장 규모가 아무리 커도 소용없다. 키가 큰 하프 연주자를 위한 뛰어난 제품을 가지고 있어도 당신의 메시지나 제품을 어떻게 그들 앞에 가져다 놓을 것인가?

안타깝게도 TAM과 TUM은 대단히 가변적이고 추측이 어렵다. 이런 측면에서 생각할 수 있는 최적의 경우 중 첫 번째는 표적 시장이 대단히 커서 추정치가 중요하지 않은 경우다. 예를 들어 내 책의 표적 고객은 재정 자유를 원하는 사람들이다. 나는 미스터리 소설도 쓴다. 내 친구 하나는 강아지용 액세서리를 판매한다. 이런 시장은 TAM 측정이 필요 없을 만큼 크다. 이런 시장은 수백만 어쩌면 수십 억의 물고기가 있는 대양이다. 두 번째로 거대한 수역에는 언제나 더 나은 TAM이 있다. 정확하지 않은 추정도 쉽게 용서 된다. 따라서 선택이 가능하다면 작은 수역보다는 큰 수역에서 시작하는 것이 더 쉽다.

인도 음식점의 이야기로 돌아가 TUM에서 TAM을 늘리기 위해서는 여러 개의 식당을 열어야 한다. 그렇지 않으면 프랜차이즈 사업을 해야 한다. 연못에서 시작하는 것보다는 대양에서 시작하는 편이 더 많은 기회를 얻을 수 있지 않을까? 나름의 비법으로 혼합한 인도 향신료를 인터넷에서 전 세계를 상대로 판매하는 것은? 인도식 요리책은? 전 세계에 판매할 수 있는 인도 음식 상품은 어떨까?

내 출판사의 경우 외국 출판사에 번역 출판 권리를 판다. 이것이 TUM인 30여 개국을 TAM으로 바꾼다. 트로트만 부부는 칼을 가는 사업을 시작하기로 결정했다. 그들의 초기 TAM은 그들이 사업 모델을 어떻게 조직하는지에 달려 있다. 그들의 TAM은 전국이 될 수도 있고 그들이 사는 도시가 될 수도 있다. 그들 앞에는 정말 큰 결정이 놓여 있다.

TAM의 규모는 비대칭적 수익의 열쇠이며 비대칭적 수익은 레버리지와 거대한 예상 가치의 열쇠다. 인도 식당 수입을 한 해 4만 2,000달러에서 한 달에 4만 2,000천 달러(인도 향신료 제품 라인)로 끌어올릴 수 있는 방법이다. 더 많은 물고기를 잡고 싶다면 큰물로 나가야 한다.

 핵심 개념

- 당신의 접근 가능 전체 시장(TAM)은 당신의 제품이나 서비스에 관심을 가진 전체 고객을 말한다.
- 당신의 접근 불가능 전체 시장(TUM)은 당신의 제품에 관심이 있으나 물류나 지리적 문제로 인해 그것에 접근할 수 없는 사람들을 말한다.
- 보통 TAM이 클수록 비대칭적 수익의 발생 가능성이 크다.
- 체인, 프랜차이즈, 유통, 제품 단위, 라이선스를 통해 TUM을 TAM으로 전환시킬 수 있다.

054 드레이크 방정식 원리

사업 계획은 기업가의 드레이크 방정식이다

 드레이크 방정식을 만든 천체물리학자 프
랭크 드레이크가 사업을 시작한다고 생각
해보자. 그는 상당한 시간을 준비와 연구에 투자할 것이다. 아마도 대단
히 많은 시간을 준비한다. 그 때문에 기업가정신에는 그만의 드레이크
방정식이 있으며 그것을 사업 계획이라고 부른다.

드레이크 방정식에 대해서 잘 모르는 사람을 위해 간단히 설명하자
면 그것은 측량할 수 없는 많은 변수가 있는 수학 방정식이다. 방정식
의 목적은 우주에 존재하는 이지적인 문명의 수를 추정하는 것이다. 방
정식은 다음과 같다.

$$N = R^* \times fp \times ne \times fl \times fi \times fc \times L$$

각 변수는 행성을 가진 항성의 비율, 은하의 평균 항성이 형성되는 비율 등 막연한 추측을 나타낸다. 그렇기 때문에 'N', 즉 가정된 답에도 큰 차이가 있다. 드레이크 방정식 원리는 사업 계획은 측정 불가능한 변수가 대단히 많은 현대의 드레이크 방정식과 같아서 사실상 계획이란 것이 쓸모없다고 말한다.

시장은 각각 다른 가치 체계를 가진 수백만의 사람들을 나타낸다. 개인은 다른 가치 편향과 소통되는 인지 가치에 근거해 물건을 산다. 시장은 예측 불가능하고 예상 불가능한 곳이다.

시장과 맞부딪쳐서 살아남는 사업 계획은 존재하지 않는다. 마이크 타이슨의 말이 떠오른다. 얼굴을 주먹에 맞기 전까지는 모두가 계획이라는 것을 가지고 있다. 시장이 사업 계획을 잘근잘근 씹어 뱉고 나면 당신은 또 다른 진실을 발견한다. 6개월을 투자해 사업 계획을 국가기록원에 들어갈 정도로 완벽하게 다듬는 것이 시간 낭비임을 말이다.

벤처캐피털이나 투자자에게 보여주는 것이 아닌 한 사업 계획은 건너뛰는 것이 좋다. 대신 확인해야 할 7가지 포인트가 있다.

1. CENTS를 충족시키는가?
2. TAM이 인생을 바꿀 만큼 충분히 큰가? 어떻게 하면 TUM을 TAM으로 전환시킬 수 있는가?
3. 얼마나 많은 가치 속성을 편향시킬 수 있는가? 비용은 얼마인가?
4. 시장에 도달할 수 있는가? 실행 가능한 매체와 경로가 있는가? 당신의 가치 편향을 소통시키거나 입증할 수 있는가?

5. 당신의 상품이나 서비스는 만들어진 후에 얼마나 쉽게 생산할 수 있는가?

6. 잠재력 있는 사업이 1·5·10 플래너시에서 정립된 결정 체계와 보조를 함께할 수 있는가?

7. 탈출액을 달성하는 데 도움이 되는 퇴각 전략이 있는가? 그런 퇴각에서 잠재적인 매수자는 누가 될까?

7가지 질문에 대해 몇 시간만 생각해보면 최적의 사업 계획을 만들 수 있다. 드레이크 방정식은 우주 학자에게 맡기자.

 핵심 개념

- 사업 계획은 드레이크 방정식만큼이나 무모하고 사변적이다.
- 사업 계획은 시장에서 실행되자마자 무가치한 것이 된다.
- CENTS, TAM, 편향, 매체, 생산, 미래상, 퇴각 전략이면 충분한 사업 계획이 된다.

3A 전략

행동, 평가, 조정 : 과학적인 방법으로 문제를 해결한다

 몇 년 전 나는 독학으로 코딩을 배웠다. 공

부 과정은 도서관에서 시작해서 인터넷 포

럼으로 발전했다. 그 결정이 있었기에 특화 기술, 다음으로는 특화 상품

을 만들어 나만의 제국을 세울 수 있었다. 성공에 대한 나의 청사진 뒤

에는, 내가 의지한 간단한 공식이 있다. 이 순환 공식이 아이디어에서

성장, 현금화에 이르는 사업 경력의 토대가 되어야 한다. 성공하고 싶다

면 당신도 그 공식을 사용하라.

이 공식은 3A 방법론이라고 부른다. 지식과 기술 습득을 위한 가장

널리 알려진 절차 중 하나, 즉 과학 방법론(scientific method)을 모방한다.

기업가는 문제학자이고 문제학자는 과학자와 다름없다는 것을 기억하

라. 다만 실험실이 시험관과 비커가 있는 곳이 아니라 쥐에게 치즈를

제공하는 여러 시장이다. 3A 방법론은 실험실 내에서의 상호작용에 대한 실험 과정이며 행동, 평가, 조정 3단계로 이루어진다.

행동(Act)

첫 번째, 행동은 실험 그 자체를 말한다. 당신이 시장에서 어떤 행동을 시작하면 쥐는 반응을 보이기도 하고 보이지 않기도 한다. 이런 반응이 당신의 '문제'가 된다. 이 문제를 분석하고 해결해야 한다.

예를 들어 당신이 의류 라인을 론칭한 뒤 500달러를 들여 광고했는데 판매가 전혀 되지 않았다고 가정해 보자. 쳇바퀴식 용어로 말하자면 당신의 치즈는 냄새를 풍기지 못했다. 매력을 발휘하지 못한 것이다. 실험의 결과는 시장으로부터의 무반응이다. 이제 이것이 당신이 해결해야 할 문제다.

평가(Assess)

두 번째 단계는 평가다. 일단 문제를 인지했으면 문제의 원인이 될 수 있는 것을 파악한다. 당신의 의류 라인은 왜 표적 시장의 관심을 끌지 못했는가? 당신의 광고는 표적 시장에 도달했나? 당신의 광고가 그 고객을 끌어들일 만한 메시지인가? 당신의 웹사이트가 고객의 호감을 얻을 수 있게 설계되지 않았나? 당신의 브랜딩이 비효율적인가? 잠재적 원인의 리스트는 꽤나 광범위할 수 있다. 과학적 문제학자인 당신이 할 일은 이러한 변수를 시험하는 것이다.

조정(Adjust)

마지막 단계는 조정이다. 문제와 여러 잠재적 원인을 파악했다면 전략 속의 한 가지 변수를 조정한다. 예를 들어 적절한 표적 고객을 공략하지 못해 광고가 실패했다는 가설을 세웠다고 가정하자. 그렇다면 당신의 조정은 새로운 마케팅 경로를 시험하는 것이 될 수 있다.

조정한 뒤 다시 행동하고 새로운 변수로 실험을 반복하라. 경로의 변화가 결과를 개선하지 못한다면 광고에 새로운 헤드라인이 필요하다는 결정을 내릴 수 있다. 이렇게 또 다른 조정이 이루어진다. 이런 전략 변화는 새로운 기술의 습득, 많은 인터넷 조사, 독서 등을 수반한다. 이런 과정을 수십 차례 반복해야 금맥을 찾을 수 있다.

첫 판매가 이루어지면 이 과정은 다시 시작된다. 이번에는 "왜 판매가 없지?"라는 질문 대신 3A가 보다 구체적인 문제로 좁혀진다. 당신의 새로운 문제는 '왜 트래픽의 1%만이 구매자로 전환되는 것일까?' '왜 환불이나 교환이 많은 것일까?' 같은 것이 된다. 엄밀히 말해 행동, 평가, 조정에는 끝이 없다. 몇 년 전, '피벗(pivot, 방향 전환)'이라는 말이 기업계에서 유행하면서 경이적인 새 개념이라도 되는 것처럼 퍼진 적이 있다. 3A 방법론과 유사한 과학 방법론은 수 세기 동안 우리 주위에 있었다. 조정은 평가로부터 이어지는 그 유명한 '피벗'이다.

하지만 조심하라. 행동, 평가, 조정을 하는 동안 처음 의도와 크게 다른 방향으로 전환될 수 있다. X를 파는 사업을 시작했다가 Y를 팔게 되는 것이다. 인터넷 회사를 시작했을 때 내 비전은 리드 광고가 아니었지만 결국 그렇게 되었다. 아마존은 온라인 서점으로 출발했다. 페이팔이 처음 론칭했을 때 원래 의도는 이베이 우수 판매자를 위한 지불 처리였다. 인스타그램은 위치 확인 앱으로 시작되었으나 사진 공유로 방향을 틀었다. 3A는 수많은 기업을 기존 목표와 다른 곳으로 이끈다.

이 때문에 사업 계획이 과대평가되었다고 말하는 것이다. 사업 계획에 매달리는 것은 좋은 날씨를 근거로 한 매끄러운 계획에 의지해서 허리케인을 헤쳐 나가려는 꼴이다. 스타트업, 마케팅, 경영에 대한 수많은 책을 읽을 수 있겠지만 그 어느 것도 시장의 변동성에 대한 준비를 도와주지 않는다. 아무리 차를 잘 몰아도 당신의 차는 날씨나 데이터를 변화시킬 수 없다. 당신은 중국으로 가고 있는 중인데 시장이 스페인으로 신호를 준다면? 시장의 신호와 맞서지 말라. 과학자는 실험이 주는 단서에 저항하지 않는다. 과학자는 거기에 맞춰 조정을 할 뿐이다.

3A 방법론

일론 머스크는 아이디어는 대부분 불완전하며 조정과 정제가 필요하고 성공은 기본적으로 반복적인 자기 계발이라고 말한 바 있다. 즉, 3A 방법론이다. 내가 계속 반복하고 있는 것도 바로 이 미스터리한 과정이다. 그것을 배우면 무엇을 하든지 성공한다. 3A 방법론은 곧 기업가정신이다. 내 인생에서 훌륭한 모든 일은 거기에서 기인한다. 첫째, 나를 훌륭한 문제학자, 과학자로 단련시켰다. 둘째, 사이클이 반복될 때마다 나는 기술과 지식 기반을 확장시켰다. 문제가 더 쉽게 해결되고 일이 빨리 진전된다. 과거의 실패가 지식 격차를 줄인다. 필요한 것은 피벗이 아니고 실험이다. 그 뒤에 행동하고 평가하고 조정한다.

 핵심 개념

- 언스크립티드 기업가정신의 실행 과정은 실험실이 아닌 시장에서 과학 방법론을 무한히 반복해 적용하는 것이다.
- 3A는 행동, 평가, 조정으로 이루어지는 과학 방법론을 모방한다.
- 행동은 실험 그 자체다. 시장 앞에 놓인 당신의 제품이다.
- 평가는 실험의 분석이다.
- 조정은 원래의 실험을 다시 시험하는 전략상의 작은 변화다.
- 3A 과정은 사실상 반복적이며 끝이 없다.

056 기대 가치 전략

잠재 기술을 최대의 잠재 결과와 연결시킨다

 시카고를 떠나 애리조나로 가기 전, 우연히 내가 일했던 작은 리무진 서비스 업체를 매수할 기회가 생겼다. 소유주는 파격적인 조건을 제안했다. 신중히 고려했지만 결국은 거절했다. 나는 그것이 옳은 결정이었다고 생각한다. 사정을 다 아는 지금이라서 하는 이야기가 아니다.

리무진 서비스 업체를 매수했다면 나는 비대칭적 수익 발생이 거의 불가능한 사업 시스템에 종속되었을 것이다. 그 사업에서의 내 수입 상한은 지리, 하루의 시간, 내가 자금을 댈 수 있는 차의 수에 제한되었을 것이다. 나는 20대 초반부터 큰 성공을 원했는데 고급 택시 서비스를 사들이는 것은 유사 직장을 구하는 것과 다르지 않다.

아무도 당신에게 설명하지 않는 큰 비밀이 있다. 단기적 잠재 기술을 최대의 잠재 결과와 연결시키지 않는 한 비대칭적 수익은 불가능하다. 이 둘의 결합은 두 가지 일을 한다. 첫째, 실행이 평균 이상일 때 인생을 바꾸는 수익을 보장한다. 둘째, 최대 잠재 결과의 확률이 1% 미만으로 낮아도 노력에 대한 최대의 기대 가치를 가져다준다.

기대 가치란 여러 차례 반복된 행동으로부터 기대할 수 있는 명목 가치를 수량화한 통계적 개념이다. 예를 들어 라스베이거스 카지노에서 하는 도박의 기대 가치는 약 5%다. 카지노는 당신이 거는 매 1달러당 5센트를 얻는다. 여러 내기에 하룻밤 10만 달러를 건다면 당신에게는 9만 5,000달러 어쩌면 그 이하가 남는다. 이 점을 명심하라. 5%의 기대 가치가 라스베이거스라는 화려하고 아름다운 도시를 만들었다는 것을 말이다. 사업은 행동이다. 따라서 마땅히 기대 가치를 따져 보아야 한다. 하지만 사업 기회를 선택하는 과정에서 기대 가치를 고려하는 기업가는 얼마 되지 않는다. 왜 기대 가치를 고려해야 하는지 그 이유를 설명하겠다.

TAM이 좁은 사업 기회를 안전하게만 운영한다면? 비대칭적 수익과 기대 가치는 놓치게 된다. 실은 성공 가능성이 높아도 기대 가치는 마이너스 될 수 있다. 이 경우에는 노력에 못 미치는 약한 보상을 받는다. 리무진 서비스를 매수한다면 중류 정도의 생활을 보상으로 얻겠지만 그것도 내가 평균보다 잘 실행했을 때 이야기다!

순전히 수학적으로만 생각한다면 이것을 다른 방식으로 볼 수도 있다. 사업 기회를 당신이 게임을 얼마나 잘하느냐에 따라 상금과 확률이 달라지는 다양한 확률 게임으로 생각해보자. 이것을 가치 게임(value game)이라고 부른다. 가치 게임에서 상금은 단일 조직에서 나오는 것이 아니라 세계시장에서 나온다. 세계시장은 평범한 사람을 백만장자, 억만장자로 만든다.

당신이 두 가지 사업 기회를 검토한다고 생각해보자. 둘 다 5,000달러의 비용이 드는 스타트업이다. 다음 표는 두 기회의 10년 예상 이윤과 이론적 실현 가능성을 보여준다. 두 시나리오를 상금이 있는 게임이라고 생각하고 검토하고 접근한다면 당신은 어떤 '게임'을 하겠나?

실행 수준	사업 A		사업 B	
	상금	확률	상금	확률
뛰어난 실행	1,000,000달러	.05%	20,000,000달러	0.025%
좋은 실행	250,000달러	1%	10,000,000달러	0.125%
평범한 실행	50,000달러	3%	5,000,000달러	1.85%
그저 그런 실행	5,000달러	5.95%	50,000달러	3%
실패한 실행	(5,000달러 손실)	90%	(5,000달러 손실)	95%
총 잠재 결과 = 100%		100%		100%

얼핏 보면 사업 A가 좋은 선택인 것 같다. 주어진 확률에 따라 당신은 최소한 돈을 2배 이상 늘릴 확률이 10%이고, 최선의 경우에 수익은 투자금의 50배에 달한다. 이윤을 낼 확률 자체가 2배다(10% 대 5%). 반면 사업 B는 실패 확률이 더 높고(95% 대 90%) 이윤을 낼 확률은 5%에 불과하다.

사업 A를 '보다 안전한 내기'라고 생각한다면 큰 착각이다. 기대 가치로 이 두 가지 기회와 가능성을 분석하면 사업 B가 분명 훨씬 더 나은 내기, 그저 약간 앞서는 것이 아니라 엄청나게 앞서는 내기가 된다.

기대 가치
사업 A : 마이너스 1,078달러(-21.55%)
사업 B : 106,750달러(2,135%!)

기대 결과를 통해 비대칭이 가지는 힘이 드러난다. 내기에서는 확률이나 가능성이 낮더라도 더 나은 결과를 내는 기회를 선택하는 것이 최선이다. 그것이 기대 가치와 노력의 가능성을 크게 높이기 때문이다. 라스베이거스가 건설된 기반에는 5%의 기대 가치가 있었다는 것을 기억하라. 사업 B는 기대 가치가 2,135%인 반면 사업 A는 마이너스다. 비대칭적 수익의 열쇠는 큰 잠재 수익이다. 당신이 특출한 실행 능력을 발휘하지 못할 때도 말이다.

물론 이 분석에는 약간의 자아 성찰이 필요하다. 사업을 해본 적이 없고 첫 사업 아이디어가 5,000달러를 들여 차세대 아마존을 만드는 것이라면 당신은 망상에 빠진 것이다. 엄청난 잠재적 결과를 낼 수 있는 시장을 공략하기는 했으나 당신의 잠재 기술을 합리성과 연결시키는 데는 실패했다. 잠재 결과와는 무관하게 그 사업에서 당신의 성공 가능성은 정확히 0이다.

사업과 게임 시나리오에서 최적의 결정은 신중한 균형 잡기다. 첫째,

당신의 최대 잠재력이 0이 아닌 가능성과 만나는 곳에서 기회를 잡아야 한다. 다시 강조한다. '최대 잠재력'은 훈련과 연습을 통해 학습할 수 있는 지식과 재능이다. 사업을 시작할 때 가장 손쉬운 것을 선택해서는 안 된다. 평범한 실행만으로도 노력에 대한 상당한 보상을 준다고 느껴지는 사업이어야 한다. 둘째, 자신에 대해 솔직해야 한다. 당신이 시작하려는 사업이 망상의 연장이 아닌지 점검하라. 그런 사업은 성공 확률이 0, 실패 확률은 100이다.

사업 현실은 5,000달러의 입장료를 내고 게임하는 것만큼 간단한 일이 아니다. 하지만 그 비유와 크게 다르지도 않다. 사업을 통해 시장에 진입할 때마다 당신은 정부에서는 결코 받을 수 없는, 세계시장만이 받을 수 있는 엄청난 확률의 게임 티켓을 구입할 수 있다. 문제는 당신이 확률은 높아 보이지만 보상은 작은 가치 게임의 티켓을 사려는 것인지 아니면 실행이 뛰어나지 못하고 평범한 정도여도 삶을 바꿀 수 있는 게임에 도전하는 것인지이다. 큰 TAM 기회에서는 평범한 실행만으로도 인생이 달라질 수 있다. 작은 규모의 기회에서는 좋은 실행으로도 생계는 이어 갈 수 있다.

내가 시작한 모든 회사는 게임처럼 만드는데 5,000달러 미만의 비용이 들었다. 그리고 모두 비대칭적 수익의 잠재력을 가지고 있었다. 내가 평범하게 실행해도 말이다. 사업 A와 사업 B 사이의 결정은 내가 수년 전 직면했던 선택이다. 사업 A는 리무진 서비스를 인수하는 것이고 사업 B는 리무진 업계를 위한 인터넷 서비스를 시작하는 것이었다. 실행은 좋은 수준이었고 나는 중류의 생활 대신 재정 자유를 누리는 삶을 보상받았다.

평범함을 최적화시키는 쳇바퀴 게임이 아닌 인생을 바꾸는 게임에 참여하라. 비대칭적 수익을 얻으려면 기대 가치를 끌어올리는 상당한 잠재 결과의 기회를 선택해야 한다. 사업 경험도 직장을 다닌 적도 없다면 0의 가능성을 일말의 가능성으로 바꾸는 것도 벅차다. 작은 일부터 시작해야 한다. 그것만으로도 아주 좋다. 결국 우리는 학습 가능한 잠재 기술을 최대 결과를 내는 기회, '무의 가능성'을 '유의 가능성'으로 바꾸는 기회와 연결시키고 있다. 그렇게 하면 성공은 행운의 문제가 아닌 가능성과 기대 가치의 문제가 된다.

 핵심 개념

- 당신의 기술 혹은 잠재 기술을 최대 잠재 결과와 연결시켜 비대칭적 수익과 기대 가치를 최대화시켜라.

- 잠재 결과가 큰일을 하면 확률이 낮더라도(1% 미만) 당신의 노력에 대한 최대의 기대 가치를 얻고 평균 이상의 실행만으로도 충분한 보상을 얻는다.

- 단기적 잠재력에 대한 성공 가능성이 0인 기회는 피한다.

- 안전한 사업, 작은 TAM에 손을 대는 일은 가능성은 높지만 기대 가치가 마이너스인 경우가 많다.

- 기대 가치에는 유용한 많은 시도, 실패나 손실이 필요하다.

사막의 시간
2017년 6월 17일 토요일

트로트만 부부는 식탁에 앉아 있다. 주
간 임원회의가 열리는 토요일 밤이다. 하지만 제프와 샘은 둘 다 사업
이야기는 하지 않는다. 칼갈이 사업을 시작하기로 결정한 지 5개월이
지났다. 제프는 사업이 진행 중이라고 생각했지만 그들이 마지막으로
회의한 것은 3주 전이다.

매디슨이 친구 집에 자러 가서 제프와 아내만 늦은 저녁 식사를 하
고 있다. 벨라가 간간이 침 흘리며 식탁에 접근하는 것 외에는 기분 나
쁜 침묵이 감돈다. 제프는 혹시 자기가 잘못한 일이 있는지 되돌아보았
다. 아내는 파스타를 입에 넣으며 텅 빈 눈으로 휴대폰을 바라보았다.
제프는 휴대폰에 아무런 메시지도 떠 있지 않은 것을 보고 슬며시 아내
를 쳐다보았다. 어두운 심연에 홀린 것처럼 공허한 눈빛이다.

지난 몇 주 동안 그의 아내는 우울했고 딴 세상에 있는 듯했다. 그 역

시 사업 진행에 만족하지 않았지만 그 때문에 영향을 받지는 않았다. 그는 칼갈이 사업을 그만두고 싶었지만 그 문제를 입에 올리기가 두려웠다. 아내의 침울함은 그녀도 똑같은 느낌일 수 있다는 암시다. 사업에 대해 느꼈던 에너지와 열정은 사라졌다. 추월차선이나 자유를 찾는 데 대한 흥분도 사라졌다.

몇 달 전 그들은 회원제 칼갈이 사업을 시작하기로 뜻을 모았다. 그들은 물류에 대해서 잘 알지 못했다. 고객을 위해 과정이 매끄러워야 한다는 것 외에는 거의 아는 것이 없었다. 그들이 만난 첫 번째 문제는 칼갈이 장비가 생각보다 비싸다는 것이었다. 엄청난 운송비용이 들었고 맞춤형 배송 상자가 필요했다. 칼을 가는 데 실제 소요된 시간을 제외하고도 필요한 비용이 많았기 때문에 제프는 수익률을 계산할 수가 없었다. 몇 주 전, 샘은 그녀의 '할 일' 리스트와 관련 비용을 검토하면서 말했다. "해결하기 쉽지 않은 문제가 산더미인데?" "그 문제를 다 해결하면 차고에서 칼을 가는 것은 누가 하지?" 제프가 퉁명스럽게 덧붙였다.

해결이 필요한 사업 문제 외에도 일상의 소소한 문제가 추가되었다. 샘의 간호 그룹이 근무지를 머시 병원으로 옮기면서 그녀의 통근 시간이 25분 길어졌다. 새로운 의사와 절차에 익숙해지느라 스트레스가 가중되었고 그녀에게는 꿈에 나눌 에너지가 거의 남아 있지 않았다.

토요일 주간 임원회의를 빼먹기 시작했다. 그것은 누구도 이야기할 만한 진전이 없다는 것을 암시한다. 아무런 행동도, 결과도 없다. 설상가상으로 매디슨의 귀에 염증이 생겨 7시간 동안 소아과 응급실에 있어야 했고 한동안 병원에 다녀야 했다. 매디슨의 아홉 번째 생일 파티도 취소되었다. 삶의 여러 방해 요소 때문에 각본 탈출의 꿈은 자꾸만 멀어지는 듯했다.

드디어 제프가 침묵을 깼다. "수지가 맞지 않아." 휴대폰에 꽂혀 있던 샘의 시선이 잠시 초점을 잃었다. 그는 입술을 깨물며 식탁을 두드렸다. "샘? 우리 사업 이야기야. 칼을 가는…." 샘은 시간이 멈춘 것처럼 천천히 고개를 끄덕였다. 표정은 굳어 있고 그녀의 파란 눈은 제프가 아닌 허공을 보는 듯 어둠에 잠겨 있다. 그녀는 기운 없는 목소리로 단조롭게 말했다. "그렇지…, 우리 일이지."

제프는 그녀의 얼굴에 드러나는 괴로움을 포착했다. 충격, 혼란, 슬픔, 그러나 또 한편으로는 운명을 받아들이는 것처럼 조심스럽게 조절되고 있었다. 샘은 목 뒤를 문지른 후 휴대폰으로 다시 시선을 돌렸다. 그리고 거기 비친 자기 모습에 배신이라도 당한 것처럼 시선을 고정했다. 제프는 그녀의 손목에 손을 얹었지만 아무 말도 하지 않았다. 그는 무엇인가 심각한 일이 생겼다는 것을 감지했다. 칼이니 기계니 맞춤형 상자니 하는 것보다 심각한 무언가 말이다.

"샘아." 그가 부드럽게 물었다. "무슨 일이야?" 그녀가 고개를 들어 그를 보았다. 눈에는 눈물이 가득하다. 손을 남편의 무릎 위에 올린 그녀가 입술을 꼭 다물고 침을 꿀꺽 삼켰다. 또 한 번 망설이면서 시선이 허공을 맴돌았다. 마침내 그녀가 입을 열었다. "나 임신했어."

057 황량한 사막 원리

황량한 사막에 꿈의 무덤을 만들지 말라

 기업가로서 만난 첫 고객은 여러 면에서 첫 키스나 첫사랑과 비슷하다. 나의 첫 번째 고객은 플로리다 멜버른에 사는 줄리라는 여성이었다. 나는 그녀의 이름을 아직도 기억한다. 내가 황량한 사막을 탈출하는 것을 줄리가 도왔기 때문이다. 그녀에게서 얻은 것은 돈만이 아니다. 사막에서 탈출할 수 있는 물을 얻었다.

황량한 사막 원리는 당신의 사업 과정이 어렵고 포기할 정도로 의욕이 떨어지는 순간이 온다고 말한다. 그런 일이 일어나면 당신은 황량한 사막에서 길을 잃는다. 이름이 암시하듯 황량한 사막은 극심한 고통의 단계다. 이 시기에 당신은 목표가 흐려지는 것, 더 심하게는 사라지는 것을 느낄 수 있다. 아이가 아프고 직장 일은 고되고 예상하지 못했

던 청구서를 받고…. 시련이 당신을 막아선다. 해야 할 일과 해결해야 할 문제가 쌓여 간다. 의욕은 줄어들고 삶의 소소한 시련으로 꿈에 금이 간다.

안타깝게도 사막은 통과의례다! 모든 성공 스토리는 이 과정을 거쳤다. 당신도 반드시 거쳐야 한다. 피드백 루프가 연결되지 않은 채 오랜 시간이 지나면 사막은 더 거칠어진다. 사막에 들어선 대부분의 사람들은 꿈과 함께 죽음을 맞이한다. 추월차선 기업가가 되려고 '노력'하다가 한 번 실패하고 그만둔다면 사막은 당신의 이름을 중도 포기자 리스트에 기꺼이 추가한다. 당신은 50km의 여행 중 겨우 1km 이정표에 도달했을 뿐이다.

임신과 같은 행잉 커브에서 실직과 같은 슬라이더에 이르기까지 변화구는 사막이 당신의 끈기를 시험하는 방법이다. 사막은 당신의 목표가 뚜렷한지 당신이 정말로 절실한지 알고 싶어 한다. 사막은 당신이라는 책이 신문의 헤드라인을 장식할 이야기인지 아니면 쓰레기통에 들어갈 이야기인지 알고 싶어 한다. 황량한 사막이 기다리고 있다. 꿈을 지켜라! 그렇지 못하면 꿈은 사막의 모래 속으로 사라진다.

◈ **핵심 개념**

- 황량한 사막의 시기, 피드백 루프가 단절되고 의욕이 떨어지고 그만두고 싶은 마음이 굴뚝같은 시기가 있다는 것을 염두에 두어라.
- 황량한 사막은 꿈이 죽음을 맞이하는 곳이다.

058 야구 원리

한 번의 스윙으로 시즌 우승을 거머쥘 수는 없다

 야구나 소프트볼을 해본 적 있는가? 배트를 한 번 휘두른다고, 게임에 한 번 나선다고 프로가 될 수는 없다. 여러 시즌이 쌓여야 프로로 나설 경력이 된다. 매 시즌은 좋은 경기와 나쁜 경기로 가득 차 있다.

야구 원리는 배트를 몇 번 휘두른다고 해서 사업가가 되는 것은 아니라고 말한다. 한 게임에서, 3타수 무안타를 기록할 수도 있고 뜬공을 쳐서 아웃이 될 수도 있고 삼진만 두 번 기록할 수도 있다. 도메인을 등록하거나 코딩 책을 읽거나 아이디어를 적는 등 한 번의 시도는 하나의 행동, 한 번의 스윙이다. 웹사이트를 개설하거나 페이스북 광고를 내거나 블로그에 글을 올리는 것은 한 번 타석에 오르는 것이다. 전체 게임은 이런 일련의 행동과 그에 대해 당신이 보이는 반응의 결과다. 한 시

즌은 지나야 의미가 생긴다. 그쯤 되어야 사업이 진정한 실패인가 성공인가를 가릴 수 있다.

성공을 위해서는 보통 1루타, 2루타, 3루타, 홈런 등으로 수준이 다양한 몇 개의 시즌이 필요하다. 문제는 대부분의 사람들이 첫 경기를 마치고 야구를 그만둔다는 점이다. 심지어 한 번 타석에 선 후 그만두는 사람도 있다. 당신의 첫 타석, 당신의 첫 경기는 분명 형편없다.

야구와 마찬가지로 사업에는 많은 부침, 부진의 연속, 승리와 패배가 있다. 좋지 않은 마케팅 경로를 선택해서 1,000달러를 잃을 수도 있고 주문을 잘못 받아 엉뚱한 물건을 제작할 수도 있다. 적절하지 못한 구매 권유 방법 때문에 좋은 새 고객을 놓칠 수도 있다. 이처럼 사업은 대단히 변덕스럽다.

예를 들어 동전 던지기에서 연달아 두 번 지는 것(25%의 확률)은 드문 일이 아니다. 그 결과는 행운도 불행도 아니라는 것을 기억하라. 하지만 일곱 번 연속으로 지는 것은 0.0078125, 0.7%의 확률이다. 물론 사업에서 꼭 1,000번 실패해야만 하는 것은 아니다. 그렇지만 '단 한 번의 시도'가 들어맞는 일은 매우 드물며 한 번의 시도로는 기대 가치의 실험 대조차 오르지 못한다. 눈을 가리고 공중에 막대를 휘두르면서 피냐타 통(사탕 바구니)이 열리기를 기대하는 것과 다르지 않다.

다행히 실패한 시즌은 성공한 시즌보다 훨씬 짧다. 2년 동안 나는 여섯 번의 실패한 시즌을 겪었다. 이는 여섯 시즌에 걸친 경험과 교육을 얻어서 다음 시즌의 성공 가능성을 높였다는 뜻이다. 성공한 일곱 번째 시즌은 4년간 이어졌고, 여덟 번째 시즌은 7년, 아홉 번째 시즌은 8년 동안 계속되어 현재까지 이어지고 있다. 아홉 번 타석에 서서 세 번의 안타를 쳤다(타율은 3할이다). 나는 내 모든 안타를 1루타와 2루타로 분류한다. 내 포럼의 기업가들의 사례를 보면 이윤을 내기 전의 평균 실패 횟수는 약 8회다.

'한 번의 시도'로는 대단한 것을 얻을 수 없다. 한 번의 시도로 근사한 수플레를 구울 수 없다. 한 번의 시도는 잠시 동안 기분을 끌어올리는 1회분의 도파민과 같다. 방금 야구를 시작해 야구 배트를 사러 다니면서도 마음속으로는 대학에 1년만 있다가 바로 프로로 전향할 계획을 세우는 것이 사람이다. 노력을 계속하여 시간을 절약하라. 각본 탈출은 한 번 시도로 성공하는 행운이 아니라 평생을 살아가는 삶의 방식이다.

 핵심 개념

- 기업가로서의 성공은 야구와 비슷하다. 한두 차례 타석에서 배트를 휘두르는 것으로는 성공은커녕 자신감도 얻을 수 없다.
- 사업 경력은 타석, 게임, 시즌으로 축적되어야 한다.
- 큰 기대 가치를 활용하여 성공하려면 여러 차례 타석에 서서 게임에 임해야 한다.
- '한 번의 시도'로 훌륭하고 오래 지속되는 것을 얻을 수는 없다.

059 확률 조정 전략

행운을 꿈꾸지 말고 확률로 행운을 조정하라

 나는 2020 추월차선 서밋에서 강연하던
중 무대 위로 올라올 자원자가 없냐고 물
었다. 청중의 20%만 손을 들었다. 자원자로 고른 남자가 무대에 올라
왔다. 나는 즉시 그에게 빳빳한 50달러 지폐를 주고 이렇게 말했다. "감
사합니다. 이것을 받으세요. 이제 자리로 돌아가셔도 됩니다." 청중들
은 웃었지만 어안이 벙벙한 표정이었다. 그 후 왜 자원자가 적었는지를
조사했다. 가장 보편적인 답 3가지는 '불확실성', '편안함', '내성적인 성
격'이었다. 청중 모두 기업가였는데도 말이다!

그 뒤에는 냉혹한 진실이 있다. 당신이 성공하지 못하는 이유는 많은
사람들이 자원하지 않은 이유와 같다. 아무것도 하지 않은 이 남자에게
50달러를 준 후 내가 다른 자원자를 청했다면 얼마나 많은 사람들이 손

을 들었을까? 장담컨대 100%일 것이다. 불확실성이 사라지고 성공 확률이 눈에 보이기 때문이다. 50달러를 공짜로 받은 사람은 운이 좋았던 것일까? 아니면 손을 들어 확률을 높인 것일까?

동전 던지기에서 답을 맞히는 것에 500만 달러를 제안한다고 가정해 보자. 내기에서 지면 당신은 자신의 불운을 한탄한다. 이런 종류의 잃어버린 기회는 오랫동안 상처를 남긴다. 또 한 번 동전 던지기 기회가 생겼고 이번에는 당신이 이겼다고 가정해보자. 다만, 당신은 50달러도 500만 달러도 아닌 1달러라는 형편없는 상금을 받았다. 지금 당신은 자신을 행운아라고 생각할까? 아니다. 엄청난 희생 뒤에 얻은 이 승리는 앞선 동전 던지기에서 500만 달러를 따지 못한 불행이라는 관점을 바꾸지 못한다. 오히려 상처에 소금 뿌리는 일이 될 것이다.

하지만 동전 던지기의 우승 확률은 두 경우 모두 정확히 같다. 두 번의 게임에서 유일한 차이는 보상과 결과에 얽힌 감정뿐이다. 달리 말해, 확률이 똑같아도 행운은 눈에 띄는 결과가 나왔을 때만 느낀다. 또 달리 표현하면 행운은 감정의 일이고 확률은 논리의 일이다.

그렇다면 확률을 어떻게 조정할까? 당신이 하는 모든 선택이 확률을 긍정적으로 혹은 부정적으로 조정한다. 당신이 매일 옳은 선택을 하면 확률은 지속적으로 높아진다. 어느 시점이 되면 낮은 확률이 상당히 높은 확률이 된다. 잘못된 선택을 하면 당신에게 반하는 방향으로 확률을 조정하게 된다. 어떤 경우든 운을 탓하게 되고 감정은 들끓는다.

기업가인 당신은 확률과 확률의 결과를 움직이는 대단한 힘을 가지고 있다. 즉, 당신은 게임의 변수를 바꿀 수 있다! 가상의 가치 게임으로 돌아가서 당신은 당신이 추구하는 기회에 영향을 줄 수 있고(TAM을 통한 잠재 보상), 기꺼이 게임에 참여함으로써 당신의 노력에 영향을 줄 수 있다. 게임을 많이 할수록 확률은 높아진다. 동전을 더 많이 던져라! 동전을 한 번 던지고 포기하는 기업가는 기대 가치를 높이고 확률을 높일 기회를 놓친다는 것을 기억하라.

많은 기업가의 문제는 타석에 올라 한 번 배트를 휘두르면 작은 보상이라도 받을 것이라고 생각한다는 데 있다. 거기에는 당신이 통제할 수 없는 수많은 변수가 있다. 변수는 확률에도 영향을 준다. 별일 아니다. 그런 게 인생이다. 확률 조정은 통제 불가능한 것을 통제하는 일이 아니고 당신이 할 수 있는 것을 통제하는 일이다.

- 당신은 잠재 레버리지로 시스템 내의 어려운 일을 통제할 수 있다.
- 당신은 CENTS를 뼈대로 사용하거나 사용하지 않을 수 있다.
- 당신은 시간을 보내는 방법을 통제할 수 있다.
- 당신은 시스템에 얼마나 많은 '시도'를 입력할지 통제할 수 있다.
- 당신은 소비 기반 돈 쫓기를 할 것인지 가치 부가를 할 것인지 통제할 수 있다.
- 당신은 자신의 정신이 생각하는 방법, 사건을 분류하는 방법을 통제할 수 있다.
- 당신은 0이 아닌 확률이 제거되고 유리한 기대 가치 배팅이 이루어지는 시스템 내에서 일하는 것을 통제할 수 있다.
- 행운과 확률을 바라보는 방식을 통제할 수 있다.

• 이 책에 소개된 원리를 얼마나 많이 따를지 통제할 수 있다.

확률은 말도 안 되는 수학적 마법이고 당신의 선택은 마법 지팡이다. 훌륭한 사업 기회를 선택하면 좋은 보상과 결과를 얻는다.

수학적 우위를 점할 수 있는 선택을 하라. 중요한 유일한 법칙은 수학이다. 높은 기대 가치 결과가 따르는, 노력이 비대칭적 보상을 주고 제로 확률을 제거하는 기회를 추구하고, 동전을 더 자주 던져 확률을 조정하라. 그렇게 하면 당신 손으로 결과를 바꾸게 된다. 사업은 내가 무대에 서서 현금을 나누어 주는 상황과 같다. 손을 들면 성과가 있다. 손을 충분히 자주 들면 반드시 행운이 찾아온다.

 핵심 개념

• 당신의 모든 선택은 좋은 쪽으로든 나쁜 쪽으로든 확률을 조정한다.
• 행운은 감정적이고 추상적이며 확률은 구체적이고 논리적이다.
• 어떤 확률적 사건이든 보상이 커지면 감정도 격해진다.
• 확률 조정은 시간을 보내는 방법, 선택한 기회, 만나는 친구 등 당신이 통제할 수 있는 것의 확률을 변화시키는 일이다.
• 당신 눈에 보이지 않더라도 확률은 존재한다.
• 더 나은 선택은 더 나은 확률과 행운을 불러온다.

060 수치 분석 전략

계산기를 두드려 숫자를 당신에게 유리하게 만들어라

최근 한 발명가가 우리 포럼을 방문해서 자신의 제품을 공개했다. 체중계를 벽에 거치할 수 있게 하는 기구였다. 욕실이 작은 사람들의 니즈를 해결해주는 제품으로 보였다. 그 제품에 대해서는 엇갈린 의견이 나왔다. 좋아하는 사람도 있고 싫어하는 사람도 있었다. 단, 가격 문제에 대해서는 모두 합의했다. 이 제품의 상대 가치가 설정된 기준 소매가격 99달러에 이르지 못한다는 것이었다. 19달러나 29달러에 가까웠다. 제품이 매력적인 소매가격으로 생산될 수 없고 발명가에게 충분한 이윤을 제공할 수 없다면 발명가는 아이디어를 진전시켜서는 안 된다는 것이 내 개인적인 생각이다. 다음은 어떤 아이디어가 추구할 가치가 있는지 결정하기 위해 계산기를 두드려 보아야 할 수치다.

- 판매 가격 : 가격이 소비자가 구매할 정도의 충분한 상대 가치와 인지를 기반으로 설정되었는가? 이윤을 남기기 위해 설정되었지만 판매를 거의 할 수 없는 독단적 가격은 아닌가?
- 제조원가 : 하나의 상품 단위를 생산하는 데 드는 비용
- 단위당 순이익 : 판매 가격에서 제조원가를 뺀 이익
- 고객 획득 비용 : 마케팅을 통해 한 명의 고객을 찾는 데 드는 비용
- TAM이 기대 가치를 높일 만큼 충분히 큰가?
- 아이디어에서 출시, 첫 매출까지의 초기 비용은 얼마인가? 당신의 재정 상황에 적정한가?
- 새로운 고객의 구매는 반복적인가 일회적인가?
- 제품을 고객에게 이르게 하는 경로와 매체가 존재하는가?

사업으로 부를 이루기 위해 내 포럼을 찾는 기업가 중에는 이런 계산을 해보지 않은 사람이 깜짝 놀랄 만큼 많다. 잠재 이익이 당신 노력만큼의 가치가 있는가? 생계를 유지하는 데 충분한가? 당신의 삶을 바꿀까? 당신이 투자한 시간이 잠재 보상을 보장할까? 그저 유사 직장을 만들고 있는 것은 아닌가?

체중계 거치 장치의 경우, 계산상으로는 그리 좋은 수치가 나오지 않았다. 제품이 욕구를 충족시키는 것은 맞지만 고객에게 가치를 전달하고 기업가에게 상당한 이익을 주는 방향에서는 그렇지 않았다. 하나를 얻으려면 다른 하나는 포기해야 했다. 더구나 한 번 구입하면 그 고객(이 제품의 경우 가족 단위)이 제품을 추가로 구입할 가능성이 낮았다.

사업이란 발명이든 CENTS를 기반으로 한 기업이든 피자 가게든 아주 힘든 일이라는 것을 명심하라. 특화 상품과 비즈니스 시스템을 만들고 있다면 수치가 당신에게 유리한지 꼭 확인해야 한다.

 핵심 개념

- 어떤 사업이든 시작하기 전에 판매 가격, 제조원가, 고객 획득 비용, TAM, 광고 매체 등 사업 모델과 관련된 수치를 광범위하게 분석해야 한다.
- 계산상으로 레버리지와 비대칭적 수익을 유발하지 못한다면 최고의 사업 아이디어가 될 수 없다.

061 최적 경험 전략

고객 경험을 최적화하는 사업 모델을 선정하라

2007년 초, 넷플릭스는 DVD를 우편으로 보내는 사업 모델을 변경하면서 온라인 스트리밍 서비스를 시작했다. 데이터전송 기술이 발전하면서 실물 DVD를 배송하는 것이 지속 불가능한 사업 모델이라는 점이 확실히 드러났다. 그런 '조정'을 거치지 않았다면 넷플릭스는 블록버스터처럼 파산했을 것이다. 실패라는 말이 나와서 말인데, 2000년 넷플릭스가 블록버스터에 자사 지분 49% 인수를 제안했을 때 그 가격이 5,000만 달러에 불과했다는 것을 아는가? 블록버스터는 거절했다.

어쨌든 아무리 사업 아이디어가 좋아도 적절치 못하거나 곧 도태될 사업 모델과 결합하면 실패할 운명에 처한다. 동네는 좋은데 집이 좋지 않은 셈이다. 올해는 훌륭한 사업 모델이라도 내년이 되면 형편없는 것이 될 수 있다. 나도 사업에서 이런 문제를 직접 겪었다. 고객의 기대가 변하면서 내가 최적 고객 경험을 제공하지 못하게 된 것이다. 최적 고객 경험의 열쇠는 최적 사업 모델을 찾는 것이다.

사업 문제를 해결하려고 애쓸 때는 고객 경험을 '손가락만 까닥거려' 소원을 이루어주는 램프의 요정처럼 생각하고 시작해야 한다. 돈과 자원이 무한하다면 최고의 고객 경험은 어떤 모습일까? 최고의 고객 경험에서 시작해서 거꾸로 일을 해 나간다면 적절한 사업 모델을 찾는 데 도움이 된다. 여기에서 문제는 그 사업 모델로 계산을 맞출 수 있느냐이다. 타산이 맞을 수도 있고 그렇지 않을 수도 있다.

칼갈이 사업을 예로 들어 보자. 칼이 무뎌지는 것은 문제의 하나임이 분명하고 나는 칼 가는 것을 끔찍하게 싫어한다. 따라서 좋은 사업, 즉 좋은 동네임에는 틀림없다. 하지만 내 경우에는 칼을 상자에 넣어서 우편으로 보내는 것을 상상할 수가 없다. 칼을 상자에 넣어 보낸 뒤 일주일을 기다려서 돌려받는다? 이것은 엉뚱한 집 초인종을 누르는 것과 다름없다.

최적의 고객 경험에서 시작해 거꾸로 사업 모델을 찾는다면 그것은 어떤 모습이며 어떤 느낌을 줄까? 무딘 칼을 가는 데 가장 편리한 고객 경험은 무엇일까? 기능적인 견지에서 사람들이 우편으로 칼을 보내는 것이 합리적이라고 생각되는가? 칼을 보내고 난 뒤에는 어떤 칼을 사용해야 하나? 이것이 해결해야 할 문제인 것은 맞다. 그런데 과연 해결할 가치가 있는 문제일까? 자동차 타이어를 갈아 끼우는 데 일주일이 걸린다면 어떨까? 이런 '문제'의 답은 각 가정을 방문하는 순회식 상품 단위여야 한다. 집에 방문한 기술자는 차에서 무딘 칼을 갈아서 1시간 내에 돌려준다.

최적의 경험을 확인하면 그 경험이 제시하는 문제에 대해서 거꾸로 일을 해 나간다. 차에서 칼을 갈 수 있을까? 어떤 문제가 있을까? 가격은 얼마로 해야 할까? 노동에서부터 차량 비용까지 일에 드는 비용은 얼마일까? 하루에 일을 얼마나 할 수 있을까? 차를 늘리고 여러 지역, 여러 주로 확대할 수 있을까?

최적의 고객 경험과 해결된 문제는 수치를 보여줄 것이고 당신은 그 수치가 적절한지 아닌지를 바로 판단할 수 있다. 수치가 적절하다면 문제 해결을 시작한다.

 핵심 개념

- 욕구와 문제를 기반으로 하는 좋은 아이디어를 찾아도 그 아이디어를 실행하는 사업 모델은 좋지 않을 수 있다.
- 사업 모델을 확인하기 위해서는 최고의 고객 경험에서부터 거꾸로 해법을 추적해서 문제를 해결한다.
- 최적의 고객 경험으로부터 사업 모델을 확인해도 거기에 수학적인 수익 가능성과 확장 가능성이 있는지 판단해야만 한다.

불평의 가치

2017년 6월 22일 목요일

"토요일 말고 오늘 만날까?" 제프의 문자다. 잠시 후 다시 알림이 울렸다. "가능한 한 빨리 이야기를 좀 해야겠어." 샘이 답장을 보냈다. "나 11시부터 일해. 토요일까지 기다릴 수 없겠어?" "알아. 하지만 기다릴 수가 없는 일이야." 샘이 알겠다는 답장을 보냈다. 무엇이 그렇게 급한지 궁금했다. 말도 안 되는 티셔츠 사업 같은 것에 또 1,400달러를 날린 것은 아닐까? 3시간 동안 마음을 놓을 수가 없었다.

제프는 계단을 달려 올라오더니 서류 가방을 내려놓고 샘 옆에 앉았다. 그는 니브와 연필을 꺼내며 피식 웃었다. 그는 급히 페이지를 넘기기 시작했다. 제프가 고민하는 것이 아니라 흥분해 있다는 것을 깨닫자 안도감이 찾아왔다. 샘이 말했다. "주말까지 기다릴 수 없는 게 뭐야?" 제프는 샘을 보며 연필로 테이블 위를 빠르게 두드렸다. "엠제이가 기회가 언어 속에 숨어 있다고 한 거 기억나? '정말 싫어'나 '정말 지긋지 긋해'와 같은 불만에서 나오는 말들 말이야. 지난주 내내 그런 말을 들 으려고 애를 썼는데 전혀 듣지를 못했어." 그는 다시 니브를 흘끗 본 후 말을 이었다. 말은 더 빨라졌다. "그래서 작년의 일을 생각해보았지. 직 장이나 생활이나 집 주변에서 놓치고 지나간 불평불만이 있지 않나 하 고 말이야. 그러다 작년 추수감사절 저녁이 생각났어." 샘이 끼어들었 다. "아버님과 트럼프를 두고 입씨름하다가 컵스와 화이트 삭스의 라이 벌 관계에 대해 1시간 동안 다투었던 작년 추수감사절 말이야?"

제프가 웃었다. "그래. 그런데 생각해보니 정치나 야구 이야기만 있 었던 게 아니더라고. 엄마는 네가 채식주의자라는 것을 잊어버리고 칠 면조를 가져왔고 당신은 그 안에 든 것을 먹지 않겠다고 했지. 새의 시 체 속에 든 음식에는 식욕이 생기지 않는다고 말해서 내가 당황했잖 아." 그녀는 움찔했다. 제프가 말을 이었다. "어쨌든 긴장감이 너무 고 조되어서 손을 댈 수가 없었어. 그런데 그날 밤 일 중에서 기억에 남는 것이 있어. 바깥 날씨도 춥고 분위기도 썰렁하고 다른 모든 부정적인 일 속에서도 눈에 띄는 일이 있었다는 말이야!"

그는 의자를 앞으로 기울이며 물었다. "기회가 증오의 언어만이 아 니라 사랑의 언어에도 있다면? 만약 그 사랑이 증오를 해결할 수 있다 면?" 그는 샘이 그의 수수께끼 같은 이야기를 알아듣길 기대하면서 눈 을 깜박였다. "생각해봐, 사만다! 우리가 준비한 추수감사절 저녁에는 가족 간의 말다툼 와중에도 사랑받은 게 있었어."

샘은 미간을 좁히며 생각했다. 잊고 싶은 스트레스로 가득한 가족 모임을 떠올리려 애쓰며 바닥을 응시했다. 시간이 흘렀다. 그러다 살짝 문을 두드리는 소리처럼 무엇인가 떠올랐다. 그녀가 그 일을 기억하면서 노크 소리는 크게 변했다. 그리고 산사태처럼 큰 울림이 되었다. 그녀는 고개를 들고 동그래진 눈으로 제프를 보았다. "세상에, 당신 말이 맞아! 어떻게 잊어버리고 있었지?"

그녀는 의자에 다시 등을 대고 믿을 수 없다는 표정으로 천장을 응시했다. 제프가 하는 말이 무엇인지 확실히 깨달았다. "모두 식전 수프를 좋아했잖아. 부모님도 당신 동생과 그 가족들도 내 사촌도 모두가 어떻게 만드느냐고 물었고 말이야. 채식주의자도 아닌데!" 그녀는 생각에 잠겨 관자놀이를 긁적이다가 덧붙였다. "병원에 있는 사람들도 내 수프를 좋아해. 그 사람들도 채식주의자가 아니야." "제니스 말하는 거야?" "그래, 제니스도!" 그녀는 재빨리 제프 쪽으로 몸을 돌렸다. "당신도 내 수프를 정말 좋아하잖아! 누구 못지않게 입맛이 까다로운데 말이야." 그녀는 입술을 만지작거렸다. 눈은 빛나고 있었다.

"당신 수프는 비건만 좋아하는 게 아냐." 제프가 덧붙였다. "당신은 마트에 비건 수프가 없다고 늘 불평했잖아! 수프를 먹고 싶으면 꼭 만들어야 한다고 말이지." 그녀가 수긍했다. "맞아. 정말 귀찮지. 엠제이가 이야기한 부정적인 언어가 있네!" 두 사람 모두 상대에게 만족스러운 미소를 보냈다. 제프가 갑자기 미소를 지웠다. 당첨된 줄 알았던 복권이 지난주 거였다는 것을 발견한 사람처럼 표정이 완전히 바뀌었다.

"왜 그래?" 샘이 물었다. "그렇게 좋은 아이디어가 아닐지도 몰라." 그가 생각했다. "채식이 짧은 유행이면 어쩌지? 지금은 인기가 있어도 금방 식어버리면?" 샘이 힘차게 고개를 저었다. "안 그래. 난 거의 평생 채식했고 비건이 된 지는 5년이 다 됐어. 채식주의자는 계속 늘어나고 있어. 몇 년 내 주류가 될 거야." 제프가 그녀를 놀렸다. "하지만 당신은 편향된 입장에 있잖아. 당연히 당신은 그렇게 생각하겠지." 그는 그녀를 향해 고개를 끄덕이더니 계속했다. "난 비건과 결혼했지만 버거와 피자를 포기할 생각이 전혀 없거든."

그녀가 입술을 오므렸다. "알아. 하지만 나 같은 많은 사람들이 동물학대 문제 때문에 채식주의자가 되고 있어. 기후와 환경에 관련된 이유도 있고 건강상의 이점도 있지." "건강에 관해서는 논란이 있어." 그가 말했다. "나도 알아." 그녀는 어깨를 으쓱했다. "어쨌든 병원에서 같이 일하는 젊은 여자들의 절반은 채식주의자거나 비건이야. 젊은 세대가 주도하고 있는 추세니까 계속될 것 같아."

제프가 한숨을 쉬었다. "정말이야? 우리한테는 중요한 문제야." 그녀는 자신감 있는 미소를 지었다. "확실해." 제프도 미소를 지었다. "그럼, 결정되었네. 이게 우리의 금광이 될 거야. 비건이 아닌 사람도 당신 수프를 좋아한다면 당신네 비건은 어떻겠어? 우리는 니즈를 발견했고 당신은 맛있는 해법을 가지고 있다고!"

제프는 재빨리 니브를 샘에게 보여주었다. 그가 고백했다. "지난밤에 잠을 못 자서 오늘 회사에서 일을 하나도 못했어." 샘은 도표, 그림, 주소, 전화번호, 알아볼 수 없는 낙서로 가득한 색색의 페이지를 보았다. 그는 짓궂은 미소를 지으며 말했다. "내 평생 비건의 일에 이렇게 흥분한 적이 없었어."

여성이 파는 남성 보호대 전략

내 제품의 최애 고객이 꼭 나여야만 하는 것은 아니다

 칩 윌슨을 아는가? 그는 지구상에서 가장 사랑받는 사람 중 하나가 아닐까 싶다. 더 구나 그는 남성들로부터도 사랑받는다. 윌슨은 1998년에 '요가 바지' 분야를 개척한 룰루레몬의 설립자다. 최근 나온 그의 전기는 아직 읽어 보지 않았지만 짐작건대 윌슨이 평소에 신축성 있는 검은색 타이츠를 직접 착용하고 다니지는 않을 것 같다.

간단히 말해서 상대 가치가 있는 특화 상품을 당신이 직접 사용할 필요는 없다. 당신은 그것이 다른 사람들에게 제공하는 가치만 확신하 면 된다. 상대의 식욕을 채우기 위해 당신까지 배고파야 하는 것은 아 니다. 목이 말라야만 생수를 팔 수 있는 것은 아니다.

전 세계에 산재한, 채워지지 않는 욕구, 필요, 욕망이라면 어떤 것이든 당신이 채울 수 있다. 다른 사람의 갈증을 해소하기 위해서는 그들의 갈증에 대해 이해하기만 하면 된다. 당신까지 갈증을 공유할 필요는 없다. 기업가의 규칙 어디에도 당신이 자기 제품의 열렬한 사용자여야 한다는 구절은 없다. 자신의 제품에, 세계적인 가치 편향에 확신을 가져야만 하는 것은 맞지만 꼭 스스로가 고객이어야 하는 것은 아니다.

무신론자도 성경을 팔아서 수천 달러를 벌 수 있다. 케이컵 캡슐 커피를 발명한 큐리그의 설립자 존 실반은 어떨까? 그는 최근 인터뷰에서 케이컵을 사용하지 않는다고 전했다. 나는 어떨까? 나는 10년간 리무진 관련 사업을 했다. 그동안 리무진을 단 한 번 빌렸다. 반려동물을 키우지 않아도 반려동물 용품을 팔 수 있다. 기회에는 편견이 없다.

상대 가치는 당신이 그 산업에 애정이 있는지 고객과 같은 성별인지 직접 제품을 이용하는지와 아무 상관이 없다. 남성도 브래지어를 팔 수 있고 여성도 남성용 국부 보호대를 팔 수 있다. 그런 문제는 시장이 처리하게 두고 당신은 돈을 버는 데만 신경 쓰면 된다.

 핵심 개념

- 스스로가 당신 제품이나 서비스의 열정적인 사용자일 필요는 없다.
- 노력의 결과, 당신이 고객에게 제공하는 가치, 당신이 세상과 가족에게 만드는 차이에 대해서만 열정을 가지면 충분하다.

063 세상 속으로 행진 전략

세상 속으로 나아가면 다양한 기회를 얻을 수 있다

 십여 년 전 작가가 된 이래, 나는 도서 출판 분야에서 수백 가지의 아이디어와 기회를 포착했다. 아이디어 중 여러 개는 다른 기업가가 내가 본 것과 같은 빈틈을 활용하면서 실현되었다. 마찬가지로 채식 라이프스타일을 채택한 이후에도 같은 일이 일어났다. 나는 지금 채식 산업에서 시기가 무르익은 수십 가지 기회를 지켜보고 있다. 사실 나는 넘치는 아이디어를 기록하는 내 나름의 노트 '니브'가 있다.

개발되기를 기다리고 있는 아이디어로 노트를 가득 채우고 싶다면 세상 속으로 나아가 새로운 취미, 새로운 일, 새로운 목표, 새로운 프로젝트를 시작해야 한다. 세상 속으로 나아갈 때마다 아이디어를 발견할 준비를 갖추어라. 내가 한 모든 사업은 내가 직장에서부터 시장 상호작

용(다중적인 실패), 전문적이고 관찰 가능한 지식에 대한 참여에 이르기까지 세상 속으로 나아갔기 때문에 가능했다.

아이디어가 없다고 불평한다는 것은 현실 세계에 나아가지 않고 자신만의 우물에 갇혀 있다는 것을 의미한다. 소파에 앉아 프링글스를 입에 밀어 넣으며 넷플릭스를 보는 동안은 아이디어를 발견할 수 없다. 오후 12시까지 자고 오후 내내 유튜브를 보면서 아이디어를 찾을 수는 없다. 트로트만 부부는 자신들의 문제를 관찰하는 것만으로 여러 아이디어, 두 사람 모두에게 타당한 기회를 발견했다. 무뎌진 칼은 골칫거리다. 마트에 채식 수프가 없다는 것은 짜증 나는 일이다. 세상으로 나아가서 무엇이 문제인지 무엇을 고쳐야 하는지 찾아보라.

 핵심 개념

- 새로운 아이디어나 기회는 갖가지 유형의 참여, 일, 취미 등에서 발견된다.
- 자신만의 우물에 갇혀서는 아이디어나 기회를 포착할 수 없다.

064 신데렐라 원리

유행을 쫓는 사업은 좋은 사업이 아니다

 내가 발 토시 사업을 하겠다고 이야기하면 당신은 뭐라고 할까? BMX 자전거, 장식용 라바 램프, 팽창식 PVC 의자에 초점을 맞추는 사업은 어떤가? 이들이 유행할 때 기업가들은 그 유행을 쫓았다. 그렇지만 유행은 사그라든다. 유행하는 물건은 오랫동안 팔 수 없다. 유행이 사라지면 결국 사업도 종말을 맞이한다. 신데렐라 원리는 유행에 기반을 둔 사업은 기한이 정해져 있다는 말이다. 수요 자체에 자기 소화성이 있기 때문이다. 시계가 12시를 알리면 회사는 호박으로 변한다.

사업을 시작한다는 것은 충분히 힘든 일이다. 신데렐라 사업으로 스스로에게 불리한 조건을 부여하고 축소시켜서 결국은 절멸하는 TAM에 자신을 묶지 말라. 당신의 전체 시장 규모가 1,000만이라면 다음 해

에는 절반이 될 것이고 그다음 해에는 거의 남아 있지 않을 것이다. 모래시계의 모래처럼 말이다. 비슷한 유형의 행동을 보이는 비슷한 사양 산업을 고려하겠는가? 그래서는 안 된다.

예를 들어 80년대에 BMX 자전거를 전문으로 판매했다면 90년대에는 폐업했을 것이다. 매년 매출이 줄어들었을 것이다. 40년 동안 부활을 기다리는 것은 있을 수 없는 일이다. 고객을 끌어들일 수 있는 다른 라인을 재발명하거나 그게 아니라면 문을 닫아야 한다. 다른 새로운 것에 끌려 BMX를 내던진 10대라면 당신 매장에 있는 전기 자전거나 2인용 자전거에는 관심을 두지 않는다. 다른 재발명이 그렇듯이 다른 고객을 상대로 새로 시작해야 한다.

그렇다면 유행을 표적으로 하고 있는지 긴 수명을 가진 것을 표적으로 하고 있는지 어떻게 알 수 있을까? 유행, 추세, 대세를 구분하는 가장 좋은 방법은 추세의 효용 가치와 문화적 상대성을 파악하는 것이다. 시간이 흘러도 문화가 이런 추세를 지지할까? 그런 진화가 사회를 변화시킬까? 그렇지 않고 그 효용 가치는 취향과 유행의 함수일까? 자동차와 말을 생각해보라. 이메일과 우편을 생각해보라.

트로트만 부부의 이야기에서 식물성 식품이나 고기 대체재는 보다 환경 친화적인 식품 공급원으로 여겨지고 있다. 문화나 정치가는 이런 진화를 지지할 것이라는 주장이 있다. 물론 논란의 여지가 있지만 환경과 건강 측면에서 더 나은 선택이 가치 편향이라는 데는 일말의 의혹이 없다. 이런 자각을 하는 사람이 더 많아지면서 추세에 대한 샘의 가정이 현실화될 가능성이 높다.

유행은 언제나 고정적인 효용 가치의 범주에 들어간다. 기분 반지, 피젯 스피너, 힙색 등은 초기 기업가는 부자로 만들었지만 그 뒤를 따른 사람들은 얼마 안 되는 구매자를 쫓으며 얼마 안 되는 돈을 벌었을 뿐이다.

'저탄고지'를 선도한 앳킨스 다이어트가 유행할 때는 앳킨스 다이어트 센터가 아주 좋은 사업 기회로 보였겠지만 시간이 흐르자 호박으로 변했다. 신데렐라 사업에 발을 들이려면 문화적 변화를 넘어서야 한다. 재발명, 새로운 시작이 필요할 확률이 높다. 사업에 시한장치까지 덧붙여서 이미 충분히 어려운 사업을 더 어렵게 만들지 말라.

 핵심 개념

- 유행, 수명이 짧은 추세는 당신이 그런 유행을 만들거나 선도한 사람이 아닌 한 좋은 사업 기회가 아니다.
- 신데렐라 사업은 유행의 수명에 따라 기한이 있는 사업을 말한다.
- 어떤 추세의 효용 가치와 문화적 지지는 그 유행이 사라질 것인지 혹은 투자할 가치가 있는 유효한 소비자의 변화인지를 결정한다.

밤의 열기 속에서

2017년 6월 29일 목요일

이틀 전에 에어컨이 고장 나면서 집은 찜통이 되었다. 콘크리트로 둘러싸인 시카고 외곽에서는 습한 34도의 날씨가 43도는 되는 것처럼 느껴졌다. 주간 임원회의를 할 시간이다. 제프는 샘이 베이비시터를 부르고 시원한 곳으로 가자고 이야기하길 기대했지만 그녀는 별다른 생각이 없어 보였다. 제프는 사우나 같은 거실을 둘러보았다. "여기에서 회의할까?"

지난 세 번의 저녁 시간 동안 두 사람은 새로운 사업 계획을 세웠다. 채식 수프 사업! 그들은 5년 내 모든 식료품점 선반에 자신들의 제품을 올려 두는 것을 목표로 했다. 놀랍게도 제프는 이미 많은 사전 조사 작업을 마쳤다. 그의 계획은 그녀가 보기에도 매우 타당했고 이번에는 수지도 맞다. 제프는 그녀의 모든 의문과 걱정에 대한 답도 전부 가지고 있었다. 하지만 샘은 여전히 마음에 걸리는 것이 한 가지 있다.

"전에 말했지만 채식 수프 아이디어는 정말 마음에 들어. 그런데 궁금한 게 있어." 그녀는 잠시 말을 멈추고 땀을 닦았다. "혹시 당신…, 내가 노예처럼 더운 부엌에서 수프를 한가득 만들기를 기대하는 거야?" 제프가 이마에 주름을 만들었다. "당신이 내가 노예처럼 차고에서 칼 가는 것을 기대했던 것과 비슷한 건가?"

난처해진 그녀가 히죽 웃었다. 제프는 아내의 무릎에 손을 얹고 그녀를 안심시켰다. "장기적으로 그 질문에 대한 답은 '노'야. 제대로 된 레시피를 만들 때까지만 애쓰면 돼. 우린 코-패커(co-packer)와 일할 거야. 수프를 제조하는 것은 그 사람들이 할 거야. 우리, 아니 당신은 레시피만 제공하면 돼." 그녀의 표정은 풀리지 않았다. "코-패커? 그게 뭐야?" "코-패커는 다른 회사 대신 식품을 제조하는 일을 해."

그녀가 바로 질문을 이어 갔다. "그런데 내 수프가 통조림으로 만들 수 있을지 어떻게 알아? 유통기한은 어쩌지? 내게 방부제에 대한 지식이 필요한 것은 아닐까?" 제프는 100번이라도 해본 것 같은 자신만만한 목소리로 답했다. "대부분의 코-패커는 컨설턴트를 두고 있어. 그리고 우리 코-패커에게 혹시 컨설턴트가 없을 경우를 대비해서 시간 단위로 고용할 수 있는 식품 화학자 2명도 벌써 찾았어."

"그럼 코-패커도 찾은 거야?" "다섯 곳을 찾았어. 비용, 재료 선정, 최소 주문 양 같은 걸 고려해서 어떤 업체가 우리와 가장 잘 맞을지 결정하기만 하면 돼." "5개? 당신 도대체…." "구글에서 찾았어. 처음에 '푸드 프로세서(food processor)'라고 찾았더니 쿠진아트니 바이타믹스니 하는 주방 용품만 나오더라. 2시간을 헤매면서 정말 많은 것을 배웠지. 당신이 알고 싶어 하는 것은 전부 거기 있어. 어떻게 검색하는지만 알면 돼."

"그건 그렇고 물건은 어떻게 팔지? 수프에 대해서도 식품 판촉에 대해서도 아는 것이 없는데…." 제프가 커피 테이블에 놓인 낡은 노트를 집어 들었다. 샘은 낡은 시카고 불스 스티커 위에 턱에 손을 대고 있는 스티브 잡스의 사진이 붙어 있는 것을 알아차렸다. 남편이 어떤 페이지를 펴서 가리켰다. 숫자가 잔뜩 적혀 있고 내용을 읽을 수는 없었다. 그녀는 어깨만 으쓱할 뿐 아무 말도 하지 않았다. "이게 우리 마케팅 계획이야. 시장에 나갈 방법은 엄청나게 많아." 그가 환한 미소를 지었다. "그리고 엄청난 돈이 우리를 기다리고 있지." 그는 막 암 치료법을 발견한 과학자처럼 손을 비볐다. 마침내 그녀의 얼굴에 미소가 번졌다.

수년 만에 처음으로 그녀 역시 그녀의 꿈이 가능성 있는 일로 느껴졌다. 아직 확실한 것은 아니지만 5~10%보다는 좀 더 높을 듯했다. 그녀가 들뜬 목소리로 물었다. "좋아, 라이라이. 그럼 다음은 뭐야?"

그는 미소를 지어 보이고 승리의 표시처럼 두 손을 들었다. "가장 재미있는 부분이지! 당신이 부엌에 들어가서 수프를 만드는 거야. 3가지 레시피로 시작하는 게 좋을 것 같아. 거기에서 출발하는 거지." 그가 레인지를 가리켰다. "평소대로 하되 재료와 양을 기록해. 몇 가지 제조법이 필요할 거야." 그녀는 고개를 저으며 화냈다. "에어컨이 수리될 때까지 내게 요리는 기대하지 마. 집이 사우나 같아!" "내일 수리하는 사람이 올 거야." "다행이네." 그녀는 눈을 빛내며 일어섰다.

065 최상 경로 전략

경로를 확인하고 실행 로드맵을 찾는다

 차를 타고 사막을 지나다가 타이어가 터지면서 멈추었다. 당신은 차를 고치는 방법을 모른다. 두뇌에 지식을 바로 다운로드할 수 있다면 어떤 것을 다운로드하겠는가? 수플레 만드는 법? 펑크 난 타이어를 때우는 법? 이것은 기획 및 행동과 관련이 있다. 궁극적으로 기업가가 실패하는 것은 스스로가 직면한 문제와 관련 없는 정보를 주입하기 때문이다. 펑크 난 타이어를 때우는 법을 다운로드하는 대신 다른 지식, 그들을 나아가게 할 힘이 없는 지식을 흡수한다. 수플레 만드는 법은 흥미롭기는 하지만 당면 문제를 해결하지는 못한다.

펑크 난 타이어처럼 해결할 문제와 필요를 따라간다면 다음에 해야 할 일이 무엇인지는 바로 파악할 수 있다. 길을 잃을 리가 없다. 타이어

가 터지면 바로 문제를 평가한다. 그다음 바로 문제 해결 모드에 들어간다. 이렇게 하면 '다음에 해야 할 일'이 명확해진다. 갓길에 차를 대고 타이어를 바꾸어 끼운다. 그게 아니라면 보험 서비스나 친구에게 도움을 청한다. 당신의 문제가 당신의 다음 행동 방침을 결정한다.

문제가 규정되지 않으면 해법 및 해당 로드맵도 규정되지 않는다. 기업가 지망생들이 아무것도 하지 않으면서 책만 열심히 읽는 것도 이 때문이다. 그들은 사업을 시작하지도 이윤을 남기지도 않는다. 왜? 그들은 외부적으로는 시장에서, 내부적으로는 부족한 재능 탓에 문제를 직면하는 데 실패했기 때문이다.

독자의 질문은 또 있다. "어디에서부터 시작해야 하지요?" "다음에는 무엇을 하지요?" 내가 작가로서 실패한 것일까 독자가 이해하는 데 실패한 것일까? 문제를 해결하고 프로세스를 개선하고 상대 가치를 제공하는 문제 전문가가 되면 다음에 해야 할 일이 더없이 명확하다!

- 나는 인공색소, 인공감미료, 화학물질을 사용하지 않는 천연 보충제 라인을 만들고 싶다.
- 글루텐과 유제품이 들어가지 않는 피자 라인을 만들고 싶다.
- 각본화된 금융의 속임수를 드러내는 책을 쓰고 싶다.
- 고대 로마를 주제로 하는 스포츠 바를 내고 싶다.

상대 가치 목표와 가치 편향을 확인하면 바로 로드맵이 생긴다. 그것이 당신의 GPS다. 평범함에서 각본 탈출로 가는 방법을 조명하는 모든 로드맵에는 지방도, 고속도로 등으로 이루어진 다양한 조합이 있다. 당장의 문제에 주의를 기울이지 않으면 길을 잃거나 불필요한 우회로로 돌아가기 쉽다. 간단히 말해 정확한 행동 방침은 첫 번째 고객에게 이르는 최단 거리 경로, 즉 최상 경로다. 경로에는 연결이 필요한 점과 연결이 불필요한 점이 있다. 붉은색 가죽 쿠션 의자와 마호가니 책상, 이름이 새겨진 고급 문구류가 정말 필요할까?

중요한 점을 연결하지만 그렇지 않은 것은 무시하는 것이 당신이 할 일이다. 한 점은 CAD 디자이너의 고용, 또 다른 점은 제조업체 선정, 또 다른 점은 표적 고객 대상 마케팅 방법의 학습 정도가 된다. 적절한 점을 연결하는 데는 며칠, 몇 주, 심지어는 몇 달이 필요할 수 있기 때문에 최상 경로 밖에 있는 점은 제거한다. 이 조치가 나를 첫 번째 고객에게 더 가까워지게 만드는가? 당신이 제공하고자 하는 상대 가치를 확인하면 로드맵(최상 경로), 적절한 다음 단계를 찾을 수 있다.

 핵심 개념

- 해결하려는 문제의 인도를 받는다면 항상 다음 할 일이 무엇인지 알 수 있고 여간해서는 길을 잃지 않는다.
- '어디에서 출발할지' 모른다면 이미 실패한 것이다.
- 최상 경로는 당신의 아이디어와 당신의 첫 번째 고객 사이의 최단 거리 경로다.

066 적절한 책 전략

시간을 낭비하는 책을 덮고 문제를 해결하는 책을 읽어라

 추월차선 포럼에서 가장 많이 받는 질문은
두 가지다. 첫 번째는 아이디어를 찾는 일
에 대한 질문이다. 두 번째는 추천 도서에 대한 질문이다.

사업을 하려는 기업가는 끝도 없이 문제에 부딪힌다. 3A 방법론을
사용하고 있다면 그것이 다음에 읽을 책에 대한 좋은 힌트를 줄 것이
다. 예를 들어 내가 가장 최근에 읽은 3권의 책은 기업가정신이나 금
융과는 전혀 관계없다. 모두가 스릴러 소설이다. 그것이 지금 내가 가
외로 진행하는 프로젝트이기 때문이다. 나는 스릴러를 발표한 적이 없
다. 때문에 내 문제(스릴러를 쓰는 방법)의 해결은 스릴러를 읽는 데서 시
작한다. 스토리 때문만이 아니라 스타일, 구조, 줄거리를 연구하기 위
해서다.

아무 생각 없이, 단순히 독서 자체를 목적으로 책을 읽는 것이 아니라 당면한 문제를 해결하기 위해 읽어라. 당신을 가로막는 문제가 무엇이든, 그에 대한 해법을 지닌 책이 당신이 읽어야 할 책이다! 당신을 산 위로 이동시키는 책을 읽어라. 1km를 오르기 전에는 2km를 오를 수 없다. 광고 캠페인에서 사용할 가장 설득력 있는 언어는 무엇일까? 이메일 마케팅을 어떻게 활용하면 좋을까? 좋은 직원은 어떻게 고용할까? 당신의 해법은 다양한 책과 자료에서 찾을 수 있다.

오늘 알고 있는 것으로는 내일의 문제를 해결하는 데 충분하지 않다. 기업가가 되기로 결심했다면 수많은 문제에 직면하기로 결심한 것이다. 책은 문제를 해결한다. 다만 적절한 책이어야 한다. 펑크 난 타이어를 때우고 1·5·10 플래너시를 진전시키는 책을 읽어라.

 핵심 개념

• 독서 자체를 위한 독서는 하지 말라.
• 당신이 다음으로 읽어야 할 가장 좋은 책은 진전을 막는 문제를 해결할 책이다.
• 3A 방법론은 당신이 다음으로 읽어야 할 책의 주제를 드러낸다.
• 오늘 알고 있는 것으로는 내일의 문제를 해결하는 데 충분하지 않다.

067 모의 실행 원리

이불을 만들려면 바늘을 움직여야 한다

 20대 초반에 나는 여러 번 사업에 실패했
다. 흥미롭게도 매번 실패할 때마다 새로
찍은 수천 장의 명함을 버려야 했다. 당시의 내 패턴은 단순했다. 사업
아이디어가 떠오르면 명함을 팠다. 사업 아이디어에 명함이 필요하지
않더라도 말이다. 이불을 만들기 위해서는 바느질을 해야 하는데 바늘
을 움직이지는 않고 날카롭게 갈기만 하는 것이다.

대부분의 실패한 기업가는 바늘을 갈기만 하는 사람들이다. 바늘을
움직여서 판매 가치가 있는 이불을 만드는 대신 바늘만 날카롭게 가느
라 바쁘다. 그들은 최상 경로에 집중하는 대신 자신감을 키우거나 의욕
을 불러일으키거나 자존심을 세우는 등의 다른 목적에 도움이 되는 부
수적인 활동에 초점을 맞춘다.

단순한 활동이 아닌 '실행'이 필요하다. 움직일 가치가 있는 행동은 최상 경로에서 발견되는 바늘을 움직이는 행동뿐이다. 사업 계획, 투자 유치를 위한 자료 준비, 법인 창설 등도 '모의 실행'에 해당된다. 그런 활동은 2시간 동안 당신을 기분 좋게 만들 수는 있겠지만 판매 가능한 가치 편향은커녕 첫 번째 고객에게 한 발자국이라도 가까워지게 만들지는 못한다.

안타깝지만 기업가 지망생은 책을 탐독하는 일을 일종의 모의 실행으로 만든다. 그들은 당장의 문제를 해결하는 데 가장 좋은 책을 읽는 것이 아니다. 최상의 경로를 다지는 힘든 일 대신, 비디오게임이나 고소한 감자 칩 한 봉지보다 나을 바 없는 도파민 게임으로 자신을 속이는 것이다. 이런 활동은 시간을 낭비한다. 실행은 최상 경로를 공략한다. 어느 시점이 되면 독서를 멈추고 수영장에 뛰어들어 헤엄을 쳐야 한다.

 핵심 개념

- 최상 경로 밖의 모든 활동은 '모의 실행'이다.
- 모의 실행은 거짓 성취감을 주면서 종종 비효과적인 활동을 통해 도파민 분비를 촉진한다.

068 하나의 문제 전략

내일의 페라리는 접어두고 오늘의 문제에 집중하라

 포럼에서 흔히 마주치는 질문이 있다. "어떤 색 페라리를 살까요?" 기업가가 너무 먼 상황을, 수십 가지 아니 어쩌면 수백 가지 성공적인 행동 기반을 무시하고 그 너머에 있는 상황을 응시할 때 이런 대화가 오간다.

Q 회사가 상장하면 어떤 종류의 회계 법인과 일을 해야 하나요?

A 당신이 만든 제품이 아직 출시되지도 않았잖아요?

Q 고용법에 대해서 알아야 할 것이 있나요?

A 첫 번째 직원을 채용하려면 아직 한참 걸릴 텐데요?

Q 수백만 달러를 벌면 사용할 좋은 자산 보호 전략은 무엇일까요?

A 당신은 지금 부모님 집에 얹혀 살면서 타코 전문점에서 일하지 않나요?

이런 모든 질문이 페라리 쇼핑의 예다. 아직 1달러도 벌지 않고 첫 번째 고객을 찾지도 못한 상태에서 멀리 있는 문제를 고민하지 말라.

걱정해야 할 유일한 문제, 해결할 가치가 있는 유일한 문제는 바늘의 움직임을 멈추게 하는 문제다. 아흔아홉 번째 문제를 걱정하기 전에 첫 번째 문제부터 공략하라. 첫 직원을 고용하려면 몇 달, 몇 년은 걸릴 상황에서 급여 법령 같은 눈에 보이지도 않는 먼 문제를 고민하는 것은 헛된 뇌 운동에 불과하다. 심지어는 산봉우리까지 오를 일과 그에 관련된 많은 문제를 외면하고 화려한 저택과 빠른 자동차 같은 보상에만 매달리는 사람도 있다. 먼 미래에 생길 수도, 생기지 않을 수도 있는 보상에만 집중한다면 당신은 페라리 쇼핑을 하는 것이다.

거시적인 문제를 해결하려는 문제학자에게 중요한 것은 단 하나의 문제, 최상 경로에서의 진전을 막는 문제뿐이다. 1·5·10 플래너시에서 큰 미래상을 그리는 것은 필수적인 단계지만 그 이후에는 오로지 최상 경로나 1년 비전에서의 진전에 직접적인 영향을 주는 문제에만 집중해야 한다. 시작 전에 모든 해답을 얻으려고 하다가는 절대 시작할 수 없다. 이는 여행을 떠나기 전에 모든 신호등이 초록색이길 바라는 것과 같다.

상대 가치는 하나에서 시작한다. 하나의 단락에서 시작해 소설이

되고, 하나의 마디에서 시작해 곡조가 되고, 하나의 장면에서 연극이, 1km에서 마라톤이 된다. 그러니 15kg을 빼면 입을 수 있는 옷에 집중하지 말라. 우선 1kg이라도 빼라. 100만 달러의 수익을 올리면 얼마만큼의 세금을 낼지 조바심치기 전에 100달러라도 벌어라. 하나의 문제와 하나의 행동이 쌓인 진전이 과정을 이루면서 피드백 루프를 연결하고 변혁의 열정에 불을 붙인다. 작은 승리가 큰 승리로 바뀐다. 추진력이 생기면 알아차리기도 전에 당신은 산봉우리에 올라가 있다.

 핵심 개념

- '페라리 쇼핑'은 당장의 문제 대신 너무 먼 문제에 집중하는 것이다.
- 미래의 문제에 대한 답을 모두 찾으려면 시작조차 할 수 없다.

1·2·3 결혼 전략

결혼 전에 1시간, 2일, 3년 규칙을 실행하라

 당신은 나 주식회사의 CEO다. 나 주식회사의 가장 큰 비용은 결혼이다. 하지만 결혼에 실패하면 이혼에는 더 큰 비용이 든다. 다음 조언은 책값의 1,000배나 되는 가치가 있다. 당신이 각본에서 탈출하거나 사업을 시작하지 않는다고 해도 마찬가지다. 결혼을 하고 싶다면 1시간, 2일, 3년 규칙을 지켜라. 이 규칙으로 나쁜 결혼, 많은 감정적 혼란, 어쩌면 돈까지 구제할 수 있다.

1시간 규칙

상대방과 결혼을 약속하기 전에 관계를 망치는 다음 5가지 파괴자에 대해 논의하라.

1. 정치

2. 종교

3. 자녀

4. 경력 / 돈

5. 식습관 / 건강 / 영양

두 사람의 정치철학과 종교철학이 공존할 수 있는가? 당신은 불교도인데 미래의 배우자는 자녀를 엄격한 가톨릭 전통에 따라 키워야 한다고 생각하는 것은 아닌가? 자녀를 원하기는 하는가? 당신은 자본주의자인데 상대는 공산주의가 지난 세기에 부당한 대우를 받았다고 생각하고 있지는 않은가? 상대는 속 편하게 돈을 쓰는데 당신은 구두쇠인가? 당신은 기업가로서 위험을 감수하고 자유로운 삶을 살고 싶은데 상대는 50년간 월스트리트에 투자하는 것이 더 나은 선택지라고 주장하는가? 상대는 일주일에 다섯 번 체육관에 가는 채식주의자인데 당신은 소파에 앉아 핫도그와 피자로 연명하는가?

결혼 실패 예언에 있어서 나는 완벽한 타율을 자랑한다. 이 5가지 부분에서 괴리가 있으면 이혼이 뒤따른다. 직접 목격한 몇 가지 사례를 살펴보자. ① 남편은 정크 푸드를 먹고 게으른 생활 습관을 유지하는데 아내는 운동과 영양 측면에서 생활 습관을 완전히 바꾸었다. 그녀는 몸도, 활력 수준도 변했다. 남편은 그렇지 못하다. 이혼! ② 남편은 사업 위험을 대비해 수입을 규모 있게 사용하고 싶어 하고 부인은 남는 돈을 모조리 옷과 명품에 쓰려고 한다. 이혼! ③ 아내는 아이를 원한다. 4년의 결혼 생활 끝에 남편은 아이를 원하지 않는다고 고백한다. 이혼!

나는 점쟁이가 아니다. 이런 일을 충분히 목격할 만큼 나이가 들었을 뿐이다.

2일 규칙

2일 규칙은 결혼 전에 지옥 같은 곳에서 상대와 이틀을 보내야 한다는 것이다. 최악의 조건과 가장 힘든 환경에서 서로를 견뎌야 한다. 예를 들어 내 아내와 나는 중남미 벨리즈의 작은 공항에서 발이 묶인 적이 있었다. 벨리즈 공항은 정말 작고 더웠으며 깨끗한 화장실과 같은 기본적인 편의 시설조차 없었다. 48시간 동안 우리는 긴 대기 줄, 습기, 벌새만 한 모기, 바퀴벌레가 들끓는 낡은 여관을 견뎌야 했다. 이런 악몽을 가져다준 유나이티드 항공에 심심한 사의를 표한다. 요점은 우리가 최악의 상황에 놓인 서로를 보았다는 것이다. 작은 도시에서 발이 묶이는 것 같은 힘든 시간을 함께 버텼다면 그것은 상대가 당신을 책임감 있게 지켜 줄 사람이라는 신호다.

3년 규칙

마지막으로 3년 규칙은 결혼 전에 최소한 3년을 정기적으로 만나야 한다는 것이다. 정기적이라는 것은 동거하지 않는 경우, 일주일에 몇 차례는 만나야 한다는 의미다. 3년은 상대의 습관, 특이한 버릇, 더 중요하게는 그들의 변화 주기를 겪을 수 있을 만큼 긴 시간이다. 1시간 규칙에서 관계를 망치는 5가지 파괴자에 대해 논의했다면 사귀는 3년의 시간이 그것을 입증할 것이다. 1시간 규칙의 논의에서 드러난 괴리가 커지고 있는가 좁혀지고 있는가? 또한 3년 동안 2일 규칙에 해당되는 상황을 겪을 가능성도 높다.

내 포럼을 방문하는 많은 젊은 사람들이 한 달도 채 만나지 않은 상대와의 결혼에 대해 이야기한다. 무엇이 그렇게 급한가? 오늘의 그녀가 멋지고 사랑스럽다면 지금부터 3년 후에도 그럴 것이다. 인연이라면 시간은 문제가 되지 않는다. 정부에서 발행하는 종잇조각은 말할 것도 없다. 인내하여 제대로 된 보상을 얻어라.

결혼은 당신 인생에서 가장 중요한 결정 중 하나다. 서두를 필요가 전혀 없다. 1·2·3 규칙을 충족시킨다면 평생 가는 결혼을 보장한다. 만약 이 충고를 무시한다면 이후에 큰 대가를 치르게 될지도 ….

 핵심 개념

- 결혼은 인생에서 가장 큰 비용이다. 하지만 이혼은 더 큰 비용이다.
- 결혼 전에 1시간, 2일, 3년 규칙을 적용하라.
- 1시간 규칙은 정치, 자녀, 식습관, 돈, 종교 등 '결혼을 망치는' 주제에 대한 상세한 토론을 말한다.
- 2일 규칙은 미래의 배우자와 가장 힘든 환경에서 이틀을 꼬박 보내는 것을 말한다.
- 3년 규칙은 상대와의 1시간 규칙, 변화 주기를 확인하기 위해 최소한 3년을 만나야 한다는 것을 말한다.

070 검색 암호 전략

지식의 보고 잠금 해제를 위한 검색 암호를 찾아라

 검색 암호는 사업을 진전시키는 지식을 효과적으로 검색하기 위한 모든 검색엔진의 사용법을 말하는 공식적인 용어다. 적절한 검색 암호를 사용하면 세상 모든 지식을 손끝에서 얻을 수 있다. 트로트만 부부 이야기에서 수프 사업을 진전시키는 결과를 낳기 위한 최상 경로의 정확한 검색 암호는 '식품 코-패커' 또는 '수프 코-패커'였다. 제프는 처음에 '푸드 프로세서'를 검색했고 엉뚱한 결과를 얻었다. 다행히도 그는 포기하지 않았다. 대여섯 번의 시도 끝에 결국 '식품 제조 공정'을 검색했다. 여기에서 드러난 결과는 그를 올바른 검색 암호 '식품 코-패커'로 이끌었다.

적절한 검색 암호를 찾으려면 상당한 조사가 필요하다. 암호를 발견하려면 당신이 찾고 있는 것의 많은 유형을 검색해야 한다. 당신이 필

요한 것을 묘사하는 말부터 시작하라. 다음으로 '만드는 방법', '제조 공정'과 같은 말을 이용해 업계로 이동한다. 그래도 효과가 없다면 검색 연산자를 시도하라. 여기 사용할 만한 효과적인 검색 연산자 몇 가지를 제시한다.

- "site : 키워드" – 특정한 웹사이트에 담긴 결과로 제한해서 검색
- "intitle : 키워드" – 제품에 특정한 키워드가 있는 웹 페이지 검색
- "inurl : 키워드" – URL 중 특정한 키워드가 있는 웹 페이지 검색
- "filetype : 키워드" – 특정 파일 유형으로 된 웹 페이지 검색, 순위가 낮은 PDF 파일을 찾는 데 유용함

정확한 검색 용어를 모르면 단번에 필요한 정보가 검색될 리 없다. 하지만 단서는 잡을 수 있다. 단서를 따라 토끼 굴로 들어가야 한다. 답은 그 안에 있다.

 핵심 개념

- 정확한 '검색 암호'가 있다면 어떤 검색엔진에서든 무제한적인 지식에 접근할 수 있다.
- 올바른 검색 암호를 찾기 위해서는 단서를 따라 토끼 굴에 들어가듯이 여러 차례의 검색과 추측을 거쳐야 한다.
- 검색 연산자를 이용하면 보다 선별적인 결과를 찾을 수 있다.

브로마케팅과의 만남

2017년 7월 5일 수요일

3일째 되던 날, 샘은 어쩔 수 없이 집주인에게 전화를 걸었다. 그는 믿을 만한 에어컨 수리 업체를 추천했고 업체에서는 다음 날 아침 사람을 보냈다. 수리비는 180달러였다.

그날 저녁 늦게, 냉방이 되는 공간에서 샘은 요리를 시작했다. 식욕을 돋우는 이탈리아 음식과 해산물 냄새에 제프는 레인지 앞의 아내 옆으로 다가갔다. 그는 아내의 이마에 입을 맞추고 불 위에서 끓고 있는 냄비를 보며 고개를 끄덕였다. "저기 우리 탈출구가 있네. 우리의 자유, 우리의 탈출 티켓." 샘이 장난스럽게 그의 옆구리를 찔렀다. "돈주머니지. 은행에 가기 전에 맛 좀 볼래?"

제프는 수프를 한 숟가락 떠서 맛보았다. "맛있네. 아시아식 두부 우동?" 샘이 고개를 끄덕였다. 그는 다른 냄비를 손짓했다. "이건 뭐야?" "이탈리아식 미네스트로네." 제프는 숟가락으로 음식을 떠서 맛보고는 만족스러운 미소를 지었다. "그럼 이건?" "크리미 포테이토 케일." 제프는 숟가락을 살짝 담갔다가 신중하게 맛을 보았다. "음, 바닷가재 비스크(bisque, 갑각류나 조개류를 갈아서 만든 걸쭉한 크림수프-옮긴이) 맛인데." 그는 한입 가득 맛을 음미하고 나서 또 한 숟가락을 먹었다. 그리고 어리둥절한 표정으로 샘을 바라보았다. "아무래도 이상해. 어떻게 케일처럼 맛없는 걸로 이렇게 맛있는 것이 만들어지지?" 샘이 미소 지었다. "내일 오후면 완성될 거야. 맛이 잘 우러나도록 밤새 끓여야 해."

다음 날 저녁, 제프는 둥근 종이 용기 3개를 들고 들어왔다. 식당에서 음식을 포장할 때 쓰는 용기다. 사쿠라 일식, 네이버후드 가든, 로마노 이탈리안 비스트로 같은 식당 이름이 적혀 있다. 샘이 물었다. "그게 다 뭐야?" 매디가 건조하게 덧붙였다. "엄마가 벌써 저녁을 만들었는데요." 그가 씩 웃었다. "우리 여왕님, 공주님. 이것은 우리가 만들 수프 하나를 골라낼 방법이에요." 당황한 샘이 물었다. "하나? 3개를 만드는 줄 알았는데?"

그가 고개를 저으며 얼굴을 찌푸렸다. "3개는 고사하고 2개도 만들 여유가 없어. 코-패커를 조사해 봤는데 다들 최소 주문 양이 엄청나." "얼마나 되는데?" "우리가 감당할 수 있는 것은 수프 하나?" 그는 아내의 얼굴에서 실망한 기색을 읽었다. "계산은 내게 맡겨. 당신은 수프만 생각해."

"근데 이것은 뭐야?" 샘이 종이 용기를 가리키며 물었다. 그가 미소를 지었다. "일이 끝난 뒤에 내가 만들었지. 이것으로 우리 수프를 시험해서 편견 없는 피드백을 얻으려고." 그녀는 자신의 예상이 빗나가기를 바라며 미간을 찡그렸다. "합법적인 거 맞지?" 제프가 윙크를 했다. "물론이지!"

071 생산가치체계 전략

생산가치체계를 향하여 : 밀기는 광고, 당기기는 돈 복사기

 몇 년 전, 과학자로서 비공식적인 실험을 하나 진행했다. 나는 라디오를 자주 듣기 때문에 많은 광고를 접한다. 이 실험에서 나는 광고업체에 주의를 기울였다. 한 주 동안 자주 광고가 나오는, 그러니까 매일 수십 번씩 광고가 나오는 업체를 빠짐없이 기록했다. 라디오 출연자를 홍보 대사로 삼는 광고업체도 많았다. 나는 리스트를 작성한 후 이렇게 광고하는 기업의 후기(Yelp, Google에서)를 조사했다.

무엇을 알아냈을까? 광고를 많이 하는 업체의 평균 평점은 5점 만점에 1.8점이었다. 완전히 사기꾼이라고 업체를 비난하는 사람도 있었다. 결론은 어떤 회사가 광고에 열을 올려서 시장에 쿠폰을 뿌리거나 노골적인 홍보 활동을 하는 경우라면, 그들은 밀기(push)를 하고 있는 것이

다. 밀기에 집중하는 사람들은 상대 가치를 팔지 않는다. 그들은 인지 가치를 다루는 마케터다.

각본에서 탈출한 기업가의 목표는 생산가치체계라는 성배다. 생산 가치체계는 다른 곳에서는 구할 수 없는 독특하고 눈에 띄는 가치 편향을 통해 달성된다. 가치 편향은 하나의 속성일 수도 있고 여러 속성의 조합일 수도 있다. 에어컨 수리 회사라면 무료 컨설팅을 제공하고 정직하게 일을 할 수 있다. 전자상거래 회사라면 묻지도 따지지도 않는 제품 보증, 환불 정책을 채택할 수 있다. 단순하게 좋은 가격에 좋은 물건을 공급할 수도 있다. 시장이 이런 바람직한 편향에 반응할 경우, 당신의 기존 고객은 후기, 추천 등을 통해 당신 사업의 성장을 견인하는 주된 요인을 만든다. 이런 업체는 밀기가 아닌 당기기(pull)를 하고 있다.

추천할 만한 가치가 있는 상대 가치를 창출하면 기적과 같은 능력, 돈을 찍어내는 힘을 얻는다. 한 명의 만족한 고객이 갑자기 2명, 3명, 그 이상으로 변한다. 그보다 좋은 광고나 마케팅 전략은 존재하지 않는다.

매출이나 이윤도 중요하지만 당신이 얼마나 빨리 성장하는지, 개선된 이윤으로 성장이 가속되는지를 결정하는 것은 결국 생산가치체계다. 한 명의 만족한 고객이 새로운 고객을 추천하면 돈을 찍어내는 기적의 셈법이 시작된다. 새로운 고객을 얻는 획득 비용은 첫 고객 획득 비용의 절반이 된다. 첫 고객 획득 비용이 10달러인데 그 고객이 다른 고객에게 당신을 추천하면 획득 비용은 순식간에 5달러가 된다. 한 명의 만족한 고객이 2명에게 당신을 추천하면 획득 비용은 1/3로 떨어진다. 간단히 말해, 당신 제품이 감염되는 것처럼 저절로 팔려 나가는 것이다. 생산가치체계는 가능성을 높이고 돈을 끌어들이며 엄청난 레버리지를 만든다.

일례로 내 책에 대한 후기를 훑어보면 공통점이 있다. 많은 독자가 누군가의 추천을 받았다고 말한다. 이것이 내가 수년 간 책을 팔 수 있는 비결이다. 세련된 광고나 페이스북 홍보가 아닌 생산가치체계를 통해 책이 팔리는 것이다. 마찬가지로 지금까지 출연한 팟캐스트나 인터뷰는 모두 추천을 통해 이루어졌다. 내가 일방적으로 연락하거나 인터뷰를 부탁한 것이 아니다. 번역 판권에 대한 요청도 똑같다. 출판업자들이 내 책의 성공에 편승하기 위해 요청하는 것이다. 영업을 하는 것은 내가 아니라 내 책이다.

이런 현상의 뒤에는 밀기-당기기 양극성이라는 비즈니스 역학이 있다. 이것은 당신 회사가 생산가치체계로 비약적인 성장을 이룰지 살아남기 위해 고투해야 할지를 결정하는 기제다. 광고의 볼모가 된 회사는 밀기에 매달린다. 잡초처럼 자라서 설립자를 부자로 만드는 회사는 당기기를 이용한다.

얼마 전까지만 해도 광고에 가장 많이 투자하는 업체가 가장 높은 매출을 기록했다. 에어컨이 고장 나면 전화번호부에서 수리 회사를 찾거나 우편으로 쿠폰을 보낸 회사에 전화를 건다. 새로운 식품 생산업체는 TV 광고를 하거나 대규모 식료품점에 자리를 얻은 곳 중에서 결정되었다. 많은 양의 제품을 판매하려면 많은 광고 시간을 사들여야 했다. 광고는 대중에게 제품을 밀어주고 매출을 높였다.

반면 밀기-당기기 양극성에서 당기기는 상대 가치가 추천의 힘을 가지는 생산가치체계다. 고객이 당신을 찾아온다. 고객이 새로 찾아올 때마다 확장 루프와 네트워크 효과가 강화된다. 당신 회사에는 고객을 끌어당기는 힘이 생기기 시작한다. 당기기에는 입소문, 사회적 증거, 만족한 고객이 포함된다. 고객이 소셜미디어에 당신 제품을 추천하고 공유하는가? 축하할 일이다. 당신 제품이 당기기의 힘을 발휘하고 있는 것이다. 그것은 생산가치체계의 증거다. 다음은 사업할 때 던져야 할 가장 중요한 질문이다.

1. 고객이 내 제품을 추천하는가?
2. 사람들이 내 제품에 대해 트윗하거나 소셜미디어에서 열변을 토하는가?
3. 사람들이 당신에게 감사의 이메일을 보내는가?
4. 사람들이 재주문을 하는가?

위의 질문에 대한 답이 '노'라면 '예스'라는 답이 나올 때까지 3A 방법론을 파고들어야 한다. 그렇게 하지 않는다면 광고에 의존하는 브로마케터가 될 위험을 감수해야 한다. 나는 광고를 많이 하는 모든 사업에 대해 회의적인 입장을 가지고 있다. 광고가 부정적이거나 나쁘다는 말을 하는 것은 아니다. 대대적인 광고는 경계할 필요가 있다는 이야기를 하는 것이다. 내가 적용하는 기준은 3개의 O다. 방해가 되거나(Obtrusive, 일방적인 연락, 방문) 뻔하거나(Obvious, 이런 마케팅에는 신물이 난다!) 터무니없는(Outrageous, 사실이기에는 너무 좋은) 것이라면 피한다. 대대적인 광고는 당신이 생산가치체계를 다루지 않는다는 신호다. 화전을 일구듯이 사업해서는 안 된다. 과거의 바보를 현재의 바보로 대체하는 것은 사업 모델이 아니라 마케팅이다.

◇ 핵심 개념

- 밀기는 상대 가치가 아닌 인지 가치를 파는 것이다.
- 생산가치체계는 다른 곳에서는 구할 수 없는 독특하고 눈에 띄는 가치 편향을 통해 달성된다.
- 생산가치체계의 가치 편향은 하나의 속성일 수도 있고 여러 속성의 조합일 수도 있다.
- 만족도 높은 고객을 통해 투자에 대한 최대 수익을 올릴 수 있다. 한 명의 만족한 고객은 곧 2명으로 되돌아온다.
- 생산가치체계는 돈을 끌어당기고 엄청난 레버리지를 만드는 당기기를 사용한다.
- 생산가치체계의 증거는 고객 추천, 재주문, 팬레터, 우호적인 소셜미디어 포스팅이다.

072 비법서 없음 원리

가보지 않은 길에는 지도도, 리스트도, 안내자도 없다

 인생의 문제가 문제인 데는 이유가 있다. 해결하기가 어렵기 때문이다. 문제 해결에 도움이 되는 비법서 따위는 존재하지 않는다. 당신이 내놓으려는 특화 상품이 무엇이든 해결하려는 문제가 무엇이든 조심하라. 비법서 없음 원리는 성공적인 사업으로 이끌어 줄 멘토도, 정확한 로드맵도, 리스트도 존재하지 않는다는 뜻이다. 모든 경우에 들어맞는 해법이란 마케팅 술책이며 인지 가치 속임수에 불과하다.

나는 거의 매주 이런 비법서를 찾는 기업가 지망생의 게시물을 본다. 그들은 뛰어난 아이디어를 들고 그 아이디어를 현실에서 실현시킬 정확한 단계를 담은 신비롭고 탐나는 비법서를 찾아 헤맨다. 당신의 아이디어가 획기적인 발명이든 긍정적으로 편향된 속성을 가진 새로운 사

업이든 그런 것은 문제되지 않는다. 실행을 위한 청사진은 없다. 그런 것이 있다면 애초에 추구할 가치가 있는 아이디어라고 할 수 있을까?

무엇을 어떻게 어디서 해야 할지 말해 주는 비법서가 없다는 데 기뻐하라. 주변의 기업가가 당신 공간에 들어오지 못하게 막는 해자 역할을 해줄 테니 말이다. CENTS 체계 진입의 계명을 기억하라. 시작과 출시가 어려울수록 그 기회의 잠재력은 크다. 그 과정이 쉽다면 뒤로 갈수록 힘들어지 마련이다.

예를 들어 아마존에서 물건 파는 것은 대단히 인기가 좋은 사업이다. 때문에 사람들은 발리 해변에 느긋하게 누워서 연간 1,000만 달러 단위의 돈을 벌어들일 기적과 같은 제품을 찾아 알리바바를 돌아다닌다. 잠깐! 모든 다른 사람들도 같은 생각을 한다는 것을 상기하라. 누군가 당신에게 그런 비법서를 팔려 한다면 조심하라. 누구나 같은 비법서를 얻을 수 있다면 모두가 당신의 경쟁자라는 의미다.

 핵심 개념

- 성공을 향한 단계별 계획을 안내하는 비법서는 존재하지 않는다. 그런 것이 있다면 모두가 가지고 있고 따라서 문제를 해결하지 못한다. 아니면 사기다.

휴게실 비밀 작전

2017년 7월 7일 금요일

오늘 제프는 점심시간을 이용해서 동료들을 상대로 비밀 작전을 수행할 계획이다! 뒷자리에는 아내의 아시아식 두부 우동 8리터가 있다. 10시 45분쯤 직장에 있는 모든 직원에게 이메일을 돌릴 예정이다.

오늘 점심은 제가 살게요. 맛있는 수프입니다. 선착순! 오늘 제가 직원들을 위해 새로 오픈한 일식당의 맛있는 아시아식 두부 우동을 준비했어요. 2분만 데워 드시면 됩니다. 마음에 들면 저에게 귀띔해 주세요. 주인이 제 지인이에요. - 회계과 제프 트로트만

작전 수행 자체는 두렵지 않다. 겁이 나는 것은 결과다. 괜한 일을 하는 것은 아닌가 하는 생각이 들었다. 사람들이 좋아할까? 이메일을 무

시하면 어쩌지? 8리터 수프에 아무도 손을 안 대면? 그는 휴게실에서 직원의 절반 정도가 수프를 먹는다는 가정으로 8리터면 충분할 것이라고 계산했다. 너무 많은가?

제프는 출근해서 아침 업무를 수월하게 마쳤다. 그는 10시 45분 이메일을 보내는 일에 공포 대신 기대감이 생겼다. 메시지를 쓰고 기다렸다. 사무실 밖에 있는 구식 시계가 10시 45분을 가리키는 것을 보고는 버튼을 눌러 메일을 전송했다. '이메일 발송' 알림이 울렸다. 그는 안도의 숨을 내쉬고 기다렸다. 가슴속에서 희망이 꿈틀거리는 듯했다.

11시가 몇 분 지나자 행크가 그의 열린 사무실 문에 노크를 했다. 마흔 살쯤 된 행크는 스무 살짜리 불가리아 역도 선수의 몸을 가졌지만 얼굴은 예순 살 심장병 환자의 것에 가깝다. "그런데 이 일식당이 어디에 있는 거예요? 구글로 찾아봤는데 안 나오더라고요. 수프가 진짜 맛있어요."

제프가 고개를 들고 미소를 지었다. "사실, 그 수프는 수프 사업을 하려는 내 친한 친구가 만든 거예요. 친구가 피드백을 원해서 회사에 가져가 사람들에게 맛을 보여줄 수 있겠느냐고 묻더라고요." "친구가 일식당을 시작하는 거예요?" "아니, 수프 사업이요." 제프가 대답했다. "캔 수프요." "전혀 캔 수프 맛 같지가 않은데요?" 행크가 관자놀이를 긁었다. "그런데 왜 포장지에 일식당이라고 적혀 있는 거예요?"

이런! 제프는 책상 아래에서 초조하게 발끝을 두드리면서 생각했다. 그는 이 전략을 철저하게 구상하지 않았다는 것을 깨닫고 잠시 말을 멈추었다. "친구가 솔직한 의견을 듣고 싶어 해서요. 수프가 식당 수준의 음식 기준을 통과할 수 있는지 보고 싶었던 거지요." 행크가 웃었다. "통과하고말고요. 어디에서 살 수 있어요? 트레이드조 마켓 같은 곳에 있어요?" "아직은 아니에요. 출시하려고 준비 중이거든요. 미리 주문하고 싶으면 저한테 말씀하세요. 사전 주문은 20% 할인을 해줄 거예요. 350g 캔 하나에 4달러예요." 행크가 고개를 끄덕이고 재빨리 몸을 돌려 사무실을 나갔다.

망했다! 제프는 다시 생각했다. 행크가 가짜 일식당 표시에 기분이 상한 거 아닐까? 수프 사업이 아니라 무슨 다단계 사업의 중간 관리자처럼 보인 것은 아닐까? 제프가 결론을 내리기도 전에 행크가 돌아왔다. 이번에는 노크도 하지 않았다. 그는 사무실로 뛰어 들어와 테이블을 내려쳤다. 쾅! 소음에 놀란 제프가 의자에 주저앉았고 그 바람에 책상 위에 있던 사진이 쓰러졌다. 창밖의 동료가 구경거리를 기대하고 호기심 어린 눈초리를 보냈다. 하지만 그런 것은 없었다. 승리만이 있을 뿐이다. 행크가 입을 열었다. "저도 주문할래요. 5캔이요." 손을 들어 올리자 테이블에는 20달러 지폐가 남았다.

일과가 끝날 무렵, 11명의 동료가 62캔을 주문한 돈 248달러가 생겼다. 수프에 대한 이메일도 6통 받았다. 가상의 일식당에 대해 묻는 메일이었다. 사무실에는 35명의 직원이 있는데 11명에게 주문받고 6명으로부터 질문을 받았다는 것은 경이적인 일이다. '거의 절반이잖아.' 그가 생각했다. 더구나 그의 '속임수'도 별 차이를 만들지 않았다. 그는 왜 수프를 파는 식당이 없는지 충분히 설명을 했다. 화를 낸 건 한 사람뿐이었다. 그것도 실험 때문이 아니라 새 일식당이 문을 여는 걸 잔뜩 기대했기 때문이었다. 그는 모든 사람에게 진심 어린 사과를 전했다.

"그냥 좋은 소식 정도가 아니야." 제프는 일을 끝내고 들어오며 아내에게 말했다. "24인분만 가져갔잖아. 주문한 게 11명이면 거의 절반이 만족했다는 거야. 식품 사업에서 어느 정도가 정상인지는 몰라도 반응이 아주 좋은 것 같아."

주방 스툴에 앉아 있던 샘이 눈을 가늘게 뜨고 팔짱을 낀 채 집에 돌아온 제프 쪽으로 몸을 돌렸다. "그러니까 내 수프가 어떤 식당 음식이라고 거짓말했다고? 게다가 아내가 만든 거라고도 말을 안 했고?" 제프는 그가 확고하고 솔직한 피드백을 원했기 때문에 그런 작전을 짰다고 설명했다. "수프를 배달할 때, 아내가 만든 거라고 이야기할 거야. 당신한테 설명했던 것처럼 다 설명한다고." 그는 잠시 말을 멈추었다. 아내의 얼굴에는 여전히 기쁜 기색이 보이지 않는다. "사만다, 이렇게 생각해봐. 친구나 가족이 권하면 제품이 좋아서가 아니라 의무감 때문에 물건을 사잖아." 그는 아래층 현관 쪽을 손짓했다. "걸스카우트 쿠키를 사는 건 의무감 때문이지 그것을 좋아해서가 아니야. 난 쿠키를 좋아하긴 하지만 당신은 아니잖아."

그녀의 태도가 겨우 누그러졌다. 그녀는 이렇게 말했다. "사람들에게 사실대로 이야기하겠다고 약속해." "그럴게." "솔직히!" 그녀가 팔짱을 풀며 말했다. "반응이 좋았다는 것은 놀랍지 않아. 병원 사람들도 내 수프를 좋아한다니까. 하지만 당신 사무실의 절반이 그것을 좋아하는 것은 그대로 믿기에는 너무 좋은 결과인데?" 그녀는 눈가의 머리카락을 쓸어 올리며 입술을 오므렸다. "잠깐. 만약 사람들이 잠깐 들렀다 가 버렸거나 한 사람이 1인분 이상을 먹었다면 어떻게 되는 거지? 그럼 사무실 사람의 절반이 싫어한다는 거잖아. 게다가 행크라는 사람 덩치가 엄청 좋다고 하지 않았어?"

제프가 고개를 끄덕였다. "그래, 완전히 근육질이야. 한두 그릇 이상 먹은 사람이 있으면 마음에 든 사람은 더 적은 거겠네." 그는 관자놀이를 긁적였다. "데이터만으로 확실한 것은 알 수 없지만 사람들이 물건을 살 정도로 좋아한 거잖아." 그가 환하게 웃으며 돈을 들어 올렸다. "우리 첫 매출이야. 벽에 액자를 해서 걸어야 하는 거 아니야?" 샘은 소리 내서 웃고 싶은 것을 참는 것처럼 씩 미소 지었다.

"나 진지해!" 제프는 지폐 하나를 벽에 걸린 1·5·10 플래너시 쪽으로 들어 올렸다. "우리가 왜 이런 일을 하고 있는지 상기시키는 뜻에서 이걸 저기 붙여 놔야겠어." "나는 그걸 상기시키는 물건이 필요하지 않아." 그녀가 답했다. "제품을 배달할 때 당신의 속임수 뒤에 숨겨진 진실을 밝히면…." 그녀가 손가락 2개를 들어 강조 표시를 했다. "그 '근육남'이 당신에게 힘자랑하는 거 아냐?"

073 윤리적 행동 원리

윤리적으로 모호한 영역은 부정 편향을 만들 수 있다

 사업이 커지면서 나는 고객 서비스 부문에 친한 친구를 고용했다. 때문에 사무실에는 농담이 흔했다. 이런 농담이 발전해서 웹사이트에 몇 명의 가상 직원이 등장하기에 이르렀다. 몇 달이 지나고 농담은 사라졌지만 이 가상 직원 때문에 회사 규모가 실제보다 커 보인다는 것을 깨달았다. 다른 사람들이나 잠재 경쟁자가 내 사업을 평가할 때 편향으로 작용할 수 있는 사안이다. 하지만 나는 몇 년이 지나 책을 쓸 때까지는 그 문제에 대해 전혀 생각하지 못했다.

진실이 당신 발목을 잡을 때가 있다. 그저 단순히 '규칙 위반'으로 보는 일에 윤리적 잣대를 들이미는 사람이 있다. 세상의 많은 일이 그렇듯, 윤리적 행동 원리는 윤리는 주관적인 개념이고 어떤 사람에게는 용

인되는 행동이 다른 사람에게는 비윤리적일 수도 있다는 것을 말한다. 간단히 말해 정답이 없다.

나중에 나는 사람들이 '재미를 위해서기는 하지만 사실이 아닌' 직원 문제를 비윤리적인 일로 받아들인다는 것을 알게 되었다. 이 일에 대한 내 고백은 일부 사람들에게 부정 편향으로 작용했다. 후회는 없지만 그들의 의견도 충분히 이해한다. 규칙을 어긴 일이 공개될 때는 사람들이 부정적인 반응을 보일 수 있다. 부정 편향이 생기는 것이다.

제프의 경우 잠재 고객들이 가상 식당 포장 용기를 사용해서 시장 피드백을 가늠하려 한 일을 알게 되었을 때 부정 편향이 만들어질 수 있다. "점심을 사겠다"는 거짓말도 나라면 감수하지 않을 위험이다. 진정성이 규칙을 어길 때마다 당신은 윤리적 한계를 시험하는 셈이다. 화를 내는 사람이 있을 수 있다. 윤리는 주관적이기 때문이다. 윤리적 문제가 발생할 행동인지 판가름할 때 내가 항상 적용하는 규칙이 있다. 당신 행동이 공개되었을 때 후회하거나 사과할 일이 생길까? 그 답이 '예스'라면 그것은 피해야 할 행동이다.

 핵심 개념

- 윤리적으로 모호한 영역은 부정 편향을 만들고 매출 기회를 놓치게 할 수 있다.
- 해당 행동이 사람들에게 공개되었을 때 사과가 필요하다면 그런 행동은 피해야 한다.

074 현금 입증 원리

돈이 따라오는 아이디어만 진짜다

 2009년 내 친구는 개인 보안과 관련된 새로운 제품 출시를 앞두고 있었다. 수만 명의 사람들이 대단한 아이디어라고 입을 모았다. 신문에까지 실렸다. 모두 그가 승자의 자리에 안착할 것이라고 생각했다. 그러나 실제로 구매 순간, 즉 돈을 쓸 순간이 오자 모두 지갑을 닫은 채 방관했다. 결국 사업은 실패했다. 그는 친구, 가족, 의견, 이메일 영역에서만 승인받았지 증거, 즉 돈의 영역에서는 승인받지 못했다.

현금 입증 원리는 사업에서 의미가 있는 유일한 의견은 돈이 따라오는 의견이라는 것이다. 돈은 검증력 있는 의사표시다. 물론 돈에게는 의견이 없다. 의견은 돈의 소유자가 가지고 있다. 돈이 주머니에 들어오면 돈에 목소리가 주어진다. 돈은 이렇게 말한다. "당신은 가치가 있다

고 나를 설득했어. 자 여기, 내가 어렵게 번 돈이야." 엄마가 당신 사업 아이디어가 대단하다고 말한다면? 그 말은 믿지 말라. 바텐더가 당신이 새로 내놓을 주류 라인이 근사하다고 말한다면? 의심하라.

사소한 입증(trivial-validation)은 표적 시장에 속한 이들을 비롯한 사람들이 당신 아이디어에 대해서 긍정적인 의견을 내놓는 것을 말한다. 사소한 입증은 의욕을 돋우고 피드백 루프를 연결시킬지 몰라도 옆집 아이가 파는 걸스카우트 쿠키를 사는 것과 다를 바 없다. 사소한 입증만이 당신 아이디어에 대한 유일한 자료라면 당신 아이디어는 돈이 지지하는 아이디어보다 더 위험하고 보다 투기적이다. 안타깝지만 하이파이브나 페이스북의 '좋아요' 숫자만으로는 생계를 이을 수도, 아이를 대학에 보낼 수도 없다. 사소한 입증에 신나서 사업에 뛰어들 수는 있지만 샴페인을 터뜨릴 만한 첫 번째 이정표는 사소한 입증이 현금 입증으로 변할 때뿐이다.

 핵심 개념

- 유효한 아이디어라는 증거는 현금(주문이나 매출 등의 돈)뿐이다.
- 사소한 입증은 돈이 아닌 모든 우호적 반응, 이메일 주소, '좋아요', 댓글을 말한다.
- 사소한 입증의 지지를 받는 아이디어는 돈이 입증하는 아이디어보다 위험하다.
- '좋아요', 댓글, 의견, 이메일 주소로는 생계를 꾸릴 수 없다.

075 용서 원리

상대 가치가 당신의 죄를 사하리니

2005년 데이브즈 킬러 브레드(Dave's Killer Bread)를 공동 창립한 데이브 달은 고등학교 중퇴, 약물중독, 흉악 범죄를 저지른 전과자다. 하지만 그는 집에서 하던 빵 사업을 다시 브랜딩해서 큰 성공을 거두었다. 간신히 동네 장사를 이어 가던 회사를 전 세계 수천 개 매장에 제품을 공급하는 브랜드로 키운 것이다.

그는 자신의 부정적인 경력이 열정을 꺾거나 미래를 망치게 놓아두지 않았다. 오히려 자신의 사연을 유전자 변형 농산물을 사용하지 않는 몸에 좋은 유기농 빵을 제공하는 브랜드와 가치 편향 일부로 활용했다. 데이브즈 킬러 브레드는 2015년 2억 7,500만 달러에 매각되었다. 현재이 회사 직원의 3분의 1은 전과자다. 회사의 고용 관행을 브랜딩 편향

이나 세상을 바꾸는 회사 비전의 일부로 만들었다.

데이브의 이야기에서 핵심은 용서 원리다. 세상에 가치 있는 것을 제공한다면 세상은 과거의 일을 문제 삼지 않는다. 당신이 가치를 제공하는 모든 거래에서 유일하게 교환되는 것은 돈이다. 구매자는 당신의 대학 성적표를 요구하지도 학점을 묻지도 않는다. 누군가가 간절히 원하고 필요한 것을 가지고 있다면 그것을 쥐고 있는 사람의 배경 이야기는 묻혀 버린다. 데이브즈 킬러 브레드의 경우, 그들이 제공하는 상대 가치는 생명을 구하는 일이 아니라 그저 빵일 뿐이었다. 이 사례는 우리가 시작할 수 없다며 갖다 대는 모든 변명이 스스로 만든 망상이라는 것을 증명한다. 시장이 원하는 것을 가지고 있다면 당신은 돈 이외에도 눈에 보이지 않고 드러나지 않은 혜택, 즉 구원을 얻을 수 있다.

 핵심 개념

- 상대 가치를 제공하면 세상은 과거 문제와 개인적인 결함, 삶의 결점은 무시해 버린다.
- 가치를 추구하는 사람은 당신 삶의 결점에 대해 궁금해 하지 않는다. 시장이 원하는 것만 가지고 있다면 돈은 따라올 것이다.
- 상대 가치는 믿기 힘든 구원의 힘을 가지고 있다. 문제가 많은 경력을 가진 사람에게는 특히 더 그렇다.

선의의 경쟁

2017년 7월 15일 토요일

             토요일 새벽 트로트만의 수프 선호도 조사가 재개되었다. 이번에는 샘이 주도했다. 병원 휴게실에 준비된 수프는 미네스트로네였다. 샘은 로마노 이탈리안 비스트로라는 포장 용기에 든 미네스트로네가 함께 일한 오후 근무자에게 인기였다고 전했다. 이후 야간 근무자에게도 미네스트로네를 선보이기로 했다.

    밤새 몇몇이 수프를 먹긴 했지만 아무도 수프에 대해 묻지 않았다. 그날 아침 나쁜 소식을 들고 집에 돌아온 샘은 제프가 식탁 위에 덩치 큰 데스크톱을 올려 두고 그 앞에 앉아 있는 것을 발견했다. 그의 옆에는 HP 프린터와 멀티 도킹 스테이션, 구식 계산기, 종이 더미와 니브가 놓여 있었다.

    "여기가 당신 새 사무실이야?" 샘이 물었다. "우리 사무실이지." 그는 컴퓨터에서 눈을 떼고 지폐 액자가 있는 벽의 화이트보드를 힐끗 보았다. "우리의 목표를 상기시키는 사무실, 실제 공간이 필요해. 침실의 작은 책상은 안 되겠어. 들어갈 때마다 잠을 자고 싶거든." 샘은 식탁을 훑어보았다. "밥 먹을 공간이 부족하잖아." 그는 식탁의 남은 절반과 빈 2개의 의자를 가리켰다. "공간은 충분해. 나는 홈바에서 먹어도 되고 컴퓨터 앞에서 먹어도 돼."

그가 키보드를 두드리기 시작하며 화면으로 시선을 옮겼다. 샘은 식탁에 소리 나게 가방을 내려놓았다. 머리카락은 헝클어지고 고된 업무에 지쳐 보였다. 게다가 병원에서 있었던 미네스트로네 조사는 실패라고 했다. "근무 시간 때문이야. 밤교대를 하면 입맛이 이상해져. 그런 이른 새벽에는 미네스트로네보다는 도넛이나 커피가 땡기거든."

놀랍게도 제프는 그 소식에 큰 의미를 두지 않았다. "문제될 거 없어. 생산 견적을 받고 있는데 SKU(stock keeping unit, 재고관리를 위한 최소 상품 단위-옮긴이)당 수천 달러는 생각해야겠어." 그녀는 어리둥절해서 눈을 가늘게 떴다. "SKU는 우리가 생산하는 수프의 종류를 뜻해. 미네스트로네, 아시아식 두부 우동, 크리미 포테이토 케일이 각기 하나씩의 SKU인데 우리에게는 SKU 하나를 감당할 돈밖에 없어. 내가 우동 62캔을 팔았으니까 결정은 쉬워. 아시아식 두부 우동이 승자가 되는 거지."

"얼마나 주문할 수 있어?" 제프가 노트를 들여다보았다. "세 군데의 코-패커와 이야기했는데 최소 주문 단위가 100상자야. 한 상자에 32캔이고." 그는 펜으로 식탁을 두드리며 계속했다. "레시피를 볼 때까지는 아무도 정확한 가격을 말해주지 않을 거야. 하지만 고정비용은 최소 1.19달러에서 최대 2.30달러로 예상하면 돼. 3,200캔이면 3,800달러에서 7,360달러가 되겠지."

샘의 입이 크게 벌어졌다. 충격을 받은 표정이었다. 식탁에 있는 접시에서 피스타치오를 한 움큼 집은 후 그녀가 말했다. "우리 비상금이 전부 들어가겠어. 은퇴 자금 계좌에도 손을 대야겠네." 제프가 고개를 끄덕였다. "비상금 절반을 쓰고 은퇴 계좌에는 손을 대지 않는 게 좋을 것 같아. 나머지는 당신 신용카드로 메꾸자. 내 카드는 아직도 티셔츠 사고 때문에 한도가 많지 않아."

샘은 별다른 동요 없이 피스타치오 몇 개를 까서 입에 넣었다. "이해할 수가 없어." 그녀가 피스타치오를 씹으며 말했다. "왜 내가 요리해서 팔면 안 되는 거지? 그렇게 하면 원하는 만큼 SKU를 만들 수 있는데." "그건 위법이야. 집에서 만든 음식은 판매할 수가 없어." 샘이 고개를 저었다. "우리 주방 이야기를 하는 게 아니야. 대여 주방 말이야." "대여 뭐?" 샘이 웃음을 터뜨렸다. "내가 설명 좀 해줄까?"

제프가 희미하게 웃으며 고개를 끄덕였다. 샘이 말을 이었다. "상업용 주방을 대여하는 거야." 그가 어안이 벙벙한 표정으로 고개를 들었다. "그런 게 있다고?" "그래, 코-패커 말고. 내가 TV에서 보는 음식 프로그램에서 그런 이야기가 자주 나와. 시간 단위로 빌려주는 상업용 주방을 찾아서 소량만 만든 후에 판매하는 거지. 좋은 피드백을 받으면 코-패커에게 대량 주문을 하면 되지 않겠어?"

제프가 의자에 등을 대며 이마를 문질렀다. 곤혹스러운 표정에 가까웠다. 놀란 것인지 당황한 것인지 구분하지 못한 샘이 그를 곁눈질했다. 그가 단조로운 어조로 "아, 이런!"이라고 말하며 침묵을 깼다. "그런 건

몰랐어. 정말 잘했어, 당신. 이렇게 되면 일이 훨씬 쉬워지겠네. 큰돈 들여서 대량 주문하기 전에 레시피를 손볼 수도 있고 말이야. 당신이 사용할 거니까 대여 주방 찾는 일을 맡아 줄래?" "좋지." 그녀가 미소 지으며 주방의 커피 메이커 쪽으로 걸어갔다.

"회사 이름은 무엇으로 하지?" 그녀가 잔을 채웠다. 제프가 어깨를 으쓱했다. 신중하게 결정해야 해. 우리의 판매 의도가 제대로, 완벽하게 담겨 있어야 한다고."

샘이 신이 나서 말을 보탰다. "카인들리 카인드 키친(Kindly Kind Kitchen)은 어때? 우리 사명은 친절로 하고, 모든 수프는 책임감 있는 공급자가 제공하는 식물성 원료만으로 만드는 거지. 그리고 수익의 일부는 동물 구조나 자선단체에 기부하고 싶어. 또 라벨은 소박하고 행복한 느낌이었으면 좋겠어." 제프가 끼어들었다. "아이디어가 넘치는군. 그런데 카인들리 카인드 키친은 별로야." "왜?" "게으른 고객이 긴 이름 대신 약자로 KKK라고 부르면 어떻게 해? KKK는 백인 우월주의 단체의 약자야. 우리 브랜드 이름에 그런 뜻이 담기면 안 되지."

가벼운 플루트 멜로디가 매디슨의 침실에서 흘러나오기 시작했다. 지금 주제와 묘한 대조를 이루는 음악이었다. "좋은 지적이야!" 샘이 수긍했다. "다른 사람들이 그 이름을 어떻게 받아들일지, 어떻게 인식되기를 원하는지는 생각 못했어." 커피를 한 모금 마시고 그녀가 물었다. "그럼 해피 팜즈(Happy Farms)는 어때?" 제프가 망설이면서 고개를 저었다. "나쁘지는 않은데 우리는 농장이 없잖아. 가장 최선인 것을 선택해야 하니까…"

"음, 비건 버라이어티(Vegan Varieties)는 어떨까?" 샘이 제안했다. "그것도 나쁘지는 않아. 그런데 '비건'이라는 단어는 피해야 할 것 같아. 그것도 부정적인 선입견이 있는 단어잖아." 샘이 큰소리로 대꾸했다. "비건이 왜 부정적이야?" "내 말 들어봐. 단어나 그 단어가 당신과 같은 비건에게 의미하는 바를 이야기하는 게 아니야. 비건이 아닌 사람들에 대해서 말하는 거야. 비건이 아닌 사람한테 비건이라고 말하면 바로 건조하고, 심심하고, 맛없는 걸 떠올린다고! 회사에서 우리 수프가 비건이라고 말했다면 매출이 절반으로 떨어졌을걸? 식물 기반으로 밀고 나가자. 그렇게 해야 더 많은 고객을 끌어들이고 소외시키는 사람을 만들지 않지."

그녀가 식탁에 컵을 내려놓았다. "당신 말이 맞아." 그녀가 마지못해 고개를 끄덕이며 미소 지었다. 그는 니브를 식탁에 내려놓았다. "일주일이나 2주 정도 회사 이름을 생각해보자." 그가 잠시 머뭇거리더니 다시 능글맞게 웃었다. "우리 이걸로 내기하는 것이 좋겠어. 회사 이름을 생각해내는 사람이 상대에게 1시간 마사지를 받는 거야." 그는 장난스런 표정으로 두 손을 비비고 나서 덧붙였다. "다음 한 달 동안 매주!" 그녀는 피스타치오를 하나 더 입에 넣고는 자신만만하게 말했다. "좋아!"

076 환경 조정 전략
쉽게 나아가기 위해 환경을 바꾸어라

 〈나의 600파운드 라이프(My 600pound Life)〉는 A&E 방송국에서 방영하는 리얼리티 프로그램으로 병적인 비만 환자가 살을 빼기 위해 노력하는 모습을 보여준다. 이 프로그램에 출연한 환자의 목표는 살을 어느 정도 빼서 위우회술을 승인받는 것이다. 하지만 대부분의 환자는 수술받은 후에도 감량 체중을 유지하는 데 실패한다. 모든 실패 사례에는 공통점이 있다. 정크 푸드 소비를 말하는 것이 아니다. 전문가로부터 적절한 식습관에 생사가 걸려 있다는 경고를 들어도 그들은 악몽 같은 환경으로 되돌아간다.

모든 실패에는 변화가 아닌 현상 유지를 독려하는 환경이 도사리고 있다. 각 환자는 친구, 가족, 심지어는 부모로 이루어진 도우미에게 둘

러싸여 있다. 가장 황당한 부분은 가족들이 환자를 돕는다고 주장하면서도 초콜릿 과자로 집을 채우는 일을 그만두지 않는다는 점이다.

한 남성 환자는 체중이 386kg이었다. 거의 누워서 생활했다. 문을 통과할 수조차 없다. 심각한 림프부종이 있다. 하지만 가장 역겹고 황당한 것은 그의 어머니가 그의 병을 방조한다는 점이다. "원하는 것을 가져다주지 않으면 화를 내요."

장난하나? 자식이 너무 먹어서 죽기 직전인데 당신은 그가 화를 내는 것만 걱정한단 말인가? "더블 치즈 버거를 4개나 먹겠다고? 나는 사줄 생각이 없으니 네가 가서 사 먹어!"라고 해야 정상 아닌가? 알코올 중독자를 술집에서 치료하고 마약중독자를 마약 밀매소에서 치료하는 것과 무엇이 다른가?

이 남성은 90kg을 빼고 필요한 도움을 받았지만 결국 심장마비로 사망했다. 안타까운 일이지만 예상하지 못한 일은 아니었다. 그가 자꾸 화를 내자 그의 어머니가 빵 두 덩이와 피에로기(perogi, 감자, 베이컨, 치즈 등이 들어간 서양식 만두) 6봉지, 스키틀즈 3봉지를 가져다준 것이다.

체중 감량이든 각본 탈출이든 성공 기회를 원한다면 도움을 주는 환경을 만들어야 한다. 주변이 방해가 되지 않아야 한다. 이를 환경 조정(environmental hacking)이라고 부른다. 예를 들어 나는 작업 공간이 깨끗하게 정돈되지 않으면 글을 쓰지 않는다. 수년에 걸쳐 나는 내 집필 스타일을 알게 되었다. 어수선하고 흐트러진 공간에서 글을 쓰면 내 글도 그렇게 정리되지 않는다. 전혀 글을 쓰지 못할 때도 있다.

매일 당근을 먹는다는 목표를 세웠다고 가정하자. 당근을 먹기 위해서 매일 상점을 찾아야 한다면 당신은 분명히 실패할 것이다. 목표를 이루기에 쉽지 않은 환경이다. 반면 당근을 사서 냉장고에 잔뜩 넣어 놓았다면 틀림없이 목표를 달성할 수 있다. 하나는 실패를 위해, 다른 하나는 성공을 위해 설계된 환경이다. 보디빌더가 일주일 먹을거리를 한꺼번에 준비하는 것도 이 때문이다. 목표를 보다 쉽게 달성하기 위해 환경을 바꾸는 것이다.

환경을 만드는 첫 번째 열쇠는 그렇게 할 수 있는 힘이 있다는 점을 이해하는 것이다. 당신의 설정은 제어가 가능하다. 단, 당신이 기꺼이 변명을 내던질 때만 가능하다. 내 인생은 2개의 장(章)으로 나뉜다. 시카고에서의 내 삶은 우울로 점철된 장이다. 새로운 꿈의 장은 애리조나에서 시작되었다. 젊은 시절 인생에 햇빛이 필요하다는 것을 깨달았고 사는 곳을 바꿈으로써 날씨를 바꾸었다. 하지만 그렇게 하기 전 내·외적 이중 변화를 받아들이고 평계를 내던져야 했다.

"넌 시카고를 떠날 수 없어. 여기서 나고 자랐잖아!"

"애리조나에 아는 사람이라고는 없잖아!"

"가족들을 몇 달 동안 볼 수 없어!"

모든 평계가 머물러야 할 이유가 아니라는 것을 깨달은 나는 시카고를 떠났다. 성공하기 위해서는 화창한 날씨가 필요했다. 좋은 날씨가 아니었다면 작가로서의 내 경력은 없었다. 아마도 비타민 D 결핍 치료제 프로작(Prozac, 우울증 치료제)으로 연명하고 있을지도 모르겠다.

요점은 성공으로 가는 가능성을 높이는 방향으로 환경을 바꿔야 한다는 것이다. 탁월함과 새로운 기술을 추구할 힘을 부여할 곳을 찾아라.

창업 지원 기관에 신청서를 제출하라. 최적의 식단을 유지할 수 있도록 식료품 쇼핑 리스트를 수정하고 냉장고를 정리하라. 당신에게 가장 잘 맞는 운동을 할 수 있는 체육관을 찾아라. 플래닛 피트니스는 끙끙거리는 보디빌더와 배꼽을 드러낸 피트니스 모델과 함께 있고 싶지 않은 사람들을 위한 체육관이라는 좋은 평판을 얻었다. 그들의 가치 편향은 남의 시선을 불편하게 여기는 사람들을 위한 환경 조정의 전형이다. 당신이 대담한 목표를 세우게 하고 자존감이 높아지는 사람들로 주변을 채워라. 친구들이 당신의 꿈을 부정적으로 보는 각본화된 쳇바퀴의 쥐라면 그들을 멀리하거나 새로운 친구를 사귀어야 할 때다. 추월차선 포럼에는 각본에서 탈출해 성공한 기업가로 살고 싶은 수천 명의 사람들이 있다. 방문객은 매일 환경 조정을 실천한다.

벽돌을 가득 담은 마차를 끌고 달려야 한다면 경주에서 이길 수 없다. 당신은 자신에게 최적 환경이 어떤 것인지 알고 있다. 그런 환경을 찾거나 만들어라. 환경은 절대 무시할 수 없는 요소다.

 핵심 개념

- 성공 기회를 높이고 싶다면 환경을 조정하라.
- 환경 조정은 긍정적인 행동을 보다 쉽게 만든다.

077 까다로운 고양이 원리

까다로운 고양이 2마리가 시장을 대표하는 것은 아니다

 2020년 크리스마스였다. 고양이들을 위해
비싼 캣 타워를 샀다. 커다란 상자가 도착
했고 1시간 동안 부속품을 조립했다. 캣 타워에는 사다리가 있고 가짜
쥐도 매달려 있었으며 높은 곳에는 고양이가 몸을 밀어 넣을 공간도 있
었다. 내가 고양이가 되고 싶을 지경이었다. 조립을 마치고 고양이들이
가장 좋아하는 창가에 캣 타워를 세워 두었다.

몇 분 뒤 고양이들은 집에 들어온 새로운 물건을 두고 싸우기 시작
했다. 하지만 근사한 캣 타워를 두고 싸우는 것이 아니었다. 그들은 캣
타워가 담겨 있던 상자를 두고 싸웠다. 몇 주 후에도 그들은 캣 타워는
건드리지 않았고 그 상자에만 완전히 빠져 있었다!

이 이야기를 하는 이유는 고양이들의 행동이 당신이 시장에 어떻게

접근해야 하는지를 정확하게 보여주기 때문이다. 시장은 까다로운 고양이로 가득한 방과 같다. 기억하라. 돈을 끌어들인다는 것은 고양이를 쫓는 것이 아니라 고양이를 당신에게 오게 하는 것이다. 시장에서 혹은 마켓마인드(marketmind, 제품에 관심 가질 것이 거의 확실한 전체 시장)에서 얻을 반응은 예측하기 어렵다.

이런 식으로 생각해보자. 마켓마인드는 주식시장과 비슷하다. 뉴스를 장식하는 것은 몇몇 기업이지만 시장 자체는 거시경제적, 지정학적 사건을 기반으로 하는 전체론적 실체로 움직인다. 그날 시장은 2% 상승해도 어떤 종목은 40% 떨어진다. 급락한 종목은 전체 시장의 극히 일부에 불과하며 그것이 시장의 합의를 입증하지는 못한다. 코스타리카에서 태평양 온도를 측정하고 샌프란시스코의 수온도 같을 것이라고 예상하는 것과 마찬가지다.

제품이 마켓마인드와 상호작용 할 때는 마켓마인드의 정확한 합의를 보고 있는 것인지 몇몇 개인의 반응만을 보고 있는 것인지 파악하기가 힘들다. 더구나 마켓마인드는 인지 가치에 따라서만 반응한다.

내가 기업가 지망생에게 항상 하는 말이 있다. 모든 사람이 커피를 좋아하는 것은 아니다. 커피가 1,500억 달러 규모의 전 세계적인 사업이기는 하지만 모든 사람들이 커피를 맛있다고 생각하는 것은 아니다. 세상에서 가장 맛있는 커피라도 커피를 좋아하지 않는 사람에게 내민다면 거절당할 수 있다. 전체적으로 볼 때 마켓마인드의 각 부분이 자극에 어떤 반응을 보일지는 아무도 예측할 수 없다. 광고, 제품, 고객 서비스, 브랜드, 포장 등 모든 것이 변수다! 사업 계획이 원숭이에게 주식

리스트에 다트를 던지게 하는 것과 다름없는 이유도 여기에 있다.

마켓마인드에서 할 수 있는 최선의 일은 낚싯대를 던지고 무슨 일이 일어나는지 보는 것이다. 쥐들에게 치즈 한 조각을 떨어뜨리고 나서 지켜본다. 마켓마인드의 일부가 당신이 내미는 것에 의견을 표시하면 3A 방법론을 적용하라. 실행 가능한 또는 편향 가능한 것이 존재하는가? 그냥 커피를 싫어하는 사람은 아닌가? 이 의견이 전체 주식시장을 반영하는 패턴인가 아니면 임의적인 한 가지의 주식 패턴인가? 부정적인 의견을 능가하는 의미 있는 입증이 존재하는가? 까다로운 고양이 때문에 세상의 다른 6,300만 마리의 고양이들이 300달러짜리 캣 타워보다 3달러짜리 상자를 더 좋아한다는 그릇된 믿음을 가져서는 안 된다.

 핵심 개념

- 마켓마인드는 주식시장과 비슷하다. 모든 주식을 반영하는 것이 아니라 전체, 표적 고객에 속한 사람들의 의견을 반영한다.
- 하나의 의견은 마켓마인드의 극히 일부를 나타낼 뿐 전체적인 합의를 증명하는 것은 아니다.
- 모두가 커피를 좋아하는 것은 아니라는 말은 마켓마인드의 일부와 전체적인 합의와의 괴리를 나타낸다.
- 마켓마인드는 인지 가치를 기반으로 전체주의적인 반응을 보이므로 꼭 참 가치나 상대 가치가 기반이 되는 것은 아니다.

브랜드 탄생

2017년 7월 24일 월요일

일찍 퇴근한 제프는 아내가 침대 위에 누워 있는 것을 발견했다. 그녀는 스파에서 휴식을 취하는 것처럼 리츠 칼튼 목욕 가운 차림이었다. 영문을 알 수 없는 제프는 주위를 둘러보았다. "매디는?" "밴드 연습." 그녀가 머리카락을 비비 꼬았다. "매디는 1시간 뒤에 돌아올 거야, 라이라이." 제프는 기대감에 눈이 휘둥그레졌다. 그녀가 낄낄거렸다. "몸이 뻐근해." 그녀는 계속해서 싱글거리며 일어나 앉아 목을 주물렀다. "우리 내기 말이야. 당신이 졌으니까 상을 받아야겠어." 그녀가 테이블을 손짓으로 가리켰다. 제프는 마사지 오일과 각질 제거용 브러시를 흘끗 보았다.

눈살을 찌푸린 그는 침대에 앉아 그녀를 바라보았다. "잠깐, 우리는 회사 이름에 합의도 안 했어. 당신이 이겼다고 하면 이긴 것이 되나? 의논도 안 했잖아." 그녀가 다시 웃었다. "내가 이겼어. 우리 회사 이름과 브랜드 스토리를 찾아냈거든. 정말 좋아. 그냥 좋은 정도가 아니야. 당신이 마음에 안 든다고 하면 CEO 자리에서 몰아낼 거야. 남편 자리에서도." 그녀는 집게손가락으로 그의 관자놀이를 튕기려 했지만 제프는 몸을 재빨리 뒤로 빼며 크게 한숨을 내쉬었다. "그래. 들어 보자고."

샘은 큰 비밀을 폭로하려는 여덟 살짜리처럼 몸을 웅크렸다. "영웅의 주방(Heroic Kitchens)이야." 제프는 콧구멍이 커졌지만 말을 아꼈다. 그녀가 다시 외쳤다. "영웅의 주방! 완벽하지 않아? 우리는 수프가 팔릴 때마다 수익의 일부를 보호소에 있는 동물에게 기부하는 거지."

제프의 시선은 여전히 차가웠다. "수익이 없을 때도 기부해야 하는 거야?" 그는 얼굴을 찡그렸지만 샘의 미소는 여전했다. "그러니까 당신은 수익의 일부를 동물 보호소에 기부하고 싶은 거지?" 그가 얼굴을 비비며 말했다. "우리가 이윤을 낸다는 가정 아래…"

샘이 말했다. "아니, 우리는 반려동물에게 기부하는 게 아니야. 육류 산업에서 탈출한 동물을 돕는 거야. 소, 돼지, 닭, 우리가 스토리와 이름을 부여할 수 있는 동물이라면 무엇이든지 말이야." "그럼 우리가 농장 동물을 구조하는 거야?" 그는 고개를 저었다. "당황스러운데." "아니, 그런 게 아니야." 그녀는 가까이 다가왔다. "전 세계에 동물 보호소가 수백 개 있어. 구조된 동물은 생존에 얽힌 대단한 이야기를 가지고 있지. 그중에는 치료를 받지 못하는, 음식도 부족한 동물이 많아. 우리 회사가 그런 동물 중 하나를 후원하고 책임지는 거지. 라벨에 동물의 사연을 덧붙이는 것도 생각해봤어. 그럼 고객이 영웅의 주방에서 수프를 사면서 자기가 어떤 동물을 돕고 있는지 구체적으로 알 수 있잖아. 회사 웹사이트를 우리가 돕는 동물과 거기에 얽힌 이야기로 채우는 거야. 그러면서 사람들의 건강에 도움을 주는 거지. 이건 차별성이 있는 완벽한 사업이야."

제프는 고개를 끄덕이지 않았다. 샘은 이야기를 계속했다. 속도가 점점 빨라졌다. "영웅의 주방이라는 이름으로 과자 같은 다른 식물 기반 제품 라인을 추가할 수도 있어. 어쩌면 아이스크림을 만들 수도 있지. 그냥 수프만 파는 게 아니야!" 그녀의 남편은 조용히 앉아 바닥을 응시하며 고개를 흔들었다. 샘은 가슴이 답답해졌다. 화가 목구멍으로 올라왔다. 완벽한 이름인데 제프는 무관심한 표정을 짓고 있다.

갑자기 제프가 손으로 무릎을 치고는 얼굴을 찌푸리며 일어났다. "왜? 마음에 안 들어?" 샘이 물었다. 슬슬 표정이 굳는다. 제프는 셔츠를 벗어 바닥에 던졌다. 당황한 샘이 그를 쳐다보았다. "뭐 하는 거야?" 그는 셔츠를 벗은 채 테이블로 걸어가 오일 병과 각질 제거 브러시를 집어 들었다. "멀쩡한 셔츠에 마사지 오일을 묻히기는 싫거든요." 그는 침대로 올라가며 말했다. "영웅의 주방 CEO는 당신이 가운을 벗어 주시길 청합니다."

078 개성과 목적의식 전략

개성과 목적의식으로 회사에 인간성을 불어넣는다

 몇 년 전 나는 람보르기니를 팔았다. 햇살 가득한 여름을 보낸 후 내가 더 이상 그 차를 몰지 않는다는 것을 깨달았기 때문이다. 처음 그 차를 샀을 때 람보르기니라는 브랜드는 반항적인 성공한 기업가라는 내 정체성과 잘 어우러졌다. 나는 람보르기니를 다양성과 독특함의 상징으로 보았다. 하지만 한편으로는 허례와 과시가 가득했다. 내성적인 나에게는 어울리지 않는 특성이다. 나이가 들면서 관심보다는 눈에 띄지 않는 것이 더 좋아졌기 때문에 차를 팔았다.

이 이야기를 하는 것은 성공한 브랜드라면 고객의 정체성을 드러내도록 회사의 개성과 목적의식을 훌륭하게 다듬어야 한다는 것을 설명하고 싶었기 때문이다. 고객이 원하는 것은 기업이 아니라 우리와 연관

된 스토리를 지닌 존재, 우리의 정체성이나 목적의식을 확인하는 존재다. 람보르기니라는 브랜드와 그것이 상징하는 바는 바뀌지 않았다. 바뀐 것은 내 정체성이다.

생산가치체계는 강력한 브랜드 이미지와 밀접한 관련이 있다. 그러나 브랜딩은 대단히 복잡한 일이다. 너무 복잡해서 따로 그 일만 하는 사람이 있을 정도다. 아마추어에게 브랜딩은 멋진 로고, 간결한 슬로건, 금박이 들어간 문구류 등을 의미한다. 하지만 전문가에게 브랜딩은 그런 것을 훨씬 넘어서는 일이다. 브랜딩은 인간적인 자질과 특성으로 사업을 의인화함으로써 고객의 정체성을 반영하거나 확인한다. 적절히 구현된 브랜드 정체성은 고객의 아이덴티티를 강화하고 결과적으로 구매 결정에서 가치 편향 역할을 한다.

할리데이비슨이라는 브랜드를 생각해보라. 할리의 핵심 고객 그룹을 어떻게 묘사할 수 있을까? 모험을 즐기는 사람? 아니면 '안전'을 우선하는 보수적인 사람? 만약 당신이 근심 걱정 없이 사는 욜로족(You Only Live Once, 미래를 위해 현재를 희생하기보다 현재를 즐기려는 사람들-옮긴이)이라면 할리를 사는 것이 당신의 정체성을 강화할까 손상시킬까? 나이키는 어떤가? 운동에 몸을 바치는 사람이라면 나이키 의류를 많이 사는 것이 당신의 정체성을 강화할까 약화시킬까? 날씬한 몸매를 가지고 싶은 사람은? 브랜드는 정체성의 확장이다. 루이 비통, 애플, 랭글러, 페라리, 볼보 등의 브랜드가 어떻게 정체성을 만드는지 생각해보라.

브랜딩은 이 책이 다루는 주제에서 벗어나지만 이것만은 알아두자. 브랜딩은 표적 고객의 정체성을 프로파일링하는 데서 시작한다. 당신이 생각하는 고객은 누구인가? 그들은 어떤 옷을 입는가? 그들은 어디에 사는가? 그들의 삶은 어떤 모습인가? 그들은 어떤 목표를 가지고 있는가? 그들은 어떻게 되기를 바라는가? 여기에서 출발해서 그들의 정체성을 기반으로 삼고 그들의 정체성을 강화하는 개성과 목표를 회사에 부여하라. 비건이나 동물을 사랑하는 사람이라면 동물 보호소에 돈을 기부하는 회사의 수프를 좋아할까? 물론이다. 회사의 미션은 제품을 넘어서며 실제 사람처럼 정체성을 지닌 목적 지향적인 존재가 되는 것이다. 표적 고객과 비슷한 정체성을 공유하기 때문에 가치 편향과 브랜드 가치가 생성된다.

사람들은 기업이 아닌 브랜드와 관계에 충성한다. 회사를 영혼과 개성을 가진 사람처럼 느껴지게 만들어라. 그렇게 친구를 만들면 그들의 우정이 돈으로 변할 것이다.

 핵심 개념

- 브랜딩을 통해 회사에 인간적인 개성이 많이 부여될수록 마켓마인드가 그 회사를 우호적으로 바라본다.
- 브랜드의 개성은 고객의 정체성을 확인하고 강화하면서 추가적인 가치 편향을 만든다.
- 사람들은 얼굴 없는 기업이 아닌 사람들과의 관계를 원한다.

079 겨냥 목표 원리

'괜찮은 것'을 목표로 하면 보통밖에 되지 못한다

 이 원리에 대해 집필하던 날, 나는 흥미로운 이메일 한 통을 받았다. 메일 제목은 "당신의 책이 MBA보다 가치 있다!"였다. 메일을 열자 다음과 같은 독자 사연이 나를 맞이했다.

당신 책은 제게 MBA 과정에서 얻은 것보다 더 실용적이고 가치 있는 사업 지식과 실행 가능한 아이디어를 주었습니다. 당신 책은 단순한 책이 아니고 대단히 귀중한 참고서입니다. 월급의 노예에서 벗어난 자유로운 삶을 향한 제 여정은 오늘부터 시작입니다.

이 독자는 내 책이 엄청난 가치를 전달한다고 믿는다. 그는 내 책을

'뛰어난 것'으로 분류했다. 이런 이메일은 생산가치체계도 보여준다. 당연한 일이지만 인생에서 무엇인가에 성공하고 싶다면 일을 잘 해내야 한다. 뛰어나게 잘 해내야 한다. 변호사든 기업가든 요리사든 그런 것은 문제가 되지 않는다.

안타깝게도 "일을 잘해야 한다" 비법은 인터넷에서는 찾아볼 수 없다. 성공 방법을 찾아 나서면 오히려 평범함으로 가는 문을 만난다. 왜 그럴까? '완벽보다는 실행'이라는 말을 들어 본 적 있는가? "완벽은 좋음의 적이다"라는 말은? 구글에 '완벽이라는 적'을 검색하면 1억 8,400만 개의 검색 결과를 얻을 수 있다. 이런 진부한 말을 하는 사람들의 입에서는 새롭거나 참신한 것이 나오지 않는다. 그들은 당신이 생산가치체계를 달성하는 데 도움을 주지 않는다. 기억하라. 99%와 같은 생각으로는 1%의 결과를 얻을 수 없다.

큰 문제가 하나 있다. 완벽은 종종 탁월성과 혼동된다. 때문에 사람들은 별을 겨냥하지 않고 그저 '충분히 좋은 것'을 겨냥한다. 겨냥 목표 원리는 괜찮은 것을 겨냥한다면 평범하거나 그보다 못한 정도의 결과를 얻을 가능성이 높다는 뜻이다. 그럴 가능성이 얼마나 될까? 내 짐작으로는 84% 정도다. 표적으로 한 성과가 어떤 것이든 당신에게는 그것이 최선의 시나리오다.

'괜찮은 것'에 안주하려는 병에 대한 해법은 간단하다. 탁월성을 최상의 시나리오로 삼는 것이다. 탁월성을 겨냥 목표로 삼아라. 이것을 완벽함과 혼동하지는 말라. 탁월성은 할 수 있는 최선을 다하는 것이다.

그렇다면 어떻게 해야 탁월성을 겨냥 목표로 삼을 수 있을까? 프로젝트의 사소한 세목도 탁월성으로 다루면 전체적인 결과는 대단히 좋아진다. 코드 서브루틴과 기능을 뛰어나게 만들면 괜찮은 소프트웨어를 얻을 수 있다. 완벽하지 않아도, 우월하지 않아도, 시장을 자극하고 생산가치체계를 달성할 수 있을 정도로 충분히 괜찮을 수 있다.

사소한 세목에 '충분히 좋은' 철학으로 접근하면 전체적인 결과는 그저 그런 혹은 형편없는 정도로 저하된다. 그저 그런 부품의 총합으로는 탁월한 것은커녕 괜찮은 것도 만들 수 없다. 20개의 평범한 장면으로는 좋은 대본을 만들 수 없다. 결과는 비효과적인 상대 가치다. 그것으로는 재고를 줄이지 못한다. 돈을 끌어들이지 못하며 가치 편향을 절대 만들 수 없다.

탁월성을 표적으로 삼아서 미래의 결과를 변화시켜라. 이렇게 해서 괜찮은 것이 유력한 예상 결과가 되고 평범함으로부터는 벗어날 수 있다.

 핵심 개념

- 괜찮은 것을 겨냥 목표로 하면 평범하거나 그보다 못한 결과를 낼 가능성이 약 84%다.
- 탁월성을 겨냥 목표로 하면 괜찮은 결과를 낼 가능성이 치솟는다. 마켓마인드의 상당수는 당신의 상품이나 서비스에서 가치를 발견한다.

월급 받는 날

2018년 1월 1일 월요일

"3, 2, 1, 새해가 밝았습니다!" 댄스 플로어에 모인 술 취한 사람들이 목소리를 높였다. 트로트만 부부도 입을 맞추고 서로를 껴안았다. "새해를 맞이하는 게 이렇게 흥분되었던 적이 언제였는지 기억도 나지 않아."

1년 전 트로트만 부부가 사업을 시작하기로 결심했을 때만 해도 그들은 이런 순간을 예상하지 못했다. 불경기에도 불구하고 그들은 꿈에 가까워졌다. 상상했던 것보다 훨씬 더 가까이 말이다.

실패한 칼갈이 아이디어는 비건 수프 사업으로 바뀌었다. 비건인 샘이 발견한 틈새시장을 공략한 것이다. 그들에게는 비건과 그렇지 않은 사람들 모두에게 인정을 받은 맛있는 레시피까지 있다. 하지만 지금까지 그들 사업이 올린 매출은 1만 7,000달러에 불과하다. 초기 비용과 많은 실수를 계산하면 남는 것이 없다. 코-패커를 고용할 준비도 되지 않았다. 샘은 상업용 주방을 찾아 일주일에 한 번씩 요리를 하고 캔에 담아 라벨을 붙인다. 앞으로도 많은 장애가 있겠지만 극복한 것도 많다. 샘과 제프는 자신들이 이룬 진전이 매우 기뻤다. 두 사람은 삶의 의욕을 느꼈다. 아침이 불안하지 않다. 입맛도 좋아지고 직장 생활도 참을 만하게 느껴졌다. 인생에 낙관과 희망이 스며들었다.

새해 전야 이전의 6주는 정신없이 지나갔다. 제프는 연휴 덕분에 사업에 전념할 수 있는 여유 시간이 있었고 샘도 연차를 사용했다. 그 기간 동안 두 사람은 브랜드 포지셔닝부터 회사 스토리 만들기, 주문 처리가 가능한 웹사이트 개설까지 여러 가지 문제를 차례로 해결했다.

신용카드 적자는 커졌고 그들이 5년 동안 자린고비 생활을 하며 모은 3만 3,000달러는 이제 2만 1,000달러가 되었다. 그들이 돈을 써서가 아니라 12월 주식시장이 피바다(우리나라의 주식 차트에서는 상향을 붉은색으로 표시하는 반면 미국의 주식 차트에서는 하향을 붉은색으로 표시한다.-옮긴이)였기 때문이다. 트로트만 부부는 변동성 증가와 그로 인한 통제력 상실로 줄어드는 잔고를 보면서 더욱 굳게 결심을 다졌다. 하지만 '스크루지 시절'에 채택했던 검약 방식은 지금도 중요한 역할을 한다. 다만 돈을 그들이 통제할 수 없는 시장에 넣지 않고 그들이 통제할 수 있는 시장에 넣는 변화가 생겼다. 그들은 비대칭적 수익을 목표로 했다.

창업비용이 훨씬 더 많이 들 뻔했다. 제프가 전자상거래 웹사이트를 구축하는 '웹 개발자'에게 거의 6,000달러를 초과 지급할 뻔한 것이다. 제프와 샘 모두 전자상거래 웹사이트를 어떻게 만드는지 전혀 몰랐기 때문에 6,000달러를 합리적인 금액이라고 생각했다. 샘은 1시간 정도 조사한 끝에, 웹 개발자가 우커머스(WooCommerce) 기능 확장이 가능한 워드프레스(WordPress)를 설치하고 있었다는 것을 알게 되었다. 그들도 직접 할 수 있는 일이다. 그게 아니더라도 훨씬 저렴한 가격에 그 일을 해 줄 사람을 고용할 수 있었다. 6,000달러는 말도 안 되는 액수였다.

킥스타터 광고 실패도 손해에 한몫했다. 997달러나 되는 크라우드 펀딩 교육 세미나에도 불구하고 킥스타터 프로젝트는 그들의 목표치에 이르지 못했다. 제프는 교육 자료에서 제안한 기법을 정확히 따랐지만 의미 있는 결과를 내는 데 실패했다. 브로마케터에 사기를 당한 것인지 마케팅 메시지를 잘못 만든 것인지 구분조차 되지 않았다. 그는 '맛볼 수 없는 상황에서 맛을 판매하는 것은 어려운 일'이라고 한탄했다. 그는 다른 각도로 판촉에 접근해보고 싶었고 샘은 새로운 경로를 시험해 보자고 했다. 이 문제에 대해서는 나중에 결정해야 했다.

더 큰 불행, 대재난이 찾아왔기 때문이다. 캔에 포장된 수프의 유통 기한이 15일에서 17일밖에 안 되었다. 다행인지 불행인지 병이 난 사람은 없었다. 악취가 심했기 때문이다. 그들에게 처음으로 주어진 큰 문제였다. 결심의 토대까지 흔드는 불안감을 가져다준 문제기도 했다. 하지만 그 문제는 오래가지 않았다. 샘이 며칠 후 그 문제를 해결했다. 코-패커를 고용하지 않았기 때문에 컨설턴트와 상담할 수 없었지만 샘은 식품 화학자를 시간 단위로 고용하는 방법을 택했다. 그녀는 조미와 보존 비법, 어떤 향신료를 사용하고 어떤 향신료는 사용하지 말아야 하는지, 어떤 식물성 식품이 부패에 취약한지, 거래 요령 등에 대한 모든 세부 사항을 알아냈다. 그녀는 그 경험에 대해 "내가 평생 쓴 그 어떤 250

달러보다 값졌어"라고 말했다. 그녀의 말이 옳았다. 요리법을 바꾸자 수프가 상하지 않았다!

한편, 제프는 그가 가진 마케팅 아이디어 중 하나를 실행하기 시작했다. 주말 수공품 박람회에 참가하는 것이다. 겨울이었기 때문에 찾을 수 있는 것은 2개뿐이었다. 첫 번째는 기네스북에 실릴 정도의 기록적인 실패로 돌아갔다. 6시간 동안 제프는 수프를 단 한 캔도 팔지 못했다. 사람이 없었던 것은 아니다. 사람들은 붐볐고 제프가 준비한 명함도 동났다. 명함 190장이 사라진 것을 두고 '밝은 면'이라고 말하는 제프에게 샘은 이렇게 소리쳤다. "명함이 카드 대금을 갚아준대?"

샘은 회사의 이름을 짓고, 치명적일 뻔했던 웹 개발자 고용 문제를 해결했고, 수프의 부패 문제를 해결했다. 다음 수공품 박람회를 앞두고 제프는 무엇인가 바뀌어야 한다고 생각했다. 우선 문제를 평가하고 조정해야 했다. 옛말에도 있듯이 같은 일을 반복하면서 다른 결과를 기대하는 것은 미친 짓이다. 그렇게 그는 전략을 바꾸었다.

다음 박람회에서 제프는 준비한 120개의 수프 캔을 모두 팔았다. 그는 600달러에 가까운 매출을 올리고 박람회장을 일찍 떠났다. 그전 박람회의 제로 판매와는 딴판이었다. 전술의 커다란 변화가 결과를 크게 바꾸었다. 이 모든 것은 제프가 지나가는 사람들에게 무료로 샘플을 나누어 준 데서 비롯되었다.

박람회장을 일찍 나선 제프의 가슴은 흥분과 기대로 두근거렸다. 그의 얼굴에 번진 미소는 집에 가는 내내 사라지지 않았다. 그는 생각했다. '이 수프는 마약이나 마찬가지야. 나는 사람들에게 맛만 보여주면

돼. 그렇게만 하면 중독되어 버리는 거지.'

수공품 박람회에서의 작은 승리는 금전적인 보상보다 더 큰 무언가를 가져다주었다. 사업 과정에 대한 열정이자 인내였고 자신이 차이를 만들고 있다는 인식에서 비롯된 자기 존중의 느낌이다. 10년 전 컵스의 경기를 볼 때처럼 이제는 사업하는 것이 습관으로 자리를 잡았다. 여전히 회사에서 회계 감사로 힘들기만 하고 보상은 크지 않은 일을 하고 있지만 갑자기 그 일조차 훨씬 견딜 만하게 느껴졌다. 이제 그것은 목적이 아닌 수단이다. 한편으로는 이런 모든 감정이 혼란스럽기도 하다. 그는 아내처럼 채식에 열정적이지 않았다. 그런데 이 사업과 그것이 표방하는 것에 대해서는 열정을 느낀다. 그것은 그의 삶에 목적과 방향을 제시했고 세상은 그 안에서 가치를 발견했다. 수백 개가 아닌 수백만 개의 캔을 팔면 어떤 기분일지 상상도 되지 않았다.

박람회를 마치고 집으로 돌아오자 아내가 매디슨과 소파에 앉아 TV를 보고 있었다. 샘은 TV를 잠시 멈추라는 표시로 매디슨의 무릎에 손을 얹었다. 샘은 전자레인지 위의 시계를 흘끗 보고는 얼굴을 찡그렸다. "저런, 일찍 끝났네. 성과가 별로 안 좋았던 모양이지?" 제프가 씩 웃으며 손을 올려 돈다발을 꽃가루처럼 뿌렸다. 매디슨이 킥킥거리며 소파에서 일어나 지폐를 잡으려 했다. 제프가 말을 이었다. "다 팔렸어! 단 2시간 만에!"

송년 파티는 트로트만 부부 사업의 첫 월급날이다. 물론 급료를 받은 것은 아니지만 이 파티가 그들이 스스로에게 준 보상이다. 꽃가루가 떨어지는 동안 그들은 서로를 끌어안고 놓지 않았다.

080 별 스티커 전략

승리의 크기에 비례하는 축하로 보상하라

 대부분의 사람들이 초등학교에 다니던 시절에는 작은 것을 잘 해내기만 해도 별 스티커를 받았다. 사업에서도 축하 별 스티커가 필요하다. 람보르기니 나 바이퍼 같은 값비싼 자동차는 내가 스스로에게 주는 별 스티커였다.

사업을 구축하는 동안에는 자신에게 보상을 주는 일이 꼭 필요하다. 작은 승리라도 말이다. 꾸준한 수입이 생기기까지는 몇 개월, 몇 년이 걸릴 수 있다. 비대칭적 수익도 마찬가지다. 따라서 특별한 이정표에 도달했을 때는 자신에게 보상을 주고 싶은 마음이 생긴다. 당신이 축하해야 할 몇 가지 이정표가 여기 있다.

- 첫 번째 시제품

- 제품 출시 완료

- 첫 수입

- 첫 매출

- 처음으로 받은 우호적인 상품평

- 생산가치체계에 대한 승인(커다란 경사다!)

- 몇 달러에 불과할지라도 첫 이윤

- 첫 다중 보수

- 첫 급여

- 첫 직원

- 유리한 동업 계약이나 유통 계약

- 처음으로 흑자를 낸 달

- 처음으로 흑자를 낸 해

- 비대칭적 수익의 첫 신호

- 사업 가치가 100만, 500만 달러 그 이상으로 평가된 때

- 순자산이 100만, 200만, 500만 달러 그 이상이 되었을 때

- 유동 예금액이 100만, 200만, 500만 달러 그 이상이 되었을 때

- 회사를 매각했을 때

물론 별 스티커 비용이 사업 진전에 위협을 주거나 미래의 옵션을
제한해서는 안 된다. 보상은 마사지, 레스토랑에서의 맛있는 식사, 주말
에 집에서 느긋하게 보내는 휴가, 송년회 등이 될 수 있다. 1·5·10 플

래너시에 맞추어 보상을 한다면 더 좋다. 비대칭적 수익이 시작되면 별 스티커는 보다 화려한 것이 될 수 있다. 그때부터는 1·5·10 플래너시를 현실로 만들기 시작한다.

 핵심 개념

- 개인적, 사업적 승리를 '별 스티커'나 승리에 비례하는 보상으로 축하하라.
- 보상이 사업 진전에 위협을 가하거나 퇴행시키는 것이어서는 안 된다.
- 당신의 1·5·10 플래너시에 알맞은 보상이라면 더 좋다.

081 과일나무 전략

깎아 놓은 과일이 아닌 과일나무를 찾아라

최근에 사업 성장 전략에 대한 책을 읽었다. 재미는 있었지만 대부분 깎아 놓은 과일 전술이다. 예를 들어 한 스타트업은 크레이그리스트 방식을 이용해 성장했다. 이런 사업은 2011년에는 성공했겠지만 2021년에는 먹히지 않는다. 내가 인터넷 사업의 사용자를 0에서 수백만 명으로 끌어올린 방법을 자세히 설명하는 책을 쓴다면 어떨까? 대부분의 내용이 지금은 별로 유용하지 않다. 내가 5년 전에 사용한 방법과 전략은 깎아 놓은 과일 전술이다. 15년 전은 말할 것도 없다. 지금 실행 가능한 것은 대부분 내일이면 실행 불가능한 것이 될 가능성이 높다.

기업가로서 우리가 직면한 안타까운 현실이 있다. 실천 가능한 조언은 깎아 놓은 과일의 수명을 가지고 있다는 점이다. 일단 껍질이 벗겨

지고 마케팅 담당자의 손에 들어가면 유용성은 줄어들기 시작한다. 몇 년, 때로는 몇 달 안에 전략 효과는 사라진다.

깎아 놓은 과일 중에도 조사하고 적용할 가치가 있는 것들이 있지만 성장은 대부분 과일나무에서 비롯된다. 과일나무는 주류에서 대규모로 홍보되지 않은 새로운 전략, 매체, 경로를 말한다. 이는 3A 방법론을 통해서만 확인할 수 있다. 아직 주류에 편입되지 않은 새로운 소셜미디어 플랫폼이 있다면 개척 준비를 갖춘 새로운 과일나무일 가능성이 있다. 수년 전에는 페이스북이 그랬고 인스타그램, 스냅챗이 그 뒤를 잇는다. 이런 일은 계속해서 반복된다. 변화는 지속적이다. 변화가 새로운 백만장자와 억만장자를 위한 발사대라는 것을 기억하라.

포럼에 한 기업가가 과일나무를 찾은 경험을 올렸다. 합법적인 음성 메일 마케팅이었다. 투자수익률이 미친 듯 치솟았다. 과일나무를 발견한 지 며칠 지나지 않아 그것을 이용하려고 몰려든 사람들 댓글이 줄을 이었다. 어느새 전술은 과다하게 채택, 사용되기에 이르렀다. '미친 듯한 투자수익률 상승'은 사라졌다.

어떤 전술이 포화 상태에 이르면 깎아 놓은 과일 마케터가 달려들어 그 전술을 대단히 멋진 새 마케팅 전략으로 포장해 판매한다. 이런 마케터는 썩은 과일나무를 팔기 위해 신선해 보이도록 포장한 과일나무 전술을 사용하고는 한다. 이 전술은 금방 깎아 놓은 과일이 된다. 새로운 과일나무가 효과를 잃으면 그 과정이 반복된다. 더 이상 먹히지 않는 오래된 과일나무를 팔기 위해 새로운 과일나무 포장법을 찾는 것이다. 그들은 이런 사이클 속에서 돈을 챙긴다. 제프가 997달러를 투자한 킥스타터 마스터클래스는 깎아 놓은 과일 전술이었을 가능성이 크다. 나는 여태 4,997달러를 내고 얻은 극비 마케팅 전술과 6가지 무료 보너스로 큰 성공을 거두었다는 기업가를 만난 적이 없다. 기업가인 우리가 직접 우리 사업을 성장시킬 전략을 찾아야 한다. 마케팅 전략을 판매하는 마케터를 경계하라. 마케팅 전략을 사기보다는 그들이 그 전략을 판매하는 방법을 관찰하는 편이 더 낫다. 깎아 놓아서 썩기 직전인 과일에 1만 달러를 투자하고 싶은가?

 핵심 개념

- 지금 효과가 있는 전략과 전술은 내일이면 먹히지 않는다.
- 보통 어제 효과 있었던 전략, 깎아 놓은 과일은 비싼 프로그램으로 다시 포장되어 시장에 나온다.
- 과일나무는 인터넷 마케터나 유명한 책략가가 조악하게 만든 것이 아닌 독특한 마케팅 전략이나 새로운 매체를 뜻한다.

082 실증 전략

설명이 똥이라면 실증은 금이다

 지금 몰고 있는 차를 살 때 당신은 분명 시험 주행을 했다. 향수를 살 때도 시향을 했다. 코스트코의 높게 쌓인 물건 사이를 다닐 때도 시식 코너에서 음식을 맛보고 돈은 계산대에서 지불했다.

생산가치체계를 지향하는 가장 강력한 영업 전략은 실증이다. 제품 사용법 동영상, 무료 평가판, 무료 샘플이 실증에 해당된다. 실증 전략은 위험을 최소화하고 고객에게 구매 전에 미리 가치를 보여주어 상호성을 촉진하는 역할을 한다. 실증은 판매 전략이라는 소총에 레이저 조준경을 장착하는 것에 비유할 수 있다.

실증의 첫 번째 특전은 위험 제거다. 쇼윈도에 "이 쿠키는 벨기에에서 수입한 진한 다크 초콜릿과 크림 땅콩버터를 절묘하게 배합한 제품입니다"라는 안내판을 붙이는 쪽과 무료 샘플을 제공하는 쪽이 있다면 어떤 쪽이 고객을 설득해 구매로 연결될 가능성이 높을까? 실증은 잠재 고객 입장에서는 리스크를 없애고 당신 입장에서는 매출을 높인다. 이 경우 구입 전에 시식을 하면 상대 가치에 대한 고객의 기대가 충족된다.

두 번째 특전은 고객이 자유롭게 제품을 시식하고 바로 마음에 든다고 생각한 경우, 당신은 반품이 없는 확실한 매출을 올린다. 믿음이 있어야 욕망이 뒤따른다. 소비자가 당신 제품에 욕망을 느낄 경우에는 가격을 조금 더 높일 수도 있다.

애플리케이션과 비디오게임 사업에서는 '프리미엄(freemium, 기본 기능은 무료로 제공하고 고급 기능은 돈을 받고 판매하는 가격 전략-옮긴이)' 사업 모델이 업계의 대세다. ① 무료로 게임을 하고 나면 ② 고객은 거기에 빠져 고급 기능의 구매를 원한다. 몇 분 안에 이용자를 즐겁게 하거나 열광하게 만드는 비디오게임이라면 더 쉽게 지갑을 열게 만든다. 프리미엄이 유행어가 되기 훨씬 전부터 나는 그 전술을 사용했다. 나의 가장 중요한 가치 편향, 내 고유의 강점(Unique Selling Propositon, USP)은 광고주가 내 서비스를 위험 없이 사용하도록 하는 것이었다. 당시 업계 표준이 '100% 선불제'였기 때문에 광고주를 참여시키는 것은 식은 죽 먹기였다. 내 고객은 나를 통해 고객을 얻을 때만 돈을 냈다. 내 목적은 실증이다. 잠재 고객에게 위험 부담 없이 평가할 기회를 주고 가치 있는 고객을 찾은 후에만 서비스에 대한 비용을 지불하도록 했다.

어떤 제품을 판매하든 어떤 형태로 판매하든 실증이 필요하다. 인포머셜(infomercial, 정보 제공 형태를 띠는 광고) 사업의 경우 실증이 불가능한 제품 간접 광고는 외면당할 수밖에 없다. 거대 인포머셜 업체는 눈에 보이는 실증의 힘 없이는 총싸움에 나무 막대기와 돌멩이를 들고 나서는 것과 같다는 점을 잘 안다.

실증의 마지막 특전은 상호주의다. 심리학 연구에 따르면 낯선 사람을 위해 무료로 어떤 일을 하면 상대가 호의에 보답할 가능성이 더 높다고 한다. 여러 연구가 실증의 힘이 대단히 크다는 것을 보여준다. 한 회사는 전국적 판매망을 가진 소매 업체에서 시음 행사를 하자 맥주 매출이 71% 증가했다고 전했다. 냉동 피자 샘플은 매출을 600%까지 끌어올렸다. 기업이 이런 결과를 잘 공개하지 않는다는 점에 유의하라. 판매량을 수백 배까지 늘릴 수 있는 판매 전략을 공개하고 싶은 회사는 없다. 물론 제품이 쓰레기라면 다 상관없는 이야기다. 실증과 그 결과는 생산가치체계를 드러내는 혹은 그것이 부족하다는 것을 보여주는 첫 신호다.

 핵심 개념

- 생산가치체계의 가장 강력한 영업 전술은 실증이다.
- 효과적인 실증은 고객의 리스크를 줄이거나 제거하고 구매자를 유혹하고 상호주의를 자극한다. 이 모든 것이 매출 가능성을 높인다.
- '프리미엄' 사업 모델은 실증의 한 형태로 특히 비디오게임 산업에서 많이 사용된다.

083 게임화 전략

인생을 비디오게임처럼 설계해야 성공한다

 매일 수백 명의 기업가 지망생이 포럼을 방문해 자유롭게 궁금한 점을 질문하고 어려운 점을 털어놓는다. 포럼에서 가장 흔하게 눈에 띄는 문제는 비디오 게임 중독이다. 한때 게임 중독은 10대만의 전유물이었다. 하지만 이제는 성인들도 조이스틱을 쥐고 인생의 구렁텅이로 빠진다. 중독되는 것을 멈출 수가 없다.

나는 이 감염병에 대해 과학과는 거리가 먼, 나름의 이론을 세웠다. 첫째, 비디오게임은 정크 푸드, 스포츠, TV와 마찬가지로 쳇바퀴라는 현실에 대한 대응 기제다. 둘째, 비디오게임은 실패의 낙인이 없으며 결과로부터 자유로운 비교적 편안한 상태로 즐길 수 있다. 실패하면 리셋 버튼을 누르기만 하면 된다! 리클라이너에 편안히 누워 피자를 먹으면

서 말이다. 셋째, 가장 중요한 이유는 비디오게임이 중독을 목표로 고안되었다는 점이다. 대부분의 대응 기제와 마찬가지로 중독 요소가 우리에게 가짜 성공 감각을 가져다주면서 피드백 루프를 작동시킨다. 성공과 변혁적 열정을 추진하는 것과 동일 요소다. 도파민을 솟구치게 한다. 이런 가짜 성공을 맛본 뇌는 더 많은 가짜 성공을 원한다.

기술, 종교, 과학을 더 많이 공부할수록 삶이 기술의 시험장이 아닌가 하는 생각이 든다. 우리 모두는 선진 문명의 아바타고 왕좌에 앉은 것은 긴 수염의 신이 아니라 여드름 난 얼굴의 '작동' 버튼에 손을 올린 10대가 아닐까? 당신이 어떻게 생각하든 우리는 오감을 통해 현실을 처리한다. 그런 감각이 삶의 반세기 동안 일주일에 5일을 일하고 날아오는 청구서에 따라 돈을 내다 죽는 것이어서는 안 된다고 말한다.

챗바퀴 종교에서 당신이 맡은 역할을 깨닫고 나면 목표는 분명해진다. 자유를 얻고 자유를 추구하는 가운데 행복을 누린다. 행복은 나중이 아닌 지금 누려야 한다! 사업을 롤플레잉 게임(RPG)처럼 공략하라. 이로써 '레벨 상승' 기제가 적용되어 확률이 달라진다. 어떤 RPG에서든 게임을 진전시키기 위해서는 문제학자가 되어야 한다. 계속해서 조사하고 문제를 찾고 행동하고 평가하고 조정해야 한다. 기술과 자원이 늘어나면서 당신의 기회가 늘어나고 결과가 향상된다.

많은 RPG는 짝을 지어서 하는 팀 활동이다. 전사는 보완 기술을 제공하는 엘프와 협력한다. 주문을 외울 수 없는 전사는 마법사와 짝을 이룬다. 마찬가지로 사업에서 승리를 얻기 위해서는 직원, 프리랜서, 도급업체, 동업자와 같은 팀이 필요하다. 사업에서 당신이 취약한 분야가 있거나 도움이 필요하다면 사람을 고용하거나 아웃소싱 해야 한다. 통제력을 잃기 싫어서 혹은 위임에 대한 두려움 때문에 '혼자'를 고수하는 기업가들이 종종 있다. 물론 혼자서도 전투 몇 번은 승리로 이끌 수 있다. 하지만 혼자서 전쟁에서는 이길 수 없다.

마지막으로 사업이라는 게임은 리셋이 언제든지 가능하다. 첫 시도에서 승리할 수 있는 사람은 거의 없다. 기술을 연마하고 배움을 얻고 지혜가 성장할 때까지 게임을 계속하고 여러 번 실패를 경험한다. 이렇게 시간이 흐르면서 당신 캐릭터는 점점 강해진다. '레벨 상승'은 쳇바퀴 탈출에 한 걸음 더 다가섰다는 의미다. 어느 날 당신은 깨닫는다. 난 정말 멋진 인생을 살고 있어. 내게는 더 이상 정크 푸드, TV, 비디오게임이 필요하지 않아!

 핵심 개념

- 비디오게임은 대부분의 사람들에게 인생이 얼마나 음울하고 희망이 없는지 보여주는 감염병이다.
- 비디오게임은 파괴적이다. 실패의 낙인이 없으며 가짜 성공으로 도파민 중추를 자극하기 때문이다.
- 삶을, 해결해야 할 문제가 있고 받을 수 있는 보상이 있고 구축해야 할 팀이 있고 얻을 수 있는 자유가 있는 비디오게임으로 생각하라.

트로트만 가족의 큰 발걸음

2018년 3월 5일 월요일

두 달 전 송년 파티 이후 그들은 조심스럽게 앞으로 나아갔다. 이제 어려운 결정을 내려야 할 때다. 매출은 증가하고 있지만 기복이 있는 아주 느린 속도다. 꾸준히 웹사이트에서 매일 5~6개의 주문을 받는 것도 좋긴 하지만 곧 애매한 상황에 처했다. 코-패커에 대량으로 주문할 정도로 주문이 많은 것은 아니지만 샘이 매주 상업용 주방에서 제품을 만드는 것만으로는 감당이 안 되었다.

"점점 일이 힘들어." 샘이 말했다. "당신도 알다시피 난 요리를 좋아하잖아. 그런데 이렇게 매주 상업용 주방에 가는 것은 진짜 힘드네." 제프도 속마음을 털어놓았다. "요즘은 적극적으로 마케팅을 하지 못했어. 매출은 재고가 줄어든다는 의미고 재고가 줄면 당신이 주방에 가야 하니까 말이지. 출산이 가까워졌는데 슬슬 일을 줄여야지." 샘이 동의했다. "이렇게 '발 담그기' 전략을 계속할 수는 없을 것 같아. 깊은 물에 뛰어들어서 헤엄쳐 나가야 해. 주방에서 해방되면 우리 메시지를 전달하는 일에 더 많은 시간을 할애할 수 있을 거야. 당신이 언급했던 인플루언서 전략도 실행하자."

그들의 매출 대부분은 회사 이름의 소셜미디어 계정, 인스타그램, 틱톡, 페이스북 등 가장 가능성이 낮은 경로에서 나온다. 샘은 수프 사진을 올리거나 채식 관련 밈을 만들고 채식주의 관련 태그를 단다. 무슨 규칙이라도 있는 것처럼 게시물을 올릴 때마다 2~3개의 주문이 들어왔다. 이 전략의 효과가 미미하자 샘은 적어도 고정 판매 1만 5,000달러가 될 때까지는 마케팅 회사나 홍보 회사를 고용해야 하지 않을까 하는 생각도 하게 되었다.

한편 제프는 도매상을 뚫기 위해 애를 쓰고 있었다. 사업의 진정한 성장은 웹사이트에서 가끔 들어오는 주문이 아니라 식물성 수프를 찾아보기 힘든 상점 진열대에 그들의 제품을 올려놓는 데서 비롯된다. 제프는 무작위로 식품 유통업체에 전화를 걸고 이메일을 보냈지만 전혀 건진 것이 없다. 무시만 아니라면 거절의 답장도 반가울 지경이었다.

숫자에 매달리는 제프는 시식을 한 사람들의 구매 전환율이 50%라고 말했다. 하지만 그런 측정 기준으로는 샘을 설득할 수 없었다. 그녀는 변수가 있다는 의견을 내세웠다. "코스트코 시식 코너는 항상 많은 사람들로 붐벼. 대부분이 가공된 정크 푸드인데도 말이야. 배고픈 사람들이 당신한테 걸렸던 것뿐이야." 하지만 제프가 고객 명단을 보여주자 그녀는 생각을 바꾸었다. 4,000명을 조금 밑도는 고객 명단이었다. "이 표시 보여?" 그는 스프레드시트의 세로 단 하나를 가리켰다. "이 사람들이 반복 구매자야. 수치에 따르면 재주문율은 벌써 21%야. 게다가 다른 구매자는 아직 수프를 먹지 않았을 수도 있잖아." 샘은 자료에 설득 당했다. "그래, 이런 제품이 나올 때도 되었지요!", "육식파인 제 남편도 아주 좋아해요!" 등 수프를 잘 먹었다는 여러 낯선 사람들의 이메일도 한몫했다.

계절이 바뀌는 것처럼 트로트만 부부의 사업도 새로운 국면에 접어들었다. 새로운 단계에는 새로운 위험이 따른다. 오늘은 중요한 날이다. 그들이 선정한 코-패커와 첫 주문 계약을 하는 날이다. 아시아식 두부 우동과 크리미 포테이토 케일이라는 2개의 SKU에 각 100상자씩, 대금이 1만 달러에 달한다. 몇 주에 걸쳐 샘플을 만들고 코-패커와 십여 차례 물건을 주고받은 후 두 가지 조리법을 확정했다. 그들의 코-패커는 가격이 가장 싼 것은 아니었지만 유기농 재료로 제품을 만드는 데다 풀필먼트(fulfillment, 보관, 포장, 배송 등의 물류 전반을 책임지는 서비스)도 제공했다. 부피가 큰 캔을 노스캐롤라이나에서 시카고로 보내서 집 차고에 보관하는 것은 제프의 표현대로 '아마추어' 같은 짓이다.

점심시간이 되자 샘의 전화가 울렸다. "다 마쳤어." 제프가 담담하게 말했다. "다음 달에 카드 대금 8,900달러가 청구될 거야. 비상금이 얼마가 남을지 모르겠지만 여하튼 있는 대로 다 꺼내야 해." 그가 잠깐 숨을 돌렸다. "다음 주 이맘때면 우리는 자랑스러운 수프 6,400캔을 갖게 될 거야."

"첫 주문은 1만 달러인 줄 알았는데?" 샘이 물었다. "업체에다 깎아 달라고 사정했지. 우리가 쓰레기 같은 집에서 살면서 힘들게 꾸려 가는 영세업자라고 말했어." "우리를 가엾게 생각했는지 신용카드 수수료 면제에 3% 할인까지 해줬어." "잘 됐네!" 그녀가 창문 쪽으로 걸어가 커튼을 옆으로 밀며 말했다. 해는 훨씬 더 밝아졌고 녹은 눈이 햇빛을 반사해 눈부시게 빛났다.

"이제 일 시작해야 해." 제프가 말했다. "다음 달 신용카드 청구서를 생각하면 끔찍하지만 더 이상 택배와 상업용 주방 임대로는 한계인 것 같아." "오늘의 햇살처럼 밝은 면을 생각해." 샘이 말했다. "수프를 모두 팔면 수익은 4배가 될 거야. 2만 5,000달러를 벌 수 있어. 그 일부로 카드값을 갚을 수 있잖아?" 그녀는 걸음을 멈추고 벽에 걸린 화이트보드를 흘끗 쳐다보았다. "잊지 마, 제프. 우리는 불안하게 종종걸음 하는 것이 아니고 제품을 선택하고 규모를 늘리는 큰 걸음을 내딛은 거야."

084 0의 도약 원리

0의 도약을 두려워하지 말라

 한 번은 차 안에서 1만 1,000달러 수표를 발견한 적이 있다. 수표는 운전석과 센터 콘솔 사이에 끼어 있었다. 수표를 잃어버리고도 한 달 동안이나 몰랐다는 충격에서 벗어나자 내 얼굴에는 미소가 떠올랐다. 나는 이미 오래전에 0의 도약을 거쳤다. 처음 사업을 시작했을 때는 0이 2개 붙은 500달러의 지출도 큰돈이었다. 지금은 편의점에서 슬러시를 사는 정도의 의미다.

소비자에서 생산자로 진화하는 과정에는 0의 도약이 필요하다. 신념의 도약과 마찬가지로 0의 도약 원리는 비싼 가격표가 붙은 큰 결정을 내려야 하는 사업의 변곡점을 가리킨다. 새로운 장비, 직원 채용, 창고 임대, 1,000만 달러 단위의 대출 등이 여기에 해당된다. 나의 첫 번

째 0의 도약은 내가 빈털터리일 때 일어났다. 웃돈이 붙은 도메인 이름을 사는 데 수천 달러를 사용한 것이다. 당시 내 인생, 내 사업에서 해본 가장 높은 가격의 구매였다. '올인'한 기분이었다.

차가운 물에 들어가서 수영을 해본 적이 있다면 천천히 발을 담그기보다 한 번에 뛰어드는 편이 낫다는 것을 알고 있을 것이다. 얼음장 같은 물에 '발끝'부터 서서히 들어가면 고통을 연장하고 두려움을 증폭시킨다. 더구나 물에서 나가자고 스스로를 설득할 기회를 준다. 어떤 때는 마음을 굳게 먹고 물에 첨벙 뛰어들어야 한다.

사업이 생산가치체계에 부합한다는 것이 증명되었고 레버리지와 비대칭적 수익의 조짐을 보여준다면 0의 도약을 두려워하지 말라. 커다란 리스크로 느껴진다는 것을 나도 잘 안다. 그럴 때는 쳇바퀴의 관점과 비교해보라. 두 종류의 식물성 수프에 1만 달러를 투자하는 것이 위험하다면 새로 나온 쉐보레 타호를 사고 6년 동안 5만 달러를 갚는 것은 위험하지 않은가? 사람들은 재정적 미래를 계획하는 것보다 일주일 휴가를 계획하는 데 더 많은 시간을 쓴다.

문제는 소비자에서 생산자로의 전환이 결핍의 사고방식을 자동으로 없애주지는 않는다는 점이다. 좋은 투자를 하는 것에 대한 시각이 쉽게 바뀌지 않는다. 자부심을 느끼기 위해 타호를 구입하는 것이 좋은 투자일까, 사업을 키우기 위해 수프를 주문하는 것이 좋은 투자일까? 한 푼도 허투루 쓰지 않고 저축해야 한다는 가르침을 받으며 자란 사람에겐 사업을 위해 1만 달러를 쓰는 것이 바보 같은 일로 보인다. 위험하고 무모한 일로 말이다. 이것이 예상을 벗어나지 않는 소위 '정상'이다.

그렇다면 0의 도약이 필요한 때라는 것은 어떻게 알 수 있을까? 두 가지 기준이 있다. 타당성과 필요성이다. 비용은 반드시 타당해야 한다. 새로운 도약을 위해서 수프를 주문하는 것은 매우 타당성이 높고 꼭 필요한 일이다. 이런 '도약'이 없다면 트로트만 부부는 앞으로 나아갈 수가 없다. 사업을 다음 단계로 진전시키기 위해서는 0의 도약이 필요한 경우가 자주 생긴다. 하지만 타당성도 필요성도 없는 큰 지출을 할 때가 있다. 사업에 도움이 된다고 생각하고 홍보 회사와의 계약 유지에 1만 5,000달러를 쓴다면 타당성과 필요성이 있는 일인가? 아니다. 그것은 두 가지 모두 충족시키지 못한 지출일 뿐이다.

지출이나 수익 면에서 0이 많이 붙은 상당한 양의 돈이 등장하는 것은 각본 탈출 과정의 일부다. 사업에서 0을 두려워하지 않게 되면 개인적인 삶에서의 0이 가지는 의미도 변한다. 자동차 구석구석에서 10만, 100만 달러 단위의 수표를 발견해도 당황하지 않는 날이 올 수 있다.

 핵심 개념

- 사업의 어느 시점이 오면 '0의 도약', 즉 사업을 진전시키는 데 필요한 큰 금액의 지출이 필요하다.
- '0의 도약' 지출은 타당성과 필요성을 갖추어야 한다.
- 사업이 성장하면 더 많은 수입, 더 많은 저축, 더 많은 세금 등 큰 액수의 개인적인 '0의 도약'이 뒤따른다.

085 백만장자 보수 전략

몇 초간 자신을 고용하여 백만장자 수준의 보수를 챙겨라

 나는 시간당 18만 달러까지 벌어 본 적이 있다. 농담이 아니다. 어떻게 그렇게 했는지, 어떻게 하면 당신이 시간에 대해서 그와 비슷한 요율로 수익을 올릴 수 있는지 여기서 공개할까 한다. 매년 나는 애리조나의 멋진 리조트에서 연례 '언스크립티드 콘퍼런스'를 개최한다. 리조트에서 큰 규모의 행사를 개최한 경험이 없는 사람을 위해 귀띔을 좀 하자면 음식부터 시청각 장비까지 모든 것에 비싼 가격이 매겨진다. 이쯤에서 내가 티켓 판매로 18만 달러를 번 게 아닌가 짐작하는 사람이 있을 테니 콘퍼런스 티켓은 실비만 받고 판매되며 나에게 떨어지는 수익은 거의 없다는 것을 분명히 밝힌다.

콘퍼런스를 준비하고 주문을 확인하던 중 연단 뒤에 달린 커튼 항목

을 발견했다. 1,500달러나 되었다. 입이 떡 벌어졌다. 나는 행사 담당자에게 급히 이메일을 보냈다. "이 가격을 조정할 수 없나요? 우리가 당신네 리조트에서 수년간 행사를 개최했다는 것을 고려하면 커튼 대여에 1,500달러라는 것은 어이가 없네요."

행사 담당자는 기꺼이 커튼을 제공하면서도 청구서에서는 1,500달러를 없앴다. 그런 식으로 30초 만에 1,500달러를 벌었다. 그 요율을 시간으로 환산하면 1시간에 18만 달러라는 거액이 된다.

무위험 근로에 시간당 18만 달러짜리 임시직을 제안한다면 받아들이겠는가? 누구라도 당장 수락할 것이다. 사실 돈을 쓸 때마다 당신은 스스로를 고용한 것이다. 몇 초, 많아야 1분을 할애해서 할인, 행사 쿠폰, 협상의 여지를 찾아라. 성공한다면 시간에 비해 엄청나게 큰 수익을 올릴 수 있다. 시간으로 환산하면 수천 달러에 이르는 수익을 말이다.

지난해 나는 한 달 소매가격이 129달러인 소프트웨어 구독권을 구매했다. 주문 페이지에서 '구매' 버튼을 누르기 전, 할인 쿠폰이 없는지 인터넷을 재빨리 검색했다. 서비스를 한 달에 89달러로 할인하는 쿠폰을 발견했다. 30초 만에 40달러를 절약한 것이다. 30초의 사소한 노력에 대한 대가를 시간으로 환산하면 투자한 시간 대비 수익률은 시간당 4,800달러가 된다. 매달 구독료를 내기 때문에 30초 투자로 계속해서 매달 40달러를 절약하게 되었다. 이것은 내가 고객으로 남아 있는 한 계속될 것이다.

자신을 고용하는 일은 쿠폰이나 인터넷 쇼핑에 한정되지 않는다. 첫 주문의 큰 금액과 맞닥뜨린 제프는 에누리를 부탁했다. 그 몇 초가 큰 보상으로 돌아왔다. 새 차나 새로운 기기를 구입할 때는 어떨까? "그 가격이 최선인가요?"라고 묻는 데는 몇 초도 걸리지 않는다. 하지만 그 몇 초가 가져다주는 보상은 시간으로 환산했을 때 몇 백, 몇 천 달러가 될 수 있다. 부동산의 경우 며칠의 인내가 수만 달러의 이득으로 돌아올 수 있다.

구매를 할 때마다 스스로를 고용하여 더 낮은 가격에 구매하는 것을 목표로 삼아라. 인색하거나 치사한 것이 아니다. 당신은 백만장자 수준으로 즉석에서 월급봉투를 만드는 것이다. 다만, 이것은 수비 전략이고 게임의 승리는 공격을 통해 얻는다는 것을 명심하라. 그러나 돈은 어쨌든 돈이다. 백만장자의 월급봉투를 염두에 두지 않는 것은 달리는 차 안에서 돈을 던지는 것과 다를 바 없다. 당신 인생의 아주 작은 부분을 백만장자의 월급봉투로 바꾸어라. 그러면 어느 날 당신은 진짜 백만장자가 되어 있을 것이다.

 핵심 개념

- 돈을 쓸 때마다 자신을 고용해서 높은 요율의 보수를 챙겨라.
- 모든 상황에서의 가격 협상을 공격적 접근법과 결합하면 백만장자 수준으로 엄청난 보수를 받을 수 있다.
- 할인 쿠폰을 찾고 인내심을 발휘하고 "이게 최선인가요?"라고 물어라. 수천 달러를 절약하면서 시간 대비 엄청난 소득을 얻을 수 있다.

할매들이라니?!

2018년 3월 12일 월요일

코-패커가 그들이 주문한 수프를 포장하기도 전에 제프와 샘은 자신들의 접근 방식이 바뀐 것을 바로 알아차렸다. 이미 사업에 전념하고 있었지만 빠르게 걷기에서 달리기로 이동한 것이다. 노스캐롤라이나의 한 창고에 신용카드 청구서가 대기 중인 수프 6,400캔을 둔 것이 상황을 한층 진지하게 만들었다. 제프는 이렇게 말하고는 했다. "우리가 이런 일을 하고 있다는 것이 믿어져? 현실이 아닌 것 같아. 가슴이 벌렁거리는데 흥분인지 두려움인지 모르겠어."

하지만 매일, 주문이 들어올 때마다 수프를 칭찬하는 이메일을 받을 때마다 흥분이 두려움을 조금씩 없앴다. 그러다 어느 날 두려움은 완전히 사라졌다. 직장을 다니는 것 외에 제2의 주요 일상으로 정착되었다. 제프는 운영과 도매 판로 찾기, 샘은 마케팅과 지원 업무를 맡았다. 사업이 제2의 직장이 되었지만 그들은 이상하게도 자신들의 사업과 실제 직장을 전혀 혼동하지 않았다.

제프는 회사 점심시간을 이용해서 풀필먼트에 주문서를 보냈다. 시간이 남으면 식품 유통업체나 전문 식료품점 한두 군데에 전화를 걸었다. 샘은 야간 근무를 하는 날이면 늦은 오후 시간을 향후 사업 기획과 마케팅에 투자했고 쉬는 날에는 오후와 저녁에 전업인 것처럼 사업에 전념했다. 제프는 그녀에게 팔로워가 많은 채식 인플루언서 업무를 맡겼다. 그들은 인스타그램이나 유튜브 사용자가 이 수프가 맛있다고 칭찬하는 경우, 그들의 팔로워 수에 정비례해 즉각적인 매출 상승이 일어난다는 것을 바로 포착했다. 처음에는 3,900명의 팔로워를 가진 한 인스타그램 사용자가 수프 사진을 올리고 입이 마르게 칭찬했다. 12캔이 바로 팔렸고 결국 그날은 최고의 매출을 기록했다. 불과 4일 후, 똑같은 일이 또 일어났다. 1만 1,000명의 팔로워를 거느린 사람 덕분에 41캔의 매출이 발생했고 최고 매출 기록을 경신했다.

제프는 수치를 분석하며 이렇게 말했다. "세상에, 돈을 찍어내는 것 같아. 여러 인플루언서에게 이 수프를 맛보게만 하면 되겠어." 제프의 추론에 따르면 누군가 소셜미디어에 수프에 대한 좋은 의견을 올리면 그들이 보유한 팔로워의 0.3% 이상이 수프 구매에 나섰다. 그는 수치를 들먹이며 계속 목소리를 높였다. "100만 팔로워가 있는 소이보이 (soyboy, 여성적인 남자를 이르는 말-옮긴이) 중 하나가 우리 수프를 칭찬하게만 만들면 몇 분 만에 5,000캔을 팔 수 있어. 한 캔에 2달러가 남으니까 잠깐 사이에 1만 달러를 버는 거라고!"

샘이 고개를 저으며 무례한 소리를 하는 남편을 노려보았다. "소이

보이?" 그녀가 팔짱을 꼈다. "제프리 트로트만 씨, 조심 좀 하지. 그런 식으로 말하면 안 돼. 고객 중 한 명이 당신 이야기를 들으면 우리는 한 순간에 끝이야." 그의 시선은 여전히 주방 식탁에 놓여 있는 컴퓨터에 붙박여 있다. 샘은 그의 얼굴에 걱정의 빛이 나타나는 것을 보았다. 그는 입술을 일그러뜨리며 의자 쪽으로 몸을 젖혔다. "그럴 수 있지." 잠시 말을 끊었던 그가 해명했다. "회사에 가서 행크에게 주문한 수프를 가져다주면서 비건 수프라고 말하니까 그가 웃으면서 그러잖아. '내가 소이보이나 먹는 수프를 좋아한다고요? 놀라운데요!'"

"난 괜찮으니까 해명하지 않아도 돼. 이제 철없는 어린애가 아니라 한 회사의 CEO라는 것만 기억해. 당신 입에서 나오는 말에 주의를 기울여야 할 거야. 배신감을 느낀 낯선 사람들은 나처럼 관대하지 않을 테니까 말이야."

이틀 후 그들은 첫 번째 큰 충격을 겪었다. 필라델피아에서 걸려 온 한 통의 전화 때문이다. 재정 측면에서 큰 변화는 아니다. 주문 건수는 한 상자에 불과했다. 하지만 그들에게는 비버 댐이 무너지는 일에 가까웠다. 비버의 메시지도 함께 왔다. 오후 5시에 샘은 파파 토니즈 이탈리안 델리라는 곳에서 온 전화를 받았다. 믿기지 않은 내용에 샘은 설명을 부탁했다. "제가 관여할 일은 아니겠지만 필라델피아에 있는 이탈리아 식료품점에서 왜 비건 수프를 주문하시는 거예요?" "사우스필라델피아요." 수화기 너머의 남자가 영화 〈록키〉의 주인공을 연상시키는 악센트로 샘의 말을 고쳐 주었다. "아, 죄송해요. 사우스필라델피아요. 비건 수프를 찾는 사람이 많은가요?"

대답 대신 침묵이 찾아왔다. 침묵이 이어지자 샘은 자신이 도를 넘은 질문을 한 것인지 아니면 그저 상대가 생각 중인지 궁금했다. 식료품점 주인이 양심의 가책이라도 느끼는 듯한 목소리로 입을 뗐다. "노인들이 많이 찾아요. 할머니들이요. 그래서 인터넷을 뒤져서 당신 회사를 찾았어요. 첫 페이지에 나오더라고요."

샘은 당황한 표정으로 전화기를 바라보았다. "할머니들이 비건 수프를 찾는다고요?" "네, 그래요." 그러나 갑자기 이야기는 부정적인 방향으로 진행되었다. "할매들이 좋아하는 것은 아닐 거예요. 몇 분이 말씀하시길 손주를 위해 사는 거래요. 칼루치 부인이 그러는데 손주들이 고기가 들어간 건 먹지 않는대요. 그리고 식사를 할 수 없으면 할머니 집에 오지도 않을 거래요." 그는 잠시 숨을 돌렸다가 목소리를 높였다. "상상이 되세요? 칼루치 할머니 집에 가서 어떻게 미트볼을 안 먹을 수가 있지요? 그 환상적인 미트볼을 어떻게 안 먹을 수가…. 그런 무례한 녀석은 3일을 굶겨야 해요!" 그가 코웃음을 쳤다. "고기를 안 먹다니, 세상이 어떻게 되려고…."

샘은 잠자코 감사하다는 인사를 한 후 주문을 받았다. 그것은 그들의 첫 도매 판매처였을 뿐 아니라 더 중요하게는, 자신들을 위해 움직이는 촉수가 얼마나 많은지 알려주는 사건이었다. 샘은 전화를 끊은 후 남편이 종종하는 알 파치노 흉내를 내 보았다. "할매들이라니…?"

086 고객 해고 전략

가치가 관리 비용보다 낮다면 그 고객은 해고하라

 수년 전, 캘리포니아에 사는 한 고객이 일주일에 몇 번씩 전화해서 서비스 담당자의 시간을 몇 시간씩 빼앗았다. 청구서가 도착하면 그 고객은 전화기를 붙들고 모든 항목을 하나하나 따졌다. 몇 달 동안 이 고객을 상대하느라 엄청난 시간을 할애하고도 끝날 기미가 보이지 않자 나는 고객 서비스 담당 직원에게 그 사람으로 인한 평균 매출액이 얼마인지 알아보라고 지시했다. 약 12달러였다. 이 고객을 '관리'하기 위해 시간당 25달러를 받는 직원이 5시간을 할애해야 했다. 나는 '화를 내지는 않되 단호하게' 그 고객과의 관계를 끝냈다. 12달러 87센트를 지키기 위해 125달러를 쓰는 일을 그만둔 것이다.

기업가들에게는 기존 고객과 잠재 고객 모두가 사장이다. 사장들이

당신 일에 대한, 우리의 상대 가치에 대한 보수를 지불한다. 이런 개념에는 익숙하지만 사장들이 우리에게 얼마만큼의 가치를 되돌려 주는지에 대해서는 그다지 고려하지 않는 것 같다. 만약 그들이 가져다주는 가치가 관리 비용보다 낮다면 그들을 해고하라. 미미한 혜택을 주고 그보다 많은 문제를 야기하는 고객은 버려도 좋다.

사업상 거래는 양자 간의 상호 합의이며 이후에는 가치 교환이라는 사실을 인식하는 사람이 많지 않다. 한쪽 당사자가 고통을 당하면서 균형이 깨지면 그 사람은 어느 쪽이든 상대를 해고해야 한다. 당신이 내게 20달러를 지불한다면 최소한 20달러의 가치를 기대한다. 내가 그 기대에 못 미치면 나는 해고를 당하고 당신은 다른 회사로 간다. 하지만 반대로 당신이 10달러의 매출을 올리면서 내게 50달러를 지출하게 하거나 괴로운 드라마를 만든다면 나는 당신에게 작별을 고할 것이다.

대부분의 고객은 '고객이 왕'이라는 통념을 귀에 못이 박히게 듣기 때문에 무엇인가 마음에 맞지 않으면 불같이 화를 낸다. 고객이 왕이라는 사고방식이 업체의 소유주나 그 직원을 막 대해도 된다는 뜻은 아니다. 내 포럼에서도 이런 일이 자주 일어난다. 사용자가 "당신들은 다 시간을 낭비하고 있어" "당신들은 절대 부자가 못 될 거야"라는 글을 올리면서 포럼을 방해하고 혼란을 조장하면 나는 망설이지 않고 그들을 강퇴시킨다. 그들은 각성이나 사업 구축을 위해 내 포럼을 찾은 것이 아니다.

또 한 번은 유료 고객이 여러 차례 포럼에 글을 게시하면서 나를 사기꾼이라고 한 적이 있었다. 2시간 동안 그의 이메일에 답하지 않았다는 이유다. 참고로 그가 이메일을 보낸 시간은 오후 6시 27분이었다. 나는 지구상의 다른 모든 인간들과 마찬가지로 저녁을 먹는다. 때문에 환불을 요구한 그의 메일은 그가 예상한 시간 안에 답을 받지 못했다. 그가 예상한 시간은 '메일을 보내자마자'였다! 1시간을 기다린 후 그는 성질을 부리기 시작했다. 그의 요청을 읽자마자, 첫 메일을 받고 3시간 후, 나는 환불을 해주고 바로 그를 차단했다. 미안하지만 59달러를 냈다고 욕설을 곁들여 나의 명예를 훼손할 권리가 생기는 것은 아니다. 당신은 해고야! 환불? 빛의 속도로 해주마.

고객이 왕이라는 거짓말은 믿지 말라. 고객은 왕이 아니라 대통령이다. 대통령은 당신의 한 표로 사무실에서 쫓겨날 수 있다.

 핵심 개념

- 당신의 사장은 당신의 고객이다. 그들은 당신을 해고할 수 있다. 하지만 당신 역시 그들을 해고할 수 있다.
- 문제가 있는 고객이 가져다주는 가치가 그를 관리하는 비용보다 낮다면 그를 해고하라.

087 결과적 사고 전략

결과를 추론해 과정을 무효화시키는 사건을 예방하라

 2012년 연봉이 20만 달러에 이르는 한 의료기기 업체의 CFO가 칙필레 드라이브 스루 창 앞에서 직원을 몰아세우는 장면을 촬영한 영상으로 인터넷에서 논란이 되었다. 2분가량의 유튜브 영상은 입소문을 타고 퍼져 전국적인 분노를 불러일으켰다. 사태는 진정되었지만 그는 직장에서 해고되었다. 그는 200만 달러가 넘는 스톡옵션을 놓쳤으며 2015년 3월, 여전히 식료품 할인 구매권으로 살아가고 있다.

한 번의 잘못된 결정은 수천 개의 좋은 결정을 무력화시킬 수 있다. 리그 역사상 최다 안타 기록을 보유한 피트 로즈 감독은 야구로 도박을 했고 그의 인생은 영원히 바뀌었다. 시트콤 〈사인필드〉에서 크레이머 역할로 유명한 마이클 리차즈는 무대 콩트에 인종차별 발언을 포함시

켜 바로 추락했다. 보스턴 레드삭스의 빌 버크너는 월드 시리즈에서의 '알까기' 하나로 빛나는 야구 경력에 오점을 만들었다.

이 모든 이야기의 공통점은 무엇일까? 하나의 사건이 과정 전체를 무너뜨렸다. 의도하지 않았어도 말이다. 짧은 시간의 사소한 행동 하나가 수십 년 동안 쌓은 과정을 망친다. 과정이 사건을 만들기도 하지만(마침내 CFO 자리에 앉았어!), 사건(최저임금을 받는 이 말단 직원을 마음껏 몰아세워야지!)이 모든 과정을 갈기갈기 찢어 없애기도 한다.

한 번의 신중하지 못한 결정이 당신의 인생을 망칠 수도, 당신의 사업을 단번에 무너뜨릴 수도 있다. 하룻밤의 부정이 결혼 생활을 망칠 수 있다. 직원의 엉덩이에 한 번 손댄 것으로 경력을 망칠 수 있다. 한 번의 음주 운전 사고로 여러 생명을 빼앗을 수 있다. 몇 분 걸리지 않는 한 번의 행동이 평생의 과정을 망치고 생계, 인간관계, 명성을 산산조각 낼 수 있다. 즉, 한 번의 충동적인 결정이나 실수는 잘 계획된 수천 개의 결정을 무너뜨리는 엄청난 힘을 가진다. 잠시 생각해보라. 꿈꾸는 집을 짓는 데는 2년이 걸리지만 부주의하게 던진 담배꽁초 하나는 그 집을 순식간에 태울 수 있다.

하나의 사건이 과정 전체를 망칠 수 있다. 하지만 반대는 성립되지 않는다. 한 번의 긍정적인 행동으로 수천 번의 부정적인 행동을 지울 수는 없다. 한 번 브로콜리를 먹었다고 해서 몇 년 동안 찐 살을 빼는 데 도움이 될까? 사건·과정의 이분법에서는 불행히도 나쁜 행동만 결과에 훨씬 큰 영향을 미친다. 제프의 경우, 그가 고객을 '소이보이'라고 경멸적인 뉘앙스로 칭했다는 것이 알려진다면 사업이 위태로워진다.

과정을 무효화하는 선택에 대한 방어법은 결과적 사고다. 결과적 사고란 위험과 가능성을 평가하면서 결과를 추론하는 것이다. 행동하기 전에 생각하라! 위험한 행동에 착수하기 전에 다음과 같은 질문을 던져라. 이 행동의 최악의 결과와 최선의 결과는 무엇인가? 그 타당한 확률은 얼마인가? 이러한 결과에 위험을 감수할 가치가 있는가? 공짜 햄버거를 받는 내기에 집문서를 내놓을 생각인가? 자존심을 세우기 위해 건강을 위태롭게 하고 있지는 않은가? 능동적인 마인드는 이러한 질문에 금방 답을 찾아낸다. 검토를 마치면 과정을 뒤흔들 수 있는 치명적인 위협이 파악되고 잘못된 결정을 피할 수 있다.

 핵심 개념

- 몇 분 걸리지 않는 하나의 사건이 몇 년간 쌓아 올린 과정을 순식간에 망친다. 하지만 그 반대는 성립하지 않는다.
- 좋지 못한 결정은 부정적인 방향으로 큰 영향을 미치며 과정 전체를 망칠 수 있다.
- 결과적 사고란 위험과 가능성을 평가하면서 결과를 추론하는 것이다.

사무실에서의 또 다른 하루

2018년 3월 15일 목요일

"누가 죽었어?" 식료품점에 다녀온 샘이 남편에게 물었다. 제프는 주방 식탁, 사실상 사무실 구석에 쭈그리고 앉아 일그러진 표정으로 컴퓨터 화면을 보고 있다. 화면에서 시선을 든 제프가 답했다. "아무도 안 죽었어." 제프는 키보드를 두드리며 조용히 앉아 크게 한숨을 쉬었다. 그리고 또 한 번….

샘은 천천히 남편 옆으로 다가갔다. 그녀는 컴퓨터 화면을 잡아당기며 물었다. "그래, 무슨 일이야?" 그는 시선만 들었을 뿐 머리는 움직이지 않았다. "글쎄요, 지금은 출혈을 멈추려고 노력하고 있어. 구글에 클릭 수에 따라 요금을 내는 유료 광고를 냈어. 클릭은 몇 번 있었지만 주문이 없네. 벌써 200달러나 썼는데 왜 팔리지 않는지 모르겠어. 광고 카피가 문제인가? 웹사이트 디자인? 시장을 잘못 선정했나? 잘 모르겠어."

"그게 그렇게 걱정할 일인가?" 샘이 물었다. "수프는 계속 팔리고 고객들은 우리 제품을 좋아하고 우리는 진전을 이루었잖아." "그래, 그렇긴 한데…. 항상 열 발자국 앞으로 나가면 아홉 발짝 뒤로 가는 것 같은 느낌이야." 그가 한숨을 쉬었다. "사무실에서의 또 다른 하루 같아." 그는 컴퓨터를 돌려 화면을 가리켰다. "어떻게 해야 여기에 이를 수 있는지를 알아내야 해."

샘은 가까이 다가가 화면 속 내용을 소리 내 읽었다. 베지 콘 채식 컨벤션(Veggie con-The Plant-Based Convention). 그녀가 제프를 쳐다보았다. "괜찮아 보이네. 당신도 알다시피 우리는 라스베이거스를 좋아하고 출품하는 사람이 200명 이상에 3만 명이 넘게 참관할 거라고 예상한다는데?" 제프는 팔짱을 끼며 몸을 뒤로 젖혔다. "응, 전망은 밝아. 참가할 능력이 없다는 게 문제지. 지난 2주 동안 온갖 방법을 고민해 봤어. 하지만 은퇴 계좌를 털고 지금까지 벌어들인 이윤을 전부 써 버리는 건 너무 위험해. 안전망 없이 올인 하는 꼴이야."

샘은 잠시 조용히 앉아 있다가 목소리를 높였다. "0의 도약에 해당되는 거 아냐? 진전을 위해서 필요한 일 말이야." 제프가 재빨리 답했다. "아니, 수십만 달러가 될 때는 이야기가 다르지. 가면 좋겠지만 비용 타당성도 필요성도 부족해." "10만 단위라고? 말도 안 돼. 백만장자여야 부스를 마련할 수 있다면 스타트업 친화적인 행사가 아니네." 그녀는 확신이 서지 않는 듯 한참을 망설이다 마침내 입을 열었다. "나도 좀 힘들었어. 인플루언서들에게 우리 수프를 맛보게 하려는데 마치 내가 이를 뽑겠다고 들이대는 것처럼 반응한다니까! 이메일을 하루에 수십 통씩 보내. 인스타그램, 트위터, 유튜브, 심지어는 인플루언서 플랫폼에도 손을 대기 시작했어. 사람들은 대부분 내 연락을 무시해. 무료 샘플 효과가 얼마나 큰지 알고 있어서 더 실망스러워."

제프는 관자놀이를 문질렀다. 그것은 그가 샘의 이야기만 듣고 있는 것이 아니라 아직 무역 박람회 딜레마를 해결하려 하고 있다는 신호다. "긍정적인 면도 있어. 베키가 한 달에 두 번 정도 당신이 하는 수공품 박람회 일을 대신해 줄 수 있대." 샘이 말을 이었다. "판매한 물건의 10%를 보수로 지급하겠다고 말했어. 여태 참가했던 여섯 번을 기준으로 하면 6시간에 150달러 정도야."

제프는 고개를 끄덕이면서 여전히 화면에 시선을 고정하고 있다. "우리 조카가 비건인 줄은 몰랐는데? 사람들이 내게 비건이냐고 물어서 아니라고 대답할 때면 내가 위선자처럼 느껴져. 사람들에게는 유행에 편승해서 돈을 벌려는 육식동물로 비쳐지는 거 아닐까?" "왜인지 알 것 같아." 샘이 대답했다. "우리 수프는 내 스토리와 동물에 대한 내 애정에 바탕을 두고 있잖아. 당신 것이 아니라…. 그리고 베키는 채식주의자가 아니야. 당신 누나가 그러는데 베키는 페스코테리언이래. 생선은 먹는다나 봐. 어쨌든 앞으로 당신은 사람들을 대하는 일에서는 멀어져야 할 것 같아. 제프는 입술을 꾹 다물고 그제야 컴퓨터에서 눈을 들었다."

088 지지 기둥 전략

상대 가치 캐스팅 : 금맥까지 1m

 오래전부터 전해 오는 동기부여 스토리가 하나 있다. 금맥까지 1m를 남기고 채굴을 포기한 사람의 이야기다. 아이디어, 장소, 도구도 모두 적절했지만 채굴에서 아무 소득이 없자 포기했다. 그는 결국 금광을 다른 사람에게 팔았고 그 사람이 채굴을 이어 갔다. 다음에 무슨 일이 일어났는지는 당신도 잘 알 것이다.

수천 명의 기업가가 매년 같은 운명을 맞이한다. 그들은 적절한 사업 아이디어와 금을 캘 적절한 도구를 가지고 있다. 다만 3A 방법론의 '조정'에서 오판하여 실패한다. 너무 일찍 포기하는 것이다. 동기부여가 안되어서가 아니라 여러 요소로 가치를 지지하는 데 실패하고 영업 시스템을 파악하는 데 실패했기 때문이다. 아이디어 개발에 노력을 쏟다가

그만두었는데 이후 다른 기업가가 그 아이디어를 완벽하게 실행해서 수백만 달러 가치의 기업을 만들었다는 소식을 듣는 것보다 허탈한 일이 또 있을까?

뛰어난 아이디어와 히트작이 있다면 영업 시스템 안에서의 상대 가치 캐스팅(relative-value casting)으로 그것을 부각시킨다. 또한 "그래, 이제 그만두고 새로운 아이디어로 넘어갈 때야"라는 포기가 정말 필요한지 여기에서 확인한다.

상대 가치 캐스팅은 물속에서 계속해서 낚싯줄을 던지는 플라이 낚시와 비슷하다. 세상에서 가장 맛있는 미끼가 있어도 적절한 판매 시스템이 없다면 절대 물고기를 잡을 수 없다. 쳇바퀴 탈출은 낚시와 같다. '판매 시스템'은 당신의 사업 시스템, 상대 가치를 수익으로 전환하는 기계다. 다음은 판매 시스템의 5가지 구성 요소다.

1. 상대 가치(미끼)
2. 메시지나 제안(바늘)
3. 경로(보트)
4. 유효범위(낚싯줄)
5. 계약 성사 · 전환(낚싯대)

상대 가치(미끼)

미끼, 즉 당신의 상대 가치는 당신 제품이나 서비스를 말한다. 뒤따르는 4가지 요소는 상대 가치가 있는지, 즉 뛰어들 가치가 있는 사업인지를 지지하는 기둥이 된다. 하나라도 부족하면 시스템은 무너지고 물고기를 잡지 못한다. 그 결과 당신은 자신의 아이디어가 계속 추구할 가치가 없다고 판단하고 항복한다.

메시지(바늘)

낚싯바늘은 당신이 하는 오퍼다. 상대 가치를 내보이고 그에 대한 메시지를 전달하는 것이다. 제품이 좋아도 메시지가 부족하고 잘못되거나 바늘이 너무 노골적으로 드러난다면(지나친 강요, 과장) 실패한다. 나는 섣부르게 항복 깃발을 드는 이유 대부분이 메시지 전달에 있다고 생각한다. 광고 문구가 약하거나 사진이 흐릿하거나 행동을 자극하는 요소가 존재하지 않는 것이다. 제품 디자인이나 사용자 인터페이스가 기성 소프트웨어를 이용한 조잡한 결과물인 경우도 있다. 사실 많은 훌륭한 제품이 잘못된 오퍼와 형편없는 제시로 사라진다. 적절한 매체를 공략하고 적절한 범위에 상품을 공급하고도 적절히 구성되지 않은 오퍼를 내놓는다면 출발하기 전에 보트를 가라앉게 만들 수 있다. 대부분의 론칭 실패는 제품이 잘못되었다기보다 잘못된 메시지가 그 이유라는 것이 내 생각이다.

경로(보트)

보트는 마케팅, 도·소매 경로이며 당신을 바다, 즉 시장으로 데려다 주는 데 필요하다. 수역 측면에서 TAM을 생각하면 보트는 낚시터와 같은 세분 시장으로 접근하게 한다. 다른 보트는 당신을 다른 바다로 데려다준다. 보트, 즉 경로가 없다면 당신은 물고기가 있는 곳에 가서 그들에게 미끼를 던질 수가 없다. 당신은 적절한 표적 선정 수단을 통해 적절한 경로를 이용하고 있는가? 대중에게 다가갈 수 있는 더 나은 매체는 없는가? 무기에 대해서 이야기하는 모임에다 화장품을 광고하고 있다면 경로가 잘못된 것이다. 당신이 페이스북에 하는 광고가 '21세 이상의 모든 성인'을 대상으로 한다면 표적 선정이 잘못되었다. 행동, 평가, 조정의 3A 방법론을 사용해서 계속 다양한 경로와 표적 선정 옵션을 시험해야 한다. 당신 제품은 문제가 없더라도 그것이 공략하는 경로와 대중이 잘못되었을 수 있다.

유효범위(낚싯줄)

당신의 낚싯줄은 상대 가치 오퍼를 위한 유효범위와 시장 진입을 말한다. 뛰어난 마케팅 메시지가 결합된 우수한 제품이 있어도 낚싯줄이 충분히 깊은 곳까지 닿지 않아 많은 물고기에게 이르지 못한다면 당신은 실패한다. 광고 노출 횟수가 100회에 불과하거나 클릭 수가 32회뿐이라면 이를 기반으로 내린 결론은 표본의 크기가 적절치 못하다. 아마존에 100달러를 들였는데 아무 일도 일어나지 않는다고 해서 그것이 실패를 의미하는 것은 아니다. 표본 크기가 자료에 대한 결론을 정당화시킬 만큼 적절한지 확인하라. 적절한 표본이 되려면 광고 노출 횟수가 5,000회, 클릭 수가 500회 이상은 되어야 한다. 경로와 표적 선정이 적절해도 유효범위가 잘못되었다면 자칫 잘못된 항복 깃발을 들 수 있다.

전환(낚싯대)

특화 상품이 적절한 경로로 적절한 양만큼 제시되었다. 훌륭한 오퍼가 이루어졌고 고객이 바늘을 물었다. 그래도 낚싯대가 부러지면 고객은 헤엄쳐 가 버린다. 당신의 낚싯대는 전환 역량과 계약 성사 능력을 통해서 미끼를 문 물고기를 끌어당겨야 한다. 웹사이트라면 주문 과정이나 상점 정책이 여기에 해당된다. 사람들이 당신이 제공하는 가치는 원하면서도 막상 주문하고 돈을 지불하지 않는다면 무슨 소용이겠는가? "난 이걸 원해"에서 "난 이걸 샀어"로 가는 과정을 손쉽게 만들어야 한다.

수없이 많은 기업가가 강력한 가치 편향을 지닌 훌륭한 아이디어를 가지고 있다. 하지만 그 가치를 적절한 경로, 메시지, 유효범위, 전환이라는 기둥으로 지지하는 데는 실패한다. 훌륭한 제품도 눈에 띄지 않으면 매출이 일어나지 않는다. 당신의 특화 상품이 갖고 있는 진정한 가치는 이 4가지 요소의 '3A'가 없는 한 입증되지 않는다.

과거 내가 실패한 사업을 돌아보면 상대 가치 생성에는 성공했지만 상대 가치 캐스팅에는 실패한 것을 알 수 있다. 각 요소의 행동, 평가, 조정에 실패했던 것이다.

플라이 낚시와 똑같다. 물고기 한 마리를 낚기까지 수백 번 낚싯줄을 던져야 한다. 이 시스템의 '3A'를 완벽하게 거치지 않고서는 절대 중단하지 말라. 그렇게 해야 금맥을 1m 앞두고 금광을 버리는 일이 일어나지 않는다.

• 잠재 고객에 대한 마케팅에는 5가지 구성 요소가 시너지를 발휘하는 판매 시스템이 필요하다.

• 판매 시스템의 5가지 요소는 상대 가치, 메시지, 경로, 유효범위, 전환이다.

• 한두 개 요소에서의 실패는 매출이 올라가지 않거나 '금맥을 1m 앞두고 포기하는' 시나리오로 이어질 수 있다.

• 3A 방법론을 통해 5가지 요소를 모두 제대로 시험한 뒤에 진전인지 포기인지를 결정한다.

089 SCAIDA 전략

SCAIDA를 탑재한 바늘로 매출을 높인다

 기업가가 하는 전투의 절반은 사람들이 원하는 것을 만드는 일이다. 다른 절반은 그것을 사도록 사람들을 설득하는 일이다. 상대 가치라는 미끼를 던질 때, 즉 잠재 고객을 구매자로 만드는 메시지인 바늘은 판매 시스템의 일부다. 나는 항상 생산자의 사고방식으로 다른 사업주와 그들의 행동을 관찰한다. 소규모 업체의 소유주는 자기중심적 사고에서 잘 벗어나지 못한다. 결과적으로 그들은 끝이 뭉툭한 바늘을 만든다. 해법이나 혜택을 파는 것이 아니라 기능과 멋지게 보이는 전문용어를 판매한다. "우리는 네이티브 환경에서 미션 크리티컬 애플리케이션을 위해 역호환 가능한 협업으로 뛰어난 기술을 전자화시킵니다!" 이게 무슨 소리인지 누가 신경이나 쓰는가!

소비자인 우리는 니즈를 해결하기 위해 물건을 구입한다. 당신은 맥도날드의 해피밀을 사는 것이 아니라 떼쓰는 아이를 조용히 시키는 수단을 사는 것이다. 당신은 소프트웨어를 사는 것이 아니라 편리한 해법을 사는 것이다. 문제학자인 우리는 해법의 기능이나 사실이 아닌 해법 그 자체를 입증해야 한다. 당신이 기능을 혜택으로 바꾸어야 비로소 문제가 해결된다. 설득력 있는 날카로운 바늘과 판매 프로젝트 전체를 SCAIDA라고 표현한다.

[SC] 자기중심(Self-Centered)

사람들은 당신 사업에 전혀 신경 쓰지 않는다. 오로지 당신 사업이 자신에게 어떤 것을 해주는지만 신경 쓴다. 당신의 모든 제안은 매우 자기중심적인 사람들을 끌어들여 오래 머무르게 해야 한다. 당신의 사업은 나를 위해 무엇을 할 수 있을까? 어떻게 하면 내 삶을 더 섹시하고, 더 편안하고, 더 살기 좋게 만들 수 있을까? 이것을 오래된 마케팅 용어로 WIIFM(What's in it for me)이라고 한다. '그게 나와 무슨 상관이지?'라는 뜻이다.

[A] 주목(Attention)

"세기의 연예인 67명을 시간이 어떻게 망쳐 놓았는지 확인하세요"

이런 표제를 따라갔다가 전체를 다 보기 위해서 67번을 클릭했던 적이 있는가? 이 모든 것이 주목 때문이다. 흥미롭고 혜택 지향적인 표제나 눈길을 끄는 충격적인 사진으로 관심을 집중시켜라. 위의 예에서 눈길을 끄는 이미지는 세월의 풍파를 고스란히 맞은 연예인 사진이었고 그 혜택은 호기심 충족이었다.

주목의 목표는 당신이 제공하는 주된 혜택을 통해 고객의 주의를 끄는 것이다. 여러 혜택과 가치 편향이 있다면 가장 두드러지는 것에 집중한다.

[I] 관심(Interest)

고객의 관심을 보다 많이 이끌어 내는 기술은 가치 편향을 쌓는 것이다. 고객의 입에서 "주요 문제를 해결하는 것에서 끝나지 않고 X, Y, Z까지 얻을 수 있다니!"라는 말이 나오게 하라. "잠재 구매자의 이메일 주소를 얻을 수 있을 뿐 아니라 전화까지 무료라고?"와 같이 말이다. 가능하다면 묘사 대신에 무료 체험, 무료 샘플, 제품 소개 동영상을 제공해 실제로 보여주어라.

[D] 욕구(Desire)

욕구를 이용해 1차, 2차 오퍼에 더 많은 가치를 부가함으로써 관심을 높인다. 무료 보너스, 할인, 체험 기간 연장, 경품 추첨, 추가 업그레이드 등이 욕구가 될 수 있다. 추가 보너스는 잠재 고객에게 이런 다른 혜택이 어떤 도움이 될지 알리는 것으로 마무리한다. "와, 매달 계산하는 대신 1년치를 일시불로 계산하면 15% 할인을 받을 수 있다고요?" 여러 긍정적인 추천으로 욕구를 키운다.

[A] 행동(Action)

행동은 판매 종료를 위한 시도다. 요즘 가장 효과적인 방법은 희소성 진술을 이용하는 것이다. "시간 한정!", "단 이틀만 할인!", "좌석은 100 개뿐입니다!", "제품은 500개만 준비되어 있습니다!"

희소성 진술에 사회적 증거, 또래의 추천, 만족한 사용자의 칭찬을 더해 FOMO(Fear of Missing Out, 기회를 놓치는 것에 대한 두려움)를 생성하라. 사회적 증거는 보상을 받지 않는 제3자 검증이기 때문에 FOMO를 생성하는 데서 더 나아가 욕구를 강화한다.

바늘에 건 오퍼에 SCAIDA를 더하지 않으면 물고기는 미끼를 물지 않는다. 따라서 판매 시스템이 붕괴된다. 고객은 자기중심적이다. 혜택 지향적인 표제나 인상적인 사진으로 주의를 끌어라. 더 많은 혜택을 부가해서 더 많은 관심을 이끌어 내라. 긍정적인 증언을 통해 당신이 제공하는 상대 가치가 문제를 어떻게 해결하는지 입증하여 욕구를 키워라. 희소성 진술과 칭찬을 통해 행동을 취하고 거래를 마무리하라.

 핵심 개념

- 비효과적인 바늘은 판매 시스템에 심각한 손상을 준다.
- 효과적인 바늘은 SCAIDA(자기중심주의에 대한 호소, 주의 끌기, 관심과 욕구 강화, 희소성과 FOMO를 통한 계약 성사 시도)를 탑재한다.
- 효과적인 바늘은 기능과 사실을 혜택과 해법으로 바꾼다.

090 비대칭 견인 원리

성공의 대부분은 최소 경로에서 나온다

 파레토 법칙(Pareto Principle)은 X의 80%
가 Y의 20%에 의해 야기된다는 개념이다.
사업 경로에도 파레토 법칙이 적용된다. 매출의 80%는 마케팅 노력의
20%에서 나온다. 즉, 비대칭 견인 원리란 회사의 성장 대부분이 소수의
전략을 통해 이루어진다는 것이다. 당신의 가장 중요한 수익은 단지 몇
개의 경로에서만 나온다. 나머지 경로에서 나오는 수익은 극히 미미한
수준이거나 엉망이다. 다시 낚시로 돌아가 보자. 어떤 배는 당신을 시장
안의 보다 나은 낚시터로 데려간다.

비즈니스 성장을 위해 사용할 수 있는 8개의 주요 마케팅 경로가 있
고 경로 내에는 다시 수십 개의 하위 집합이 있다. 좋은 소식은 실험할
수 있는 수백 가지의 마케팅 옵션이 있다는 점이다. 나쁜 소식은 당신

의 성장을 책임질 옵션은 단 몇 개뿐이라는 점이다. 모래밭에서 바늘을 찾는 격이다. 8가지 주요 마케팅 경로는 다음과 같다.

1. 사업 개발·합작 투자·동업 : 인플루언서, 제휴, 다른 기업과의 합작 투자 → 유튜브 인플루언서가 내 책의 후기를 작성해주거나 무료로 받는 데 동의한다.

2. 유통 마케팅 : 당신 제품을 판매하는 경로, 유통업체, 기타 도소매 업체 → 오디오북을 판매한다.

3. 이메일·문자 마케팅 : 잠재 고객 혹은 기존 고객에게 보내는 새로운 오퍼 → 장바구니에 물건을 담아 두고 주문하지 않는 고객에게 문자 메시지를 보내 새로운 제품 오퍼에 대해 알린다.

4. 홍보 : 무료 매체, 주요 언론사를 위한 보도 자료, 팟캐스트 인터뷰, 언론 매체에 기고 → 칼럼을 기고할 수 있는 매체를 확보해 포럼을 홍보한다.

5. 검색엔진과 후기 마케팅 : 검색엔진과 후기 서비스의 특정 핵심어 검색 시 우선순위로 등장 → 옐프, 구글

6. 온라인 광고 : 표적 고객을 대상으로 하는 유료 광고, 클릭 수에 따라 과금하는 광고, 배너 광고, 리마케팅(remarketing, 사이트를 방문한 적이 있거나 상품에 도달한 적이 있는 고객에게 해당 상품의 광고를 다시 보여주는 것) → 구글, 핀터레스트, 페이스북, 인스타그램, 엣시 등

7. 온라인 콘텐츠나 가치 마케팅 : 콘텐츠 마케팅, 블로그 게시글, 온라인 도구, 포럼, 블로그, 무료 계산기 → 추월차선 포럼, 언스크립

티드 네트워크, 그레이드마이비즈니스(GradeMyBusinessIdea.com)

8. 오프라인 마케팅 : 다이렉트 마케팅 광고판, 차량 마케팅 → 잠재 고객에게 무료 샘플을 우편으로 보낸다.

기업가인 당신이 할 일은 3A 방법론을 이용해서 당신 사업에 가장 잘 맞는 경로를 찾는 것이다. 내 첫 사업의 수익 대부분은 검색엔진 마케팅, 사업 개발(제휴), 클릭 수 과금 광고 이렇게 3가지 경로에서 나왔다. 출판사의 경우, 대부분의 수익은 아마존, 오디오북, 포럼의 공동체 개발을 통한 콘텐츠 마케팅 이렇게 3가지 경로에서 나온다. 어떤 경로든 바로 찾거나 구축했던 것은 없다. 오랜 시간에 걸쳐서 다양한 시도와 실패를 통해 찾았다.

예를 들어 페이스북 광고는 대단히 복잡하다. 광고 관리 자체가 하나의 직업으로 자리 잡을 정도다. 또한 100달러를 쓴 뒤에 포기하고 당신 제품이 별로라고 결론짓는다면 섣부른 결론일 확률이 높다.

경로를 이동할 때는 기회가 더 많은 곳을 공략해야 한다. 주를 잇는 도로나 고속도로가 국도나 골목보다 낫다. 구독자 100명인 유튜버를 2주 동안 붙들고 있다면 골목을 공략하고 있는 것이고 효과를 볼 가능성이 거의 없다. 반대로 구독자가 100만인 유튜브 채널이라면 고속도로다. 큰 도로에 집중하는 것은 당신 노력에 대해서 바늘을 빨리 움직이는 비대칭적 수익을 확보하는 일이다. 메이플가에 있는 철물점 주문과 월마트 주문은 천지 차이다.

인터뷰 요청을 받을 때마다 나는 이것이 고속도로인가 골목인가를 먼저 판단한다. 팟캐스팅이 너무 흔하다 보니 요즘 받는 대부분의 인터뷰 요청은 내가 시간을 할애할 가치가 없는 골목이다. 나는 고속도로나 대로만 공략한다. (단, 막 시작한 상태고 고객을 만드는 데 애를 먹고 있다면 제안받는 모든 인터뷰를 받아들일 것을 권한다.)

　의심이 갈 때는 큰 것을 선택하라. 사업은 하나도 같은 것이 없다. 고객과 트래픽을 끌어들이는 최선의 경로를 밝혀내는 것은 문제학자가 해결해야 할 과제다. 마케팅은 대단히 역동적이기 때문에 이 과정을 무한히 되풀이한다. 오늘 고객을 끌어들이는 데 효과를 발휘한 것도 내일은 먹히지 않는다. 마케팅은 깎아 놓은 과일과 같다는 것을 잊지 말라.

 핵심 개념

- 파레토 법칙은 마케팅 전략에도 적용된다. 당신 매출의 80%는 당신 노력의 20%로부터 나온다.
- 시장에 이르는 일반적인 마케팅 전략은 8가지다. 각각에는 수십 가지 때로는 수백 가지 하위 옵션이 있고 이 모든 것에는 행동, 평가, 조정이 필요하다.
- 비대칭적 수익의 기회를 높이기 위해서는 보다 고객을 우선하라.

번아웃
2018년 4월 1일 일요일

　　정신없는 한 주는 제프가 샘도 모르는 사이 킥스타터 프로젝트를 다른 각도에서 재시도하면서 시작되었다. 아직 컴퓨터 화면을 통해 맛보기 기능을 발명한 적이 없기 때문에 수프에 초점을 맞추는 것은 소용없었다. 대신 그는 수프 뒤에 있는 이야기에 집중했다. 우선 몸에 좋은 채식주의자용 수프를 찾는 데 어려움을 겪었던 샘의 이야기를 보여주고 이후에는 그녀의 동물에 대한 사랑, 그녀가 채식주의자가 된 주된 이유를 설명했다. 킥스타터 개요에서 그는 영웅의 주방이 지향하는 사명을 밝혔다. 수익금 일부를 동물 보호소에 있는 구조 동물에게 기부한다는 것을 말이다. 샘은 그 일에 참여하기를 원하는 수십 개의 동물 쉼터를 찾아 두었다. 그는 후원이 필요한 많은 동물들에 대해 알아보면서 큰 슬픔을 느꼈다.

　　모든 동물이 충격적인 사연을 가지고 있었다. 귀에 G32라는 표식이 붙은, 지금은 후디나라는 이름의 소는 도축장에서 탈출했다. 여러 마리의 병든 돼지가 농장 옆에 쓰레기처럼 버려졌다. 닭도 있었다. 마음 같아서는 모두 돕고 싶지만 그가 선택할 수 있는 것은 한 마리뿐이다.

그는 결국 제대로 움직이는 다리 2개와 절단이 필요한 다리 한 개를 가진 골든리트리버, 무키를 선택했다. 중국의 위린고기축제에서 구조된 무키의 이야기에 제프는 벽돌로 머리를 얻어맞은 듯한 느낌이 들었다. 다른 문화에서 개를 별미로 취급하고 '맛'을 위해서 심한 고통을 준다는 것을 몰랐던 그는 무키의 구조 이야기를 듣고 인간의 이기심에 구역질이 났다. 세부 사항이 너무 끔찍해서 제프는 심장이 블랙홀로 빨려 들어가는 것 같았다.

제프는 구조소에서 보낸 무키 사진을 응시했다. 겁에 질린 개의 눈이 제프의 영혼에 슬픔과 배신의 감정을 전달했다. 너무 충격적이어서 속이 뒤집힐 것 같았다. 그 끔찍한 사진이 꿈에 나올까 무서워 시선을 돌려야 했다. 더 볼 필요가 없었다. 무키를 돕기로 결정했다.

그는 킥스타터 소개 글을 통해 무키의 이야기를 전했다. 끔찍한 세부 사항과 감정적 구조의 경계를 아슬아슬 넘나들었다. 무키는 고난을 이겨낸 영웅적인 이야기를 가지게 되었다. 이야기를 통해 무키는 살아 숨쉬는, 살려는 의지가 있는 실재 존재가 되었다. 갑자기 세상이 수프의 마법을 통해 무키의 행복에 기부하겠다고 나섰다. 몇 시간 만에 프로젝트 목표가 달성되었다. 수공품 박람회에서도 비슷한 경험을 한 적 있다. 형편없는 실패가 전술 변화만으로 엄청난 성공으로 바뀌었다.

소파에서 일어난 샘이 발을 끌며 식탁 의자로 왔다. 그녀는 의자에 주저앉아 식탁에 팔꿈치를 올리고 손으로 머리를 잡았다. 그녀가 기운 없는 목소리로 남편에게 사정했다. "오늘 일은 당신이 좀 해줄래? 쉬어야겠어." 제프는 빙그레 웃으며 고개를 끄덕이고 일어서서 창고로 걸어갔다. 바스락거리는 소리가 들리더니 그가 병을 들고 다가와 식탁 위에 내려 놓았다. "샴페인? 대낮에?"

제프는 킥스타터 프로젝트가 크게 성공했다는 것을 알렸다. "수천 캔, 수백 상자가 될 수 있을 거야!" 그가 들뜬 목소리로 말했다. 샘은 반쯤 미소를 지으며 덤덤히 말했다. "정말 좋은 소식이네. 환상적이야." 그녀가 말을 멈추었다. "하지만 병원 일에 주문 일까지 너무 힘들어서 지금은 도저히 일을 더 하고 싶지 않아. 사업에는 휴식이라는 게 없어. 24시간 연중무휴야."

제프가 말했다. "그래. 멋지지 않아? 1년 내내 돈을 버는 거잖아. 이게 바로 엠제이가 말한 거야. 기억나? 각본 탈출? 항상 이렇지는 않겠지만 이런 과정을 겪는 거야." 그는 아내의 대답을 기다리지 않고 덧붙였다. "우리는 엠제이가 말하는 다각적 보수가 따르는 사업 시스템을 구축하고 있어."

샘은 이 모든 일이 시작되던 때, 그 이유를 기억했다. '다중 보수', 그녀가 제프의 말을 고쳤다. "물론 기억하지. 그냥 너무 지쳤을 뿐이야." 그가 말을 이어 갔다. "킥스타터가 계획대로 진행되면 수천 달러를 기대할 수 있어. 우리가 후원하는 무키에게 수술비가 생길 거야." 그녀가 고개를 끄덕였다. 그의 이야기에 전혀 감동이 없는 것처럼 이번에도 무기력한 미소만 지었다.

언제나 숫자에 매달리는 제프가 말을 이었다. "매출이 방금 10만 달러를 돌파했어. 오늘 주문으로 창출되는 현금 흐름이 월간 6,000달러가 된 거야. 킥스타터와는 상관없이 말이야. 매달 매출이 올라갔어. 그냥 몇 백 달러 수준이 아니야. 지난주에는 코-패커에게 새 주문을 했는데 대금의 20%만 신용카드를 썼어. 광고에 큰돈이 들어가는 게 아니기 때문에 이익률이 48%야. 게다가 더 좋은 것은 재주문율이 19%야!"

"19%?" 샘이 힘없이 중얼거렸다. "그렇게 좋아 보이지 않는데…."

"대단한 거야. 생각해 봐, 사만다. 사람들은 수프를 사서 바로 먹지 않아. 비가 올 때나 감기가 걸렸을 때까지 저장고에 묵혀 두지. 벌써 19%라면 훨씬 더 좋아질 거야." 그가 종이 더미를 들어 올렸다. "이게 전부 우리 수프를 좋아하거나 우리가 동물 구조로 변화를 불러온다는 점을 좋아하는 고객들의 추천사야."

그녀는 또 한 번 힘없는 미소를 지으며 잠깐이라도 즐거운 기분을 느끼려고 애썼지만 그저 숫자일 뿐이다. 아이가 배를 차는 것을 느끼면서 숨을 몰아쉬고는 남편의 손을 쥐었다. 제프는 아내의 배를 쓰다듬었다. "사랑하는 부인, 한마디로 설명해줄게요." 그는 손으로 그녀의 얼굴을 감싸며 뺨을 어루만졌다. "우리 사업은 지난 두 달 동안 충분히 돈을 벌었어." 그가 몸을 기울이며 크게 말했다. "당신이 내일 일을 그만두어도 될 만큼!"

091 헌신과 균형 원리

균형 잡힌 삶에는 불균형의 가면을 쓴 헌신이 필요하다

 웹 회사를 차릴 때 나는 몇 주 동안 하루에 12시간씩 일했다. 데이트도 파티도 술자리도 포기했다. 일시적으로 인간관계에 문제가 생기기도 했다. 마찬가지로 첫 책을 쓸 때는 해변에 아파트를 빌려서 30일 동안 틀어박혀 지냈다. 그 안에서 먹고 글 쓰고 잠자고 운동했다. 이 책도 마찬가지다. 나는 몇 주 내내 틀어박혀 글을 썼다. 균형은 찾아볼 수 없다. 고행의 시간을 거쳤다.

어떤 일에 헌신하면 균형이 사라지게 마련이다. 사실, 오늘날 최고의 자리에 있는 생산자는 균형과는 거리가 먼 삶을 영위한다. 어제의 뛰어난 생산자도 그렇다. 균형을 중시하고 균형보다 우선하는 것이 없다면 마이클 펠프스가 어떻게 23개의 올림픽 메달을 땄겠는가? 마이클 조던

과 여섯 번의 NBA 우승, 네 번의 MVP는 어떤가? 이들은 자신의 일에 모든 것을 바쳤다. 아마도 전성기를 지난 지금은 매우 균형 잡힌 생활을 하고 있을 것이다.

모든 사람들은 초콜릿 복근, 거액의 은행 계좌, 중요하고 의미 있는 일을 할 수 있는 창의적 자유를 원한다. 문제는 그 사람들이 맥도날드 햄버거도 매일 먹고 싶어 한다는 점이다. 최신 드라마도 모두 보고 싶어 한다. 정부 지원금을 받는 처지에도 유행하는 브랜드의 물건을 사고 싶어 한다.

당신이 인생에서 가장 중요하게 생각하는 것이 당신의 시간을 차지한다. 무의미한 헛소리가 우선 사항이 되면 균형은 마르지 않은 시멘트에 처박힌 공 신세가 된다. 쳇바퀴 대응 기제를 넘어서는 우선 사항을 정하고 그것을 우선시하라. 그렇게 하면 갑자기 주말이라는 치즈가 볼품없고 초라하게 느껴진다. 지금의 나는 내가 원하는 방식으로 '중도'를 걷는 생활을 한다. 어떻게? 나는 헌신했고 불균형한 세계를 기꺼이 거쳐 왔다.

 핵심 개념

- 쳇바퀴에서는 균형 잡힌 '중도' 생활이 거의 불가능하다.
- 헌신은 일시적으로 불균형한 생활을 유발하는 경우가 많다.
- 지속되는 균형을 원한다면 인생의 불균형한 기간을 받아들여라.
- 당신의 행동이 당신의 우선 사항을 표현한다.

092 자발적 해고 전략

사업이 시키기 전까지는 직장을 그만두지 말라

 나는 책과 관련해서 매주 수십 통의 이메일을 받는다. 대부분은 바람직한 것이지만 걱정스러운 메일도 있다. 독자의 충동성과 기형적인 기대를 보여주는 메일이다. 책 한 권 읽었다고 직장이나 대학을 그만두어도 되는 것은 아니다. 그런 행동은 그가 사건 지향적 독자라는 방증이다.

사업을 시작하기 위해 대학을 그만두는 것은 사건이다.
사업을 시작하기 위해 직장을 그만두는 것은 사건이다.
수익성이 있는 사업을 시작하는 것은 과정이다.

다음 4개의 지침에 합격하지 못했다면 직장을 그만두면 안 된다.

1. 적절한 이윤이 나는 고정 매출

2. 직장 월급을 충당하는 최소 6개월간의 현금 흐름

3. 확장과 성장 가능성(다음 12개월 내에 매출 10배 상승이 가능한가?)

4. 생산가치체계의 증거

직장이나 대학을 그만두는 것은 중대한 문제다. 사업에 대한 책 몇 권 읽는 것으로 내릴 무모한 결정이 아니다. 사업이 시키기 전까지는 직장을 그만두지 말라. 트로트만 부부는 매출 증가와 생산가치체계의 입증으로 안전지대에 도착했다. 직장을 그만두어도 생계나 사업에 위협이 되지 않는다. 당신 가족의 기본적인 생활이 위험 방정식의 일부가 되어서는 안 된다. 노숙자가 되어 가로등 밑에서 굶주린 배를 부여잡고 사업을 한다면 발등에 불이 붙어서 유의미한 사업을 일굴 수 없다. 영화와 같은 해피엔드는 현실에서 좀처럼 일어나지 않는다는 것을 명심하라.

 핵심 개념

- 직장이나 대학을 그만두는 것은 사건이고 수익성 있는 사업을 시작하는 것은 과정이다.
- 사업이 시킬 때까지는 직장을 그만두지 말라.
- 고정 매출, 6개월간의 현금 흐름, 확장 가능성, 생산가치체계의 증거를 모두 충족시켜야 직장을 그만둘 수 있다.

093 스토리화 전략

인상적인 스토리가 구매를 불러일으킨다

 전 세계 많은 동물 보호소가 그렇듯 애리조나 매리코파 카운티의 동물 보호소에는 구조한 동물이 넘친다. 매주 수백 마리의 개가 입양을 기다린다. 시설 과밀과 애매한 기질적 문제 때문에 수십 마리의 무고한 동물이 안락사를 당한다. 8주 동안이나 입양을 기다렸지만 아무도 나타나지 않았던 개를 TV에 출연시키면? 8분만 기다리면 된다. 개의 불쌍한 스토리가 그 개를 서류 위의 숫자에서 살아 있는 생명체로 바꾸어 놓는다.

요점은 회사와 제품에 강력한 스토리를 부가하면 더 많은 제품을 팔 수 있다. 스토리는 우리가 세상을 이해하는 방식이다. 적절한 스토리가 인간성이나 자아를 통해 고객의 정체성에 공명하면 당신은 긍정적인 가치 편향을 만들고 판매를 위한 보다 설득력 있는 주장을 가지게 된

다. 스토리가 구매 심리에 미치는 강력한 영향력은 이미 입증되었다.

시그니피컨트 오브젝트(SignificantObjects.com)는 한 실험을 통해 서사가 한 대상의 인지 가치에 어떤 영향을 줄 수 있는지 입증했다. 시그니피컨트 오브젝트는 매일 중고 물건을 저렴하게 구매해서 이베이에서 되팔았다. 단, 한 가지 차이가 있다. 물건에 강력한 스토리를 연결시켰다. 결과적으로 평균 1.25달러에 구매한 물건이 몇 배씩 더 비싸게 팔려서 판매액이 8,000달러에 이르렀다. 나무로 만든 1달러짜리 사과 모형에 스토리를 덧붙이자 100달러에 팔렸다. 그런 물건이 수십 개다.

1987년 우편으로 〈사용자 안내서(Owner's Manual)〉라는 이름의 패션 카탈로그를 보내 스토리화를 가장 상징적으로 이용한 제이 피터맨(J. Peterman)의 말이다.

어떻게 이렇게 할 수 있었을까요? 모든 규칙을 어겼기 때문입니다. 우리 카탈로그는 한 페이지당 하나의 제품만을 담았으며 제품에 대한 그림과 사진을 함께 넣었습니다. 각 제품에는 아주 낭만적인 문구가 곁들여졌지요. '전문가들'은 말도 안 된다고 고개를 저었던 방법으로 우리는 해냈습니다.

피터맨의 설명대로 '낭만적인 문구'나 스토리와 연결시킴으로써 각제품은 고유한 가치 편향을 얻었다. 평범한 플란넬 셔츠의 짤막한 서사에는 '교향악', '직조 전에 실을 염색하는 방식을 사용한 격자무늬', '호화로운', '대단히 편안한' 등의 단어가 들어 있다. 이것이 마트에서 15달러면 살 수 있을 플란넬 셔츠를 회사가 100달러에 파는 방법이다.

스토리의 힘은 아무리 강조해도 지나치지 않는다. 우리는 아무도 우리에게 신경 쓰지 않는다는 것을 알고 있다. 사업에 스토리를 덧입히는 것은 이런 상황을 역전시킨다. 우리의 이기적인 자아는 그 서사의 일부가 됨으로써 자신의 정체성을 확인받는 것을 좋아한다. TV에 나온 그 개를 입양했어요!

당신 웹사이트에서 가장 중요한 페이지는 왜 제품을 판매하는지 이유를 밝힌 스토리가 있는 페이지다. 여러 연구를 통해 '회사 소개' 페이지가 웹사이트에서 가장 방문 수가 높은 페이지 중 하나라는 것이 밝혀졌다. 내 포럼의 '소개' 페이지의 조회 수는 200만 회가 넘는다.

고객에게 당신이 왜 그 사업을 하는지 말하고 그것을 확인할 수 있는 스토리를 제공하라. 소비자가 당신이나 제품을 알아보게 되면 당신은 더 많은 제품을 판매하고 편향을 쌓을 수 있다.

 핵심 개념

- 회사나 제품에 강력한 스토리를 덧입히면 더 많은 제품을 판매할 수 있다.
- 스토리화는 타인에게 무관심한 자기 중심적 사고를 약화시키고 사람들이 당신 사업에 신경 쓰게 만든다.
- '회사 소개' 페이지는 구매자 방문이 가장 빈번한 페이지 중 하나다.
- 제품, 회사를 뒷받침하는 좋은 스토리는 가치 편향이다.

전 직장에 기분 좋은 연결 고리를 남겨둔다

 사업이 성장하기 시작하고 어느 시점이 되면 다니던 직장을 그만두어야 할 때가 온다. 어쩌면 당신은 당장 정을 떼고 싶고, 상사의 사무실에 걸어 들어가 뾰족한 부츠 앞코로 엉덩이를 세게 걷어차고 싶을지도 모르겠다. 하지만 결코 좋은 생각이 아니다.

불탄 다리 원리는 대부분의 새로운 사업 아이디어가 일터에서, 일과 관련해서 발견되는 경우가 많으므로 원만하게 직장을 떠나는 것이 최선이라는 것을 알려준다. 내가 처음 발굴했던 수익성 있는 사업 아이디어는 형편없는 보수를 받던 내 직업에서 비롯되었다. 당신의 새로운 사업 역시 당신이 다니는 직장의 일과 연관될 가능성이 높다. 그렇다면 장래에 사업에 해가 될 일을 해서는 안 된다! 지금의 고용주가 언젠가

당신의 고객이 될 수도 있지 않을까? 지금의 동료가 미래의 직원이 될 수도 있지 않을까?

직장을 그만둘 시기가 찾아왔다면 축하한다. 하지만 앞코가 뾰족한 부츠는 신발장에 넣어 두길 바란다. 상사를 폭행해서 체포된 전력을 가지고 사업을 시작하는 것은 순조로운 출발이라고 할 수 없다.

◈ **핵심 개념**

- 대부분의 새로운 사업은 기존의 일 혹은 기존 직장에서 발견한 기회에서 비롯된다.
- 과거 직장에서 맺은 인맥을 활용할 경우를 대비해 연결 다리는 불태우지 말라.

095 한눈팔기 전략

TAM을 확장하기 위해 '한눈팔기'를 고려하라

 채식 라이프스타일을 갖게 된 이후로 패스트푸드를 사 먹는 것은 거의 불가능했다. 최근까지 고기 없는 메뉴를 제공하는 패스트푸드 체인이 없었다. 2019년 8월, 버거킹은 식물성 햄버거, 임파서블 와퍼를 판매하기 시작했다. 어느덧 나는 한 달에도 몇 번씩 버거킹을 들른다. 정말 드문 일이다. 나는 고기를 먹을 때도 패스트푸드를 거의 먹지 않았기 때문이다.

그다음 분기에 버거킹은 기대를 넘어서는 기록적인 매출을 달성했다고 한다. 버거킹의 CEO에 따르면 새로운 식물성 햄버거가 큰 몫을 했다. 한 우물을 '깊게 파고드는 것'만이 매출 향상의 유일한 방법이 아니라는 것을 깨달은 버거킹에게 축하를 보낸다.

'깊게 파고들기'는 새로운 오퍼나 제품으로 TAM을 끌어들임으로써 시장점유율을 높인다. 예를 들어 버거킹이 달걀 프라이를 얹은 새로운 버거를 내놓았다면 그들은 더 많은 육식주의자들을 버거킹에 더 자주 들르게 하려고 노력한 것이다. 그 방정식에서 나를 비롯한 채식주의자는 TAM의 일부가 아니다.

반면 '한눈팔기'는 시장점유율을 높이는 것이 아니라 TAM을 확장하는 것이다. 버거킹은 새로운 식물성 임파서블 와퍼를 내놓아 그들의 TAM을 채식주의자와 일부 비건까지 아우르며 폭발적으로 확장시켰다. 수백만 명의 사람들로 전체 시장이 확대된 것이다. 일부 연구가 주장하는 대로 미국 인구의 4%가 채식주의자라면 1,300만 명 이상이 기다리는 TAM에 뛰어든 셈이다. 하룻밤 사이에 당신 제품을 살 수 있는 사람이 1,300만 명 늘어났다는 것을 알게 된다면 어떨까? 간단히 말해 '한눈팔기'는 댐의 수문을 열고 시장이라는 저수지를 넓히는 것이다.

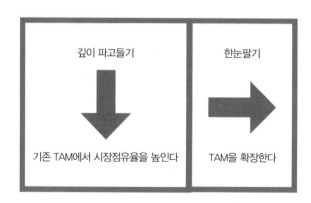

한눈팔기 전략

사업이 해자로 둘러싸여 있을 때는 '깊이 파고들기'가 이윤을 높이는 유일한 방법처럼 보인다. 이 장치를 더 많이 팔아야 해! 더 많은 버전의 장치를 팔아야 해! 맞는 말이다. 하지만 한눈팔기도 고려하라. 당신의 사업 시스템이 운영과 규모의 경제를 활용해서 TAM을 확장하는 다른 제품을 제공할 수도 있지 않을까? '한눈팔기' 비용을 감당할 수 있다면 반드시 함께 고려하는 것이 좋다.

 핵심 개념

- '깊이 파고들기'는 새로운 오퍼나 새로운 제품으로 기존의 TAM을 유혹하는 것이다.
- '한눈팔기'는 보완 제품과 규모의 경제를 지닌 기존의 사업 시스템을 이용해 TAM을 확장하는 것이다.
- 당신이 가진 사업 시스템이 자리 잡았고 규모의 경제가 존재한다면 '한눈팔기'를 고려하라.

096 **목적의식 주도 전략**

열정이 아닌 목적을 따르라

 25세의 나는 사업에 다섯 번 실패한 경력을 가지고 있었다. 실패의 밑바탕에 있는 공통적인 주제는 내가 돈을 쫓거나 열정을 쫓거나 아니면 둘 다였다는 점이다. 황량한 사막 한가운데서 길을 잃었을 때 나를 빠져나오게 한 유일한 것은 목적의식이다.

목적은 동기와 인내 뒤에 있는 중요한 동인이다. 강한 목적의식이 없다면 쳇바퀴 탈출은 불가능하다. 목적은 사막을 통과하게 해주는 낙타와 같다. 강력한 목적은 동기에 불을 붙이고 굳게 마음먹게 하고 당신을 안전지대 밖으로 끌어낸다. 과정 속에는 힘들고 불편하고 보상이 없는 일도 포함되기 마련이다. 목적은 그 진창을 뚫고 나오게 한다. 목적은 저항 감정이 생길 때도 그 일을 지속하게 만드는 엔진이다.

어느 것이든 목적이 될 수 있다. 부모님이 틀렸다는 것을 증명하고 싶다와 같은 피상적인 것에서부터 고래를 구하고 싶다는 이타적인 것까지 모두 가능하다. 그것이 무엇이든 꾸준하게 행동하도록 만들고, 열정을 불러일으키지 못하는 단절된 피드백 루프가 황량한 사막을 헤쳐나갈 수 있을 만큼 강해야 한다.

당신이 기찻길에 묶여 있다고 생각해보자. 기차가 다가온다. 우레와 같은 소리가 점점 커진다. 죽음이 다가오면서 등에서 전해지는 떨림은 강해진다. 기찻길에 당신을 묶고 있는 밧줄은 풀려고 애쓸수록 조여든다. 두려움은 혈관에 아드레날린을 가득 채웠다. 이제 기차의 안개등이 점점 밝아진다. 잠깐 사이에 기차가 당신을 덮쳤다. 움직여야 할 이유와 목적을 찾지 못하는 한 말이다.

기차가 다가오는 그 시점에는 아무것도 중요하지 않다. 드라마 다음 회, 고생만 하고 보상은 적은 직장, 자동차 할부금 등은 전혀 생각나지 않는다. 왜? 그 순간에는 살아남아 가족을 돌봐야 한다는 명확한 삶의 목적이 있기 때문이다. 우리의 이야기에서 샘은 동물들을 구하고 싶어 한다. 제프는 지루한 일로부터의 자유를 원하고 공허한 삶을 두려워한다. 둘 다 타당하다. 목적이 무엇인가는 중요하지 않다. 다만 다가오는 기차만큼 강렬하고 긴급해야 한다. 이런 성격의 목적이라면 뭉그적 댈 수가 없다.

인생을 이런 식으로 보지 않으면 가망이 없다. 당신 생명을 위협하는 게 기차가 아니라는 것만 다를 뿐이다. 태어나고 죽는 것 그 이상도 이하도 아니다. 애석하게도 사람들의 삶의 목적은 대부분 편안함이다. 사람들은 선로에서 벗어나려고 하지 않는다. 그들은 베개와 넷플릭스 구독권을 원한다. 편안하게 죽게 해줘. 그리고 오늘날의 문화에서는 편안해지는 것이 너무 쉽다. 이것이 쳇바퀴 구조다.

의미 있는 목적을 찾는 데 도움이 필요한 사람에게는 이런 '백만장자 사고실험'을 추천한다. 복권에 당첨되어 50억 달러를 받았다. 5년후, 당신은 세계를 모두 여행했고 모든 것을 샀고 모든 것을 해보았고 가족과 친구들을 위해서도 많은 것을 해주었다. 이런 만족스런 기분을 누린 후 다음 삶은 어떻게 할 작정인가? 그 대답이 당신의 목적을 드러낸다. 목적을 가지고 각본에서 탈출하라. 그렇지 않으면 일자리를 구해 진창에 안주할 수밖에 없다.

 핵심 개념

- 강력한 목적의식은 황량한 사막을 헤쳐 나오기 위해 의지할 수 있는 유일한 횃불이다.
- 약한 목적은 망설임을 야기하고 편안함이나 변명 같은 뇌물에 약해지게 만든다.
- '백만장자 사고실험'이 당신의 목적을 드러내는 데 도움을 줄 것이다.

097 믿음의 재구성 전략

믿음의 재구성 전략으로 포이즌 펜을 걸러내라

 사업뿐 아니라 인간의 진화 자체가 믿음의
재구성에 의존한다. 몇 년에 한 번씩 변하
는 것이 없다면 그것은 당신의 믿음이 콘크리트 벽을 치고 있기 때문이
다. 진실이 트램펄린에 떨어진 것처럼 튕겨 나간다. 진실은 언제나 의사
결정의 가장 좋은 기반이다. 인생을 바꾸고 싶다면 믿음을 점검해서 포
이즌 펜을 찾아내라. 어떤 믿음이 당신의 인생에 문제를 만드는가? 노
트를 하나 마련해서 다음 한 주 동안 당신이 한 모든 선택을 적어 보라.
그런 결정을 내리게 만든 믿음도 적어라. 각 선택 옆에는 그로 인해 얻
은 이득과 장·단기 결과를 적는다. 몇 년 전 자살을 생각할 때 이런 믿
음 점검이 나를 그곳에 이르게 한 포이즌 펜을 찾게 했다.

믿음 점검 사례 1

포이즌 펜 : 늦은 밤 인포머셜에서 구매한 네트워크 마케팅과 사업 교육 프로그램이 나를 성공으로 이끌 것이다.

행동 : 네트워크 마케팅 회사에 합류했다.

이득 : 팀의 일원이 되었다! 나는 내 사업의 CEO다!

단기적 결과 : 돈을 전혀 벌지 못했다. 6개월을 낭비하고 많은 친구들로부터 멀어졌다.

장기적 결과 : 2년 동안 일을 했으나 얻은 것이 없다. 벽장 안에는 팔지 못한 재고만 가득하다.

다음은 좋지 못한 식습관을 노출시키는 사고 점검이다.

믿음 점검 사례 2

포이즌 펜 : 내가 먹는 음식은 내 건강에 큰 영향을 미치지 않는다.

행동 : 아이스크림을 한 통 먹었다.

이득 : 맛있다. 먹을 때는 기분이 끝내준다!

단기적 결과 : 죄책감을 느꼈고 피곤했으며 속이 더부룩하고 저녁 내내 신물이 올라왔다.

장기적 결과 : 비만, 낮은 자존감, 우울, 의료비 증가, 당뇨 등

당신이 원하는 것이라면 무엇이든 믿을 수 있다. 단, 가능한 모든 정보를 조사하고 자신의 믿음을 점검한 후에 믿어라. 자신의 편견을 강화

시키는 것이 아닌 진실을 찾아라. 마크 트웨인은 이렇게 말했다. "당신을 곤경으로 몰아넣는 것은 당신이 알지 못하는 것이 아니다. 당신이 확실히 알고 있지만 사실은 그렇지 않은 것이다."

 핵심 개념

- 당신이 진실이라고 생각하는 것에 대해 비평과 검토를 함께 하는 열린 마음이 '믿음의 재구성 전략'의 핵심이다.
- 대부분의 사람은 진실에 관심이 없다. 그들은 이미 자신의 머릿속 편견을 더 확실하게 해줄 것을 찾아다닌다.
- 의사 결정에 있어서 가장 중요한 기반은 진실이지 믿음이 아니다.

벅찬 환희

2018년 4월 7일 토요일

"방울 양배추 튀김, 아스파라거스 볶음, 두부 데리야끼 스테이크요." 제프는 깜짝 놀라 눈이 휘둥그레진 아내를 향해 몸을 돌리며 미소 지었다. "무슨 일이야?" "이제부터 식물성 음식만 먹으려고. 계속해서." 샘의 미소가 믿기지 않는다는 듯한 표정으로 변했다. 제프는 싱글거리지도 않고 진지한 모습이었다. 말없이 남편을 응시하던 샘은 그 말이 농담이 아니라는 것을 깨달았다. 이내 눈물이 터졌다.

그녀의 채식주의는 결혼 생활에서 늘 분쟁의 씨앗이었다. 제프는 그녀를 위해 따로 장 보는 것을 수용했고 샘은 그녀의 표현대로 제프가 '동물 살 먹는 것'을 수용했다. 가끔 가시 돋친 말이 나가기도 했지만 어쨌든 참고 사는 법을 배웠다. 어느 편에서도 상대의 마음이 변할 것이라고 생각하지 않았다. 눈물이 가라앉자 샘은 그의 손목에 손을 얹고

속삭이듯 말했다. "제프, 당신이 정말 자랑스러워. 당신의 개인적인 변화도, 우리 사업을 키워 낸 것도." 그녀가 말을 마치기도 전에 웨이터가 음식을 들고 와 그 이야기는 일단락되었다.

샘이 병원에서의 마지막 근무를 마친 후, 제프는 인플루언서들에 대한 좋은 소식을 전했다. 주문을 처리하는 데 3일이 걸렸고 제프의 조카가 도왔다. 출근하지 않는 일과에 적응하고 병원의 극적인 일들과 거리를 두자 샘의 스트레스는 천천히 줄어들었다. "간호사로 일하는 것과 노동 강도는 비슷한데 이건 일처럼 느껴지지 않아." "시간이 금방 가고 우리가 목표를 향해 나아가고 있다는 게 느껴져. 새로운 동물을 후원할 때마다 우리가 변화를 이루고 있다는 뿌듯한 마음이 들어." 그녀가 배를 문질렀다. "엄마가 행복하면 아기도 행복하겠지?" 예정일이 며칠 남지 않았다. 어쩌면 몇 시간 남지 않았을지도….

저녁 식사를 마치고 그들은 본론으로 들어갔다. 샘이 병원을 그만두고 영웅의 주방 유일한 정규직 직원이 되었기 때문에 제프는 매일 일어난 일을 문자를 통해 실시간으로 접했다. 샘이 지난 한 주 동안 보낸 메시지 중 가장 중요한 2개는 "거래하는 도매상이 또 생겼어"와 "델린저 총판을 뚫었어!"였다. 도매 거래를 하게 된 곳은 북서부에 있는 작은 채식 식료품 체인점이었다. 다른 하나인 델린저는 중간 규모의 유통업체로 모든 크로거 매장의 건강식품 코너에 매대를 두었다. 또한 크로거의 온라인 건강 용품점인 비타코스트에도 들어가 있었다.

샘은 퇴근하고 집에 돌아온 제프에게 자세한 내용을 차분하게 보고했다. 샘이 크로거가 200개 도시에 3,000개가 넘는 매장을 가지고 있다는 것을 알고 있는지 궁금해 미칠 지경이다. 제프는 그곳과 거래를 트기 위해 몇 달 동안 그리고 점심시간마다 정성을 기울였다. 그렇게 큰 일을 어떻게 그렇게 차분하게 이야기하느냐고 묻자 샘은 설명했다. "계약서를 읽었어. 제품 제공은 허용하지만 크로거를 비롯한 고객의 판매대에 우리 브랜드를 올릴 권리는 주지 않는대."

"그게 무슨 뜻이지?" "그들에게는 어떤 의무도 없다는 거야. 우리 브랜드를 취급할 뿐이라는 거지. 구매자가 관심을 보이면 유통할 수 있어." 그녀는 그가 이해할 시간을 주기 위해 잠깐 말을 멈추었다가 다시 시작했다. "그러니까, 자고 일어나도 3,000개 매장에 우리 수프가 깔린 모습을 보지는 못한다는 이야기야." "이런! 왜 그렇게 기운 빠지게 이야기를 해?" "더 있어. 우리 라벨을 바꾸었으면 좋겠대. 너무 임팩트가 없어서 아마추어 같다네. 그쪽 사람들이 말하길 웃고 있는 소는 너무 갔대. 게다가 유제품을 상징하기 때문에 채식 브랜드에 붙이는 건 황당한 일이라고 이야기했어."

제프가 손가락을 2개씩 들어 인용 표시를 하며 말했다. "그쪽 사람들? 당신 디키랑 이야기한 거 아니야? 디키는 델린저의 영업 부문 부사장이야. 델린저 유통 제국의 총판장이기도 하지. 아이오와 시더래피즈라는 작은 연못에서는 아주 큰 물고기라고." "맞아." 샘이 대답했다. "아주 친절했어. 업계에 대해서 정말 잘 알아. 구매자가 원하는 게 무엇인지 원하지 않는 것은 무엇인지 훤히 알더라. 20년 동안 그 일을 했대." "20년?" 제프가 코웃음을 쳤다. "서른 살밖에 안 됐는데?" "어쨌든, 그 서른 살 먹은 남자가 연간 1억 달러에 달하는 도매 물량을 책임지는데 우리가 후원하는 동물이 라벨에서 더 큰 부분을 차지하게 만들기를 바라." 제프는 고개를 저었다. 샘이 덧붙였다. "그리고 수프 3가지의 색상 계획을 모두 바꾸면 좋겠대." "3개?" 제프가 말했다. "우리 수프는 2개 뿐이야." 샘이 미소 지으며 말했다. "델린저가 우리 물건을 취급하길 원한다면 2개로는 안 돼."

098 삼진 아웃 전략
부정적인 반응을 관찰하라 : 삼진이면 아웃!

『부의 추월차선』이 출간되고 6개월이 지나자 내가 디자인한, 사랑해 마지않는 표지가 형편없다는 것이 고통스러울 정도로 분명하게 드러났다. 셀 수 없이 많은 사람들이 그 디자인에 대한 불만을 표현했다. 수많은 댓글이 라임 그린과 오렌지 색상이 어우러진 표지에 대해 부정적인 언급을 했다. "표지는 신경 쓰지 말라"에서부터 "흉측하다"에 이르기까지 3A 방법론을 거치는 도중 큰 문제로 부각되었다. 나는 내가 옳다는 신념을 누르고 변화를 받아들였고 표지를 새롭게 바꾸었다. 그 이후 10년 동안 표지에 대한 불평을 들은 적이 없다. 어떤 일이든 부정적 반응은 불가피하다. 피할 수도 없고 멈출 수도 없다.

당신네 제품은 형편없어.

당신네 웹사이트는 정말 촌스러워.

당신은 사기꾼이야.

당신은 이러쿵저러쿵.

3A 방법론으로 평가하면 당신, 당신 제품, 회사에 대한 부정적인 피드백은 언제든지 들을 수밖에 없다.

부정적인 반응을 접한 후 3A 방법론의 평가 요소 내에서 가장 먼저 할 일은 어떤 종류의 반응인지 확인하는 것이다. 의미 있는 반응에는 개선 가능한 정보가 있다. 출판사를 운영하는 나의 경우, "관심 없어! 험한 말을 써서 불합격이야" 또는 "네 글은 너무 장황해" 같은 피드백이 개선 가능한 정보가 포함된 부정적인 반응이다. 부정적인 반응이 동일 패턴으로 나타나면 그것은 가치 개선 기회다. 부정적인 편향을 제거하는 것이 가치 편향이라는 것을 기억하라.

가치 편향의 가능성이 있는지 판단하기 위해 나는 삼진 척도를 사용한다. 하나의 의미 있는 반응은 호기심이고 2개는 걱정이며 3개는 비판이다. 삼진 당하면 전술을 재고하고 조정해야 할 때다. 만약 세 사람이 같은 불만 때문에 지갑을 열지 않았다면 그러한 다른 많은 사람들이 존재한다는 뜻이다. 평가 후에 의미 있는 반응에 조정을 가하면 긍정 편향이 늘어나 당신 오퍼 제일 위에 쌓인다. 편향이 많다는 것은 곧 매출이 높다는 것이다. 하나의 의견은 대중의 합의가 아니다. 하지만 합의를 반영할 수는 있다.

당신이 발명한 새로운 파티 게임을 광고한다고 가정하자. "지루해 보인다" "너무 복잡해 보인다"는 의미 있는 반응이다. 물론 6개월이라는 시간과 연금 계좌에서 꺼낸 6,000달러를 투자한 후에 들었을 때 기분 좋을 말은 아니다. 그러나 화를 내는 대신 더 조사한다. 왜 내 상품이 지루하거나 복잡해 보인다고 말했을까? 부정적인 반응은 포장, 광고, 프레젠테이션에 문제가 있음을 내비친다.

사소한 반응이라는 다른 유형도 존재한다. 사소한 반응에는 행동의 개선 여지가 없는 정보가 담겨 있고 무시해도 괜찮다. 이런 부정적인 반응은 보통 냉소적인 사람이나 까다로운 고양이 부류에서 나온다. 일례로 내 책에 만족한 독자가 친구에게 책을 추천했더니 그 친구는 "에이, 그 사업이란 걸 했다가 실패한 사람이 수백만 명은 돼"라는 반응을 보였단다. 이런 부정적 진술은 대부분의 사람들이 내 손이 닿지 않는, 너무 멀리에 있다는 내 편견을 입증하는 것 이외에 다른 유용한 점이 없다.

때로는 정보를 이용할 수 없는 경우도 있다. 예를 들어 몇 년 동안 많은 사람들이 제목 때문에 『부의 추월차선』을 읽지 않더라는 이야기를 전했다. 하지만 이 부정적인 반응은 책의 중심 주제를 손상시키지 않고서는 고칠 수 없다. 사실 당신이 여태 존재한 그 어떤 것보다 환상적인 제품을 만든다 해도 표적 고객 중에는 그것을 마음에 들어 하지 않는 사람들이 여전히 많을 것이다. 그리고 그런 사람들은 목소리가 큰 경향이 있다.

평가에서 개선 가능하고 의미 있는 반응이 무엇인지 파악한 후에 나머지는 폐기하라. 당신을 싫어하는 사람들이 월요일부터 금요일까지 남을 미워하는 일에 시간을 쓰는 동안 당신은 부의 추월차선을 향해 가면 된다.

◇ 핵심 개념

- 제품이나 사업에 대한 부정적인 피드백은 의미 있는 반응이거나 사소한 반응이다.
- 의미 있는 반응은 사실에 기반을 두며 개선 가능한 정보를 담고 있다. 사소한 반응은 단순한 의견이며 실행 가능성이 없다.
- 3개의 의미 있는 반응은 비판이며 반드시 바로잡는 행동이 뒤따라야 한다.
- 의미 있는 반응에 따른 조정은 더 많은 긍정 편향을 만든다.

099 롤모델 관찰 전략

롤모델 관찰을 통해 영업 비밀과 최고의 관행을 찾아라

 전문가의 비결을 배우고 싶다면 그들이 파는 물건이 아닌 그들이 그 물건을 파는 방법을 연구하라. 페이스북 피드에 몇 달째 같은 광고가 등장한다면 그런 유형이 돈을 벌어들인다고 생각할 수 있다. 문구, 사진 및 랜딩 페이지를 관찰하라. 당신의 표적 고객과 얼마나 잘 맞을지 평가하라. 대중이 접하는 광고의 모든 구성 요소를 거꾸로 추적하면 현재 효과 있는 것과 별 의미 없이 반복되고 있는 관행을 찾을 수 있다. TV에서 같은 인포미셜을 계속해서 보고 있는가? 그렇다면 그것이 돈을 벌어들인다는 것을 알 수 있다. 모든 미묘한 뉘앙스를 관찰하면 인포머셜 사업에서 무엇이 효과 있는지 알게 된다.

작가의 일은 롤모델 관찰법 효과가 엄청나다. 웹에서 최신 저술 관행

을 검색하면 크게 모순되는 정보를 발견한다. 어떤 전문가는 글에 '부사'를 사용해서는 '안 된다'고 말한다. 또 다른 전문가는 수동태를 피하고 욕을 사용하지 말라고 말한다. 롤모델 관찰을 통해 최선의 관행을 파악하라. 뉴욕의 유명 출판사를 통해, 수백만 권의 책을 판 베스트셀러 작가의 책을 읽을 때 당신은 어떤 것이 효과가 있고 어떤 것이 받아들여지는지를 알게 된다. 그 책이 진열대에 있다는 것은 수많은 편집자들이 검토했다는 뜻이다. 업워크(Upwork, 프리랜서를 연결해주는 플랫폼)에서 찾을 수 있는 그저 그런 편집자가 아니라 최고의 편집자 말이다. 존 그리샴 같은 베스트셀러 작가가 "그는 교묘하게 질문을 피해 갔다"라고 썼다면 부사 사용이 용인된다고 생각할 수 있다.

승리의 공식은 비밀이 아니다. 그들은 대낮에 모두가 볼 수 있는 곳에 있다. 최선의 것을 보고 관찰하고 역으로 추적해서 롤모델로 삼아라. 평가하고 조정하고 반복하라!

 핵심 개념

- 최고의 관행과 기업 기밀은 눈에 잘 띄는 곳에 있다.
- 성공적인 과정을 관찰하고 롤모델로 삼으면 시행착오, 실수, 비용 없이 똑같은 성공을 모방할 수 있다.

100 속단 금지 전략

당신이 옳다는 편견을 버려라

 몇 년 전 나는 내 포럼에서 100만 달러짜리 발견을 했다. 웹사이트가 성장하면서 트래픽을 이용한 광고를 통해 수익을 낼 수 있었다. 대부분의 사용자는 개의치 않았지만 그렇지 않은 사람도 있었다. 한 사람은 광고에 대해 공개적으로 불만을 표했다. 몇몇 사람이 그 뒤를 따라 같은 의견을 내놓았다. 삼진을 넘는 의미 있는 반응이다. 그러나 그 불평의 기저에는 가능성이 있었다. 불편을 느낀 사용자들은 광고가 없는 포럼이라면 기꺼이 요금을 지불할 것이라고 말했다.

나는 그 제안이 우스꽝스럽다고 생각했다. "나라면 광고가 없는 포럼에 돈을 내는 일은 하지 않을 텐데…. 광고는 문제가 되지 않아!" 하지만 속마음과 달리 현실의 나는 사용자에게 귀를 기울인다. 그래서 한

달 7.99달러 가격에 광고 없는 버전의 포럼을 제공했다. 광고를 없애는 것 외에 많은 사람이 중요하다고 생각하는 다른 혜택(사생활 보장, 기업가 지망생의 소유 제한)을 덧붙였다. 3A 방법론를 이용한 이 결정으로 나는 포럼에 숨어 있는 100만 달러 단위의 돈을 찾아냈다. 내가 스스로의 편견과 자만에 빠져 있었다면 그 돈은 다 놓쳤을 것이다. 간단하게 말해서 자신의 생각이 옳은지 시험해 보는 일에는 보상이 따라온다.

롤모델 관찰은 리스트 확보 전략보다 팝업 광고가 보다 효과적이라는 것을 입증한다. 무료 자료를 받으세요! 가입하고 무료 쿠폰을 받으세요! 웹서핑을 거의 20년 가까이 하면서 아마도 팝업 광고를 2만 개는 만났을 테지만 나는 내 이메일 주소를 보낸 기억이 없다. 내게는 먹히지 않는다. 나는 그런 광고를 몹시 싫어한다. 하지만 그런 전략에 대한 내 반감에도 불구하고 그 방법은 오늘날까지 광범위하게 사용된다.

사업은 어려운 일이다. 개인적인 기호나 편협한 마음의 틀까지 현실을 오염시키게 만들어서 그 일을 더 어렵게 만들지 말라. 부와 자유에 관한 한, 대출이 없는 꿈의 집과 차고에 주차된 람보르기니가 멍든 자존심을 치유하는 마법을 부린다. 오류를 받아들이고 부자가 되어라. 그러나 그러기 싫다면 당신이 옳다고 믿으며 가난하게 살아가라.

◈ **핵심 개념**

- 개인적인 편견은 최선의 관행과 좋은 아이디어의 실행을 막는다.
- 당신의 인식은 좀처럼 현실과 일치하지 않는다.

쳇바퀴의 퀸

2018년 4월 15일 일요일

제프는 병원에서 아기가 나오기를 기다리면서 아내의 머리맡에 앉아 있다. 샘은 핑키를 끌어안고 심호흡을 한다. 그녀가 숨을 몰아쉬는 와중에 제프의 휴대폰이 계속해서 울린다. 그녀는 짜증스러운 표정으로 제프를 쏘아보았다. "그냥 모두에게 내가 잘 있다고 말하고 그 망할 휴대폰 소리 좀 없애." 그녀는 휴대폰 소음을 없애라는 병원 안내판을 가리켰다.

제프는 미소를 지으며 고개를 저었다. "사실은 주문 메시지야." 그는 휴대폰을 돌려 리스트를 획획 넘겼다. "봤지?" 그는 몇 번 화면을 내린 뒤 휴대폰을 치우고 덧붙였다. "가족들 연락은 없어. 아직." 그 뒤로도 2시간 동안 제프는 음소거된 휴대폰에 계속 시선을 주었다. 아내와 아내의 분만에만 온전히 집중하고 싶었지만 사업에 마음을 빼앗긴 상태다. 그들의 사업은 새로운 영역에 도달했다.

그 주 초, 영웅의 주방은 채식과 동물 권리 보호에 관련된 몇 개의 팟캐스트를 후원하기 시작했다. 그리고 그와 그의 아내가 병원으로 떠나기 전, 그는 또 다른 캠페인이 활성화됐다는 소식을 들었다. 영웅의 주방이 얼씨 얼스링스 에딕트(Earthy Earthlings Edict)를 후원하게 되었다는 내용이다. 얼씨 얼스링스 에딕트는 주간 이메일 뉴스레터로, 지속 가능한 삶에 관심을 가진 63만 명 이상의 구독자를 두었다. 그는 뉴스레터보다 팟캐스트 성과가 더 좋을 것이라고 확신했지만 결과는 예상과 달랐다. 몇 시간 만에 3,000캔 이상이 팔려 나갔는데 대부분이 뉴스레터에 연결되어 있었다.

팟캐스트 후원도 좋은 성과를 냈지만 팟캐스트 광고에 지출된 1달러는 3.5달러의 수익을 낸 반면, 이메일 뉴스레터 후원에 지출된 1달러는 10배인 37달러의 수익을 냈다. 간단한 이메일이 수천 달러의 사업 소득을 창출하자 그는 직접 구축한 리스트로 이메일을 보냈다. 그들이 후원하는 동물이 수프 라벨에 QC코드로 등록되어 있기 때문에 하루에 수십 명의 이용자가 유입되었다. 제프는 충동적으로 이메일 리스트에 5% 할인 쿠폰을 보냈다. 그에 대한 반응에 그는 놀라지 않을 수 없었다. 수십 개의 주문이 쏟아졌다. 이메일 발송에는 돈이 전혀 들지 않는다.

마케팅 계획과 자체적으로 만든 이메일 리스트 사이에서 숫자들이 형광색으로 반짝였다. 그와 아내가 만들어 낸 사업 시스템의 수학적 힘에 경탄하면서 그의 환상은 기쁨으로 변했다. 그는 제 살을 꼬집었다. 꿈이 아니다. 여기에서는 1달러를 써서 3.5달러를 번다. 수익률은 350%다. 저기에서는 1달러를 써서 37달러를 번다. 수익률은 3,700%

다. 물론 1,500달러를 써서 90달러를 벌 수도 있다. 〈윈디 시티 그린 리빙〉 광고가 그랬다. 어쨌든 고객에게 접근하는 모든 경로, 모든 매체가 각기 돈 복사 기회를 만들었다.

그 순간, 제프는 명료한 깨달음을 얻었다. 그는 백만장자와 억만장자가 어떻게 그 위치에 갔는지를 이해했다. 그들은 인덱스펀드를 사두고 1년에 8%의 수익이 나기만을 바란 게 아니다. 그들은 비대칭적 수익을 내는 돈 복사기를 찾아다닌 것이다. 그들은 제품과 서비스를 팔았고 매시간, 매일, 매달 엄청난 투자수익률을 올렸다. 제프는 일을 하지 않을 때 돈을 버는 것에 익숙하지 않다. 투자에서 3,700%의 수익을 올리는 데도 전혀 익숙하지 않다. 하지만 이제 그들의 일은 엄연한 사업이다. 그는 이 사업이 큰 가치가 있다는 것을 안다. 저축으로 모으려면 수십 년이 걸리는 돈을 번다.

샘의 고통 어린 신음이 숫자에 빠져 있던 그를 현실로 끌어냈다. 그는 병원 분만실에 있다. 의료 기기가 내는 일정한 소리와 병원 살균제 냄새가 그의 다른 기억을 일깨웠다. 지금 아홉 살이 된 매디슨의 출산을 위해 여기 있던 때다. 당시 그들의 삶은 곤두박질쳤고 활기는 찾아볼 수 없었다. 완벽한 고통과 암울한 미래 때문에 매디슨의 탄생은 행복과 거친 감정이 함께했다. 힘들기만 한 직장, 늘어나는 비용, 주말 동안 잠깐 머리를 식히는 것 외에는 아무런 희망도 없는 미래에 대한 예측, 그때 기억은 환경으로 인해 불순물이 섞이고 틀어진 느낌이다. 매디슨이 태어난 지 1시간밖에 되지 않았는데 그는 이미 불안감에 잠식되었다. 그는 그 기억에서 재빨리 벗어났지만 딸의 탄생에 대한 기쁨을 온전히 느끼지 못한 슬픔과 후회를 피할 수는 없었다. 그런 일이 일어나게 놔두었다는 죄책감도 들었다. 9년 전, 쳇바퀴는 그에게서 그 순간의 기쁨을 빼앗아 갔다. 그러나 이제는 쳇바퀴에서 막 벗어났다. 쳇바퀴가 체스 게임이라면 막 상대편 퀸을 데려온 것이다.

그는 다시 샘에게로 주의를 돌리고 미소 지으며 그녀에게 다가갔다. 그녀의 손을 잡고 천천히 어루만지기 시작했다. 고통으로 가득한 얼굴에 미소가 떠올랐다. 그녀는 입술을 오므려 키스를 보냈다. 그녀의 얼굴은 핼쑥했고 긴 금발은 잔뜩 헝클어져 있지만 눈은 기쁨과 기대로 빛나고 있다. 간호사 일을 그만둔 후 좀 더 자주 볼 수 있는 환한 눈빛이다. 제프는 그녀가 자신이 느끼는 것과 같은 기쁨을 느끼길 바랐다. 매디슨 때와는 완전히 다른 느낌이다. 깊이가 있고 속도가 있고 오래 지속되는 기분이다. 그들은 아이들의 성장을 한순간도 놓치지 않고 지켜볼 수 있을 것이다. 그는 작가다. 그가 쓰는 스토리는 일도, 월스트리트도, 중앙은행의 경제 전망도 아닌 가족의 이야기다.

제프는 남은 시간 동안 사업에 대해 생각하지 않을 것이다. 그 순간을, 시간을, 아내와 함께하는 그날 저녁을 온전히 느끼면서 두 번째 아이의 아빠가 되는 순간을 애타게 기다릴 것이다. 아들 마이카가 태어난 순간의 기쁨은 어떤 말로도 표현할 수 없다. 존재한다고 생각해보지도 못했던 감정이다!

101 행복 선택 전략

기쁨의 다섯 지렛대 : 행복을 쉬운 선택으로 만든다

 외부 환경으로 행복이 결정되는 것은 잘못 된 삶의 방식이다. 행복은 선택이다. 행복 은 외면에서 얻어지는 것이 아니라 안에서 진화하는 것이다. 배가 부르 고 계좌에 돈이 잔뜩 있고 먹고살 걱정이 없으니 이런 말 쉽게 한다고 생각할 수도 있다. 하지만 사실 나는 행복을 쉬운 선택으로 만들었다. 어떻게? 나는 행복의 가능성을 높이는 것에 초점을 맞추었다. 당신도 '행복 스위치' 켜는 것을 달리 방법이 없을 정도의 쉬운 선택으로 만들 수 있다. 행복이 '새로운 표준'이 되기를 원할 때 목표로 삼을 수 있는 5가지 기쁨의 지렛대와 지렛목이 있다.

지렛목은 현재의 순간에 대한 인식이다. 그것은 과거와 미래의 생각 이 마음의 파편일 뿐이며 존재하는 유일한 시간은 지금이라는 것을 깨

닫는 것이다. 『삶으로 다시 떠오르기』를 쓴 에크하르트 톨레는 이것을 '지금(now)'이라고 부른다. 당신이 65세까지 산다면 매초가 '지금'이고 당신은 2,051,244,000회의 지금을 즐길 수 있다. 어쩌면 그리 많은 것도 아니다.

아이의 발표회나 야구 게임을 보고 있는데 마음은 다음 주에 있을 회의에 가 있었던 적이 있는가? 퇴근길에 운전하며 눈이 부시다는 이유로 석양을 불평한 적은? 여행지에서 찍은 오래된 동영상을 보는데 그곳에 다녀온 기억조차 나지 않은 적이 있는가? 인생은 혼란스럽다. 그 모든 혼란 속에서 지금을 온전히 사는 것은 사실상 불가능하다. 행복은 미래에서 움직이는 표적이 된다. 몹시 드문 데다 순식간에 지나간다. 우리의 뇌는 행복을 잡기 어려운 까다로운 고양이로 만든다. 우리는 항상 프랙털 사고를 하기 때문이다.

프랙털이란 무한 피드백 루프로 반복되는 혼돈 체계를 말한다. 어떤 숫자에 0.5를 계속 곱하면 결과는 점점 작아지고 0에 가까워지지만 절대 0이 되지는 못한다. 0은 항상 도달할 수 없는 상태로 남는다. 인생에서의 프랙털 사고는 보통 '…하면'이라는 미래에 대한 전제 조건을 둔다. 스스로에게 행복을 부여하기 전에 반드시 일어나야 하는 사건을 조건화 한다. 내가 바라던 직장에 취직하면, 빚을 다 청산하면, 결혼하면…. '언젠가'는 프랙털 사고다. 결과적으로 현재와 당신이 원하는 미래 사이에는 불안과 불행이 놓인다. 당신은 자신의 현재를 빼앗고 있다. 그 두 상태 사이의 간극은 계속 움직이는 프랙털이다.

새 차를 사서 신나 한 적이 있는가? 몇 주 후 즐거움은 사라지고 5년의 할부만 남았던 기억은? 슬프게도 일시적인 행복의 순간은 토끼 굴로 점점 깊이 파고드는 프랙털을 아주 잠깐 멈출 뿐이다. 가짜 행복이 사라지면 불안이 다시 찾아온다. 우리는 다음 행복 조건을 사냥하러 나선다. 메르세데스 벤츠 C클래스를 샀으니 이제는 S클래스를 향해 달린다.

더욱이 불안을 유발하는 프랙털 사고는 '…하면'에서 끝나지 않는다. 돈이 얼마나 많으면 충분할까? 대답은 '더'이다. 그것은 프랙털 사고의 파편이다. '더'는 도달할 수 없는 무한이다. 항상 골대를 향해 달려가고 있다면 만족을 향한 탐색은 절대 끝나지 않는다. 최종 결과는 전적인 행복이 지평선 너머에 살짝 모습을 드러내는 가운데 띄엄띄엄 찰나의 일시적인 행복을 경험한다. 이정표와 목표를 향해 열심히 노력하지만 현재와 성취 사이의 간극을 메우는 것은 고통이다.

대부분의 사람들은 결코 오지 않을 미래를 꿈꾸며 타임머신에 갇혀 있다. 과거에 묶여서 시간을 훔치는 오래된 상처를 되새기며 지금을 소멸시키는 사람도 있다. 마음이 과거나 미래에 머물 때 지금의 기쁨은 사라진다. 불안, 두려움, 성급함이 기준선이다. 휴대폰에 질식되어 있는 시간은 지금을 도려낸다. 콘서트에 가서 모두가 휴대폰으로 녹화하면서 그 화면에 시선을 두고 있는 것을 본 적 있는가? 그 장면, 소리, 냄새 등과 같은 그 순간의 온전한 감각을 즐기는 대신 미래의 2차원 팩시밀리를 통해 아주 미미하게만 경험하려고 순간의 가치를 떨어뜨린다. 순간의 궁극적인 낭비. 나중에 그것의 25%를 즐기기 위해 지금의 100%를 희생하는 것이다.

과거에 대한 후회와 미래에 대한 불안은 지금에 감사하는 순간을 통해서만 다스릴 수 있다. 순수하고 지속적인 행복은 현재에 일어난다. 행복한 기억에 집중한다고 해도 그 기억이 벌어지는 것은 지금이다. 꿈같은 미래를 생각하는 경우에도 마찬가지다. 그 생각 자체는 지금 벌어진다. 순수한 행복 스위치가 켜질 수 있는 곳은 지금뿐이다. 그리고 당신을 지금에서 멀어지게 하는 모든 생각은 기쁨에 대한 우천 교환권(raincheck, 경기·공연 등이 비가 와서 취소될 경우 나중에 쓸 수 있도록 주는 티켓으로 '다음 기회'라는 뜻)이다.

즉, 행복의 첫 번째 지렛대는 감사다. 과정을, 삶의 현재 정거장을 받아들여라. 그것이 어떤 것이든 그것을 느끼고 거기에 살고 그 진가를 흘려보내는 일이 없게 하라. 나는 식료품점에 가서 선반마다 들어 찬 식품을 볼 때마다 먹먹할 정도의 감사함을 느낀다. 주위를 둘러싼 멋진 것에 행복을 느껴라. 포근한 잠자리, 따뜻한 샤워, 비바람으로부터 당신을 보호해주는 집, 음식이 차려진 식탁… 이 모든 것에서 행복과 미래에 대한 흥분을 느낄 수 있다. 커피 냄새도 음미하고 더러운 걸레 냄새도 맡아 보라.

두 번째 지렛대는 가족과 친구, 정확히 말하면 당신 목표를 지지하는 사람들과의 긍정적인 관계다. 좋은 인간관계를 맺고 있는 사람이라면 분명 행복한 사람이다. 가족이라는 말을 혈연관계가 있는 사람이라는 뜻으로 받아들이지 말라. 내 포럼에서 자주 등장하는 이야기에서 알 수 있듯이 가족 구성원이 행복에 독이 되는 경우도 많다. 심지어는 학대를 자행하는 가족도 있다. 혈연은 선택할 수 없지만 그들을 어떻게 대할지는 선택할 수 있다. 모든 관계는 스토리에 영향을 미치는 선택이다. 당신의 '가족'은 당신의 지원 네트워크다. 25년 동안 당신을 멍청이라고 부르는 배다른 형제가 꼭 그 안에 포함될 필요는 없다.

세 번째 지렛대는 자유 혹은 자율성이다. 삶에 대한 통제력, 선택권, 이동의 자유 등 원하는 것이라면 무엇이든 할 수 있는 능력을 말한다. 이것이 내 행복 스위치를 눌렀다. 자율성이 행복에서 맡는 중요한 역할에 대해서는 많은 과학적 증거가 있다. 〈성격 및 사회 심리학 저널〉에서는 '자율성'을 행복의 첫 번째 요소로 꼽는다. 붐비는 출근 시간에 다른 차가 끼어들었다고 해서 낯선 사람에게 가운뎃손가락을 들어 보이는 당신은, 자율성이 없는 상태다. 미국 인구조사국과 질병통제예방센터의 자료에 따르면 뉴욕은 미국에서 가장 불행한 도시로 선정되었다. 브로드웨이, 센트럴파크, 타임스스퀘어의 집은 행복을 만들어 주지 않는다. 자율성 부족이 고통을 악화시킬 수도 있다. 내 행복 스위치가 켜진 배경에는 자율성이 있었다.

네 번째 지렛대는 성취감이나 목적에서 비롯된다. 광범위하게 말하자면 성취감은 곧 기여와 자기 계발이다. 그것은 피드백 루프이며 자신이 변화를 만들고 있고 의미 있는 일을 한다는 인식이다. 능동적인 꿈과 그것을 추구할 자율성을 갖는다. 오늘의 내가 어제의 나보다 낫다는 인식이다. 그것은 '…하면'에서 나오는 찰나의 행복이 아니라 기존의 기쁨 위에 층층이 쌓인 행복한 시간이다.

마지막 다섯 번째 지렛대는 건강, 육체적 웰빙이다. 건강을 소홀히 하면 다른 지렛대도 하찮은 존재가 되며 심하면 완전히 사라질 수도 있다. 아프거나 몸져누워 있다면 다른 일은 아무 소용없다. 돈을 벌기 위해 건강을 잃어서는 안 된다. 단기간 불균형하게 사는 일은 있을 수 있다. 하지만 40년 동안 불균형하게 사는 것은 있을 수 없는 일이다.

이 책의 범위에서 벗어나긴 하지만 행복의 이런 측면을 입증하는 중요한 연구가 있다. 심리학의 자기결정이론은 자율성(자유)과 연결성(가족)을 행복의 중요 요소로 본다. 로체스터 대학의 리처드 라이언과 에드워드 데시의 연구에 따르면 인내와 창의성을 포함한 최고 형태의 동기부여와 참여는 자율성, 결정권, 관련성의 경험에서 나온다. 데시와 라이언은 이런 욕구가 충족되면 동기가 강화되고 정신 건강이 증진되며, 좌절될 경우 반대 결과가 나온다고 말한다. 기본적으로 본질적인 향상과 성장(충족), 자율성, 관련성(가족)이 행복의 핵심 구성 요소다.

더구나 연구는 자유가 건강과 사기에 상당한 영향을 준다는 것을 보여준다. 한 연구에서 예일 대학의 심리학자 주디스 로딘은 양로원에 있는 노인들에게 환경에서부터 시설 정책에 이르기까지 선택에 대한 통제권을 더 많이 행사하게 했다. 결과적으로 93%의 노인이 보다 기민해지고 활동적이 되고 행복해졌다. 수명이 연장된 경우도 있다.『미국의 웰빙 감각(Sense of Well-Being in America)』의 저자 앵거스 캠벨도 또 다른 연구를 통해 자율성의 중요성에 뜻을 같이했다. 그는 우리 중 다른 어떤 사람보다 그에 대해 먼저 알았던 것 같다. 그는 미시간 대학의 한 연구에 대해 이렇게 언급했다. "자신의 삶을 통제한다는 감각은 긍정적인 웰빙 느낌에 우리가 생각한 삶의 다른 어떤 객관적 조건보다 신뢰할 만한 예측 변수다." 이 연구는 특정한 직업이 왜 큰 만족감을 주는지, 왜 모든 사람이 기업가가 될 필요가 없는지도 설명한다. 당신의 직업이 자율성과 유대감, 결정권을 제공한다면 행복 스위치를 쉽게 켤 수 있다.

행복은 선택이다. 하지만 솔직해지자. 모두가 달라이라마, 간디, 부처와 같이 굳은 의지를 가진 것은 아니다. 보수가 낮고 만족감을 주지 못하는 일자리가 징역형 선고처럼 느껴진다면 행복 스위치를 켜기 어렵다. 행복의 확률을 더 높이고 싶은 평범한 사람이라면 지금에 전념하면서 감사, 관계, 자율성, 목적, 건강의 다섯 지렛대를 목표로 삼아라. 시간은 계속 흘러가고 있다. 당신에게는 수백만, 수십 억의 '지금'이 남아 있다. 행복해지기를 기다리지 말고 행복하기로 선택하라.

 핵심 개념

- 행복은 선택이다. 당신 머릿속의 스위치다. 언제든지 켤 수 있다.
- 프랙털 사고는 "꿈꾸는 직업을 가지면 행복해질 것이다"와 같이 어떤 일이 '일어나면'이라는 조건에 근거한 행복의 우천 교환권이다.
- 일시적 행복은 새로운 차를 사거나 목표를 달성하는 외적 자극에서 느끼는 가짜 기쁨이다.
- 순수한 행복은 현재, '지금'에 대한 인식의 순간에서 나온다.
- 행복에 영향을 주는 5가지 지렛대는 감사, 관계, 자율성, 목적, 건강이다.
- 초월적이고 지속적인 순수한 행복은 '지금'에만 일어난다.

102 부의 가속 원리

부의 가속 : 가치 승수를 통한 순 가치 증대

 흥미로운 사실이 있다. 가전제품을 발명했다면 당신의 자산 가치는 당신이 벌어들인 1달러당 16배, 즉 1,600% 증가한다. 연 수익이 20만 달러라면 백만장자가 된다. 어떻게? 생활용품 산업에서의 평균 승수는 16배다. 즉, 당신이 이익을 얻을 때마다 당신의 자산 가치는 1,600% 증가한다.

사실 부자는 커피를 사 먹지 않고 아낀 푼돈으로, 좋은 직장에서 연봉을 많이 받아서 되는 것이 아니다. 그들은 300%, 500%, 1,600%와 같이 되풀이되는 비대칭적 수익으로 부자가 된다. 그들은 부의 가속 원리를 활용하기 때문에 부자가 된다. 즉, 사업 소유주에게 부를 폭발적으로 증가시킬 힘을 부여하는 가치 승수라는 경제적 현실 덕분에 부자가 되는 것이다. 기업금융에서는 이것을 PER(Price to Earning Ratio, 주가수익률)

이라고 부른다. 나는 이것을 부의 가속 인자라고 부른다.

이 글을 쓰는 시점에 넷플릭스의 PER은 87이다. 이는 넷플릭스의 기업 가치가 수익의 87배라는 뜻이다. 계산을 해보면 2,300억 달러다. 주주로서 넷플릭스의 일부를 소유하고 싶다면 지불하게 될 주가는 '수익의 87배'다. 백만장자가 넷플릭스를 사고 싶다면 그 자산의 시장가치인 2,300억 달러에서부터 흥정을 시작해야 한다.

마찬가지로 당신이 소유한 소규모 사업체에도 승수라고 불리는 이런 식의 가치 평가가 적용된다. 사기업의 승수는 1.5에서 높게는 30에 이른다. 내가 처음으로 매각한 회사의 승수는 약 4.5다. 두 번째로 매각한 회사의 승수는 3이다. 이는 회사의 순익을 높일 때마다 내 순자산의 가치가 300배에서 450배로 가속되어 늘어난다는 뜻이다. 기업 소유주로서 당신이 회사를 성장시킬 때마다 산업 평균 승수에 비례해 자산 가치가 늘어난다.

소규모 기업은 승수가 훨씬 낮지만 표는 승수가 얼마나 커질 수 있는지를 보여준다. 당신 회사가 주는 영향력이 커질수록 승수는 커진다. 당신이 땀 냄새 제거제나 보습 크림 같은 개인 용품으로 사업을 시작해서 성공한다면 자산 가치가 상당한 속도로 성장할 것을 기대한다. 개인 용품을 취급하는 대기업의 승수는 21이다. 부가 2,100%씩 늘어난다는 뜻이다. 물론 매출 몇 백만 달러 규모의 작은 기업은 이윤의 21배 가격으로 팔리지 않는다. 그런 경우 승수는 5에서 10정도다. 그렇더라도 수익의 500%에서 1,000%라면 대단한 수치 아닌가?

최근 프록터&갬블은 직원이 몇 명 되지 않는 네이티브 데오도런트

(Native Deodorant)라는 작은 규모의 스타트업을 1억 달러에 매수했다. 전액 현금으로 말이다. 네이티브는 인수 이전에 수익을 공개하지 않았지만 수익이 연 500만 달러 정도였다면 승수는 20이 된다.

온라인 사업의 경우, 평균 승수는 2~5 정도다. 평균 승수를 3이라고 가정하면 당신의 자산 가치는 기업 수익성을 개선시킬 때마다 300%씩 올라간다는 의미다. 300%! 한 달에, 1년에, 300%의 성장 가능성이 있는 투자를 알고 있는가? 사업이 바로 그렇다. 이 힘을 휘두르면 일주일에 10달러를 저축하고 1년에 8%가 늘어나길 바라는 것이 캐나다를 구두 신고 종단하는 것만큼이나 어이없는 일이라는 점을 깨닫게 된다.

 핵심 개념

- 부자는 비대칭적 수익을 통해 부자가 된다. 마케팅 계획을 기반으로 매달 300%, 500%, 심지어는 1,000%의 수익을 거두어들이는 것이다.
- 가치 승수는 사업 자산의 가격을 결정하는 사업 지표다.
- 업체의 규모와 업종에 따라 다르지만 가치 승수는 부의 가속 인자이며 공개 기업의 경우 적게는 150%, 많게는 10,000% 이상일 수 있다.
- 소규모 기업은 보다 작은 가치 승수로 시작한다.
- 회사를 성장시킬 때마다 당신의 자산 가치는 승수에 비례하거나 그보다 더 많이 증가한다.

103 리스트 확보 전략

리스트를 늘려라, 이윤을 늘려라, 가치를 높여라

 2020년 말, 〈비즈니스 인사이더〉의 모기업인 주식회사 인사이더(Insider Inc.)가 디지털 미디어 스타트업 모닝브루(Morning Brew)의 지배 지분을 7,500만 달러라는 거액에 살 것이라고 발표했다. 이 이야기에서 흥미로운 점은 모닝브루가 사실 이메일 주소 리스트에 불과하다는 것이다. 250만 구독자를 보유한 뉴스레터로 3개의 업계에 배포된다.

당신 사업이 어떤 것이든, 인터넷 소프트웨어 서비스든 새로운 아시아 음식 레스토랑이든 리스트가 많을수록 당신이 받는 보상은 커진다. 고객 리스트는 자산 가치의 큰 부분이다. 디지털 마케팅 분야의 오랜 격언이 있다. "당신 리스트가 얼마나 긴지 말해 주면 당신 사업이 얼마나 성공할지 말해 주겠다."

세계를 무대로 하는 다국적기업이든 동네 커피숍이든 모든 사업은 웹사이트를 가지고 있다. 매출이 주된 목표이지만 웹사이트의 두 번째 목표는 리스트 확보다. 아직 웹사이트를 가지고 있지 않다면 당장 시작해서 이메일 주소나 전화번호를 얻어라. 어떻게? 가치를 제공하면 된다.

내 친구는 개인 미용 업체를 소유하고 있다. 이 회사는 돌림판에서부터 쿠폰에 이르기까지 이메일 주소를 얻는 다양한 전술을 활용한다. 그가 가장 좋아하는 방법은 결제 시에 나오는 10달러 상품권 팝업이다. 그의 말에 따르면 전환율이 70%에 달한다고 한다. 전환율을 설명하면서 그는 고객들이 상품권이라는 형태를 평범한 10달러 쿠폰보다 훨씬 높은 가치로 인식한다고 귀띔해 주었다. 다를 것이 없는 방법이지만 인식 가치는 동일하지 않다. 또 다른 예로 한 포럼 이용자는 방치한 장바구니에 대해 언급하는 문자 메시지 마케팅의 전환율이 43%라는 놀라운 수치를 보였다고 전했다. 정확히 읽은 것이 맞다. 43%!

내 리스트에는 총 10만 개 이상의 이메일 주소가 있다. 내가 이 사람들에게 상대 가치가 있는 제안을 할 경우, 이메일 주소는 당장 현금으로 전환될 것이다. 내가 1,000달러에 이틀간 세미나를 연다는 소식을 날짜, 시간, 가격과 함께 리스트의 주소에 보낸다고 가정하자. 장담컨대 단 며칠 만에 10만 달러가 생길 것이다. 세미나 정원을 100명으로 제한해도 말이다. 이 예를 통해서 코칭 워크숍이나 '비밀 세미나'가 인터넷 시장에서 그렇게 큰 돈벌이가 되는 이유를 알 수 있지 않은가?

결국 당신의 리스트는 당신이 구축하는 자산의 큰 부분이다. 리스트로 돈을 찍어낼 수도 있고 리스트를 판매할 수도 있고 자산으로 평가받을 수도 있다. 리스트를 가지고 있다는 것은 지하에 돈을 찍어내는 기계를 가지고 있는 것과 마찬가지다. 언젠가 사업체를 매각할 때 당신의 리스트는 매각 가격을 높이는 데 엄청난 영향을 준다.

리스트 확보를 소셜미디어 팔로워 늘리는 것과 혼동하지는 말라. '부의 추월차선' 페이스북 페이지의 '좋아요' 수는 16만 개에 달한다. 2013년 이 페이지에 게시물을 올리면 하루에 3만 명 이상의 사람들에게 도달할 수 있었다. 광고를 해서 돈을 벌어들이려고 페이스북은 이제 같은 게시물을 300명에게 보여준다. 간단히 말해 페이스북이 소유한 리스트와 당신이 소유한 리스트는 완전히 별개다. 단 몇 분 안에 대기업이 당신 사업을 박살낼 수 있다면 당신은 유사 직장에 다니는 것이다. 대형 소셜미디어에서 자리 잡았다는 것은 가치 있는 일이다. 하지만 그것은 당신이 소유하고 현금화하고 팔 수 있는 것만큼 큰 의미를 가지지는 못한다. 당신만의 긴 리스트가 큰 수익을 내고 자산 가치를 높인다.

 핵심 개념

- 어떤 사업을 하든 이메일 주소를 모아라. 귀중한 자산이다.
- 이메일 마케팅은 인터넷이 발명된 이래 가장 성과 좋은 마케팅 전술이었고 여전히 비용 대비 가장 효율적인 마케팅 방법이다.
- 개인 이메일 리스트와 소셜미디어 팔로워를 혼동하지 말라. 전자가 리스트를 소유하고 있는 것이라면 후자는 아무것도 갖고 있지 않다.

라스베이거스!

2018년 6월 16일 토요일

"베키가 막 학교를 졸업했어. 그 애를 고용하면 좋을 것 같아." 마이카를 안고 우유병을 든 채 샘이 말했다. 샘이 2개월간 전일로 일한 결과 영웅의 주방은 두 사람으로는 운영할 수 없을 정도로 성장했다. "안 그러는 게 좋겠어." 제프가 대꾸했다. 샘이 보기에는 너무 성급한 대답이다. "왜 안 돼? 당신 조카랑 무슨 문제 있어? 박람회 일도 잘 해주었는데…. 베키는 일자리가 필요해." 제프는 손가락으로 인용 표시를 하며 말했다. "'일자리가 필요하다'는 것과 내 조카라는 것만으로 그 자리에 앉힐 수는 없어. 베키가 비건이라는 것도." "다시 말하지만 베키는 육류만 안 먹는 페스코테리언이야." 샘이 남편의 말을 고쳐 주었다.

"사만다, 첫 번째 직원을 구한다는 건 꽤 큰일이야. 우리가 만든 회사가 이제 본격적인 출발을 하는 참이잖아." 그는 테이블로 돌아가 니브를 획획 넘겼다. "이달 매출은 2만 8,000달러가 넘을 전망이야. 순 이익률 37%로 계산하면 수익이 1만 달러 남짓이지. 내 월급을 더하면 우리 이번 달 수입은 1만 5,000달러에 가까울 거야." 그는 몸을 돌려 아내를 보았다. "이렇게 수입이 많았던 적이 없잖아."

그는 노트를 다음 페이지로 넘긴 후 집어 들었다. 검은 마커로 51만 달러라고 적혀 있고 밑줄까지 그어져 있다. "현재의 매출, 이윤, 성장, 당신 봉급을 감안하면 우리 사업은 이미 50만 달러 이상의 가치가 있어." 샘은 믿을 수 없다는 투로 말했다. "뭐라고? 어떻게 계산을 하면 그렇게 돼?" 그녀는 아기 침대로 걸어가서 마이카를 눕히고 담요를 덮어 준 후 그를 응시했다.

"난 하루 종일 회사에서 자산평가, 감사, 수치와 같은 일을 해. 확실하게 말하는데 우리 사업은 이미 50만 달러의 가치가 있어. 중요한 것은 내 조카를 채용할 수는 없다는 거야. 적어도 운영 매니저로는 안 돼. 우리는 취미 생활을 하는 것도 아니고 자선단체를 운영하는 것도 아니야. 우리는 중요한 상황에 있고 이걸 레모네이드 가판대처럼 취급해서는 안 돼." 그는 잠시 말을 멈추었다가 아기 침대를 가리켰다. "우리는 이제 돌보아야 할 아이가 2명이야."

"지난달에는 우리 수익률이 43%라고 하지 않았어? 왜 37%가 된 거야?" "걱정할 일은 아니야. 계속 도매 거래를 늘리고 있으니까 수익률은 내려가는 거야. 도매 수익률은 소매의 절반이잖아." 제프가 덧붙였다. "그리고 당신 봉급도 계산해야지." 그는 노트를 다시 테이블에 내려놓고 한탄했다. "그래도 아직 무역 박람회에 참가할 여유는 없어."

샘이 의미심장한 미소를 지었다. 무슨 일이 있다는 걸 눈치챈 그가 물었다. "벌써 베키를 고용한 건 아니지?" "아니, 아니야." 그녀가 제프 옆의 의자를 잡았다. "그것 말고 더 깜짝 놀랄 일이 있어." 제프는 깜짝 발표를 듣는 것을 좋아하지 않는다. 자신이 하는 것이 좋았다. "무슨 일이야?" "우리는 무역 박람회에 참가할 거야. 자리를 얻었어." 제프가 얼빠진 표정으로 무엇인가 말하려 하자 샘이 손가락으로 그의 입을 막았다. "게다가 3만 달러가 아니고 3,000달러야." 제프가 충격을 감추지 못하고 얼굴을 뒤로 뺐다. "뭐? 어떻게? 3,000달러에는 자리가 없어. 내가 몇 번이나 확인했다고! 도대체 어떻게 한 거야?"

샘이 웃었다. "망할 놈의 전화를 집어 들었지. 당신 정규직 직원이 있다는 걸 잊은 거야?" 그녀가 남편에게 개구진 윙크를 보냈다. "토팅햄 두부에 전화를 걸었어. 그들이 부스를 갖고 있거든. 당신도 알지만 우리가 우동 수프 재료로 토팅햄 두부를 사용하잖아. 거기 영업 부장인 셜리에게 전화를 걸어서 우리가 자리를 좀 얻을 수 있냐고 물었지. 그 회사 부스에 말이야. 전전세인 거지."

아내의 창의성에 감동한 제프는 그녀를 강렬하게 쳐다보았다. "세상에, 박람회 부스를 전전세로 빌렸다고? 그런 건 생각도 못했어." "그쪽에서 허락해 줬어. 우리 수프에 그 회사 두부를 사용하니까 말이야. 그쪽도 윈윈이라고 생각해. 우리가 성공하면 그들도 성공하는 거지. 게다가 3,000달러가 생기는 거잖아." 그녀가 잠시 멈추었다가 덧붙였다. "시식할 수 있을 정도로 충분한 공간을 주기로 했어." 샘이 그의 허벅지를 툭 쳤다. "그러니 라스베이거스로 갈 준비를 해. 바빠질 거야."

104 아날로그 전략

편지, 전화, 택배의 힘을 돌아보라

 CNBC에서 방송한 〈억만장자 파헤치기
(The Undercover Billionaire)〉는 성공한 기업
가를 아무런 자원도 없이 작은 마을에 데려다 놓고 90일 내에 100만 달
러 가치의 사업체를 만들라는 과제를 준 뒤 관찰하는 프로그램이다. 이
런 도전을 받아들인 갑부는 전국적인 규모의 주택자금 대부업체 창립
자인 글렌 스턴스였다. 그는 최종적으로 75만 달러 가치의 바비큐 레스
토랑을 만들어 비록 도전에는 성공하지 못했지만 '돈' 없고 '기술' 없어
성공하기 힘들다고 생각을 가차없이 깨부숴 주었다. 유일한 장벽은 당
신 머릿속에 든 쓰레기뿐이다.

그 프로그램은 우리 포럼에서 큰 반향을 일으켰다. 방송이 있을 때
마다 그에 대한 토론이 벌어졌다. 포럼 참여자 중 한 명으로 킬 비거(Kill

Bigger) 팟캐스트를 운영하는 카일 키건은 그 프로그램에 깊은 인상을 받고 글렌 스턴스가 만든 레스토랑에서 그와 만나는 계획을 추진했다. 포럼 내 그룹에도 제안했지만 나를 포함한 대부분이 그 아이디어를 무시했다.

몇 주 후, 그 만남이 실제로 성사되었다. 카일과 다른 몇 명의 부의 추월차선 포럼 회원들이 펜실베이니아 이리에서 그 억만장자를 만나기로 한 것이다. 평범한 사람이 어떻게 점심 식사를 하며 이야기를 나누는 자리에 억만장자를 부를 수 있었을까? 그는 전형적인 방법을 쓰지 않았다. 보통은 이메일을 보낸다. 카일도 처음에는 그렇게 했다. 하지만 카일은 다음 날 대부분의 사람들이 하지 않는 일을 했다. 전화기를 집어 들고 그의 전화번호를 누른 것이다.

디지털 기기에 심취해 있는 오늘날에는 오히려 아날로그 방법을 사용할 경우 돋보이는 경우가 있다. 안타깝게도 요즘 젊은이들은 전화 통화를 어떻게 사용하는지 알지 못한다. 심지어는 전화를 피에 굶주린 악마처럼 여기고 두려워한다.

사실 전화는 이메일보다 더 시급한 사항으로 여긴다. 직접 방문하는 것처럼 말이다. 또한 잠재 고객에게 택배를 보내는 것도 조용히 시장과 접촉하는 방법이다. 경쟁자가 이런 아날로그 기법을 사용하지 않는다면 거기에서 기회를 잡을 수 있다. 전형적이지 않은 결과를 원할 때라면 전형적이지 않은 일, 구식으로 여겨질 수 있는 일도 해야 한다.

• 필요하다면 전화기를 드는 것을 두려워하지 말라.

• 경쟁자가 전화기를 사용하지 않는다면 당신이 전화기를 사용해 보는 것은 어떨까?

• 전화 통화, 손으로 쓴 편지, 택배, 기타 '구식' 전술은 보다 급박한 느낌을 전달하며 디지털 북새통 속에서 돋보이는 데 좋은 효과를 발휘하기도 한다.

105 윈윈 전략

풀리지 않는 문제로 보이는 것에 윈윈 분석을 적용하라

 오래전 운송 회사를 위한 B2B 서비스 업체를 운영하고 있을 때였다. 나는 업계 발행 잡지에 전면 광고를 싣고 싶었다. 정확한 금액은 기억나지 않지만 비쌌던 것만은 기억난다. 아직 매출이 100만 달러에 이르지 못한 작은 회사에서는 대단히 큰 비용이었다. 나는 문제를 해결하기 위해 윈윈 분석을 실시했다. 윈윈 분석은 하나의 질문이다. 이 문제를 해결하여 서로에게 '윈윈'이 될 수 있는 제3자와의 합의, 합작 투자 전형에서 벗어난 거래가 없을까? 여기에서 종종 해답을 찾는다.

나는 당시의 문제를 해결하기 위해 잡지 편집장과 이야기를 나누었다. 광고비 대신 그 잡지에 인터넷과 관련된 다양한 주제의 글을 써 주겠다고 제안했다. 그 기사에도 사례와 결과 등을 통해 우리 회사를 언

급할 수 있었다. 광고비를 내지 않는 것만으로도 큰 소득인 상황에 기사를 통해 우리 회사까지 노출시켰다. 그리고 그 잡지는 무료로 가치 있는 콘텐츠를 얻었다. 윈윈!

문제에 부딪히면 스스로에게 윈윈 분석을 해보라. 형편에 맞지 않는 3만 달러짜리 무역 박람회 부스? 당신은 몇 천 달러만으로도 박람회에 참가할 수 있다.

 핵심 개념

- 윈윈 분석을 이용함으로써 제3자와의 합의, 합작 투자, 물물교환, 자료 공유 등을 통해 풀리지 않을 것처럼 보이는 문제를 해결하라.

106 사후 해명 전략

승인을 구하지 말고 일단 실행하라

 초등학교 2학년 때였다. 정확한 상황은 기억나지 않지만 학교에서 현장학습을 갔다. 학교로 돌아오기 전 우리는 멕시칸 레스토랑에서 점심을 먹었다. 그날 오후 배탈이 났다. 빨리 조치하지 못했다면 자리에 앉아서 실례할 뻔했다. 교실에서 바지에 똥을 쌌다면 내 어린 시절은 완전히 망가졌을 것이다. 생각할 틈도 없이 나는 자리에서 일어나 화장실로 달려갔다.

뭔가 간절하고 시급한 일이 있을 때라면 승인을 구하는 것은 뒤로 미루어야 한다. 손을 들고 선생님이 알아챌 때까지 기다렸다가 일어나서 허락을 구하고 화장실에 가는 것이든 꿈에 이르는 것이든 삶의 방식은 똑같다. 당신의 꿈이 무엇이든 손은 내려라. 누구의 허락도 필요하지 않다. 우선 행동하고 해명은 나중으로 미루어라.

나는 운송 중개업체를 매각하고 동료와 새로운 경쟁사에 대해 이야기를 나누고 있었다. 업계를 새롭게 해석해 뉴욕에서 막 출범한 신생업체였다. 우리는 수많은 규제로 인해 그 업체가 살아남지 못할 것이라고 예견했다. 그 새로운 경쟁자는 우버다. 우리의 의견은 시장을 제대로 반영하지 못했다. 우리의 생각은 한참 틀렸던 것이다. 우버는 규제 승인을 기다리지 않았다. 우선 행동하고 이후에 해명했다.

린지 스털링은 공개 오디션 프로그램 〈아메리카 갓 탤런트〉에 출연했다가 피어스 모건에게 신랄한 비판을 받았다. "별로인데요. 당신은 공중을 날면서 동시에 바이올린을 연주하는 것으로 오디션을 통과할 만한 실력이 없어요." 샤론 오스본은 "당신 공연은 라스베이거스 무대에 올리기에는 부족하다"라고 덧붙였다. 하지만 스털링은 문지기를 무시하고 대신 마켓마인드를 파고들어 생산가치체계를 입증했다. 수백만 달러를 가져다준 결정이었다.

우리는 환상적인 시대를 살고 있다. 인터넷이 당신 같이 평범한 사람에게 엄청난 수직 상승의 가능성을 부여한다. 인터넷은 한때 강력한 힘을 가졌던 문지기를 무력화시키고 그가 가졌던 힘을 사람들에게 돌려주고 있다. 웹 덕분에 승인서를 내주는 상아탑의 가치는 무너지고 있다. 재능과 욕망만 있다면 더 이상 승인이나 동의는 필요 없다. 웹사이트, 유튜브, 인스타그램, 아마존 등 고객이 있는 다양한 매체에서 당신의 꿈으로 가는 문의 열쇠가 당신을 기다리고 있다.

표적이 되는 문지기는 단 하나, 마켓마인드뿐이다. 재능을 묻어 버릴 유일한 장애는 두려움이다. 노래를 한다면 마켓마인드에 노래를 들려주고 박수가 나오는지 보라. 농담을 할 줄 안다면 농담을 들려주고 마켓마인드에서 웃음소리가 나오는지 보라. 마켓마인드로 몸을 던져서 당신의 가치에 반응하게 하라. 문지기들은 병의 코르크를 누르듯이 재능을 억누른다. 하지만 재능은 마켓마인드 속에서 점점 커지다가 결국 폭발하게 되어 있다.

수백만의 성인이 아직도 화장실에 가고 싶으면 손을 들고 허락받는 학생처럼 살고 있다. 화장실에 가도 좋다는 허락을 구하는 대신 꿈을 위해 살아도 좋다는 허락을 구하라. 문지기에게 '예스'라는 대답을 받을 때까지 기다리고만 있지 말라. 바지에 똥을 싸거나 꿈을 깔아뭉개지 말고 일어나서 달려 나가라.

 핵심 개념

- 꿈을 위해 사는 데는 누구의 승인도 필요하지 않다.
- 인터넷은 재능과 가치를 민주화시켜 모든 사람에게 영웅이 될 수 있는 가능성을 부여한다.
- 마켓마인드를 표적으로 삼고 그것이 당신의 가치를 좋은지 나쁜지 판단하게 하라.
- 위대한 재능이나 가치는 마켓마인드 속에서 커지다가 결국은 폭발하게 마련이다.

107 약점과 트랩 전략

약점을 보완하는 사람을 고용하고 트랩으로 무능을 예방하라

 전설적인 록 밴드 반 헤일런은 투어를 떠날 때마다 공연 기획사와 여러 가지 구체적인 요구 사항과 약정이 포함된 세심한 계약서를 작성하는 것으로 알려져 있다. 가장 악명 높은 요구 조건은 갈색 M&M 조항이다. 모든 공연 장소의 모든 기획자는 무대 뒤 간식 접시에서 갈색 M&M을 전부 제거하라는 지시를 받는다. 이 조건이 이행되지 않으면 반 헤일런은 출연료를 모두 받고도 공연을 취소할 권리를 갖는다. 이 이야기가 처음 부각되었을 때는 유명한 록 스타의 기행으로 취급되었다.

사실 반 헤일런은 트랩, 즉 잠재적인 무능력이나 실수를 감지하는 방법을 만든 것이다. 기술 분야에 대해서 잘 아는 사람이라면 허니팟이라고 생각하면 되겠다. 데이비드 리 로스가 말했듯이 이런 작은 조항이

무시되었을 경우에는 음향, 조명 등 더 중요한 영역에 다른 문제를 예상할 수 있다. 갈색 M&M은 모든 기기, 모든 연결, 모든 세부 사항을 몇 번이고 확인해야 한다는 것을 의미한다.

공연 투어를 하는 록 밴드와 마찬가지로 사업도 팀 스포츠다. 당신이 유일한 직원이어도 말이다. 어느 시점에는 사람을 고용하거나 당신보다 나은 기술을 가진 외부 사람의 도움을 얻기 위해 계약을 해야 한다. 그렇게 할 때는 세부 사항까지 주의를 기울이는 사람인지 그럭저럭 얼버무리는 사람인지 판단하기 위한 트랩이 필요하다. 예를 들어 나는 프리랜서 웹사이트에 채용 공고를 낼 때마다 지원서 양식에 트랩을 설치한다. "〈스타트렉〉 또는 〈스타워즈〉 중에서 어떤 것을 선호하는지 혹은 둘 다 선호하는지 적고 그 이유를 모두 대문자로 서술해 주십시오."

지원서가 제출되었는데 이 정보가 빠져 있으면 그 지원자는 바로 탈락시킨다. 지원 양식에 있는 간단한 지시 사항조차 따르지 않는 사람이라면 실제 프로젝트를 어떻게 해낼 수 있겠는가?

언제 누구를 고용할지 결정할 때는 당신의 장점에 초점을 맞추어서 약점이 되는 부분을 보완할 사람을 고용해야 한다. 코딩은 할 줄 알지만 영업을 하지 못한다면 영업에 재능 있는 사람을 고용하라. 당신의 약점을 보완할 수 있는 사람을 고용해야 한다. '고용'은 직원에만 한정되는 것이 아니다. 전 세계의 모든 업체나 프리랜서와의 계약에서도 마찬가지다. 내가 운영하는 출판사는 책을 인쇄하지 않는다. 그 일은 미시간과 위스콘신에 있는 인쇄업자에게 맡긴다. 편집자들 역시 모두 프리랜서다.

나는 많은 직원을 둔 사업을 해본 적이 없지만 직원을 뽑을 때면 나보다 재능이 많은 사람들을 활용한다. 만화가에서부터 성우, 디자이너까지 내게 부족한 면은 모두 아웃소싱에 의존한다. 언제든 '내가 하는 것보다' 나은 대안이다. 마음만 먹는다면 무엇이든 배울 수 있다는 것이 기본적인 입장이긴 하지만 약점을 다듬는 데는 오랜 시간이 걸린다. 내가 만화 그리는 법을 배우려 했다면 시간은 3배가 걸리고 최종 결과물의 질은 떨어질 것이다.

기업가는 해법을 관리하는 문제학자로서의 역할을 받아들여야 한다. 영국의 유명한 기업가 펠릭스 데니스가 언급했듯이 기업가로서의 역할은 뛰어난 일을 해내는 것이 아니라 그를 위해 뛰어난 일을 해줄 사람을 고용하는 것이다.

 핵심 개념

- 트랩은 무능력이나 세부 사항에 대한 주의력 부족을 감지해서 고용의 실수를 제거하는 고용 전술이다.
- 당신의 약점을 보완하고 당신의 강점을 북돋우는 사람을 고용하라.

108 설거지 전문가 원리

어떤 일을 하는 방식이 곧 모든 일을 하는 방식이 된다

 젊은 시절 나는 잔혹한 노동을 했다. '잔
혹'하다는 말은 마치 신이 계속 내게 장난
치는 것 같았다는 뜻이다. 꽃을 보관하는 냉동 창고에서 일을 할 때는
데이지, 난초, 알스트로이메리아에 대한 온갖 것을 배웠다. 이후 시어스
에서 재고관리 사무원으로 5년을 꽉 채워 일했다. 하드웨어나 전자 제
품 부문이 아니라 직물 부문이었다. 그때 나는 밸런스 커튼, 타이백, 플
리츠, 프리실라에 대해 배웠다. 내 마음에 차는 일은 전혀 아니었다. 하
지만 최선을 다하려고 노력했고 최선을 다했다.

이런 사고방식은 더 큰 성공을 위한 발판이 되었다. 시어스에서 나는
최고의 재고관리인이자 최고로 수건을 잘 개는 사람이었다. 모서리마
다 각을 잡아 깔끔하게 갠 수건을 완벽하게 줄 맞춰 쌓았다. 장미와 카

네이션 사이에서 일을 할 때는 그 일에 필요한 작업을 최고로 해냈다. 또한 나는 훌륭한 설거지 전문가였다. 나는 이물질 하나 없이 그릇을 닦고 싱크대를 치웠다.

설거지 전문가 원리를 뒷받침하는 오랜 속담이 있다. "어떤 일을 하는 방식이 곧 모든 일을 하는 방식이다. 의미 없는 일을 하는 방식이 의미 있는 일을 하는 방식이 된다." 지름길을 택하고 부정행위를 해서 변호사 시험에 통과했다면 그것이 당신이 변호사 일을 하는 방식이 될 것이다. 그런 방식은 변호사로 성공하는 데 효과가 없다.

내가 수년간 책이나 강연에서 제시해온 아이디어를 현실에 적용하는 것은 쉽지 않다. 대부분 당신 마음에 들지 않을 것이다. 각본 탈출 여정에서는 당신에게 의미 없는 일, 당신이 하고 싶지 않은 일을 하는 방식이 곧 당신이 하고 싶은 일을 하는 방식이다. 쳇바퀴에서 벗어난 지 10년이 지난 지금도 나는 하고 싶지 않은 일을 한다. 나는 배송이나 물류 처리를 대단히 싫어한다. 일주일에 몇 시간 하지 않지만 어쨌든 나는 그 일을 해야 한다. 그 일들이 나의 목적을 뒷받침하기 때문이다. 더 중요하게는 내가 싫어하는 일을 하는 것이 내가 사랑하는 일을 할 수 있게 해주기 때문이다. 창작의 자유 속에서 글을 쓰고 제약이나 이유 없이 열정을 좇는 삶을 살고 상상도 하지 못했던 방식으로 세상에 기여하게 해준다.

1·5·10 플래너시 비전을 세우고 나면 당신이 하는 모든 일, 심지어는 볼품없는 직업도 당신을 목표에 가까이 서게 하는 도구가 된다. 단순히 일을 하는 게 아니라 끝장을 본다는 자세로 매달려라. 일을 개인

적인 도전으로, 더 나은 결과와 더 나은 보상을 향한 발전의 리트머스 테스트로 생각하고 매달려라. 인생의 한 챕터를 쓰고 있다는 자부심을 가져라!

무엇을 하든 노력, 자부심, 낙관 이 3가지를 반드시 염두에 둔다. 자신의 일인 것처럼 하라. 리프트(Lyft, 승차 공유 업체)에서 차를 운전하든 웨이터로 일하든 말똥을 치우든 상관없다. 최선을 다해서 그 일을 잘 해내라. 석탄을 갈아서 다이아몬드를 만들고 있다는 것을 명심하라. 당신을 만드는 것은 무엇을 하느냐가 아니라 어떻게 하느냐이다. 지금 최고의 설거지 전문가여야만 이후에 훌륭한 외과의사가 될 수 있다.

 핵심 개념

- 의미 없는 일을 하는 방식이 곧 의미 있는 일을 하는 방식이 된다.
- 기회로 가는 길을 부정하게 마련한다면 기회를 관리할 때도 부정한 방식을 쓴다.
- 자부심과 낙관으로 당신이 하는 모든 일에 최선의 노력을 다하라. 지루하고 따분한 일일지라도 말이다.

109 디드로 원리

소비는 감염된다 : 물건은 더 많은 물건을 부른다

 순자산 이정표 달성을 축하하기 위해 내 자신에게 준 첫 번째 화려한 선물은 1999년식 은회색 람보르기니 디아블로였다. 20년이 지난 후에도 지나가는 사람의 고개를 돌리게 만들며 수십만 달러에 팔리는 차다. 성과에 자부심을 느끼기도 했지만 나는 내가 새로운 소비라는 판도라 상자를 열고 있다는 것을 알고 있었다. 디드로 원리는 더 많은 물건을 가질수록, 더 많은 물건이나 그 물건을 유지하는 데 필요한 많은 비용이 발생한다는 것이다. 다음은 내 새 람보르기니의 경우다.

- 몇 달에 한 번씩 오일 교환 250달러
- 몇 년에 한 번씩 타이어 교환 2,500달러

- 매년 자질구레한 수리비 5,000달러

- 밸렛 파킹을 맡길 때마다 20~50달러

- 세차, 왁싱 등을 할 때마다 250달러

- 주유할 때마다 100달러

- 연간 자동차세 4,000달러(사는 곳에 따라 다름)

- 연간 보험료 2,000~4,000달러

- 1만 6,000~3만 2,000km마다 클러치 교체 1만 2,000달러

근사한 물건에는 엄청난 가격표가 붙기 마련이다. 구매하는 데도 유지하는 데도 말이다. 더구나 그런 화려한 것은 언제나 그에 준하는 다른 화려한 것도 필요로 한다. 람보르기니를 샀을 때를 돌이켜 보니 옷도 업그레이드해야 했던 기억이 난다. 폭주족 같은 모습이 이상하게 느껴졌기 때문이다. 사람들은 시어스와 페이리스가 아닌 슈프림, 프라다를 기대했다. 좀 더 현실적인 예를 들어 보자. 더 많은 방, 더 많은 가구, 더 많은 공간, 난방과 냉방을 해야 하는 더 많은 공기, 더 많은 세금 등 큰 집으로 이사하면 지출도 늘어난다. 소비는 더 많은 소비, 종종 지속적이고 반복적인 소비로 이어진다.

몇 년 전 이 개념을 깨닫고 나 혼자만 아는 것이라고 생각했다. 그러나 알고 보니 수 세기 전부터 알려진 내용이었다. 물건이 더 많은 물건을 부른다는 것을 처음으로 관찰한 것은 18세기 중반 프랑스 철학자 드니 디드로였다. 화려한 선물로 인해 디드로는 가지고 있는 다른 물건을 평가하게 되었다. 갑자기 따분하고 어울리지 않는 것처럼 보였다. 결국

책상, 의자, 미술품 등 그의 나머지 소유물을 똑같은 수준으로 업그레이드하려다가 빚을 졌다.

수 세기 후 이런 현상을 디드로 원리라고 부른다. 새로운 물건, 특히 기존 소유물 수준을 뛰어넘는 물건은 연쇄적인 소비에 불을 붙일 가능성이 높다. 디드로 원리는 우리가 자신의 물건을 자기와 동일시하는 경향이 있고 그 관계를 긴밀하게 유지한다고 상정한다. 람보르기니를 모는 사람은 월마트에서 산 청바지를 입고 운전하는 것을 불편하게 느낄 가능성이 높다. 모든 소비가 더 많은 디드로 소비를 부른다. 소비는 지출을 낳고 이는 궁극적으로 자유의 도둑인 빚을 남기는 마법을 부린다. 소비는 쳇바퀴의 벽을 더 높이고 달아날 수 없게 만든다.

일을 잘한 것에 대한 보상으로 차를 사는 것에는 문제가 없다. 람보르기니라도 말이다. 다만 당신이 그저 차 한 대를 사는 것이 아님을 알아야 한다. 당신은 차와 함께 거기에 따르는 모든 물건을 사야 한다.

 핵심 개념

- 소비, 특히 사치는 유지비용, 보완 물건 등 더 많은 소비를 낳는다.
- 사치품 수준을 맞추기 위해 소비가 느는 것을 디드로 효과라고 한다.
- 소비는 생산을 필요로 하며 자유를 빼앗을 수 있다.

110 옥수수빵 전략

샴페인에 돈을 펑펑 쓰기 전에 옥수수빵에 투자하라

 회사를 시작하고 키울 때는 샴페인보다는 옥수수빵이 먼저다. 옥수수빵은 직간접적으로 손익에 긍정적인 영향을 미칠 수 있는 비용을 말한다. 새로운 소프트웨어 프로그램, 새로운 광고비용, 새로운 직원…. 손익에 의미 없는 혹은 눈에 띄는 영향을 미치지 못하는 지출은 샴페인 지출이다.

당신이 회사에서 벌거나 투자하는 돈은 모두 옥수수빵에 들어가야 한다. 사업이 성숙 단계에 도달할 때까지는 수익을 증가시키지 않는 일에 돈을 써서는 안 된다. 대리석 문이나 맞춤형 마우스패드, 회사 로고가 들어간 화려한 조명 같은 추가적인 지출까지는 기다림이 필요하다. 현금 유보와 시장가치와 성장을 위한 재투자만이 중요하다.

현금 흐름이 증가하면 유혹이 생기기 마련이다. 물건은 물건을 부르고 디드로 효과는 사람들에게 그런 것처럼 사업에도 피해를 끼친다. 기업의 주인은 사람이다. 때문에 똑같은 행동이 아래로 전달된다. 아무런 실적이 없는데 명함에 'CEO'라고 찍혀 있기 때문에, CEO라는 새로운 정체성에 걸맞은 시계와 빨간 자카드 방석을 장착한 마호가니 의자가 있어야 한다고 생각하는가? CEO라면 마땅히 그래야 하기 때문에 뉴욕에서 로스앤젤레스까지 비즈니스석을 타고 다니는가? 그것은 샴페인, 즉 성장을 위협하는 존재다.

현금이 빠듯하면 기업을 키울 수 없다. 더 많은 매출, 더 많은 트래픽, 더 많은 사용자에는 더 많은 자원이 필요하다. 매출을 한 푼도 빠짐없이 회사에 재투자해서 성장을 위협하는 어떤 문제가 발생해도 감당할 수 있도록 자금을 마련해야 한다. 샴페인을 마셔야 할 때도 있지만 마라톤을 출발해서 겨우 5km 뛰었는데 샴페인을 따는 것은 이르다!

 핵심 개념

- 샴페인 지출은 불필요한 사업 지출이다. 옥수수빵은 매출이 느는 활동에 직접적으로 기여하는 필수 지출이다.
- 새롭게 성장하는 기업은 디드로 효과를 낳는 샴페인에 취약하다.
- 현금 흐름이 빠듯할 때는 기업을 성장시키는 것이 거의 불가능하다.
- 모든 이윤을 옥수수빵에 재투자하고 샴페인 지출은 이정표를 달성했을 때의 보상으로 미루어 둔다.

111 위험 인지 전략

파이어 뒤에 숨어 있는 거대한 리스크를 경계하라

 요즘 자주 등장하는 새로운 유행어가 있다. '파이어'라고 불리는 개념으로 경제적 자유와 조기 은퇴를 뜻한다. 파이어는 10년 동안 활황이 이어진 상황에서 노동이 가능한 젊은 날에 검소하게 살면서 대부분의 돈을 주식시장에 투자하는 복리라는 사기를 기반으로 한다. 조기에 은퇴를 하고 미리 정해진 성장률과 체계적 인출을 기반으로 이전과 같은 검소한 생활을 계속하는 것을 목표로 한다. 참가자들은 이것을 경제적 자유라고 부르지만 나는 이것을 재정적 의존이라고 부른다. 왜? 위험이 무증상적이고 비대칭적이기 때문이다. 주식시장이 붕괴하거나 3~5년 동안 불황에 접어들면 조기 은퇴는 악몽으로 변한다. 세상에, 평생 모은 돈이 다 사라졌어! 인출 계획에서 3년 동안의 마이너스 수익을 감안하지 못했어!

파이어의 중추가 되는 신조인 자유는 존중한다. 하지만 이런 식의 현실 무시는 대단히 비대칭적인 결과를 낳는다. 언젠가 주식시장이 폭락할 것은 100% 확실하며 주식시장이 붕괴되면 평생 모은 돈도 운명을 같이한다. 대부분의 시장이 결국 회복되지만 대부분의 사람들은 그 기간 동안 살아남지 못한다. 자유를 좋은 동네에 비교한다면 그 자유를 위해 주식시장에 의존하는 것은 좋지 못한 집을 구하는 것에 비교할 수 있다. "교도소장을 바꾸어도 감옥은 여전히 감옥이다." 노예 주인이 회사에서 월스트리트로 바뀐다고 해도 노예제도는 바뀌지 않는다. 파이어는 리스크가 크다. 총열에 진짜 총알을 장전하는 것이다.

비대칭적인 무증상 위기를 잘 관리하거나 가급적이면 제거할수록 더 나은 삶을 누릴 수 있다. 기업가의 삶은 위험으로 가득하다. 문제는 당신이 감수하는 위험만큼 가치 있는 결과가 나오는가이다. 당신은 어떤 종류의 가능성과 기대치를 다루고 있는가? 몇 초만 더 생각해보면 리스크가 드러날 것이다.

 핵심 개념

- 하방 비대칭 위험 사건이란 상방으로는 최소, 하방으로는 엄청난 결과를 가진 선택을 말한다.
- 리스크는 보통 무증상으로 숨어 있고 쉽게 예측할 수 없다.
- 결과적 사고는 위기를 노출시키는 데 도움이 된다.
- 경제적 자유와 조기 은퇴, 파이어는 무증상 위험을 내포한 위기다.

112 뒷자리 원리

초대 손님을 잘못 선택하면 곤란한 일을 겪게 된다

16세 때 데이브라는 특이한 친구가 있었다. 데이브는 예측하기 힘든 행동을 자주 해서 나를 놀라게 했다. 내 편인 것처럼 친절하게 굴다가도 바로 다음 순간에는 살인마 같은 얼굴로 날 쳐다보고는 했다. 어느 날 그의 집에 있다가 그가 어머니에게 욕을 하고 악담을 퍼붓는 것을 보았다. 그의 어머니는 아이를 혼내지 않고 고개를 젓더니 자리를 떴다. 내 눈은 접시만큼 커졌다. 같은 날 오후, 데이브는 뒷마당에서 쥐를 잡더니 나뭇잎 더미에 불을 붙여 산 채로 태웠다. 정말 말리고 싶었지만 데이브의 다음 희생자가 되고 싶지 않아 침묵을 지켰다. 그런 구역질 나는 일을 겪은 후 나는 핑계를 대고 그 집에서 나왔다. 데이브를 본 것은 그것이 마지막이다. 어린 나이였지만 느낌이 매우 좋지 않았다. 직감적으로 그 녀석과 어울리지 말아야 한다는 것을 알 수 있었다. 내 직감이 옳았다. 몇 년 후 신문에서 데이브가 경찰관을 살해했다는 기사를 보았다.

뒷자리 원리란 어떤 사람이든 당신의 교제 범위에 있거나 들어오면 당신은 그들이 만든 결과에 아주 가까이 있다는 것이다. 문제는 당신이 목표에 방해되는 사람을 확인하고 제거할 수 있는가다. 누군가의 타성이 당신을 어두운 곳으로 데려가게 놓아둘 것인가? 아니면 주도적인 선택을 할 것인가? 당신의 삶에 초대할 누군가를 선택하는 문제에 주의를 기울여라. 당신이 그의 차 뒷자리에 앉을 것을 생각하고 그들을 바라보아야 한다. 엉뚱한 차에 타면 길을 돌아가거나 나쁜 결과에 휩쓸린다.

세계의 경제 종교인 쳇바퀴와 짜여진 각본을 떠나지 말라고 고집하는 골치 아픈 인간들에게 매어 있다면 거기에서 탈출할 수 없다. 당신이 어울리는 사람들 때문에 당신의 지도에 많은 장애물이 생긴다면 결국 당신은 그중 하나에 발이 묶이게 될 것이다. 장애물이 많은 길은 결국 문제가 생긴다.

 핵심 개념

- 어떤 사람이 당신의 교제 범위 안에 들어오면 당신은 그들이 만든 결과에 아주 가까이 있게 된다.
- 새로운 친구나 사업상 지인은 그들이 운전하는 차의 승객이 될 것처럼 생각하고 바라보아야 한다. 그들이 충돌 사고를 일으키면 당신도 부상을 당하게 된다.

113 낮은 기대 전략

기대치를 낮추어 높은 만족을 얻는다

 나는 온라인 소개팅을 수백, 수천 번 했다. 온라인 데이트가 주류가 되기 전, 이미 온라인 데이트 달인이었다. 매번 데이트할 때마다 그 만남에 대한 내 기대는 단순했다. "다른 사람을 만나서 즐거운 대화를 한다." 이런 기준의 기대 때문에 모든 데이트나 만남이 흥분된다고는 할 수 없어도 모두 즐거웠다고 말할 수는 있다. 사진과 현실에 괴리가 있어도 화나지 않았다. 20초 만에 이 여성이 악몽에 가깝다는 것이 드러나도 나는 그 시간을 충분히 활용했다. 웃고 술 마시고 무엇이라도 배우려고 노력했다. 언제나 기대를 넘어서는 결과를 얻었다. 기대가 아주 낮았기 때문이다. 나는 그저 다른 사람을 만나기 위해 그 자리에 있었고 그런 기대를 저버리는 일은 바람맞는 것뿐이었다.

기대와 현실 사이의 간극이 실망이다. 인생에서 실망을 줄이고 만족을 높이려면 기대치를 낮추어라. 현실을 통제할 수는 없겠지만 자신의 기대는 통제할 수 있다. 나는 인생의 대부분을 낮은 기대치를 유지했다. 나에 대해서, 친구들에 대해서, 미래의 결과에 대해서 말이다. 낮은 기대치를 비관주의로 오해하는 사람도 있지만 그것은 실망을 최소화하면서 만족을 최대화하는 일이다. 기대를 낮추면 두 가지 효과가 생긴다. 첫째, 정신적으로 그 일이 일어나지 않았을 때를 대비할 수 있다. 둘째, 만족의 가능성을 높인다. 더 많은 만족은 곧 더 큰 행복이다.

기대 이상의 일이 일어났던 때를 생각해보라. 어떤 기분이었나? 대단히 기쁘고 신나고 놀라지 않았나? 반대로 실망감을 느꼈던 때는 어땠는가? 기대와 결과를 비교해 보라. 모든 결과와 그 결과에 대한 감정 사이의 간극은 기대의 문제다. 기대치를 바꾸면 만족감을 바꿀 수 있다. 그렇게 행복 스위치를 켜 두어라.

 핵심 개념

- 당신이 통제할 수 있는 낮은 기대는 최악에 대한 준비를 하면서 높은 만족감을 보장한다.
- 기대와 현실 사이의 간극에 실망이 있다.

114 **인내 전략**

믿고, 정의하고, 목표를 설정하고, 정체성을 전환하라

 람보르기니 쿤타치를 가진 젊은 남자와 이
야기를 나눈 후 나의 믿음은 체념한 노예
의 삶에서 헌신을 통한 발전으로 변화했다. 나 자신도 모르고 있었지만
나는 인내로 가는 첫 번째 재료를 얻었던 것이다. 바로 믿음이다.

인내 레시피의 두 번째 재료는 목적이다. 강한 목적의식, 당신 행동
을 뒷받침하는 강력한 '이유'가 없다면 순간의 의지에 휘둘린다. 의지는
동기부여에 큰 효과를 내지 못한다. 내 경우 목적의식은 두려움을 동력
으로 했다. 나는 의미 없는 일에 내 인생의 60%를 바치느니 죽는 게 낫
다고 생각했다. 강력한 목적의식으로 나는 인내의 두 번째 재료를 갖추
었다.

세 번째 재료는 강력한 목표다. 당신을 안전지대에서 벗어나 기술을

확장하고 새로운 사람으로 다듬는 그런 목표 말이다. 당신의 목표는 속도를 설정한다. 우리가 1·5·10 플래너시와 탈출액을 정한 것도 그 때문이다. 이것이 당신의 GPS며 망망대해의 등대다. 내 새로운 믿음 덕분에 나에게는 항상 목표가 있고 이후에는 1·5·10 플래너시가 내 한계를 확장했다.

마지막 재료는 당신의 정체성이다. 이는 우리가 아직 논의하지 않은 퍼즐의 가장 중요한 조각이다. 당신의 정체성이 당신이 되어야 하는 사람과 부합하지 않는다면 당신은 어려움을 겪을 가능성이 높다. 당신 앞에 어려운 문제가 있다면 그것이 사업을 시작하는 것이든 탈출액을 달성하는 것이든 당신의 정체성은 당신이 원하는 모습으로 변해야 한다. '과거의 나'는 목표를 달성하는 데 충분하지 못하다. 새로운 믿음, 강한 목적의식, 원대한 목표로 새로운 정체성과 '새로운 나'를 향한 강력한 변혁을 창조해야 한다. 대부분의 사람들에게 정체성은 과거, 과거의 경험, 과거의 트라우마, 과거의 경력에 기반을 둔 생각이다. 이제는 미래를 기반으로 정체성을 만들어라.

첫 번째 단계는 '과거의 나'의 현상 정체성을 '새로운 나'의 성장 정체성으로 전환하는 것이었다. 과거의 나 정체성은 과거에 기반을 두며 미래를 낙관적인 생각 정도로 여긴다. 나는 고기를 좋아하지만 채식을 하기 위해 노력하고 있다. 좀 더 적절한 예를 들자면 '나는 엔지니어지만 언젠가는 회사를 그만두고 사업을 시작할 것이다'가 될 것이다. 반대로 새로운 나 정체성은 미래, 당신이 될 것에 기반을 두며 과거의 나는 과거의 부정적인 조각으로 여긴다.

과거의 정체성을 미래에 기반을 둔 정체성으로 교체할 때마다 당신은 변화를 위한 포석을 놓고 있다. 우리의 정체성은 현실과의 조화를 추구하기 때문에 성장 정체성은 바람직한 변화의 방향으로 당신의 생각과 행동을 조정한다. 정체성은 부조화를 싫어하기 때문에 당신은 어느새 자신의 행동을 새로운 정체성에 부합시키게 된다. 정체성을 재정 전문가로 정했다면 재정 전문가라는 정체성과 부합되지 않게 카드 빚을 만들거나 금전적인 실수를 저지르는 일을 피하게 된다.

반대로 정체성이 이미 현실과 부합된다면 변화는 안락함이나 상황의 문제가 된다. 변명이 쉽게 만들어진다. 과정이 없으며 재능을 끌어내는 일도 없다. 당신은 계속 '언젠가 창업하고 싶어 하는, 쥐꼬리만 한 월급을 받는 엔지니어'로 남을 것이다. 당신의 정체성이 변화가 급하지 않다고 말하기 때문이다. '언젠가'는 절대 오지 않는다.

두 번째 단계는 효과적인 닻을 만드는 것이다. 닻은 트라우마로 '과거의 나'와 연관되어 있다. 나는 공장식 축산 농장의 잔혹 행위와 동물들이 비인도적으로 우리에 갇혀 사육되다가 도살되는 것을 보고 큰 충격을 받았다. 돼지가 도살되기 전에 목숨을 걸고 싸우는 것을 본 후 닻이 내 머리에 박혔다. 평생 콜레스테롤 약을 먹어야 한다는 의사의 지속적인 위협이 더해져 내 정체성은 변했다. 효과적인 닻 덕분에 나는 한순간에 채식주의자가 되었다. 전환은 어려웠고 지금도 마찬가지다.

당신이 원하는 모습을 정체성으로 삼고 1·5·10 플래너시의 큰 목표와 연결시켜라. 삶의 급격한 변화는 현상 정체성에서 성장 정체성으로의 미묘한 전환에서 시작된다. 그리고 제발 '지망생'이라는 단어는 버려라. 시나리오 작가 지망생은 되지 말라. 당신은 시나리오 작가다. 코미디언 지망생은 되지 말라. 당신은 코미디언이다. 기업가 지망생이 되지 말라. 당신은 기업가다. 람보르기니를 탄 낯선 사람과의 짧은 만남 이후, 내 정체성은 한순간에 기업가로 바뀌었다. 그리고 그 정체성이 현실과 일치하기까지 무려 10년이 걸렸다.

무한한 동기부여와 인내는 개념이 아니라 레시피다. 쳇바퀴에서 벗어날 수 있다고 믿어라. 강력한 목적의식을 가져라. 안전지대에서 벗어나는 목표를 정하라. 과거의 나라는 정체성을 새로운 나라는 정체성으로 전환하라. 그러면 어떤 것이든 견뎌 낼 수 있다.

 핵심 개념

- 인내는 다양한 원리와 전략을 결합시키는 레시피이며 목표, 즉 과거의 나에서 새로운 나로의 탈바꿈 뒤에 있는 과정 달성을 책임진다.
- 인내의 4가지 재료는 믿음, 강력한 목적의식, 대담한 목표, 현재의 나에서 미래의 나로 변화하는 정체성 전환이다.
- 무엇의 '지망생'이 되지 말라. 그 '무엇'이 되어라.

115 재정 부대 전략

재정 부대를 키워라 : 평생 월급을 위한 저축을 시작하라

 상대 가치를 지닌 특화 상품을 만드는 것
은 쉬운 일이 아니다. 그런 상품 단위를 수
천, 수백만 개 판매하는 사업 시스템을 구축하는 일은 그보다 훨씬 더
어렵다. 이전에 성공을 거두었고 벤처캐피털 자금 조달이 끊임없이 이
어지는 스타트업 기업가라 하더라도 성공을 보장하지는 못한다. 다시
말하지만 사업은 야구와 비슷하다. 안타를 치기 전에 몇 번씩 삼진을
당한다. 물론 사업 초기에도 쳇바퀴 탈출 과정을 밟을 수 있다. 어떻게?
당장 사업 시스템 구축을 시작하는 것이다.

50달러가 있다면 이번 주말까지, 어쩌면 내일이라도 제3자 사업 시
스템의 주인이 될 수 있다. 유행하는(다음 해 봄이면 유행에 뒤쳐질) 셔츠에
50달러를 날리는 대신 사업 시스템, 예를 들어 배당을 지급하는 회사에

투자할 수 있다. 당신의 50달러는 순식간에 다중 보수가 된다. 회사가 꾸준히 수익성을 유지하고 망하지 않는 한 당신은 평생 월급을 얻는다. 얼마나 강력한지 생각해보라.

50달러로 셔츠를 사서 몇 번 입을 것인가? 아니면 남은 평생의 수입을 얻을 것인가? 더구나 당신의 투자는 직장에 출근 도장을 찍을 필요도 보고서를 제출할 필요도 화장실을 고칠 필요도 어떤 식으로든 회사나 투자에 기여할 필요도 없다. 수익은 당신의 상태에 관계없이 지급된다. 투자할 수 있는 여유 자금만 제한될 뿐이다.

문제는 50달러의 투자만으로는 연 4%, 즉 2달러밖에 받을 수 없다는 것이다. 그 돈으로는 아무것도 할 수 없다. 더구나 이 즉각적인 사업 시스템에는 대부분의 사람들에게는 없는 어떤 것이 필요하다. 엄청난 액수의 돈을 모으는 절제력이다. 1주가 아닌 5만 주를 산다면 보잘것없는 2달러의 수익은 완벽한 수동적 소득, 연간 10만 달러로 바뀐다.

안타깝게도 5만 주를 사려면 수백만 달러가 필요하다. 우리 사업과 마찬가지로 제3자 사업 시스템은 규모의 경제라는 지렛대를 얻지 못하면 효과가 없다. 몇 시간씩 땅을 파거나 봉급을 받는 것으로는 안 된다. 우리 사업이 지렛대가 되어야 한다. 이것이 사업 시스템에 자금을 조달하며 우리를 탈출액으로 나아가게 할 수 있다.

분수에 맞지 않는 스포츠카를 산 실수를 만회한 후 나는 재정 부대를 키운다는 관점에서 돈을 모으기 시작했다. 나는 내가 모은 한 푼 한 푼이 내 자유를 위해 싸우는 군인이라고 생각했다. 저금리 시대에도 당신의 재정 부대에 차곡차곡 쌓인 1달러는 매년 3~6센트의 새끼를 친다. 충분한 군인이 모이면 복리라는 무기에 불이 붙는다. 매년 6센트가 아닌 6만 달러가 되는 것이다.

마지막으로 오늘 저축한 1달러는 내일 당신이 1달러를 벌지 않아도 된다는 의미다. 계약에 묶인 시간이 자유 시간으로 변한다. 재정 부대를 키우는 일은 다른 모든 일과 똑같이 시작된다. 믿음의 변화를 통해서 말이다. 우선, 지출되는 모든 돈이 다음 4개의 범주에 들게 하라.

기본 생계비

먹을 것, 보금자리, 교통, 보험 등 사업 초기 단계에서는 훈련을 잘 받은 보병처럼 군더더기 없는 생활 방식을 유지해야 한다. '기본' 생계비라는 말은 새 중형차가 아닌 중고 소형차를 의미한다.

부채 감축

많은 부채를 안고 있다고 해도 걱정할 필요는 없다. 부채를 줄일 때마다 탈출액에 가까워지는 것이다. 재정 부대를 키우는 것이 공격이라면 그것을 지키는 것은 수비다. 감당할 수 없는 빚을 지는 것은 배신자를 키우는 것이다. 당신의 부대원들이 적으로 돌아서서 당신을 노예로 만들기 위해 싸우게 된다. 다음으로 그들은 새끼를 쳐서 새로운 반란군을 만든다. 순효과는 3배 마이너스가 된다. 당신 편을 하나 잃고 적을 하나 얻고 그 적이 미래에 더 많은 적을 만들어 낸다.

남는 돈이 생활비에 필요하지 않고 사업에 재투자할 수 없는 경우라면 고금리의 카드 빚이나 대출을 갚아라. 적으로부터 군인을 뺏어라. 은행이 신용카드 대금에 20% 이자를 붙인다면 빚을 갚음으로써 20% 이득을 얻는다. 부채 감축은 바로 이자라는 이득을 낳는다. 빚이 더 이상 새로운 군인을 낳지 않기 때문이다. 감당할 수 없는 부채는 좀비 바이러스라고 생각하라.

옥수수빵 사업 지출

이 부분은 아무리 강조해도 지나치지 않다. 당신 사업은 케이블 TV 구독을 취소하고 스타벅스에 갈 돈을 아껴서가 아니라 비대칭적 수익을 통한 순자산 증가에 닻을 내려야 한다. 사업에 투자한 1달러가 내일 10달러로 돌아오는데 왜 쳇바퀴 투자에 관심을 두겠는가? 막대한 부는 연 8%의 주식 수익률에서 나오지 않는다. 막대한 부는 연 800%의 사업 수익에서 나온다. 당신 사업이 생산가치체계라면 잉여 현금을 맡길 가장 좋은 투자처가 될 것이다.

머니시스템과 탈출액

위의 세 범주가 해결됐다면 남은 자금은 머니시스템에 넣어라. 사업이 성장하면서 저축 속도도 빨라진다. 한 달에 8만 달러를 번다면 80%를 저축하는 것이 별다를 것 없는 일, 어렵지 않은 일이 된다. 영웅의 주방처럼 소득이 늘어나면 빚을 단번에 갚을 수 있다. 직장에서 일을 해서 갚으려면 부채 청산에 10년이 걸릴 수도 있지만 성장하는 CENTS 기반 사업을 통해서라면 10주면 된다.

부대를 키우는 마지막 단계는 부대를 매주 점점 크게 키우는 것이다. 단 몇 달러라도 좋다. 매달 탈출액에 가까워져야 한다. 빚을 안고 있다면 바로 그때가 한 푼이라도 아끼고 인생에서 '위로' 지출을 없애야할 때다. 위로 지출은 시간을 낭비하고 미루는 습관을 야기한다. 쓸모없는 이야기가 가득한 잡지가 필요한가? 구독을 취소하라. BMW는 보험료, 수리비, 주유비와 함께 디드로 원리를 부른다. 중고 프리우스, 아니버스, 자전거, 도보로 바꾸어야 할 때다. 멋이 없다는 것은 나도 잘 안다. 하지만 어느 쪽도 80세 생일까지 계속되지는 않는다.

부대를 키우기 시작했을 때 나는 벽에 계수기를 마련했다. 현재의 순절감액을 보여주는 것이었다. 이것이 매일 내 목적과 탈출액을 상기시켰다. 유혹을 약화시켰다. 매끈한 차, 별장, 보트, 화려한 지출에 대한 생각을 없앨 수 있었다. 현금으로 살 수 있을 때까지 말이다. 너무 강박적이라고 생각할 수도 있겠지만 나는 싸구려 양복을 입고 50년 동안 회사에서 노예 생활을 하는 것을 강박적으로 싫어한다. 나는 매일 몇 달러라도 탈출액에 가까워지기 위해 노력했다.

큰 그림에서 당신의 최종 목표는 사업 시스템을 만들고 초과 수익을 머니시스템에 집어넣는 것이다. 아이러니하게도 머니시스템은 많은 제3자 사업 시스템으로 이루어진다. 당신이 소유한 사업 시스템이 남이 소유한 사업 시스템에 자금을 조달한다. 단기, 장기 목표는 동일하다. 평생의 재정적 자유다. 직불 카드에 1만 달러라는 잔액이 있을 때라면 다음과 같은 질문을 던져라. 나는 어떤 부대에 자금을 댈 것인가? 당신을 세상의 경제 종교로부터 해방시킬 당신 부대인가? 아니면 제단에 당신을 무릎 꿇게 하기 위해 노력하는 부대인가? 은퇴를 위해 느린 속도

로 저축하는 것은 어리석은 생각이다. 빠르게 돈을 모아 자유를 찾아야
한다.

핵심 개념

- 절약한 1달러는 평생의 다중 보수 3~6센트를 번다. 소유에 따르는 번 거로운 일도 없다.
- 부채 상환은 그 금리만큼의 즉각적인 수익으로 돌아온다. 10% 금리의 부채를 상환하는 것은 10%를 버는 것과 같다.
- 당신의 사업은 비대칭적 수익으로 부를 창출한다. 자본시장은 당신의 부를 빌려주고 다중 보수를 얻기 위한 것이다.
- 벌어들인 모든 돈은 기본 생계비, 부채 감축, 옥수수빵 사업 지출, 머니 시스템으로 향해야 한다.
- 사업이 성장하기 시작하면 저축률이 50% 이상 늘어나고 부채 상환도 빠르게, 종종 거액으로 이루어진다.
- 당신의 최종 목표는 사업 시스템을 만들고 초과 수익을 머니시스템, 즉 제3자 사업 시스템이라는 다각화된 바구니에 집어넣는 것이다.

코로나19
2020년 4월 2일 수요일

제프는 17층 사무실에서 구름 때문에 책상에 비치는 햇살이 가려지는 모습을 응시했다. TV에서 CNBC 방송이 나온다. 음소거 되어 있지만 굳이 아나운서의 말을 들을 필요는 없다. 화면 아래쪽 빨간 자막이 반짝이며 경기 침체를 경고하고 있다. 코로나19가 전 세계로 퍼지면서 세계경제의 많은 부분이 활동을 멈추었다.

몸이 약한 사람들은 죽음을 맞이했고 많은 기업이 파산했으며 해고나 일시 해고로 저축은 증발했다. 하지만 트로트만 가족이나 회사 운명은 그렇지 않다. 2008년 경제 붕괴 때 그의 가족은 마이크 타이슨의 주먹을 맞은 것 같은 타격을 입었다. 이번에는 그가 주먹을 날리는 사람이었고 감염병의 기세는 누그러들 것 같지 않다. 하늘이 짙은 회색으로 소용돌이치면서 천둥소리가 철제 창호를 흔들었다. 열린 문을 통해 활기가 넘치는 영웅의 주방 사무실 분위기를 알 수 있다. 사업은 번창하고 있었다.

이제 제프는 진정한 경제적 자유의 힘을 이해하게 되었다. 소매점 진열대에 수프가 가득 차면서 매출이 폭발적으로 늘어났고 그로 인해 그들은 재정적 독립을 이루고 추월차선의 삶을 살게 되었다. 감염병이 둔화될 기미가 보이지 않으면서 실업률은 12%로 증가했다. 파산이 급증했다. 자살률도 마찬가지다. 제프는 전에 다니던 회사가 새로운 회사와 합병하며 직원의 절반을 해고할 것이라는 소식을 들었다. 사방이 피바다였지만 트로트만 가족은 살아남았다. 주식시장도 폭락했지만 그들의 재정 상황에는 영향을 주지 않는다. 그들은 그들의 투자를 고수했고 오히려 더 늘렸다.

빚을 갚고 나자 그들은 초과 수입을 저축하기 시작했다. 저축하는 쥐로 지내던 시절 익힌 습관이었다. 하지만 월급에서 매달 100달러를 저축하는 것이 아니라 한 달에 수만 달러를 저축한다. 게다가 절약의 멍에로 할 수 없는 일 때문에 숨 막힐 필요도 없다. 그들이 가장 좋아하는 레스토랑은 가든 뷔페다. 코로나19 이전에 그들은 일주일에 3~4일 정도 그곳에서 저녁을 먹었다. 빠르고 편리하고 건강에 좋았다. 돈은 중요하지 않다. 그들은 어디에서든지, 1년 내내 외식을 할 수 있다.

4년 전 부부가 사업을 구상하던 때로부터 직장 봉급을 따라잡기까지 13개월이 걸렸다. 그로부터 겨우 4개월 뒤 수입은 2배가 되었다. 7개월 후 회사의 자산 가치를 기준으로 그들은 백만장자가 되었다. 현재까지 그들의 자산은 또다시 몇 배로 불어났다. 제프는 꿈에 그리던 차를 할부 없이 샀다. 그들은 아직 월세로 타운하우스에 살지만 제프와 아내는 집을 보러 다니고 있다. 하지만 전과 달리 이번에는 그들이 꿈꾸던 집을 살 것이다. 또한 선금으로 50%를 지불해서 상환액을 관리 가능한 범위로 낮추고 저금리와 이자에 대한 세금 공제 혜택까지 받을 계획이다.

사무실 밖을 흘끗 보니 모니카가 자기 책상에서 일어나서 창문 쪽으로 다가가고 있었다. 그녀가 구름이 하늘을 휘저으며 만드는 풍경에 감탄하는 사이 제프는 그녀가 회사에 얼마나 소중한 인재인지 생각했다. 모니카를 고용한 이후 회사는 비약적인 성장을 했다. 그녀는 아내와 마케팅 업무를 맡아서 제프의 '택배' 전략으로 소셜미디어 인플루언서를 끌어들였다. 그녀는 뉴스레터와 팟캐스트 후원을 관리할 뿐 아니라 그들의 홍보 원조까지 도맡았다. 회계사의 말에 따르면 모니카의 홍보는 1,500만 달러의 무료 광고 효과를 냈다. 환경과 인도적 입장을 강조하는 회사의 사명과 맛있는 수프의 결합으로 영웅의 주방은 여러 잡지, 신문, 웹사이트에 등장한다.

마케팅 쪽 부담을 던 제프는 유통업체, 홀푸드, 타겟, 스프라우트, 기타 전국 규모의 식료품 체인 고위 임원에게 전화를 돌리며 전화와 링크드인에 공격력을 집중했다. 규모에 주의를 집중하면서 가능해진 일이 그를 깜짝 놀라게 했다. 그는 거의 매주 소매와 도매업체를 늘렸다. 매장과 고객들의 식품 저장고에 들어간 수프가 마침내 소비되면서 개인의 재주문 비율이 19%에서 24%, 31%까지 치솟았다. 도매 유통 쪽 재주문율은 96%에 달했다.

더 많은 도소매 유통업체가 영웅의 주방 제품을 매장 선반에 올리면서 수익률은 10% 후반으로 서서히 낮아졌다. 하지만 예상하던 바다. 현재는 직원이 6명으로 늘었고 수익률이 낮은 도매업체와의 계약이 많고 지출도 훨씬 커졌다. 새로운 경쟁 상품과 유사 제품도 생겼다. 그들의 브랜드는 이제 전국적으로 알려졌고 그들의 수프를 제프가 끌어들인 대형 체인점을 비롯한 5,000개 이상의 매장에서 취급하고 있다. 브랜드 인지도가 높아지면서 새로운 제품을 시스템에 추가하는 것이 더 쉬워졌다. 누군가를 설득할 필요가 없다. 이미 평판이 대단히 높다. 몇 년 전의 노력이 지금까지 보상을 준다. 이런 새로운 힘 덕분에 매출은 1,000만 달러, 다음에는 2,500만 달러, 5,000만 달러로 치솟았다. 현재 그들은 병아리콩을 이용한 스낵 라인을 보유하고 있고 혁신의 시기가 무르익은 새로운 유형의 채식 피자를 시험하고 있다. 비용이 늘어났지만 매출, 수익, 추진력도 커졌다.

사무 공간을 빌리겠다는 결정은 적절한 것이었다. 그 결정은 영웅의 주방에 정당성을 부여했고 직원들이 구체화된 사명에 집중할 수 있게 만들었다. 그들이 구조한 모든 동물의 2m짜리 커다란 사진이 벽에 걸렸다. 좋은 아이디어였지만 1년 만에 벽이 가득 찼다. 더 많은 동물을 구하게 되면서 사진은 엘리베이터 앞의 벽까지 이어졌다. '구조의 벽'이라고 불리는 이 사진에는 수백 마리 동물들이 담겨 있다. 방문객이 엘리베이터를 내리면 처음으로 이 구조의 벽을 보게 된다.

엘리베이터가 딩동 소리를 내자 제프는 옛 생각에서 빠져나왔다. 아내가 한 손에 그 날의 우편물을, 다른 한 손에 열린 봉투를 들고 엘리베이터에서 내렸다. 시선을 서류에 고정한 채 제프의 사무실로 들어오다가 꽃 장식에 부딪힐 뻔했다. 표정은 굳어 있고 눈동자는 왼쪽에서 오른쪽으로 바삐 움직였다. 제프는 그 표정이 어떤 의미인지 안다. 읽고 있는 것이 좋은 소식은 아닌 모양이다.

제프의 사무실에 들어오자 그녀는 문을 닫았다. 서류가 더러운 양말이라도 되는 것처럼 들고서 제프에게 말했다. "제발 이게 실수라고 말해 줘." 제프가 어깨를 으쓱이며 재빨리 안경을 찾았다. 안경을 찾는 사이 아내가 책상으로 다가와 서류를 내려놓았다. "국세청에서…." 그녀가 팔짱을 끼면서 단호하게 말했다. 그녀는 종이를 가리켰다. "22만 달러를 내놓으래." 제프는 서류를 들고 살펴보았다. 샘이 계속했다. "국세청에서 온 서류인 걸 보고 겁이 나서 뜯어 봤어. 당신이 돈 문제는 다 알아서 하는 걸 알지만 망할 놈의 정부에서 오는 서류 중에는 좋은 게 없잖아."

"그건 그래." 제프가 차분하게 대답했다. 아내는 눈을 동그랗게 떴다. "뭐가 그렇단 거야? 망할 놈들이라는 거? 아님 실수라는 거?" 제프가 웃었다. "망할 놈들이라는 거." 그는 서류를 옆으로 치워 두었다. "안타깝게도 그건 맞는 이야기야. 우리가 내야 할 세금이지." 그녀가 얼굴을 찌푸리며 책상에서 세금 고지서를 집어 들었다. 그녀가 숫자를 읽었다. "22만 521달러? 우리가 금괴 저장소라도 돼?" "샘, 걱정하지 마. 워싱턴의 그 망할 놈들이 당신을 감옥에 넣는 일은 없을 테니까." 그는 나머지 우편물을 정리하며 말을 이었다. "이미 예상하고 준비하던 일이야. 충분하고도 남는 돈이 있어. 당신이 세금을 이렇게 많이 내야 한다는 건…." 그가 갑자기 말을 멈추고 그 날의 우편물에 섞여 있는 서류 봉투를 응시했다. 말을 끝내지도 아내에게 신경 쓰지도 않은 채 그는 크리스마스를 맞이한 열 살짜리 아이처럼 그 봉투를 뜯었다. 안에는 클립된 서류 뭉치가 있었다. 두께가 1cm가 족히 되고 간간히 서명 표시 스티커가 붙어 있다. 그는 최면에 걸린 듯 서류를 응시했다. 페이지를 넘기고 또 넘겼다. 가슴이 뛰기 시작했다. 몇 페이지를 훑어본 그는 의자에 등을 기대고 입을 벌렸다. 서류는 여전히 그의 무릎 위에 있다. 그는 입을 떼지 않고 평생 가장 스릴 넘치는 롤러코스터를 타고 내린 것처럼 멍한 표정으로 있다.

샘이 고개를 갸우뚱대며 의심 어린 눈초리로 그를 보았다. "이것 봐. 당신은 방금 국세청에서 거액의 세금을 내야 한다는 러브레터를 받았어. 그리고 컵스 시즌 티켓이라도 들어 있는 것처럼 봉투를 열었지. 도대체 나 어느 별에 있는 거야?" 그는 천천히 책상을 돌아 나가 소파를 가리켰다. "사만다, 여기 좀 앉아 봐." 그녀는 미간을 찡그리며 허리에 폭탄이라도 있는 듯 조심스럽게 소파에 앉았다. 그녀가 자리에 앉자 제프는 신중하게 입을 열었다. "지난 몇 주 동안 난 이 사업을 다음 단계로 끌어올릴 수 있는지 알아보고 거기에 필요한 게 뭔지 찾느라 바쁘게 지냈어. 거기에는 미래 상황을 예측하고 그것이 우리의 전반적인 사명에 부합하는지 알아보는 일도 포함되었지." 그가 침을 꿀꺽 삼켰다. "우리 제품이나 우리가 구조하는 동물만이 아니라 우리 가족의 측면에서도 생각해야 해." 샘은 이야기가 어떻게 전개될지 확신하지 못한 채 고개를 끄덕이며 희미한 미소를 지었다. 제프는 공중에 손바닥을 펴 보이며 계속했다. "이 사무실만 해도 그래. 그건 재정적으로 큰 결정이었지만 우리는 앞으로 나아가기 위해서 필요하다고 판단했지. 네 번째, 다섯 번째, 여섯 번째 직원을 고용하는 것도 큰 결정이었어. 제품 라인을 추가하는 것, 스낵에 손을 대는 것은 더 큰 결정이었고." 그는 설명하는 데 어려움이 있는 것처럼 머리를 긁적였다.

샘은 긴 머리카락을 귀 뒤로 넘겼다. "0의 도약 이야기를 하는 거야?" 그는 의아한 표정을 짓더니 손가락으로 딱 소리를 냈다. "아, 미안해. 엠제이의 책을 읽은 지 너무 오래되어서 그래. 맞아." 그가 일어서서 파일 보관함으로 가더니 서랍을 열었다. 서류를 뒤적이던 그는 파일 하나를 뽑아 들었다. "바로 이 자리가 우리 사업의 다음 도약대가 되어야 해." 그녀가 눈썹을 치켜올렸다. "그게 뭔데?" "제조 시설 구축에 대한 제안서야. 1,000만 달러의 비용이 들 거야." 그는 책상으로 돌아가 그 제안서를 맨 위에 내려놓았다. "1,000만 달러?" 샘이 침을 꿀꺽 삼켰다. 얼굴에 두려운 빛이 가득했다. "그냥 하던 대로 계속하면 안 되는 거야? 매출도 늘어나고 수천 개 매장에 입점했고 일도 잘 되고 있잖아."

"그렇게 간단한 문제가 아니야. 수익률이 점점 떨어지고 있어. 경쟁자도 생기고 그중에는 대기업도 있지. 우리는 제3자 코-패커를 이용하기 때문에 비용이 커지고 있어. 다른 회사는 그렇지 않거든. 그들은 제조 시설을 갖추고 있어. 완전히 수직적이기 때문에 가격 면에서 우리를 제대로 앞지를 수 있지. 기억해 봐 샘, 이 일을 시작할 때 시장에는 비건 수프라는 게 전혀 없었어." "하지만 우리 편향은 가격정책이 아니라 질 좋은 재료, 맛있는 수프, 동물 구조야. 우리 브랜드가 매장에서 가장 싼 수프가 되는 건 바라지 않아." "당신 말이 맞아. 나도 그렇게 생각해. 하지만 이건 가격이 아니라 비용의 문제야. 월마트는 마진이 너무 박해서 우리 제품을 취급하지 않을 거야. 판매회사에서는 우리 제품의 마진이 너무 박하다고 생각하고 다른 회사가 가격을 내리기 시작하면 우리는 상당한 역풍을 맞을 수 있어. 어떤 것으로도 대기업이 우리 레시피를 모방하는 것은 막을 수가 없어. 벌써 그런 일이 두 번이나 일어났잖아. 진열대에 올라오는 제품은 점점 많아지고 매장에서는 우리가 그렇듯이 수익률에 주의를 기울여."

그녀가 팔짱을 꼈다. "월마트는 우리 브랜드의 표적 시장이 아니야." "모두가 몸에 좋은 음식을 선택할 수 있어야 해. 나는 그래야 한다고 생각해. 그리고 그 부분에서는 우리가 동물 구조에 대한 인식을 높이기 위해서 하고 있는 일이 고려되지 않아." 샘은 마지못해 고개를 끄덕이고 일어섰다. 그녀는 창문 앞을 서성거렸다. 창문 앞을 몇 번 왕복한 끝에 그녀는 걸음을 멈추고 낮은 신음 소리를 냈다. "국세청에 내야 할 돈이 잔뜩 있는데 공장에도 엄청난 돈을 쏟아부어야 한다는 이야기야?" 그녀는 제프가 신나서 뜯던 봉투를 가리켰다. 그는 씩 웃으며 종이 뭉치를 집어 들었다. "지금 내 손에 있는 건 유니버설 푸드의 의향서야. 유니버설 푸드는 코네티컷의 대형 식품 기업이야." 그는 아내의 반응을 기다렸지만 아무 변화도 없었다.

그녀가 어깨를 으쓱였다. "새로운 유통업체야?" 그녀의 남편은 또 한 번 알 수 없는 미소를 짓더니 머뭇거렸다. 잠깐의 침묵 후에 샘은 그에게 중요한 대목을 기다리는 재촉의 눈빛을 보냈다. "아니야. 그들이 우리 회사를 인수하고 싶어 해." "우리 회사를 판다고?" 그녀는 느긋한 자세에서 바로 몸을 세웠다. "회사를 내놓은 줄 몰랐잖아! 여기 사무실에서 그런 일을 꾸미고 있었던 거야?" "아니, 전혀 아니야. 사실 우리 회사 인수에 관심이 있는 회사들과 여러 번 대화를 나누었어. 모두 내가 요청한 게 아니야. 우리 회사의 재정 상태나 회사와 우리 가족의 성장을 위한 다음 단계를 검토하면서 귀를 기울여 보는 것도 좋겠다고 생각한 것뿐이야."

샘은 꼼짝도 않고 자리에 앉아 있다. 그녀의 얼굴에는 배신감이 서렸다. 제프는 부드러운 목소리로 말했다. "이 사업을 시작했을 때 목적은 자유를 찾는 것이었잖아. 우리 운명을 통제하는 거 말이야. 일주일 내내 일하면서 40년 후의 따분한 은퇴 생활을 기다리는 대신 의미 있는 일을 하기 위한 거였지. 당신은 간호 일을 그만두고 집에서 아이들을 돌보고 싶어 했고 나는 회계감사 일을 그만두고 싶어 했고 말이야. 어떻게 봐도 우리는 그 일을 해냈어." 그녀가 딱딱한 목소리로 끼어들었다. "그럼 당신은 이제 회사를 팔아 없애자는 거야?" 그는 미소를 지으며 일어서서 우편으로 도착한 서류 뭉치를 집어 들었다.

아직 소파에 앉아 있는 아내에게 다가가 그가 말했다. "우리는 회사를 팔아 없애지는 않을 거야. 속도를 좀 올려보자는 거지. 이거 좀 봐." 그는 아내에게 서류를 건넸다. 그녀는 재빨리 서류를 낚아챘다. 그는 그녀가 신경을 곤두세우고 눈동자를 움직이는 모습을 지켜보았다. 그는 아내가 글자를 읽고 무슨 일이 일어나고 있는 것인지 파악하고 그 의미를 연결시킬 때까지 잠시 기다렸다. 예상대로 그녀의 입이 딱 벌어지고 눈이 튀어나올 듯 커졌다. 그녀는 벌떡 일어나 서류로 제프의 어깨를 쳤다. "정말 이렇게 사람 놀라게 만들 거야? 1억 9,000만 달러라고? 이거 농담 아니지?"

제프가 그녀의 손을 잡았다. "농담 아니야, 현실이야. 9,500만 달러는 현금이고 9,500만 달러는 그 회사 주식이야. 상장회사니까 현금이나 마찬가지지." 그가 잠시 말을 멈추고 그녀의 대꾸를 기다렸지만 그녀는 여전히 충격 받은 얼굴로 서 있기만 했다. "우리 회사와 사명은 그대로 유지하는 걸 조건으로 걸었어. 똑같이 질 좋은 재료를 사용하고 매달 동물을 후원하고 동일한 강령을 유지하는 것으로 말이야." 샘이 직원들이 있는 사무실 밖으로 걱정스런 시선을 던졌다. 제프는 그 시선을 알아차리고 말했다. "아무도 직장을 잃지 않아. 이 사무실을 그대로 남긴다고 명시했어. 삶의 변화를 원하는 사람이 있을 경우의 배치전환 옵션까지 추가했지." 또다시 침묵이 흐른다. "이 방향이 가족과 회사를 위해 최선이야. 당신도 그렇겠지만 나는 제조 설비를 추가로 만들기 위해서 3,000만 달러 대출 서류에 서명하고 싶진 않거든."

그는 그녀의 손에서 서류를 다시 가져와 넘겼다. 한 페이지에서 멈춘 그가 그 내용을 가리켰다. "여기에는 이 회사에서 당신을 파트타임 컨설턴트로 고용한다는 내용이 있어. 동물 후원을 계속할 수 있도록 말이야." 그가 말을 멈추었다. "연봉이 12만 달러야. 당신에게 동물 후원이 얼마나 중요한지 알기 때문에 협상했지. 완벽한 윈윈이잖아?"

그녀는 목덜미를 문질렀다. 눈은 여전히 충격으로 둥그렇게 커진 상태였다. 새로운 현실을 미처 처리하지 못한 그녀가 물었다. "이 회사가 아니면 당신은 뭘 할 건데?" 그가 웃었다. "순자산이 1,500만 달러가 넘어. 탈출액을 달성했을 뿐 아니라 훨씬 뛰어넘었다고. 그건 내가 무엇이든 원하는 걸 할 수 있다는 뜻이야. 누가 알아? 밴드를 결성해서 작은 재즈 클럽에서 연주하게 될지? 늘 판타지 소설을 써 보고 싶다는 생각도 했었고 말이야. 또 다른 회사를 만들거나 여러 회사에 투자할 수도 있어. 최고의 목공 도구로 내가 꿈꾸던 작업실도 만들 수 있고." 그가 그녀에게 윙크했다. "당신도 원하는 것은 무엇이든 하게 될 거야. 여기에 동의한다면 말이지."

샘은 소파로 돌아가서 조심스레 자리에 앉았다. 그녀는 거기에 꼼짝 않고 앉아 카펫에 시선을 고정했다. 아내가 보일 것이라고 예상했던 반응이 아니었다. 회사를 매각하고 싶지 않은 걸까? 현재 상태를 유지하고 싶은 건가? 걱정이 목구멍까지 차올랐다. 그는 그녀의 옆에 앉아 그녀의 무릎에 손을 올렸다. "무슨 생각해? 이건 나 혼자 하는 결정이 아니야. 우리가 함께 할 결정이야." 잠시 뒤 그녀가 드디어 고개를 들었다. 그녀의 눈에는 눈물이 가득했다. "내 생각에 당신은 세상에서 제일 멋진 남편인 것 같아. 언제 어디에서 계약하는 거야?"

116 돈의 비용 전략

부채를 자금 공급이 아닌 비용 측면에서 접근하라

『부의 추월차선』 초판에서 나는 유일하게 이용하는 대출 수단이 담보대출이라는 언급을 했다. 그 말 때문에 나는 독자들로부터 항의 편지를 받았다. 일부 독자는 당신이 정말 재정 독립을 이루었다면 담보대출이 필요하지 않을 것 아니냐고 주장했다. 어느 정도는 맞는 말이다. 하지만 쳇바퀴 관점에서 판단했을 때만 그렇다.

모든 부채에 대한 결정은 자금 공급을 위한 도구가 아닌 돈의 비용을 기반으로 해야 한다. 쳇바퀴에 갇혀 있는 99%의 사람들에게 부채는 자금 공급을 위한 도구다. 어떤 것을 살 여력이 없다면 대출을 받는 것이다. 기업가에게 부채는 돈의 비용(금리) 함수다. 2.5% 금리로 30년 대출을 받아서 사업이나 투자로 더 많은 돈을 벌 수 있다면 나는 그렇게 할 것이다. 여유 자금을 이용할 적당한 곳이 없다면 나는 담보를 늘리고 부채 축소에 따른 금리 할인을 받을 것이다.

부채는 "세상에, 대출이 아니면 BMW를 살 수 없겠어!" 같은 상황에서 이용하는 수단이 아니다. 부채는 "세상에, 돈이 거의 공짜네!" 상황에서 이용하는 수단이다. 첫 번째 집을 살 때 나는 20%의 선금을 지불했다. 두 번째 집을 살 때는 100% 현금을 지불했다. 세 번째 집을 살 때는 50%를 선금으로 냈다. 세 번 모두 현금으로 집을 살 수 있었다. 그것이 내가 자금 여력을 가늠하는 방법이다. 부채에 대한 내 재정적 결정은 내가 이런 거액의 대출을 감당할 수 있을까를 기준으로 하는 게 아니라 대출 비용이 얼마나 저렴한가, 현금을 지불하는 대신 그 돈을 다른 데 투자하는 것이 더 나을까를 기준으로 한다. 비대칭적 수익을 만드는 방법을 안다면 대출을 받는 것이 더 나은 결정일 때가 있다.

 핵심 개념

- 챗바퀴의 쥐는 부채를 자금 공급 도구로 사용하지만 사실 부채는 비용, 즉 금리를 기반으로 하는 도구로 사용해야 한다.
- 부채에 대한 결정은 당신이 감당할 수 있는 최고 금액이 아닌 돈의 비용을 기반으로 해야 한다.
- 현금으로 비대칭적 수익을 얻을 수 있다면 저금리 대출이 타당한 경우도 많다.

117 새로운 말 전략

새로운 말이 필요하다면 과감하게 갈아타라

 회사를 팔기 6개월쯤 전 나는 어려운 결정
과 마주했다. 기술이 발전하고 소비자의
기대 수준이 변하면서 내 사업도 변해야 했다. 변화가 없다면 내 사업
의 수명은 약 3년이라는 예상을 한 것이다. 변화에는 지속적인 성장이
필요했고 성장을 위해서는 더 많은 직원, 더 많은 자본이 필요했고 더
많은 위험을 감수해야 했다. 더구나 나는 이 업계에서 더 이상 도전을
받지 않았고 원하는 것을 모두 이루었다고 느꼈다. 고점 부근에서 내
운송 회사를 매각하면 다시는 일을 하지 않아도 될 만한 돈이 생길 상
황이었다. 그 시점에 나는 매각을 결정했다.

옳은 결정이었던 것으로 드러났다. 몇 년 후 내가 빠져나온 업계는
우버 때문에 붕괴되었다. 내가 매각한 회사는 파산했다. 파산 이전에도

내가 제공했던 뛰어난 고객 서비스와는 거리가 먼 형편없는 서비스 때문에 고객 불만이 빗발쳤다. 회사를 경영하는 사람들의 적응 속도가 너무 느렸고 새로운 우선 이해관계인, 투자자가 생겼으며 내가 제공했던 가치 편향의 일부가 사라졌다. 결국 회사는 헐값에 팔릴 수밖에 없었다.

개인적 목표와 사업적 목표가 더 이상 부합되지 않는 때가 올 수 있다. 수년 전 만든 1·5·10 플래너시의 대부분이 실현되거나 손에 닿는 곳에 있는 때가 말이다. 사업은 성장이 필요하지만 그런 성장이 더 이상 당신의 1·5·10 플래너시와 일치하지 않는다면 새로운 계획이나 새로운 방향이 필요하다. 삶의 한 부분을 마무리하고 새로운 시작을 하는 데 두려움을 갖지 말라.

 핵심 개념

- 사업은 성장 관성을 갖게 된다. 이는 1·5·10 플래너시에 설계된 당신의 사적 목표와 비전을 통해 가늠한다.
- 새로운 말을 타기 위해 타고 있던 말에서 내리는 것에 두려움을 갖지 말라.

3T 재정 전략

재정적 결정을 시간, 문제, 세금 프리즘을 통해 평가하라

 앞에서 언급했듯이 나는 회사를 매각하기
전 기술과 소비자의 기대가 변화하면서 기
존의 사업 모델이 더 이상 지속 가능성이 없다는 것을 인식했다. 3A 방
법론의 '조정'을 통해 새로운 사업 모델이 필요하며 거기에는 더 많은
자본과 직원이 필요하다는 것이 드러났다. 이것은 매각의 이차적인 이
유고 그보다 더 확실하고 긴급한 이유가 있었다. 나는 지금의 낮은 세
율에서 회사를 매각해 돈을 벌고 세금을 내는 것이 미래의 더 높은 세
율에서 돈을 벌고 세금을 내는 것보다 낫다고 생각했다.

재정적 결정을 할 때면 단순한 숫자를 넘어서 시간(Time), 문제
(Trouble), 세금(Taxes) 프리즘을 통해 돈의 선택지를 살펴야 한다. 예
를 들어, 당신이 연간 200만 달러의 순이익을 올린다고 가정하자. 생활

도 사업도 원활하고 생계 걱정도 없고 재정 부대에도 돈을 차곡차곡 모으고 있다. 그러다 갑자기 2,000만 달러에 회사를 매각하라는 제안을 받는다. 처음에는 제안을 거절한다. 1년에 200만 달러면 10년만 해도 2,000만 달러를 벌 수 있지 않은가? 물론 상황이 지금과 똑같다는 전제 하에 말이다. 하지만 이 숫자가 모든 것을 설명하지는 않는다.

첫 번째 문제는 시간이다. 돈이 그렇듯이 시간도 지금의 시간이 미래의 시간보다 낫다는 것을 기억하라. 오늘 누리는 돈과 자유 시간이 지금부터 10년 후에 누리는 돈과 시간보다 훨씬 낫다. 지금의 2,000만 달러는 그만한 가치가 있다. 하지만 10년 뒤에 버는 2,000만 달러는 시간의 할인을 받아(5% 할인율로) 오늘의 1,214만 3,000달러의 가치밖에 없다. 2,000만 달러를 벌기 위한 10년의 기다림이 거의 800만 달러의 비용으로 돌아오는 것이다.

여기에는 아직 문제가 더 있다. 문제는 우리의 두 번째 변수다. 당신 수익이 연간 200만 달러로 계속 지속될지 누가 알겠는가? 수백만 기업이 2020년 초 코로나19가 사업과 수익을 모두 마비시킬 것을 예상했을까? 2,000만 달러를 모으기 위해 10년을 기다리는 일에는 문제의 여지가 많다. 업계에서 비롯되는 문제든 그 돈을 벌기 위한 수고든 말이다.

마지막 고려 사항은 세금이다. 2021년 초 미국을 기준으로 사업 자산 매각에는 자본이익률 15~20%의 세금이 부과된다. 이런 세율은 소득세율보다 훨씬 낮다. 연간 200만 달러의 수익을 올리면 주세와 연방세 비율이 50%에 이른다. 간단히 말해 세후 2,000만 달러를 모으려면 더 많은 시간이 필요하다. 이를 염두에 두고 우리의 사례로 돌아가 보

자. 당신이 2,000만 달러의 매수 제의를 받아들인다면 당신은 지금 현금을 받을 뿐 아니라 세율이 20%에 불과하다. 1,600만 달러를 손에 쥐는 것이다. 2,000만 달러를 위해 10년을 기다린다면 소득세로 40~50%를 내야 한다. 10년 후 세금을 떼고 남는 돈의 가치는 현재의 889만 5,218달러에 불과하다. 제안을 받아들이지 않으면 1,100만 달러 이상의 돈과 10년의 시간이 사라진다. 그것도 모든 다른 상황이 동일하다는 전제에서 말이다. 달리 표현해 1,600만 달러라는 동일한 '세후' 소득을 올리기 위해서는 20년 가까운 시간이 필요하다.

돈과 자유가 당신의 최대 관심사라면 제안을 받아들이지 않는 것은 어리석은 짓이다. 물론 2년 만에 회사를 25% 더 성장시킬 수 있어서 당신 회사의 가치가 3,000만 달러에 이를지도 모른다. "파느냐 유지하느냐"의 질문은 대단히 개인적이며 당신의 1·5·10 플래너시에 좌우된다. 숫자만으로 결정 내리지는 말라. 시간, 문제, 세금을 고려하라.

 핵심 개념

- 덩치 큰 재정적 문제는 시간, 문제, 세금 프리즘을 통해 생각하고 결정하라.
- 청산 소득은 시간과 세금으로 인해 부를 가속시킨다.
- 매각 기회를 놓치는 일은 상황이 정체되거나 악화될 경우 수백만 달러의 비용으로 돌아올 수 있다.
- 재정적 결정을 할 때는 1·5·10 플래너시를 고려하라.

119 집중과 헌신 전략

하나가 아니면 아무것도 없다

 젊은 사업가들에게 종종 듣는 이야기가 있다. "내 사업 중에는 잘되는 게 없어요." 그런 고민을 듣고 나는 이렇게 답한다. "사업들이라고요? 그러니까 '내 아내들 중에는 행복한 사람이 없어요' 뭐 그런 뜻인가요?" 프로 테니스 선수로 뛰면서 프로 골프 선수로 활약하는 사람이 없는 이유가 무엇이라고 생각하는가? '6가지 사업'을 언급하는 사람이 있다면 그것은 "나는 돈을 전혀 못 버는 6가지 사업이 있다. 나는 벽에다 아무것이나 내던지면서 뭔가는 달라붙기를 바란다"고 말하는 것과 다르지 않다.

돈을 찍어내는 생산가치체계를 갖고 있다면 부업이나 달리 정신을 빼앗는 일이 당신을 유혹할 리 없다. 그런 것에 유혹을 느낀다면 당신 사업의 수익이 좋지 않거나 과정에 대한 열정이 사그라든 것이다.

533

초보 사업가가 여러 회사를 키우려고 '노력'하는 것은 한 손을 뒤로 묶고 세계적인 바이올린 연주자가 되려고 '노력'하는 것과 같다. 기억하라. 각본에서 탈출하기 위해서는 주기적인 불균형의 시간이 있는 강박적인 영역을 거쳐야 한다. 그런 헌신이 여러 관심사에 흩어진다면 하나의 훌륭한 결과가 아닌 많은 평범한 결과를 얻게 될 것이다. 10개의 벤처가 1만 달러의 수입을 올리는 것은 하나의 벤처가 단독으로 그만큼의 수입을 올리는 것보다 나을 것이 없다. 자산 사이에 노력을 분산시킬 경우 부실한 자산을 구축하게 된다. 부실한 자산은 레버리지 가능성을 가진 수백만 달러 가치로 성장할 수 없고 인생을 바꾸지도 못한다.

20개의 프로젝트를 한꺼번에 진행하는 유명한 기업가의 영향을 받지 말라. 당신은 수백만 달러에 회사를 팔아 본 적도 없고 샤크탱크(Shark Tank, 스타트업 사업가들이 투자자 앞에서 자신의 사업 계획을 설명하고 투자를 얻는 미국의 리얼리티 프로그램-옮긴이)에 출연하는 투자자도 아니다. 드래곤스 덴(Dragon's Den, 기업가들이 벤처캐피털리스트 앞에서 사업 아이디어를 홍보하는 프로그램-옮긴이) 같은 TV 프로그램에 출연하는 투자자는 하나의 사업에 헌신한 덕분에 그 자리에 있다. 수년 전 그들은 하나의 사업, 오로지 하나에 전력을 다했다. 그 사업을 크게 키운 후에야 여러 벤처로의 다각화로 열정을 탐험하고 자본을 분산시키는 일이 가능했다.

어리석은 짓은 하지 말라. 세계 최고의 기업가는 하나의 프로젝트를 끝내주게 잘했기 때문에 그렇게 유명해진 것이다. 여러 프로젝트를 두드려서가 아니다. 그들은 우선 하나의 사업에 '전념'했고 이후에 그것을 '바탕'으로 일했다.

사업이 처음이라면 여기저기 기웃거릴 게 아니라 하나에 헌신해야 한다. 하나가 아니면 아무것도 없다. 하나의 사업에 충성을 다하라. 여러 가치 속성에 편향을 만들고 행동하고 평가하고 조정하라. 생산가치체계를 입증하라. 그 후에야 비로소 사업이 당신의 삶을 바꾸는 데 충성을 다한다. 당신 삶을 먼저 바꾸어야 세상을 바꾸는 데 초점을 맞출 수 있다.

 핵심 개념

- '여러 개의 비즈니스 벤처'는 곧 "내 모든 사업은 형편없고 수익도 내지 못한다"는 뜻이다.
- 오로지 하나의 사업에 집중하라. 세계 최정상의 운동선수가 오로지 하나의 운동만 훈련하는 것과 같은 이치다.
- 생산가치체계는 집중과 헌신에서 비롯된다.
- 일단 하나의 회사를 수백만 달러에 매각한 후에야 기업가에서 투자자로 전환할 수 있다.

120 꿈의 여정 원리

바쁘게 살아갈 것인가 바쁘게 죽어 갈 것인가?

 〈쇼생크 탈출〉과 〈몬테크리스토 백작〉은 내가 가장 좋아하는 영화다. 이 두 영화는 자유를 꿈꾸는 사람이라는 공통 주제를 가지고 있다. 영화의 주인공들은 시간, 용기, 책략, 엄청난 노력으로 힘들게 얻어야 하는 자유를 꿈꾸었다. 두 이야기 모두 탈출의 꿈은 그들의 영혼을 살게 했고 노력을 이끌어 냈다. 꿈이 없었다면 두 사람의 영혼은 죽었을 것이다. 하지만 그들의 영혼은 꿈을 이루는 사람이 될 때까지의 시간을 견뎠다.

현대의 경제적 종교에 갇힌 많은 사람들이 그와 같은 현실에 직면한다. 그들은 시간이라는 트레드밀 위에 있는 껍데기뿐인 영혼이다. 무관심 속에서 나이를 먹고 희망 속에서 소비하고 기대 속에서 저축하고 후회 속에서 죽어 간다. 희망, 미래, 변화의 기회는 전혀 없고 달력 속의

세월만 있을 뿐이다.

〈쇼생크 탈출〉의 주인공 앤디 듀프레인이나 〈몬테크리스토 백작〉의
에드몽 단테스가 깊은 절망 속에서 그들이 직면한 패러다임을 변화시
키는 데는 1초도 걸리지 않았다. 그들은 탈출을 꿈꾸고 그게 아니라면
탈출하다 죽기로 결심했다. 이런 결심으로 그들의 삶은 갑자기 새로운
의미를 가지게 되었다. 그들의 삶은 희망, 목적, 심지어는 수감 와중에
서도 누리는 작은 즐거움으로 가득 찼다. 앤디는 "바쁘게 살아갈 것이
냐 바쁘게 죽어 갈 것이냐"라고 말한다.

꿈의 여정 원리는 당신이 꿈을 이루는 삶으로부터 1초도 떨어져 있
지 않음을 뜻한다. 죽은 꿈을 되살리고 거기에 비전과 가능성을 부여하
고 불굴의 의지로 그 꿈을 좇아라. 1·5·10 플래너시와 탈출액을 정하
지 않았다면 지금 당장 만들어라.

중요한 것은 목적지가 아닌 여정이라는 말을 들어 보았을 것이다. 꿈
을 좇는 여정 자체가 꿈이다. 꿈을 되살리고 꿈을 좇고 그것을 지금의
한 부분으로 만들기만 하면 된다. 직관에 반하는 것 같아 보이는가? 그
렇지 않다. 나를 믿어라. 내가 사업을 구축하던 시절을 되돌아보면 기쁨
은 물론이고 숙연한 마음까지 든다.

나는 그때 꿈을 이루는 삶을 살았다. 그리고 지금도 그렇다. 이것을
이해하기까지는 긴 세월이 필요했다. 존재하는 유일한 순간은 오늘, 바
로 지금이다. 미래를 낙관하지만 인식할 수 있는 것은 지금뿐이다. 꿈에
도달하지 못하더라도 후회에 사로잡히지 않는다. 실패의 후회는 일시
적이다. 시도해 보지 않은 것에 대한 후회는 영원하다.

이 책의 모든 전략과 원리는 설득력 없는 먼 꿈이 아니라 쳇바퀴로 부터의 현실적인 자유와 경제적 성공의 가능성을 높이기 위해 고안되었다. 정확한 수학이 뒷받침되는 적절한 로드맵이 있어야 자유를 얻을 수 있다. 이 게임은 쉽지 않다. 하지만 적절한 일에 집중함으로써 보다 쉽게 만들 수 있다. 120개의 모든 전략과 원리를 실천에 옮기면 가능성, 기대 가치, 더 나은 삶의 결과에 있어서 눈에 띄는 변화를 만들 수 있다.

여정을 즐겨라. 과정을 받아들이고 노력에서 열정이 솟아나게 만들고 그것이 꿈을 펼치게 만들라. '과학자'로서의 새로운 역할을 받아들여라. 그러면 기업가정신이라는 것이 사업을 뛰어넘는다는 것을 발견하게 된다. 기업가정신이란 혼이 담긴 자유, 진정한 목적, 진정한 자신의 발견이다. 돈으로는 살 수 없다.

 핵심 개념

- 불행, 죽은 꿈은 현대사회의 사업 모델이다.
- 살아 있는 꿈이 있고 그 꿈을 좇는 한 당신은 바로 그 꿈꾸던 삶을 살고 있는 것이다.
- 실패의 후회는 일시적이다. 시도해 보지 않은 것에 대한 후회는 영원하다.
- 기업가정신은 단순한 커리어 그 이상이다. 그것은 당신의 삶과 가족을 위한 혁명이다.

"망할 놈의 오스틴. 그 동네 사람들 때문에 온통 난리야!" 찰리가 오스틴 외곽의 텍사스 헨리 목장 트레일러에서 툴툴거린다. "그 사람들은 오스틴이 아니라 시카고에서 오는 거래요." 경리인 마사가 지역신문을 가리켰다. 창문 위에 있는 에어컨 소리에 그녀의 목소리가 묻혔다. "그것 좀 줘 봐." 그는 마사로부터 낚아챈 신문을 보며 얼굴을 찌푸렸다. 그의 입술에는 곧 떨어질 것 같은 담배가 매달려 있다. 찰리는 신문을 얼굴 앞으로 들어 올려 동네 소식란에 있는 기사를 소리 내 읽었다.

세계적인 브랜드 '영웅의 주방'을 설립한 중서부 출신의 기업가 제프 트로트만과 사만다 트로트만 부부가 최근 헨리에 5만 평 부지를 매입했다. 채식으로의 전환 추세에 발맞추어 성장한 그들 회사를 2021년 초 유니버셜 푸드가 1,900만 달러에 사들였다. 이 두 비건 기업가는 오스틴 지역으로 이주했다.

그는 신문을 내리고 마사를 노려보았다. "망할 놈의 비건! 내 목장 옆에 5만 평 땅을 사서 뭘 할 거래?" "더 읽어 보세요." 마사가 잘라 말했다. 찰리는 신문을 다시 들고 이번에는 조용히 기사를 읽었다. 그가 읽던 것을 멈추고 물었다. "이 사람들이 오스틴에 있는 허슬 재즈 클럽도 샀다는데? 그건 또 무슨 관계가 있는 거지?"

마사는 한숨을 쉬며 신문을 가리켰다. 계속 읽으라는 신호다. 그녀는 그의 눈동자가 1분 더 좌우로 움직이는 것을 지켜보았다. 그의 창백한 얼굴이 갑자기 빨개졌다. 그는 신문을 내리고 얼굴을 찡그리며 고개를 저었다. 그가 조롱했다. "핑키의 동물 보호구역? 내 목장 옆에 동물 구조소를 세운다고! 왜 이런 짓을 하는 거지?" 그는 다시 신문을 올리고 어이없다는 투로 기사를 읽었다. "구조된 반려동물, 가축, 기타 육류 산업의 희생자를 위해…?"

마사는 고개를 끄덕이며 아이스크림을 떨어뜨린 어린아이에게 하듯 동정 어린 시선을 보냈다. 우유 대용 음료 때문에 찰리의 목장은 지난 10년 동안 고전하고 있다. 정부 보조금과 강력한 로비스트들이 없었다면 이미 수년 전에 문을 닫았을 것이다. "각종 행사와 인식을 높이기 위한 프로젝트, 소셜미디어 홍보 등을 할 계획이라네." 그는 다시 고개를 저었다. "사업에 도움이 안 되겠어." 마사가 웃었다. "채식주의자 자체가 도움이 안 되는 거지요." 찰리는 그녀에게 못마땅한 시선을 던지고 커피 메이커로 향하면서 신문을 휴지통에 버렸다.

"커피는 뜨겁게?" 마사가 대답하기 전에 트레일러 문을 두드리는 소리가 났다. 마사는 문 쪽으로 의자를 돌리고 큰 소리로 "들어오세요!"라고 말했다. 그녀의 목소리는 의심스러울 정도로 쾌활했다. 30대 후반 정도 되어 보이는 젊은 부부가 걸어 들어왔다. 캐주얼한 복장이었지만 목장에 걸맞는 차림은 아니다. 남자가 도어 매트에 구두를 닦고는 자신을 소개했다. "안녕하세요, 저는 제프 트로트만이라고 합니다." 그가 옆에 선 여성을 가리키며 말했다. "이쪽은 제 아내 사만다고요." 찰리는 중서부 출신의 호감 가는 부부가 아닌 부기맨(boogieman, 아이들이 말을 듣지 않을 때 겁을 주기 위해 들먹이는 상상의 인물-옮긴이)에게나 보일 법한 표정을 지었다. 제프가 말을 이었다. "새로 이사 왔습니다."

마사는 이 장면을 즐기며 입이 귀에 걸리게 웃고 있었다. 찰리는 움직이지도 악수를 하기 위해 손을 내밀지도 않았다. 담배를 한 모금 빨아들인 후 그들에게 의심의 눈초리를 보냈다. 마음 같아서는 당장 내쫓고 싶었다. 하지만 그는 고개를 끄덕이며 말했다. "아⋯ 그렇군요. 방금 당신이 시내에 재즈 클럽을 샀다는 기사를 읽었죠. 축하합니다." 제프가 단호하게 말했다. "네, 감사합니다. 하지만 그것 때문에 여기 온 건 아니에요." 그가 앞으로 나서며 찰리에게 큰 서류 봉투를 내밀었다. 봉투는 열려 있었다. 찰리는 의심스런 표정으로 제프를 훑어보면서 봉투를 낚아챘다. 찰리는 봉투에서 클립된 종이 뭉치를 꺼내 읽었다.

찰리가 서류를 훑어보는 동안 제프가 말했다. "당신 목장을 사겠다는 제안서입니다. 이미 알고 계시겠지만 시가의 2배 가까이 되요. 우유 산업에 대해 들은 바에 의하면 상황이 나아질 것 같지는 않네요." 찰리는 아무런 표정 없이 서류에서 시선을 들어 낯선 사람들을 가늠해 보았다. 그리고 마사에게 시선을 던졌다. 그녀는 여전히 밝게 웃고 있다. 그녀가 이 일과 무슨 관련이 있는 것은 아닌가 싶다. 그는 계속해서 서류를 읽고 텍사스 카우보이보다는 미시시피 출신 같은 남부 사람 특유의 느린 말투로 침묵을 깼다. "아주 좋은 제안이군요. 하지만 생각해볼 시간이 좀 필요해요." 그는 담배를 마지막으로 한 모금 빨아들이고는 열려 있는 창으로 꽁초를 내던졌다.

잠시 침묵이 흐른 후 마사가 일어섰다. 그녀는 봉투를 들고 말했다. "이건 제 사직서예요. 트로트만 부부가 동물 구조소에 저를 고용하셨어요." 붉었던 찰리의 얼굴이 창백해졌다. 그의 입은 딱 벌어졌다. 제프가 덧붙였다. "당신 목장과 흡사하지만 규모가 약간 작은, 5번 고속도로 옆 헨드릭슨 목장도 우리가 부른 것의 3분의 1 가격에 팔렸어요. 보통 좋은 가격이 아닙니다. 다음 해 이맘때면 당신 목장의 가치는 이보다 훨씬 낮아질 거예요. 일손도 부족할 거고요. 이건 이 사업에서 빠져나올 수 있는 평생에 한 번뿐인 기회예요." 그는 말을 멈추고 신중하게 말을 골랐다. "정부 보조금과 기만적인 광고에 의존해서 연명하는 사업에서 말이지요. 행복한 결말을 맞을 기회인 것입니다."

찰리가 실망스런 표정으로 마사를 보고는 제프를 향해 고개를 끄덕였다. "당신 배짱이 마음에는 들지만 좀 전에 말했던 것처럼 생각해볼 시간이 필요해요. 몇 주 시간을 주면 답을 드리도록 하지요." 제프는 과장되게 고개를 저었다. 그는 미소 짓더니 공손하게 말했다. "죄송하지만 지금이 아니면 안 돼요. 재즈 클럽 시즌권도 2장 얹어 드리지요." 찰리의 웃음이 사라졌다. 그가 물었다. "그 '지금'이라는 게 얼마나 되는 겁니까? 하루? 이틀?"

"11분이요." 제프가 단호하게 말했다. 찰리는 놀라서 뒤로 물러섰다. 그런 기습 공격을 예상하지 못했던 샘이 남편에게 짧은 시선을 던졌다. "뭐라고요?" 찰리가 말했다. "목장을 파는 결정을 11분 만에 하라고요?" "그렇습니다." 제프가 입으로 숨 쉬며 말했다. 공기에서 담배와 암모니아 냄새가 났다.

제프를 제외한 모두가 놀라서 눈을 크게 떴다. 그의 아내도 예외는 아니었다. 불편한 침묵 후에 찰리가 서류를 다시 들어 훑어보았다. 트레일러 안에는 긴장감이 가득했다. 수다스런 경리 직원인 마사는 차분한 표정을 고수하기 위해 애쓰고 있었지만 웃음을 터뜨리고 싶은 것 같았다. 찰리가 침묵을 깨고 질문을 던졌다. "이렇게 큰 결정에 왜 11분밖에 주지 않는 겁니까?" 제프가 단호하게 답했다. "그 짧은 11분이 인생을 영원히 바꾸어 놓을 수 있다는 걸 모르시는 것 같아서요." 그가 미소 지었다. "자, 이제 10분밖에 안 남았네요."

부의 추월차선
위대한 탈출

초판 1쇄 발행 2023년 4월 5일

지은이 엠제이 드마코   옮긴이 이영래   펴낸이 김영범

펴낸곳 (주)북새통 · 토트출판사
주소 서울시 마포구 월드컵로36길 18 삼라마이다스 902호 (우)03938
대표전화 02-338-0117 팩스 02-338-7160
출판등록 2009년 3월 19일 제 315-2009-000018호 이메일 thothbook@naver.com

© 엠제이 드마코, 2021
ISBN 979-11-87444-88-6 13320